YIHAD

Loretta Napoleoni

Yihad

Cómo se financia el terrorismo
en la nueva economía

TENDENCIAS

Argentina - Chile - Colombia - España
Estados Unidos - México - Uruguay - Venezuela

Título original: *Modern Jihad*
Editor original: Pluto Press, Londres.
Traducción: Anna Jolis y J. A. Bravo
Directora de la colección Tendencias: Núria Almiron
Proyecto editorial: Editrends

ISBN: 84-7953-554-7
Depósito legal: B. 11.799 - 2004

Fotocomposición: Ediciones Urano, S. A.
Impreso por Romanyá Valls, S. A. – Verdaguer, 1 – 08760 Capellades (Barcelona)

Impreso en España – *Printed in Spain*

A mi marido

Índice

9

Preámbulo

por John K. Cooley

En uno de los dísticos del poeta persa Omar Khayyam, el alegórico amante se lamenta: «He encontrado una puerta cuya llave no tenía / He encontrado un velo que no me ha dejado ver.» Con el libro de Loretta Napoleoni el lector recibe una llave mágica que es su interpretación de ese mundo crepuscular de las finanzas mundiales clandestinas y semiclandestinas. Con ella se abre de par en par la puerta del entendimiento, que estaba velada para nosotros pese a los numerosos estudios, publicados o no, sobre la delincuencia internacional organizada y el terrorismo individual, de grupos o de Estados.

En una detenida y exhaustiva exploración descubre y analiza miles de fuentes documentales y testimoniales. Napoleoni demuestra que los grandes movimientos históricos, como las cruzadas medievales y la Guerra Fría del siglo XX entre los Estados Unidos y la ex Unión Soviética, han tenido raíces y motivaciones económicas, y que los contendientes se han visto arrastrados a pautas de violencia ilegal financiada mediante la rapiña. El «terrorismo» o terror manifestado en los horrendos ataques del 11 de septiembre de 2001 contra Estados Unidos, el descrito por los presidentes, los dictadores y los comentaristas de nuestra época —y especialmente la violencia que se legitima a sí misma a ojos de sus seguidores o adopta el disfraz de movimientos de liberación o de independencia—, no puede prosperar sin un influjo constante de dinero líquido, como se explica en la Primera Parte de este libro.

Yihad explica cómo esos movimientos, como la victoriosa campaña de los fundamentalistas islámicos, antisoviética y orquestada por la CIA, para expulsar al Ejército Rojo de Afganistán en 1979-1989, la lucha armada en Argelia que puso fin a 130 años de dominación colonial francesa, el interminable contencioso irlandés y las presentes y sangrientas luchas intestinas en África obtienen y mantienen su indispensable sustento económico. De esa manera proliferan y se perpetúan volviéndose hacia nuevos objetivos, como Al Qaeda contra Occidente, cuando termina su misión originaria. La autora describe un sistema de 1,5 billones de dólares que crece día a día, y del que forman parte vital, además de los tráficos de drogas, petróleo, armas, piedras preciosas y seres humanos, los donativos que bancos respetables y otras instituciones financieras canalizan, muchas veces creyendo que van destinados a organizaciones exclusivamente humanitarias. Todo esto lo aborda la autora en la Segunda Parte del libro, adecuadamente titulada «El nuevo desorden económico».

El núcleo de su argumentación en la Tercera Parte, «La Nueva Economía del Terror», es su discusión de grupos como Al Qaeda, que de resultas de las guerras de Afganistán y de su repercusión se ha convertido en una red terrorista mundial en todos los sentidos de la palabra. Los impulsan, no sólo los factores económicos reales del Tercer Mundo y particularmente de los Estados musulmanes desde Marruecos hasta Indonesia, sino también muchos cómplices y muchas complicidades desde el mismo corazón de Occidente. Esas complicidades —y en esto, lo mismo que en otros lugares del libro, no rehuye concretar ni dar detalles— alcanzan hasta los sacrosantos bastiones del capitalismo occidental, Wall Street, la City londinense, los magnates financieros de Hong Kong y el mundo subrepticio de la *hawala* en Arabia Saudí y el Sureste asiático.

Sin pasión ni ánimo polémico Napoleoni nos aparta de las muchas y acaloradas polémicas actuales de religión y política, que según ella son otros tantos velos que no dejan ver los auténticos mecanismos de la violencia y el terror a escala global, para que nos fijemos en la economía. El desarrollo hábilmente tramado se lee con la emoción de una novela de intriga. Sus verdades tal vez no superen a la ficción, pero están explicadas con tal exactitud y claridad, que mucho de lo que se ha novelado sobre el tema parece aburrido en comparación. Y es posible que algunas universidades hagan de este libro lectura obligada para unos cursos sobre «La teoría económica del terrorismo».

Conviene, en efecto, leer, estudiar y guardar como guía y referencia este libro meticuloso y bien escrito. En este siglo XXI, los valores democráticos que nosotros los occidentales decimos profesar ya están siendo amenazados por la violencia. Eso se debe en parte a las injusticias de nuestra propia civilización y en parte a los políticos, los delincuentes y los bandoleros que buscan el poder y el lucro por su cuenta. Al margen de su interés para el público en general, el libro será un instrumento útil para el especialista que ha de enfrentarse a los problemas que se describen en el mismo.

John K. Cooley

Atenas, 19 de junio de 2003

Introducción

por George Magnus

Muchos economistas han utilizado erróneamente la expresión «nueva economía» para referirse a la revolución de las tecnologías de la información y de las comunicaciones en su repercusión sobre el sistema económico mundial. En época reciente ha encontrado una aplicación más útil, cuando se trata de entender las consecuencias económicas de los movimientos del subsuelo geopolítico en estos primeros años del nuevo siglo. Loretta Napoleoni la utiliza en una nueva acepción estremecedoramente clarividente para describir un fenómeno crítico de ese periodo de nuestra historia.

La Nueva Economía del Terror, cuyo tamaño ella calcula en un 5 por ciento del producto bruto mundial, aproximadamente, es el resultado de unos procesos históricos así como de una estructura motriz que alimenta y mantiene el terrorismo a escala global. La autora plantea que esa nueva economía se halla en relación de interdependencia con las economías de mercado occidentales, y al mismo tiempo en estado de tensión creciente con respecto a ellas. Esta paradoja es una de las muchas que desarrolla el libro mientras vamos tratando de entender uno de los principales enigmas contemporáneos.

La obra teje una visión cronológica. El terrorismo respaldado por los Estados en la época de la Guerra Fría se resuelve en una serie de grupos armados que se autofinancian por la vía delictiva, los cuales evolucionan a su vez en organizaciones que mientras persiguen sus fines utilizan y gestionan avanzadas técnicas comerciales y vehículos financieros. Algunas han establecido estructuras para-estatales que mantienen relaciones formales con los Estados nacionales genuinos y sus instituciones financieras, y ese contexto es lo que presta solidez a la Nueva Economía del Terror.

Emerge una nueva y traumática paradoja: de hecho la Nueva Economía del Terror es producto de la globalización, y sobre todo de la aceleración de ésta después de la caída del muro de Berlín. La globalización ha hecho posible que las organizaciones no gubernamentales promuevan una serie de causas liberales, cambios sociales, progresos económicos, pero también ha dado facilidades al entramado de los movimientos terroristas como Al Qaeda y al creciente perfeccionamiento de la «economía del terror». La privatización, la desregulación, la caída de las fronteras, el libre movimiento de la mano de obra y de los capitales, los progresos tecnológicos que habíamos aclamado como ingredientes clave del éxito económico de los últimos dos decenios: todo eso ha sido aprovechado y adaptado por la economía del terror aplicando una variante macabra de ju-jitsu geopolítico. O dicho de otro modo, los puntos fuertes de la economía legítima se han convertido en espadas de doble filo. Las redes económicas no estatales, difusas y descentralizadas pueden considerarse perfectamente un fenómeno típico del reaganismo o del thatcherismo, sólo que aquí lo que nos interesa es la privatización de las organizaciones terroristas, no las de las empresas de telecomunicaciones.

La Nueva Economía del Terror que ha definido Loretta Napoleoni no podía darse antes del final de la Guerra Fría. Cabría aducir, naturalmente, muchos ejemplos de insurrecciones locales y campañas terroristas, no pocas de las cuales resultaron victoriosas frente a soberanos despóticos o potencias imperiales. También ellas, para triunfar, necesitaron dinero y alguna forma de organización económica. Lo que propugna la tesis central de Napoleoni es que la naturaleza planetaria de la actual economía del terror se halla vinculada inextricablemente a la globalización post-Guerra Fría, y en particular a su ulterior fragmentación. Al descomponerse y romperse el mundo en pequeñas unidades de organización resulta posible que los grupos —sobre todo los que tienen un enlace fuerte con los vínculos religiosos, en particular el radicalismo islámico— desarrollen estructuras paraestatales capaces de suplir allí donde fracasan económicamente los Estados legítimos a los que aspiran a reemplazar. Por ejemplo, suministrando educación y ayudas económicas. Otra paradoja es que muchos de esos Estados a los que trata de reemplazar la Nueva Economía del Terror son a su vez fuentes directas o indirectas de armamento, logística, refugio y, lo más importante, de recursos financieros. El adagio más viejo del mundo sobre el dinero, que hace girar el mundo a su alrededor, encuentra en este contexto uno de sus ecos más inquietantes. El dólar estadounidense, moneda mundial de reserva y legítimamente impresa por la autoridad federal, es también la divisa principal de la economía del terror. Los bancos occidentales, y más recientemente los islámicos, son los canales a través de los cuales se realizan las transacciones con ese dinero. A menudo, los agentes son pequeñas empresas, poco más que buzones. Hay una clara utilización de las leyes progresistas y liberales en materia de inmigración y movimiento de capitales para facilitar el acceso a las armas y las municiones.

Por último, y fundamentalmente, la retórica de los grupos terroristas y sus simpatizantes muchas veces se reduce a eso. El tema real, según Loretta Napoleoni, es la tensión creciente entre un sistema capitalista occidental dominante y una populosa nación islámica cuya clase emergente de comerciantes y banqueros encuentra bloqueados o cerrados los caminos del desarrollo. La vuelta de la tortilla, si se quiere, en comparación con lo que ocurrió en la época medieval, cuando un islam dominante fue desafiado por la marea creciente de una clase económica europea, y finalmente por las cruzadas. Inevitablemente, la legitimidad y las implicaciones de este aserto serán debatidas por economistas y politólogos, pero cuando Napoleoni postula que ésa es la esencia de la «yihad moderna» su punto de vista merece una atención seria. Desde luego encaja, por ejemplo, con el criterio consensuado de que el principal enemigo por antonomasia de Al Qaeda no es tanto la primacía militar y económica de Estados Unidos, como los Estados islámicos que se hallan con ella en un estado de tensión ambivalente. Para los países occidentales, la consecuencia es que la lucha contra el terror global necesitará librarse cada vez más en el terreno económico. Este es uno de los casos que requieren una intervención estatal más grande y un papel más reducido del mercado y de los intereses creados. Y posiblemente, aquellos que se han beneficiado de los vínculos de la «nueva economía» con la Economía del Terror van a tener que soportar un coste financiero significativo.

George Magnus

Jefe de estudios económicos
de UBS Warburg, junio de 2003

Prefacio

El terrorismo se ha convertido en parte de nuestra vida cotidiana. Domina los titulares, los debates parlamentarios y las conversaciones de sobremesa. Sin embargo, pocas son las personas que saben con claridad qué es exactamente el «terrorismo», y ello pese a las muchas definiciones que se ofrecen al público lector. La historia sólo nos proporciona una ayuda limitada. La palabra se remonta al Régimen del Terror que siguió a la Revolución Francesa, pero podemos hallar referencias tempranas al terrorismo en el Imperio romano. Los políticos, el público, los académicos y los miembros de las organizaciones armadas utilizan invariablemente una definición literal, propagandística[1] o académica de lo que en esencia es un mismo fenómeno.

Los académicos opinan que cualquier definición de *terrorismo* debe incluir tres características principales, a saber: que es de naturaleza política, que va dirigido contra civiles y que crea un clima de temor extremo.[2] Sin embargo, en las bibliotecas abundan los libros centrados exclusivamente en uno u otro de estos elementos. Por su parte, los miembros de las organizaciones armadas y los políticos utilizan libremente la definición propagandística de terrorismo; la que Chomsky resumió como «actos violentos cometidos por nuestros enemigos contra "nosotros" o "nuestros aliados"».[3] Cuando a comienzos de los años noventa entrevisté a algunos miembros de las organizaciones armadas italianas, tanto de derechas como de izquierdas, lo que más me sorprendió fue su insistencia en emplear la palabra *terrorista* para definirse los unos a los otros y al Estado al que atacaban.

La percepción política es el criterio comúnmente empleado para definir el terrorismo. Tras el 11 de septiembre entrevisté a unos cuantos italianos para que me expresaran sus sentimientos y reacciones ante el ataque al World Trade Center. Muchos hacían suyo el sufrimiento del pueblo estadounidense, pero había otros que se mostraban insensibles a su dolor. «¿Por qué razón debería estar del lado de Estados Unidos?», me planteaba una mujer, empleada de banca. «¿Acaso hemos olvidado lo que hicieron los estadounidenses en Serbia, cuando bombardearon los puentes de Belgrado y aterrorizaron a toda la población? No, no puedo apoyar una nación que ha diseminado la muerte y la desesperación por todo el mundo. Ahora saben qué significa ser objetivo de las agresiones terroristas.» En febrero de 2003 las encuestas de opinión mostraron que en el Reino Unido la mayoría de las personas estaban convencidas de que la actitud de George Bush era tan amenazadora para el mundo entero como el mismo Sadam Husein.

El uso que acostumbran a hacer los gobiernos de la palabra *terrorismo* suele estar dictado por consideraciones de política exterior. En 1998, tras los ataques perpetrados por el Ejército de Liberación de Kosovo (ELK) contra la policía y los civiles serbios, Estados Unidos acusó al ELK de ser una organización terrorista. Los británicos pronto hicieron lo mismo. Más adelante, en marzo de 1999, la política exterior de Estados Unidos y de Gran Bretaña experimentó un giro radical. Ambos gobiernos condenaron a los serbios. De repente, los miembros del ELK dejaron de ser «terroristas» y se convirtieron en «luchadores por la libertad». Su nuevo estatus, empero, duró poco. Tan pronto como el ELK dio apoyó una rebelión islamista contra el gobierno de Macedonia, que era un aliado de Estados Unidos, el Departamento de Estado volvió a incluirlo en la lista de las organizaciones terroristas mundiales.[4]

Lo cierto es que el terrorismo es un fenómeno político y, mientras siga perteneciendo al ámbito de la política, nunca conseguiremos dar con una definición ampliamente consensuada del término. Ésa es la principal limitación del análisis político. Con el objeto de sortear este impedimento y de arrojar un poco de luz sobre algo que se ha convertido en una amenaza global, voy a realizar un análisis económico de lo que comúnmente se conoce como «terrorismo». Para demostrar que no he empleado ninguna herramienta perteneciente al ámbito político y para evitar caer en la trampa de las definiciones políticas, he preferido utilizar la palabra *terror* en lugar de *terrorismo* para describir el recurso a la violencia empleado por ciertos grupos a fin de alcanzar sus objetivos políticos. También debo hacer hincapié en el hecho de que, si bien dicho análisis es el primer intento de acercarse al tema de la violencia política desde un nuevo ángulo, esto es, describir la economía del terror, no se trata de un libro académico. Más bien lo he escrito en la creencia de que las ideas que expone debían ser accesibles a todo el mundo. El terror es una amenaza tanto para el ciudadano de a pie como para el político o el estudioso; sus causas y sus métodos de expansión deben ser entendidos por todos y cada uno de ellos.

La intención de este libro es demostrar que, a lo largo de los últimos cincuenta años, los miembros de estas organizaciones armadas han sido perseguidos en sus países de origen como verdaderos delincuentes por parte de las mismas fuerzas políticas que los han promovido, fuera de su territorio. El objetivo último era servir a los intereses económicos de Occidente y sus aliados, las oligarquías musulmanas y del Este, por ejemplo a la antigua Unión Soviética en el pasado y a Rusia en la actualidad. Esta dualidad ha proporcionado a las organizaciones del terror la justificación para devolver el golpe y la oportunidad de organizar su propia economía. He definido este fenómeno como la Nueva Economía del Terror, una red internacional que aúna los sistemas de apoyo y logísticos de los grupos armados. Actualmente, la Nueva Economía del Terror es un sistema económico internacional en rápido crecimiento que genera billón y medio de dólares, una cifra dos veces mayor que el PIB del Reino Unido y que supone una amenaza para la hegemonía de Occidente. A lo que hoy en día nos enfrentamos es a un choque global entre dos sistemas económicos, uno dominante —el capitalismo occidental— y otro insurgente, la

Nueva Economía del Terror. Como iremos viendo, dicho escenario es una reminiscencia de las cruzadas, cuando la Cristiandad se rebeló contra la dominación del islam. Tras el conflicto religioso, el poder económico inició y financió las Cruzadas, lo cual permitió que Occidente contuviera el islam y emprendiera su marcha para imponerse.

A lo largo de estos últimos cincuenta años, el dominio económico y político de Occidente ha obstaculizado el crecimiento de las fuerzas económicas y financieras emergentes en el mundo musulmán. Estas fuerzas han forjado alianzas con grupos armados islamistas y con líderes religiosos pertenecientes a la línea más dura, en aras de una campaña que pretende que los países musulmanes se libren de la influencia de Occidente y de sus oligarquías nacionales. Como en las Cruzadas, la religión no es más que un instrumento para reclutar efectivos; la verdadera fuerza impulsora es la economía.

La Nueva Economía del Terror constituye una parte integral de la economía global ilegal, que genera ingentes sumas de dinero. Este río de dinero fluye hacia las economías tradicionales, principalmente hacia la de Estados Unidos, donde es reciclada. Sus efectos sobre la ética empresarial occidental son devastadores, pero, sobre todo, consolida los muchos vínculos existentes entre la Nueva Economía del Terror y las economías legales y crea nuevos.

El 11 de septiembre supuso para el mundo entero una desagradable y violenta sorpresa. A raíz de la misma, se ha desencadenado una guerra contra un enemigo extraordinario, dispuesto a atacar siempre que le resulte posible. Lo que el mundo todavía no ha sabido ver es que este enemigo es producto de las políticas de dominación de los gobiernos occidentales y de sus aliados, los poderes oligárquicos de Oriente Próximo y de Asia; tampoco se ha sabido percibir que su sustento económico está estrechamente vinculado a nuestras economías y que su esencia misma es la Nueva Economía del Terror.

Agradecimientos

Empecé a documentarme para este libro hace muchos años, cuando el terrorismo no era un tema de actualidad ni nadie tenía ningún interés en publicar una obra sobre los fundamentos económicos del mismo. Mi más profunda gratitud es para las personas que antes del 11 de septiembre me ayudaron y me animaron a perseverar en el trabajo: el profesor Paul Gilbert, amigo, mentor y director de mi tesis doctoral, con quien pasé días estupendos discutiendo mis ideas; Noam Chomsky, cuyos consejos y sugerencias orientaron mi investigación mediante cientos de mensajes electrónicos desde el otro lado del Atlántico; Anna Maresso, compañera de estudios en la London School of Economics, que leyó el primer esquema y propuso el título de original de este libro; mis notables agentes Roberta Oliva y Daniela Ogliari, que nunca pusieron en duda mi capacidad profesional, me dieron su pleno apoyo y vendieron los derechos del libro a tantos editores europeos; Alexander Schmid, de Naciones Unidas, que corrigió la última versión del original y me facilitó muchas referencias útiles. Expreso mi agradecimiento especial a mi editor italiano Marco Tropea, por financiar la investigación y consentir además que redactara el libro en inglés, así como a Pluto Press, mi editorial para el ámbito de lengua inglesa, por las inversiones dedicadas a promocionar el libro en Estados Unidos, el Reino Unido y otros países de habla inglesa.

Mencionaré especialmente a John Cooley que ha tenido la

amabilidad de escribir un Preámbulo en el que resume hábilmente mi mensaje, y a George Magnus, amigo de hace muchos años y ex colega cuya introducción explica tan bien la «teoría económica» que lo fundamenta.

Debo sincera gratitud a mis documentalistas, Natalie Nicora, Rati Tripathi y Sam Calkins, jóvenes y entusiastas estudiantes de posgrado que han realizado un fantástico trabajo y siempre atendieron a mis llamadas telefónicas o mis correos electrónicos. A mi amiga y correctora Elizabeth Richards, siempre dispuesta a echar una mano, por leer una y muchas veces lo escrito y pulir mi prosodia; sin su consejo profesional y siempre amable no habría logrado avanzar de capítulo en capítulo. A mi otro corrector, Mahvish Hussein, por verificar una y otra vez desde Pakistán la exactitud de mis informaciones y mis datos. Marta Ceccato tradujo del francés materiales importantes. A mis informadores, cientos de personas cuyos nombre no pueden mencionarse, que durante un decenio de investigación me indicaron la dirección correcta y sin los cuales no existiría este libro. Mi agradecimiento también a los que contribuyeron con sus conocimientos profesionales a la realización del mismo: Dean Baker, Emily Bernhard, Scott Burchill, Jason Burke, Mustafa Gundogdu, Kitty Kelly, Damien Kingsbury, Susan Johns, Peter Mallinson, Greg Palast, Tuncai Sigar, Kate Snell, Bob Wilkinson, Richard Trigle, Cecilia Zarate. En especial, mi reconocimiento a Raymond Baker, de la Brookings Institution, que me reveló el turbio mundo del blanqueo de dinero.

A mis amigos economistas Siobhan Breen, Francesca Massone, Bart Stevens, Grant Woods, un agradecimiento muy especial porque les debo no sólo datos y bibliografía, sino también la lectura de los sucesivos borradores así como sugerencias importantes. Muchas gracias también a mis amigos abogados David Ereira y Bruce McEvoy por ocuparse de que *nadie pueda demandarme*.

Agradezco enormemente a los numerosos lectores de mis sucesivos manuscritos, Ikaty Ammar, Akram Aslam, Jean Arthur, Sean Bobbit, Gregg Glaser, Michael Ezra, Anthony Kenney, Abe Koukou, Henry Porter, Kenneth Bernhard, Venetia Morrison, Eugenia y Bogdan Patriniche, Lynn Sellegren, Bella Shapiro,

Marc Vitria, y muy especialmente a mi apreciado amigo y ex asociado Lesley Wakefield que leyó el original dos veces, la primera para verificar contenidos y la segunda en pruebas de imprenta. Agradezco también a Fredda Weinberg su promoción del libro en la Red.

Doy gracias a todos los amigos que desde hace dos años me oyen hablar del libro: Giovanna Amato, Mario Barbieri, Amanda Deutch, Sabina de Luca, Howard Fogt, Martina y Tonino Giuffrè, Carole y Martin Gerson, Roberto Giuliani, Antonio Guadalupi, Cacilia Guastadisegni, Nick Follows, Sally Klein, Melinda Levitt, Bettina Mallinson, Nami Marinuzzi, Silvia Marazza, Elisabetta Porfiri, Mauro Scarfone. Gracias a Deb Thompson por su especial amistad y la aportación de informaciones y contactos valiosos.

A mis hijos Alexander y Julian, a mis ahijados Andrew y Leigh, que me han soportado mientras estaba enfrascada en este trabajo, a mi familia romana que apenas me ha visto en dos años, y a mi esposo que estuvo maravilloso como siempre: gracias a todos.

Prólogo

En la mañana del 11 de septiembre de 2001, Paolo Salvo[1] se despertó y durante un segundo escaso se preguntó dónde estaba. Durante los últimos veinte años, las rudas voces de los vigilantes y de los presos de las prisiones de alta seguridad italianas habían sido los encargados de despertarlo. Para acallar esos dolorosos recuerdos cerró los ojos. Como telón de fondo, el balsámico murmullo del mar, cuyas olas rompían en las playas de Calabria. De repente recordó que se encontraba en libertad condicional y se levantó de la cama de un salto. Se vistió deprisa y se acercó a pie al bar Miramare, para desayunar. Sentado en la acera del *lungomare*, contempló la belleza de la bahía.

Paolo Salvo había nacido en un lugar como ése. La primera vez que lo entrevisté, al comienzo de los años noventa, me confesó con emoción que aprendió a nadar y a pescar antes que a chutar la pelota o a ir en bicicleta. El mar había sido su patio de recreo, y pescar, su pasatiempo preferido. Su padre era pescador, al igual que su abuelo y su bisabuelo. Durante generaciones, el mar alimentó a su familia y se daba por supuesto que también a él le proveería. Hasta el día en que descubrió la política... Aún hoy, después de haber dedicado tantos años a analizar su pasado, admite su incapacidad para determinar el momento exacto en que se desvió de ese destino y abrazó la violencia política.

Una vez su madre le preguntó si le habían manipulado —«lavado el cerebro» fue la expresión que empleó. Parece ser que un periodista escribió que Paolo no encajaba en el perfil del terrorista. «¡Claro está que no encajaba con el patrón del terrorista!», me dijo, y, utilizando la retórica dogmática de un militante marxista, continuó explicándome el porqué. «Yo era un combatiente, un soldado. Cuando me uní a mi grupo entré a formar parte de un ejército, de una comunidad armada. El terrorismo era otra cosa. Terrorismo era lo que el gobierno de Estados Unidos había hecho en Chile, en Centroamérica y en Oriente Próximo, un exterminio sistemático de todo aquel que se opusiera a su imperialismo.»[2]

El 11 de septiembre Paolo terminó de tomarse el café, se levantó y miró el horizonte. Los recuerdos dolorosos se amontonaban en su mente, recuerdos de una vida teñida por la violencia política. A comienzos de los años ochenta, poco después de ser capturado, lo trasladaron a Trani, la prisión de alta seguridad ubicada en la desolada y abrupta costa de Puglia. «Una fortaleza-prisión en medio del mar» es cómo la describen los presos. Cuando Paolo la vio por vez primera desde el helicóptero que lo trasladaba hasta allí, entendió por qué. La prisión se levantaba en el extremo de un alto promontorio que sobresalía en mitad del mar. «Qué paradójico —pensó— estar tan cerca del mar y, aun así, no poder tocarlo.» Trani estaba exclusivamente habitado por miembros de bandas armadas y por delincuentes de máxima peligrosidad. La Mafia, la Camorra y la Sacra Corona Unita, todos estaban perfectamente representados. Los grupos armados de izquierdas y de derechas no estaban del todo separados de los delincuentes comunes; aun cuando no compartían las celdas, sí utilizaban los mismos servicios de la prisión. Trani fue lo más cercano a un infierno en vida que Paolo llegó a conocer jamás. La vida resultaba tan insoportable, me confesó hace algunos años, que, cuando en 1980 los presos organizaron uno de los motines carcelarios más sangrientos de la historia italiana, la muerte no se le antojó una opción tan mala. Sin embargo, para él, los recuerdos más dolorosos de esos años no eran ni las brutales palizas propinadas por los funcionarios de prisiones tras la revuelta ni las noches pasadas en el frío suelo de las celdas de aislamiento, desnudo y lleno de moratones. Era la brisa estival que llegaba de los Balcanes. A fines de verano, esas saladas fragancias de libertad, parecidas a las que ascendían desde los acantilados de Calabria, envolvían toda la prisión-fortaleza y atormentaban a los reclusos.

En Trani, el viento balcánico removió los recuerdos de Paolo, algunos felices, pero la mayoría dolorosos. Imágenes de vidas destrozadas en nombre de unos ideales que ahora parecían sin sentido. Escenas de sus propios actos de violencia perpetrados contra desconocidos, de los incontables sufrimientos padecidos por su familia e incluso por sus amigos.

—¿Valió la pena? —le pregunté hace mucho tiempo.

No me respondió; se limitó a mirarme y a menear la cabeza lentamente.

Exactamente a las 15.46 del día 11 de septiembre, el propietario del bar *Miramare* se precipitó a la calle gritando al atareado grupo de pescadores que remendaba sus redes en la playa. Los hombres dejaron de trabajar y corrieron hacia él. Desde lo lejos, tumbado en la playa, Paolo vio cómo desaparecían dentro del bar y se preguntó qué ocurriría. Cuando uno de los hombres salió a toda prisa a la calle, exhortando a los pocos que quedaban en la playa a que lo siguieran, Paolo se acercó.

«En cuanto entré en el oscuro salón del *Miramare* —me contó—, me quité las gafas de sol y vi a un grupo de hombres con la mirada clavada en un viejo televisor que había en una repisa. De pie, encima de una silla, el propietario pulsaba frenéticamente el botón del sonido del mando para ajustar unas voces que repentinamente habían enmudecido. Dirigí la mirada hacia la pantalla y contemplé la imagen silenciosa de una espesa nube de humo y fuego que engullía una de las dos torres del World Trade Center. Hipnotizado, me preguntaba cuál era la naturaleza de un programa tan extraño. ¿Una nueva superproducción de Hollywood? ¿Un documental? ¿Un trágico accidente, emitido en directo para todo el mundo? Un par de hombres, molestos por la falta de sonido, exhortaban impacientemente al propietario para que se diera prisa en arreglarlo. Cuando el hombre estaba a punto de volverse hacia ellos para responderles, apareció un avión en la parte derecha de la

31

pantalla y todo el mundo se calló. La sala se sumergió en una quietud sobrecogedora. A medida que la parte delantera del Boeing penetraba en la fachada acristalada del edificio, comprendí con horror que estábamos siendo testigos en directo del mayor atentado terrorista de la historia moderna.»

El grito del comentarista, procedente del televisor cuyo sonido, inexplicablemente, volvía a funcionar, levantó un coro de voces en el bar. Todos manifestaban incredulidad, desesperación, horror y miedo. Más personas llegaban al *Miramare* y empujaban a los demás para ver la pantalla. Las mujeres y los niños empezaron a buscar a sus seres queridos, los llamaban, como si la tragedia tuviera lugar en el umbral de sus casas y no a miles y miles de kilómetros de distancia.

«De manera instintiva me aparté hacia un rincón, cerca de la puerta —admitió Paolo—. De inmediato, la mujer que tenía a mi lado empezó a sollozar. Estaba preocupada por sus familiares; sabía que vivían cerca de la ciudad de Nueva York, pero no dónde trabajaban. Una anciana tomó su mano e invocó repetidamente a la virgen María, inclinándose hacia delante a cada invocación. En el lado opuesto de la sala, un bebé lloraba histérico en brazos de su padre... ¡Era un caos total!»[3]

Cuando el locutor informó de que en el tercer avión secuestrado un hombre había llamado a su esposa para despedirse de ella, la gente se miró angustiada. «¿Hay más aviones?», se preguntaban los unos a los otros. Imágenes de hombres y mujeres que corrían por las calles intentando escapar de las dos torres en llamas inundaban la pantalla. El locutor empezó a lamentarse de la trágica suerte que habían corrido los pasajeros de los aviones suicidas. De repente, a Paolo le asaltaron los recuerdos de una ejecución que había presenciado. Conocía demasiado bien la mezcla de incredulidad y pánico dibujada en los rostros de las personas que corrían por Nueva York intentando poner a salvo sus vidas en Nueva York. ¿Por qué me quitas la vida? Ésa era la pregunta que tantas veces había visto en los ojos de otras personas.

«En tiempos de guerra, los hombres y las mujeres están preparados para asumir el riesgo de convertirse en víctimas —explicaba un antiguo miembro de un grupo armado italiano de extrema derecha—.[4] Saben que una bomba, una bala o una mina pueden poner fin a sus vidas porque están en guerra. Pero a la lucha armada nunca se le ha reconocido el estatus de conflicto, se la despacha diciendo que es terrorismo, un ataque cruel, ilegal e irracional contra personas inocentes.»

En el *Miramare* empezó a correr el rumor de que los secuestradores habían tomado el control de los aviones y los habían utilizado como bombas. Eran «terroristas suicidas». Paolo jamás había conocido a ninguno de ellos. Había mantenido contactos con la comunidad armada árabe, sobre todo con palestinos vinculados a la OLP, con los que tratan todos los grupos armados de Europa para la compra de armas. Habían fumado, bebido y compartido los placeres del sexo. Nunca les vio rezar y mucho menos ayunar durante el ramadán. Su conocimiento de la yihad islámica y de sus seguidores se limitaba a lo que oía a través de los medios de comunicación. Es incapaz de referirse a ellos como compañeros de lucha. Su deseo de morir como mártires, de ganarse una vida de felicidad y de placer en un paraíso sagrado de guerreros parecía absurdo.

«¿Por qué lanzar tontamente por la borda la vida de un buen soldado?»[5], me preguntó una vez. De todos modos, lo que más le preocupaba era el asesinato de civiles; su organización armada, aclaró, nunca los hubiera tomado como blanco. Al contrario; sus miembros arriesgaban la vida para atentar contra la persona correcta, contra quienes explotaban a la gente por la que luchaban. Cuando le recordé que la comunidad armada italiana había asesinado a bastantes más carabineros y agentes de policía, la mayoría de los cuales eran jóvenes de la clase trabajadora, que a políticos corruptos, rechazó mi comentario diciendo que esas vidas pertenecían a soldados que estaban en guerra.

Hasta esa tarde vivida en el *Miramare*, para Paolo Salvo sólo había existido una forma de «terrorismo»: la que promovía Estados Unidos. Ahora ya no estaba tan seguro de ello. Se preguntaba si los soldados islamistas que secuestraron los aviones eran soldados, luchadores por la libertad o guerreros santos, o quizá pertenecieran a una nueva casta de terroristas. Él había aprendido que un buen soldado considera la muerte como una posibilidad, pero suicidarse voluntariamente era distinto.

«Cuando se está en guerra, la muerte es parte del juego —me explicó—. Para ser capaz de arrebatar una vida, uno debe estar preparado para perder la suya.» Aun así, para Paolo Salvo este concepto siempre había sido conflictivo, hasta que tuvo lugar el motín de Trani, donde por primera vez luchó contra los funcionarios de prisiones sin miedo y preparado para morir. «Crucé el umbral de la humanidad —me dijo—, como otros muchos habían hecho antes. Estaba ciego a la vida, separado de ella; matar y morir no significaba nada. Me sentía sin alma, como el soldado estadounidense de *Apocalypse Now* que, drogado hasta las cejas de LSD, se pone a ametrallar los barcos de pesca vietnamitas y asesina a todos sus pasajeros.»

«¿Y cómo sucedió?», le pregunté.

«Nunca he sido capaz de responder a esa pregunta —admitió—, pero sospecho que la disposición a morir surge del hecho de haber perdido cualquier razón para vivir, no de la ilusión de una vida mejor después de la muerte.»

Inesperadamente, la torre del World Trade Center se derrumbó. «Cayó como un castillo de naipes al recibir el soplo de un niño —así fue cómo Paolo lo describió—. Toneladas y toneladas de cristal, de vigas de acero, de cemento y de personas precipitándose hacia el polvo. Miles de vidas perdidas.»

«Miles de vidas inocentes», añadí yo.

Sacudió la cabeza. «Me sentía confundido —admitió—. Los civiles nunca han sido el objetivo. La violencia siempre ha sido un medio; nunca un fin en sí mismo.»[6]

Le comenté que eso no era lo que opinaba el italiano medio durante los *anni di piombo*, cuando Italia vivía atrapada en una espiral mortífera de violencia política. Por el contrario, la opinión pública había condenado a los miembros de las organizaciones armadas como perpetradores de crímenes contra civiles.

«¿Cuál es la diferencia entre el terrorismo de antes y el de ahora?», le solté, finalmente.

Me miró turbado antes de responderme. «Salí corriendo del *Miramare* —empezó a contar—. Necesitaba un poco de aire. Cuando me giré hacia el bar y eché una última mirada a la pantalla, la otra torre se estaba derrumbando y envolvía todo el Bajo Manhattan en una nube de polvo. De repente me sentí abrumado por el significado del acto del que era testigo... Caí de rodillas y empecé a llorar... ¡La verdad es que no hay ninguna diferencia entre el terrorismo de antes y el de ahora!»

Enterrado bajo los escombros de las torres gemelas también había algo que había pertenecido a Paolo: los sueños e ilusiones de una generación que abrazó la lucha armada, que asesinó, hirió y mutiló en su lucha contra un poder opresivo. El terrorismo islamista era su última manifestación.

PRIMERA PARTE

Los años de la Guerra Fría: la dependencia económica del terror

1

El dilema del terrorismo:
¿guerra o delincuencia?

«Somos terroristas, sí, somos terroristas porque es nuestra fe.»

ABU MAHAZ, extremista palestino.
Declaración hecha a la CNN en 1993

El 31 de agosto de 1992, Ramzi Yousef salió de Peshawar hacia Karachi para dirigirse a Nueva York. Lo acompañaba Ahmad Mohammed Ajaj, un antiguo repartidor de Domino's Pizza de Houston, Tejas. Probablemente se habían conocido en alguno de los campos de entrenamiento que dirigía Osama Bin Laden en Afganistán o en la mal afamada Universidad de Dawa y Yihad, un centro de preparación militar ubicado en Pakistán. Como ninguno de los dos disponía de un visado de entrada, Yousef sobornó a un agente pakistaní con 2.700 dólares a fin de que les consiguiera tarjetas de embarque para el vuelo PK-703 a Nueva York.[1] Al cabo de veinte horas, un Yousef bien vestido y aseado desembarcaba de la cabina de primera clase y se acercaba al mostrador de inmigración que atendía Martha Morales. Con mucha calma y educación solicitó asilo político. Afirmaba que le perseguían los militares iraquíes y dijo que le esperaba una muerte segura si su solicitud era rechazada. A pesar de que en su tarjeta de embarque y en su pasaporte figuraban dos nombres distintos y que dio una tercera identidad cuando Morales le formuló la pregunta rutinaria «¿Cómo se llama?», Ramzi Ahmed Yousef obtuvo el permiso para entrar en Estados Unidos a la espera de que se resolviera su solicitud de asilo.

Mientras tanto, a su compañero Ajaj, que llevaba consigo los manuales para fabricar bombas de Yousef, le esperaba un destino distinto. Mostró un pasaporte sueco falso y, cuando el agente de inmigración levantó la mal pegada fotografía del documento, se puso violento y empezó a gritar que su abuela era sueca. Al final le pidieron que entrara en la oficina de inmigración para interrogarlo y allí le revisaron el equipaje. Los agentes de inmigración se sorprendieron al ver lo que llevaba: manuales y cintas de vídeo con las instrucciones para fabricar explosivos, detonadores e incluso el vídeo de un hombre bomba que se suicidó al atentar contra una embajada estadounidense. Lo detuvieron de inmediato.

Mientras Ajaj estaba siendo interrogado, Yousef tomó un taxi y se dirigió hacia el centro de refugiados Al Kifah, el cuartel general del terrorismo islamista en la ciudad de Nueva York, en la Atlantic Avenue de Brooklyn. Allí lo recibió Mahmud Abouhalima, un egipcio de 33 años que Yousef había conocido en Afganistán en 1988. Por entonces, Abouhalima trabajaba como chófer para un líder religioso islamista, el jeque Omar Abdul Rahman, más conocido como el Jeque Ciego. El egipcio presentó Yousef a Rahman como «un amigo de Afganistán, un tipo dipuesto a todo»;[2] la descripción de Abouhalima no podría haber sido más precisa. En sólo seis meses, Yousef concibió, planeó y ejecutó el mayor atentado en territorio americano con anterioridad al atentado de Oklahoma y al del 11 de septiembre. Como explicó Yousef en 1995 a los agentes del FBI que le escoltaban de vuelta a Estados Unidos desde Pakistán, su plan era hacer que una de las torres del World Trade Center se derrumbara sobre la otra. La bomba había sido fabricada para destruir las columnas que mantenían unidas ambas torres. Las limitaciones económicas, admitió, le habían obligado a renunciar a otro plan en el que combinaba sustancias venenosas con la explosión.[3] Afortunadamente, el plan de

Yousef no salió a la perfección: la camioneta que contenía los explosivos había sido aparcada demasiado lejos — sólo a unos metros— del punto «ideal», donde hubiese causado una masacre, y ciertas partes de la bomba tampoco llegaron a detonar. Aun así, seis personas perdieron la vida en el atentado y hubo centenares que sufrieron heridas físicas y psicológicas.

La investigación posterior puso al descubierto un escenario terrorífico. Yousef y sus compañeros formaban parte de una conspiración liderada por el jeque Omar, que planeaba llevar la yihad hasta el corazón de Estados Unidos. Enseguida se descubrió que se habían intentado llevar a cabo más atentados mortales contra las principales instituciones de Estados Unidos, entre ellas el Pentágono. Delante de las mismas narices del FBI, la CIA y el gobierno de Estados Unidos, y a lo largo de una década, un peligroso fenómeno había estado echando raíces en la trastienda del país. Los veteranos de la yihad antisoviética dirigieron su odio contra sus antiguos aliados, Estados Unidos. Por muy sorprendente que pueda parecer, estos descubrimientos no suscitaron ninguna preocupación por la seguridad nacional y tampoco se llegó nunca a valorar adecuadamente la amenaza que suponían los grupos armados islamistas. ¿Por qué? La respuesta la hallamos, en parte, en la decisión tomada por la administración estadounidense de tratar la violencia política más como una cuestión de orden civil que como un peligro para la seguridad nacional y, en parte, por la relación tan «especial» existente entre Estados Unidos y Arabia Saudí.

A comienzos de los años noventa, tanto la CIA como el FBI conocían el peligro que representaban los grupos radicales islamistas. Poco después del primer atentado contra el World Trade Center, Dale Watson, jefe de la sección de Terrorismo Internacional del FBI —la división encargada de la seguridad nacional— escribió que, por entonces, no sólo había un gran número de miembros de Hamás, Hezbolá, al Gama y al Islamiyya en el el país, sino que se habían mantenido particularmente activos durante bastante tiempo. Unos cuantos estudiantes iraníes pertenecientes al Anjoman Islamie se habían inscrito en universidades estadounidenses. Su labor consistía en vigilar la política de Estados Unidos respecto de

Oriente Próximo y en coordinar futuros atentados terroristas. Watson señaló también la existencia de varias células asentadas en lugares concretos, normalmente sufragadas por países como Irak, Irán o Sudán, y una plétora de páginas de Internet que se empleaban para hacer propaganda, reclutar y recaudar fondos. Los grupos armados islamistas, remarcó en su informe, veían en la ciudad de Nueva York el blanco ideal porque la ciudad albergaba muchas organizaciones nacionales e internacionales.[4]

Hay muchas pruebas que indican que, a principios de los años noventa, el FBI vigilaba a grupos de militantes islamistas, conocía su *modus operandi* y tenía una idea clara de sus estrategias. Hacia finales de 1992, Emad Salem, un antiguo teniente coronel del ejército egipcio que hacía de informador para el FBI, les advirtió que los militantes más próximos al Jeque Ciego buscaban explosivos y planeaban cometer atentados en la ciudad de Nueva York. Pero el FBI desatendió el aviso de Salem, considerando que exageraba la amenaza de los extremistas islámicos en Nueva York, y le retiraron el salario mensual de 500 dólares que recibía.[5] De haberle hecho caso, probablemente Ramzi Yousef hubiera fracasado en su empeño de continuar con su plan. La pregunta que nos viene a la cabeza es por qué se ignoraron esos avisos. La respuesta es muy sencilla: todas las administraciones estadounidenses posteriores a la Guerra Fría habían impuesto muchas trabas para investigar a los saudíes. En el programa *Newsnight* de la BBC2, Gregory Palast entrevistó a un agente del FBI que admitió la existencia de innumerables pruebas

...relacionadas con la casa real saudí, que aparecía involucrada en la financiación de organizaciones terroristas o de organizaciones vinculadas al terrorismo... El problema, entonces, fue que las investigaciones se cerraron. Hay problemas que se remontan al mandato de Bush padre; cuando era jefe de la CIA, intentó frenar las investigaciones sobre los saudíes; [estos problemas] continuaron durante la presidencia de Reagan, de Bush padre y... bajo la de Clinton, también... Debo añadir que también era la CIA y las demás agencias internacionales... Tengo que añadir que la información no procedía sólo del FBI, que intentaba equipararse a las demás agencias, sino, de hecho, de las otras agencias. La orden era que, hasta el 11 de septiembre, estaba absolutamente prohibido investigar la financiación saudí de Al Qaeda y de otras organizaciones terroristas.[6]

Tras el primer atentado contra el World Trade Center se reunió una gran número de pruebas indirectas que apuntaban a Osama Bin Laden, que por entonces estaba exiliado en Sudán. Algunos de los conspiradores convictos mantenían estrechos lazos con él. El magnate saudí del terror también financiaba la Office of Services, un grupo radicado en Pakistán cuyo objetivo era organizar y fomentar la yihad por todo el mundo. Desde 1993 hasta 1995, cuando finalmente fue capturado, Yousef residió intermitentemente en Peshawar, en la Bayt Ashuhada (la Casa de los Mártires), una de las casas de huéspedes financiada por Bin Laden.[7] De todos modos, la pista que hubiera podido conducir hasta Bin Laden y su red de Al Qaeda nunca se investigó a fondo, ni tampoco se puso remedio al punto débil que suponían los controles de inmigración, que con tanto éxito aprovechó Ramzi Yousef. En realidad, los secuestradores del 11 de septiembre se sirvieron de ese punto débil para introducirse en el país.

Terrorismo como delito

«Visto en retrospectiva, el aviso de alarma hubiese tenido que ser la bomba de 1993 contra el World Trade Center», admitía Michael Sheehan, coordinador de contraterrorismo del Departamento de Estado durante los últimos años de la administración Clinton.[8] Sin embargo, la administración estadounidense continuó desatendiendo todos los signos de alarma y el presidente optó por seguir los pasos de su predecesor, con el argumento de que la violencia política era un delito de ámbito nacional que había que perseguir y castigar, pero no representaba una amenaza para la seguridad nacional contra la que hubiera que tomar medidas preventivas ni era un enemigo al que tener en cuenta. Al seguir esa estrategia, la labor de las agencias que velaban por el cumplimiento de la ley fue perseguir a los miembros de las organizaciones armadas en calidad de delincuentes, utilizando exclusivamente la ley como instrumento. La violencia política era un punto tan irrelevante en la agenda de Clinton que ni siquiera llegó a visitar el World Trade Center, ni se preocupó por estrechar las manos de los familiares de las víctimas ante las cámaras. Para acallar la opinión pública, el Congreso aprobó una nueva legislación con la que se endurecían los controles de inmigración, pero la nueva normativa nunca se aplicó en su totalidad. Sorprendentemente, nadie percibió el peligro que constituían unas fronteras tan permeables.

Quizá la reacción de la Casa Blanca hubiera sido distinta si Yousef hubiera conseguido asesinar a miles de personas. «[El primer atentado contra el World Trade Center] no era un acontecimiento que mereciera una reunión de responsables de seguridad en la que la gente se preguntara: "¿Qué hay que hacer hoy en la guerra contra el terrorismo?"», admitió George Stephanopoulos, asesor del presidente para planificación y estrategia durante la primera legislatura de Clinton, al *New York Times*.[9] En 1995, cuando se atentó con una furgoneta llena de explosivos contra el Alfred P. Murrah Federal Building en la ciudad de Oklahoma y murieron 168 personas, la reacción fue completamente distinta. Bill Clinton no sólo se desplazó en avión para asistir a los funerales, sino que también dio órdenes para que se intensificara la lucha contra el terrorismo. Sin embargo, no se diseño una estrategia clara para lograrlo.

¿Es posible que tanto la burocracia política como la antiterrorista no tuvieran la más remota idea de la magnitud del peligro? Parece que así fue. «Antes del 11 de septiembre, muchas de las personas que dedicaban toda su jornada laboral a aspectos vinculados al terrorismo pensaban que era un fastidio.»[10] Pero ¿por qué? Una vez más la respuesta hay que buscarla en el hecho de que se consideraba la violencia política como un mero delito aislado y no una amenaza para el Estado, así como la circunstancia de que se tendía a frenar las investigaciones para descubrir quién financiaba el terror islamista.

El FBI y las demás agencias de seguridad disponían de un margen muy limitado de actuación. A finales de los años noventa, un diplomático saudí que desertó a Estados Unidos se llevó consigo 14.000 documentos. «Los ofreció a Estados Unidos, pero no los aceptaron» —revela un antiguo agente del FBI.

Los agentes de nivel inferior deseaban conseguir ese material porque era una buena baza. Pero sus superiores no lo permitieron, no querían tocar ese material. Fue increíble. Ni siquiera quisimos mirarlos. No queríamos saber. Porque, evidentemente, acceder a 14.000 documentos de los archivos del gobierno saudí hubiera encolerizado a los saudíes. Y parece ser que el punto número uno de nuestra política era evitar que se enfadaran esos tipos. [11]

Esta actitud supuso poner una venda en los ojos de los profesionales, les impidió trabajar con una información interior de vital importancia. Por ejemplo, en la primavera del año 1996 la CIA interrogó a Ahmed al Fadl, involucrado en 1992 en una trama para asesinar a soldados estadounidenses en Somalia. Les describió la vasta red de Bin Laden, Al Qaeda, su sueño de atacar Estados Unidos y su intención de adquirir uranio. Se informó de las sorprendentes revelaciones de Al Fadl a todas y cada una de las organizaciones antiterroristas de Estados Unidos, pero el Departamento de Estado no incluyó a Al Qaeda en su lista de organizaciones terroristas extranjeras.[12] En 1997 otra señal de alerta quedó silenciada cuando un miembro de Al Qaeda se dirigió a la embajada de Estados Unidos en Nairobi y denunció una conspiración para atentar contra algunas de las embajadas de este país en África. La CIA rechazó su historia por considerarla poco fiable. El 7 de agosto de 1998, las embajadas estadounidenses de Kenia y Tanzania sufrieron simultáneamente un atentado. A estas acciones siguieron otros atentados con bomba por todo el mundo contra intereses norteamericanos, que entre otras afectaron a sedes en Sri Lanka, Uganda, Israel y Sudáfrica. Estos atentados no sirvieron para que se iniciara una investigación a gran escala, sino que la Casa Blanca se limitó a emprender una operación encubierta para matar a Bin Laden que resultó un fracaso.[13]

Durante sus dos legislaturas como presidente, la posición global de Bill Clinton en relación con la violencia política se mantuvo invariable: se consideraba un delito y no una amenaza para la seguridad nacional. Así, es comprensible que, tras el primer atentado contra el World Trade Center, las agencias antiterroristas buscaran a grupos de delincuentes aislados que operasen mayoritariamente fuera de Estados Unidos y no a organizaciones armadas internacionales que planearan atentar dentro de las fronteras estadounidenses. Ese error proporcionó a Osama Bin Laden y a su red ocho años más para desplegar y establecer grupos afines por todo el mundo. Según la doctora Laurie Mylroie, experta estadounidense en terrorismo y en Irak, el gobierno de Estados Unidos era incapaz de valorar al mismo tiempo el problema de la seguridad nacional respecto a la promoción en su territorio de actos violentos alentados por otros países y la cuestión delictiva relativa a la culpabilidad o inocencia de los individuos implicados en tales actos.[14] Tras la primera bomba contra el World Trade Center, por ejemplo, una vez que se procedió a los arrestos, en el juicio se dio prioridad a la burocracia sobre cualquier otra cuestión. El Departamento de Justicia fue el encargado de llevar a cabo la investigación, y su objetivo era perseguir y condenar a los delincuentes, no capturar «terroristas». Y algo todavía más importante, por desavenencias entre el Departamento de Justicia (incluido el FBI), por una parte, y las agencias de seguridad nacional (la Agencia de Seguridad Nacional, la CIA y el Departamento de Defensa), por otra,[15] la investigación se llevó a cabo con total opacidad. Se denegaba sistemáticamente la información, incluso a la CIA, por temor a «alterar las pruebas». Según se informó en el *New York Times*, el ex director de la CIA James Woolsey admitió en una entrevista que no se compartieron con esta agencia algunos de los importantes indicios que apuntaban hacia el otro lado del océano, en cumplimiento de la regla según la cual el procedimiento ante el Gran Jurado es secreto.[16] «El sistema judicial de Estados Unidos está concebido para operar estrictamente según su propio método

—explicaba un abogado criminalista estadounidense—. Su finalidad última es demostrar sin que haya lugar para la duda que el acusado es inocente o culpable, con independencia del tipo de delito que haya cometido. No está preparado para seguir la pista a las "células terroristas" por todo el mundo.»

En el caso específico del atentado al World Trade Center en 1993, la inclusión de los atentados terroristas en el marco de la delincuencia en lugar de hacerlo en el de una guerra supuso un perjuicio para la seguridad nacional. El juicio contra Ramzi Yousef fue un éxito porque se consiguió demostrar su implicación en el primer ataque contra el World Trade Center, pero también resultó un fracaso porque no se pudo dar respuesta a importantes interrogantes como, por ejemplo, quién había detrás de Yousef, quién le prestaba apoyo económico e ideológico. De haber sabido la respuesta a estas cuestiones y de haber dispuesto de la suficiente libertad para investigar a los saudíes, posiblemente se hubiesen podido evitar los atentados del 11 de septiembre y la actual amenaza que supone el terrorismo internacional. Si bien el FBI y la CIA consiguieron seguir la pista de parte del dinero de Yousef hasta Alemania, Irán, Arabia Saudí y Kuwait, la ausencia de una confesión y esclarecedora hacía imposible identificar las fuentes.[17] Yousef insistió en que el coste total de la operación no había ascendido a más de 15.000 dólares y que más de la mitad del dinero procedía de su familia y de sus amigos. El tribunal no lo presionó para que revelara cuáles eran sus fuentes de financiación porque no lo consideraron un dato vital para determinar su inocencia o su culpabilidad en el juicio. Por ello, nunca explicó cómo consiguió pagar los enormes gastos en los que incurrió para llevar adelante otros atentados mortales en Asia, como la ambiciosa conspiración Bojinka.[18]

Hoy está plenamente aceptado que el atentado del 11 de septiembre fue una réplica de la conspiración Bojinka, un plan que pretendía hacer explotar simultáneamente varios aviones jumbo, provocar una masacre y asesinar al Papa Juan Pablo II durante su visita a Filipinas. El plan se desbarató de repente en 1995 cuando se incendió el piso que Ramzi Yousef y sus compañeros habían al-

quilado en Manila. Con las prisas por escapar, Yousef se olvidó de
recoger su ordenador portátil, en el que guardaba una gran cantidad de valiosa información. Abdul Hakim Murad, uno de sus
cómplices, fue arrestado por la policía cuando volvió al piso para
recuperarlo. Más tarde admitió ser un piloto profesional al que
Yousef había reclutado para llevar a cabo una misión suicida. Según se desprende de la confesión de Murad, Yousef pretendía se-
cuestrar varios aviones comerciales en Estados Unidos y hacerlos
estallar contra el cuartel general de la CIA y del Pentágono.[19]
Cuando se descifraron los datos almacenados en el portátil se descubrió un peligroso vínculo entre Ramzi Yousef y Al Qaeda, cuyo
enlace era Riduan Isamuddin, más conocido como Hambali, al
que las autoridades filipinas vigilaban por considerarlo el jefe regional de Al Qaeda y uno de los hombres que planeó el atentado
de Bali en octubre de 2002. En 1995 figuraba entre el equipo directivo de Konsojaya, una empresa malaisia que financiaba al grupo terrorista islamista del archipiélago. Es posible que Hamali
también participara en la planificación del atentado del 11 de septiembre. En enero de 2000 conoció a Khalid al Midhar y a Nawaf
al Hazmi, dos de los secuestradores del reactor que se estrelló contra el Pentágono el 11 de septiembre de 2001. Los agentes malai-
sios sostienen que esos dos hombres conocieron a Hambali en su
visita a Malaisia en enero de 2000.[20] Ocho meses más tarde, Hambali se reunió también con Zacarias Moussaoui.[21] Si bien esta información se transmitió a las autoridades estadounidenses, con
Yousef a buen recaudo entre rejas no se inició ninguna investigación para descubrir quiénes habían sido sus cómplices, todavía en
libertad. Aida Fariscal, la exinspectora de policía que llevó a cabo
la investigación de las Filipinas, opina que si Estados Unidos hubiera prestado mayor atención a los datos que contenía el portátil
de Yousef, los ataques del 11 de septiembre se hubieran podido
evitar.[22] Lo cierto es que los atentados del 11 de septiembre no
fueron un fracaso de los servicios de inteligencia, fueron mucho
más que eso. «No hay ninguna duda de que vivimos lo que parece
ser el mayor error del servicio de inteligencia desde Pearl Harbor,
pero lo que hemos descubierto ahora es que no fue un error, sino

una directriz.»[23] El sentimiento más generalizado es que la Casa Blanca impidió a los servicios de inteligencia investigar a fondo la los extremistas islámicos con el objeto de proteger a los saudíes. Mientras Estados Unidos estuviera a salvo, se los dejó tranquilos.

La guerra contra el terror

Esta política acabó bruscamente el día 11 de septiembre de 2001. A la vez, el terrorismo dejó de ser un mero delito y se convirtió en un acto de guerra. La reacción inmediata del presidente Bush fue calificar el atentado como una «tragedia nacional». Por la tarde, en una aparición televisiva dirigida a toda la nación, lo definió como «un ataque bélico contra Estados Unidos». Una de las consecuencias inmediatas de los atentados fue que el presidente y su administración actuaron como si la nación sufriera un ataque militar. Como si de una superproducción de Hollywood se tratara, se hizo aterrizar a los aviones, se cerraron todos los aeropuertos, las fronteras, las escuelas, las oficinas y también las tiendas; se aconsejó a los civiles no salir de casa y esperar a que la Casa Blanca hiciera una valoración de los daños ocasionados. El 12 de septiembre, en una reunión con el equipo de seguridad nacional, el presidente admitió que «los estadounidenses necesitaban saber que se enfrentaban a un nuevo enemigo, distinto de los que habían conocido hasta entonces». Unos cuantos días más tarde, George W. Bush creó por decreto presidencial el Homeland Security Advisory Sistem (Sistema Consultivo para la Seguridad Interior), «la base para construir una estructura de comunicación global y efectiva que promoviera la difusión de la información vinculada al riesgo de un ataque terrorista entre todos los niveles gubernamentales y civiles». Se asignó «al terrorismo» un mecanismo de control institucional propio. Apenas un mes más tarde, el 7 de octubre, Estados Unidos entró en guerra contra el régimen talibán. La justificación oficial fue que daba cobijo a Osama Bin Laden y a la red terrorista internacional Al Qaeda.

Si bien las reacciones de Bush y de Clinton no hubieran podido ser más distintas, las similitudes entre los dos atentados al

World Trade Center son sorprendentes. Ambos pretendían ocasionar una masacre, ambos tenían como objetivo uno de los mayores símbolos de la Norteamérica moderna y del capitalismo occidental y ambos formaban parte de una conspiración para introducir en el corazón de Estados Unidos la yihad. Ninguno de los dos grupos que llevó a cabo esos atentados disponía de medios propios suficientes y adecuados para financiar sus planes. En ambos casos, el rastro del dinero condujo a los mismos países de Oriente Próximo. Los responsables eran antiguos voluntarios musulmanes árabes y afganos que habían luchado en la yihad antisoviética, veteranos muyahidines que mantenían estrechos lazos con la red de Osama Bin Laden. Yousef y los secuestradores del 11 de septiembre conocían perfectamente los puntos flacos de los controles de inmigración y los aprovecharon para introducirse en Estados Unidos. Al final, el plan Bojinka de Yousef fue el anteproyecto de los atentados posteriores. La diferencia crucial radica en el hecho de que el primer intento de destruir las torres fracasó, mientras que el segundo fue un éxito.

Se dio a entender al mundo entero que, ante la magnitud de los daños, el número de víctimas y el carácter bélico del ataque, el gobierno de Estados Unidos ya no podía continuar tratando a los autores como a meros delincuentes. Era obvio que la seguridad nacional de Estados Unidos estaba siendo atacada, y de repente la guerra se presentó como una opción. La imagen que resulta de todo ello es la de un Estado involucrado en un conflicto cuyo protagonista era un nuevo tipo de enemigo: el conjunto de organizaciones armadas y de Estados terroristas, el núcleo de una vasta red internacional de terror. Ello, remarcó la Casa Blanca, era un fenómeno único.

Los ciudadanos occidentales han tenido que afrontar de repente una realidad que no sólo escapa a cualquier posible definición occidental de violencia política, sino que además plantea la pregunta de cómo es posible que un enemigo como éste haya aparecido de la nada y haya saltado al primer plano. Mientras los medios de comunicación buscan desesperadamente las claves para responder a ésta y otras preguntas, resulta evidente que el nuevo enemigo era muy conocido y llevaba décadas alimentándose en el mismo seno de la política exterior estadounidense. Su nacimiento y evolución son la esencia de la Nueva Economía del Terror.

2

La macroeconomía del terror

«Sí, soy un terrorista y me siento orgulloso de ello. Y estoy a favor del terrorismo siempre que sea contra el gobierno de Estados Unidos y contra Israel, porque vosotros sois más que terroristas; sois quienes habéis inventado el terrorismo y lo utilizáis a diario. Sois unos carniceros, unos mentirosos y unos hipócritas.»

RAMZI YOUSEF, durante el juicio celebrado por el atentado al World Trade Center en 1993

En los años inmediatamente posteriores a la Segunda Guerra Mundial, mientras Gran Bretaña y Estados Unidos se empleaban en contener la expansión soviética en Europa del Este, Francia estaba librando una cruel y desgarradora guerra en Indochina. Para evitar que los comunistas se apoderaran de sus colonias, entre las que en esos tiempos figuraban Vietnam, Laos y Camboya, el gobierno francés envió tropas al sureste asiático. Los comunistas reaccionaron lanzando una guerra de guerrillas. En medio de la densa jungla de Indochina, las tropas francesas pronto descubrieron que capturar a los guerrilleros era una labor imposible. Organizados en pequeños comandos diseminados por las selvas y montañas del norte de Vietnam, las guerrillas atacaban los pueblos y las guarniciones francesas mediante rápidas y bien planificadas incursiones. También emplearon tácticas de terror que consistían en romper los lazos entre la población local y la administración francesa y en ejecuciones públicas de los jefes tribales y de los ancianos que se oponían a ellos. Los éxitos de las operaciones de guerrilla se dejaron sentir enseguida: creció exponencialmente la influencia comunista y su apoyo en Indochina, y, finalmente, el gobierno francés tuvo que admitir que sus métodos militares convencionales no eran una respuesta adecuada.

Ya en 1949, los franceses desarrollaron una nueva estrategia. Empezaron a entrenar a hombres de las tribus de las montañas así como a minorías religiosas para que se convirtieran en agentes secretos, en saboteadores y en operadores de radio. También reclutaron a delincuentes, como los piratas Nung, que operaban en el golfo de Tonkin, y los Binh Xuyen, gángsteres y piratas fluviales radicados cerca de Saigon, para convertirlos en combatientes de la guerrilla.[1] Una vez entrenados, se los organizaba en grupos de aproximadamente 3.000 individuos, a los que se conocía con el nombre de maquis, y se los infiltraba en los territorios controlados por los comunistas. Estos maquis eran la réplica de los comandos comunistas; luchaban con las mismas tácticas de terror que el enemigo.

A lo largo de todo el conflicto, el principal problema que tuvo el gobierno francés fue su financiación. Debido a la impopularidad de la guerra en Indochina, resultaba extremadamente difícil obtener fondos en Francia. Notable fue el esfuerzo que llevó a cabo el Service Extérieur et du Contre-Espionage (SDECE, el cuerpo francés responsable final de los maquis)[2] para sufragar sus operaciones. A su vez, en 1952, los comunistas tuvieron que hacer frente a una seria escasez económica y para paliarla confiscaron las cosechas de opio de Laos, las vendieron en los mercados internacionales y utilizaron los beneficios obtenidos para comprar armas en China. Una vez más, los franceses copiaron los métodos de sus enemigos y prepararon la Operación X. Al año siguiente, el SDECE negoció en secreto la compra de toda la cosecha de opio de las aldeas de Laos, oferta que aceptaron encantadas por los ingresos que suponía y por la oportunidad de devolver el golpe a los comunistas. Una vez recogida la cosecha, el opio se cargó en un DC-3 francés y fue transportado al sur de Vietnam. Desde allí se llevó en camión hasta Saigón y fue entregado a un grupo de delincuentes, que el SDECE conocía bien, para que refinara la droga. Una parte del opio se vendió directamente en tugurios y tiendas de Saigón, otra fue adquirida por comerciantes chinos que la transportaron hasta Hong Kong y una tercera parte fue a parar a la Union Corse, la mafia corsa, que la pasó de contrabando a Francia[3] y a los mercados europeos y estadounidenses. De este modo el SDECE estableció una red que le reportaba unos buenos ingresos para financiar a los maquis.

Mientras tanto, los nortemericanos, perfectamente informados de que los franceses recurrían al opio para financiar a los maquis, decidieron mirar hacia otro lado. Cuando el coronel de la CIA Edward Lansdale descubrió la existencia de la Operación X, informó de inmediato a Washington de que los militares franceses estaban involucrados en el tráfico ilegal de drogas en Indochina. «¿No tiene usted nada mejor que hacer? —fue la respuesta que obtuvo—. No queremos que destape esa caja de truenos porque ello supondría un gran problema para un gobierno amigo. Así que abandone la investigación.»[4]

La doctrina de la contrainsurgencia

La respuesta francesa a la guerra de guerrillas comunista en Indochina recibió el nombre de contrainsurgencia. El nuevo concepto de contrainsurgencia, acuñado tras la Segunda Guerra Mundial en el ámbito de la guerra política, legitimó de hecho el terrorismo apadrinado por el Estado[5], esto es el apoyo financiero de un poder colonial en la guerra de guerrillas como un medio para luchar contra la insurrección, la disidencia y la subversión.[6] Al trasladar la guerra a un campo de batalla no convencional, la nueva doctrina exigió la formación de unidades especiales, de grupos de élite paramilitares y de una poderosa agencia de servicios secretos centralizada bajo control militar. A medida que el mundo se sumergía más y más en la Guerra Fría, la contrainsurgencia se convirtió en el medio más efectivo para asegurar el *statu quo* y evitar una confrontación directa entre las dos superpotencias.

En 1961 el presidente John F. Kennedy legitimó oficialmente la nueva doctrina y la sacó a la luz. «La seguridad del mundo libre no sólo está amenazada por un ataque nuclear —dijo Kennedy el 28 de marzo de 1961 ante el Congreso—, también puede sufrir agresiones desde la periferia... llevadas a cabo por fuerzas subversivas, por infiltraciones, intimidaciones o acciones indirectas o veladas, por una revolución interna, por el chantaje diplomático, por la guerra de guerrillas o por un conjunto de guerras limitadas.»[7] Seis días después de su nombramiento, su administración presentó el Consejo para la Seguridad Nacional y una propuesta para asignar de inmediato un presupuesto de 19 millones de dólares (equivalentes, hoy en día, a unos 100 millones de dólares) como parte de un ambicioso programa de contrainsurgencia que incluía la ampliación del número de efectivos de las fuerzas especiales del ejército de Estados Unidos, que pasó de unos centenares a 4.000 hombres. Así, para hacer frente a las fuerzas guerrilleras se creaba una nueva infraestructura de ayuda exterior que comprendía una extensa red de departamentos militares y agencias civiles.

En noviembre de 1961 se creó un grupo especial secreto para Cuba, enclave marxista en la esfera de influencia de Estados Unidos. Bajo el nombre en clave de Mongoose, se dotó a 400 norteamericanos y a 200 cubanos de una flota privada de lanchas motoras y de un presupuesto anual de 50 millones de dólares para socavar el régimen de Castro. El grupo estaba parcialmente dirigido por la delegación de la CIA en Miami, aun a sabiendas de que, al hacerlo, se violaba abiertamente el Acta de Neutralidad[8] y la legislación que prohibía a la CIA actuar dentro del territorio de Estados Unidos.[9] Mongoose fue sencillamente una de las muchas iniciativas militares no convencionales que emprendió la administración Kennedy. Hacia 1963, cuando el presidente fue asesinado, los grupos estadounidenses de la contrainsurgencia operaban en doce países y en tres continentes: África, Asia y América Latina.

Por aquel entonces, la doctrina de la contrainsurgencia ya se había convertido en la ideología en la que se apoyaba la guerra no convencional de Washington. Las fuerzas especiales eran su ejército. Casi de la noche a la mañana, desde las junglas del sureste asiático hasta las altas cordilleras de Suramérica, estos combatientes norteamericanos se convirtieron en héroes de la Guerra Fría para la élite política del país y del extranjero. Su arma más poderosa era el terror de la contrainsurgencia, un reflejo del terror de las guerrillas. Este principio se aplicó en Vietnam en 1961, en Colombia en 1962 y en Centroamérica en 1966.[10] Con el tiempo, esos combatientes se convirtieron en especialistas capaces de entrenar a otros en el arte de la guerra no convencional y de enseñar sus conocimientos a los extranjeros.

En los comienzos, una de las operaciones de contrainsurgencia de mayor éxito fue la Operación Águila Negra. Los agentes de Estados Unidos entrenaron a un contingente vietnamita previamente seleccionado en el arte del asesinato, y lo agruparon en pequeños comandos conocidos como escuadrones de la muerte. La labor de esos escuadrones de la muerte era asesinar a miembros de alto rango del Vietcong. Durante el período en que se puso en práctica la Operación Águila Negra, se hallaron en sus camas los cuerpos sin vida de algunos de los líderes de la organización secreta del Vietcong. En sus cuerpos, los asesinos habían pintado un ojo. Ese mismo dibujo se halló en las puertas de las casas de las víctimas,[11] como advertencia para todo aquel que pretendiera darles su apoyo. Durante la guerra civil en El Salvador se entrenaron grupos como éstos y también se recurrió al dibujo del ojo como símbolo. La guerra psicológica con la que se aterrorizaba al enemigo era el principio fundamental de la estrategia de la contrainsurgencia. El miedo era un arma especialmente poderosa en el mundo subdesarrollado. Durante la campaña militar que se llevó a cabo en Guatemala entre los años 1966 y 1967, conocida como el *Contraterror*, el ejército llegó a asesinar a unas 8.000 personas en dos provincias,[12] la mayoría civiles, simplemente para disuadir a la gente de que colaborara con la guerrilla.[13]

La URSS y sus aliados también se involucraron decididamente en el terrorismo patrocinado por el Estado, pero la actitud de los soviéticos hacia esa política fue, hasta cierto punto, ambigua. La ambigüedad partía de la contradicción existente en el seno de la política exterior soviética a lo largo de la Guerra Fría.

Si bien optaron por evitar cualquier confrontación directa con Occidente, los soviéticos mantuvieron una visión leninista sobre la guerra y la guerra civil. Como Clausewitz, Lenin creía que la guerra era una «prolongación de la política por otros medios». Cuando esa creencia se combinó con los principios marxistas de la perpetua lucha de clases y de la lucha entre capitalismo y comunismo, tuvo unas consecuencias devastadoras para el Tercer Mundo. Al margen de la «red de seguridad» que aportó la Guerra Fría (la OTAN y los países del Pacto de Varsovia disfrutaron de un período de paz y estabilidad relativas),[14] Moscú concibió una serie de grupos de naciones en África, Asia y Suramérica, todas ellas en perpetuo estado de guerra. En un discurso de Andréi Kosiguin, ministro de Asuntos Exteriores soviético, realizado el 3 de julio de 1972, éste resumió las contradicciones de la política exterior de su país.

> La política de la coexistencia pacífica… procede de la inadmisibilidad de aplicar la fuerza a la hora de resolver ciertas cuestiones entre Estados. Ahora bien, ello no significa en ningún caso negar el derecho de los pueblos a oponerse por las armas a las agresiones externas o a luchar contra la opresión. Este derecho es sagrado e inalienable y la Unión Soviética apoya sin dudas a quienes lo hacen valer.[15]

Conforme a la visión de Lenin, la cúpula comunista otorgó una gran importancia a la guerra no convencional y a la preparación de fuerzas especiales, más conocidas por el nombre de *Spetznaz*. En 1979, por ejemplo, los soviéticos hicieron uso de ellas y de los grupos antiterroristas Alfa para introducirse en Afganistán[16] clandestinamentea antes que el ejército convencional. Moscú mostró una particular afición a repetir el modelo de las *Spetznaz* con los combatientes marxistas de la Guerra Fría. Así pues, crear y entrenar de forma gratuita grupos armados marxistas se convirtió en una forma indirecta de apoyo financiero. En los años setenta, para incrementar su influencia en Oriente Próximo, Moscú llegó incluso a crear una escuela de sabotaje en Praga en la que instructores de Alemania Oriental y de la URSS entrenaban a miembros elegidos de Al Fatah.[17] El curso duraba seis meses, tras los cuales se mandaba a los hombres a otro campo en Kosice, Checoslovaquia, para terminar su entrenamiento.[18] En el Instituto Lenin y en la Universidad Patrice Lumumba, en Moscú, los estudiantes soviéticos y los extranjeros aprendían técnicas de guerra psicológica y de manipulación de los medios de comunicación además de la ideología marxista.[19] Entre los estudiantes «destacados» de esta formación proporcionada por los soviéticos se encontraba Carlos, el Chacal. Una vez finalizado el curso, los estudiantes se trasladaban a campos de entrenamiento repartidos por el país: Bakú, Tashkent, Odessa y Simferopol, en Crimea, o en cualquier otro punto del bloque comunista.[20]

Un tercer grupo de países solía intervenir también en la financiación soviética de grupos armados marxistas. Alemania Oriental y Bulgaria, por ejemplo, se encargaban de distribuir la ayuda soviética a grupos europeos, de Oriente Próximo y africanos. En sus memorias, el jefe de espionaje exterior de Alemania Oriental, Markus Wolf, admite haber proporcionado armas y ayuda económica a organizaciones armadas marxistas; de todos modos, apunta que los destinatarios eran «legítimos».[21] Así, mientras los estadounidenses empleaban la doctrina de la contrainsurgencia para justificar el terrorismo de Estado, los soviéticos disimulaban su participación en ese mismo juego ampliando el concepto de «solidaridad internacional» a lo que ellos llamaban «fuerzas progresistas» del Tercer Mundo. Entre ellas encontramos a los guerrilleros de la OLP que operaban en los territorios ocupados y tenían como objetivo las posiciones militares y estratégicas israelitas.

Economía de guerra de guerrillas en El Salvador

Con la amenaza nuclear flotando en el ambiente, se trató de evitar a toda costa una confrontación directa entre los dos bloques. De todos modos, las dos superpotencias se intentaban minar constantemente la una a la otra alimentando la aparición de enfrentamientos armados en los límites de sus respectivas esferas de influencia.

La Guerra Fría fue una guerra no convencional en muchos sentidos: tenía lugar en la periferia, en terceros países y por grupos armados apoyados por un Estado. Durante más de una década, por ejemplo, Estados Unidos y la Unión Soviética llevaron a cabo una guerra por poderes en El Salvador. Ese país ya era víctima de una guerra civil entre un régimen dictatorial de derechas y un movimiento revolucionario marxista. En 1980, la situación política en El Salvador llegó a un punto crítico. Los desastres económicos y naturales se sumaron a la guerra de guerrillas que se libraba en el campo y todo ello trajo consigo un malestar social enorme y una pobreza generalizada. Desde 1979 hasta 1981 el PIB bajó un 18 por ciento. Durante ese mismo período, la productividad y los beneficios de las empresas bajaron un 20 y un 26 por ciento, respectivamente. Desde enero de 1980 hasta agosto de 1981 la tasa de empleo cayó un 27 por ciento en la industria, un 56 en la construcción, un 25 en el comercio y un 33 por ciento en el transporte.[22] Hacia 1981 la inversión se frenó y la producción industrial cayó un 17 por ciento. Al llegar a ese punto, Estados Unidos decidió intervenir para sostener la economía y el gobierno de El Salvador, pero su actuación no estuvo movida por mero altruismo, sino por la espectacular victoria que habían conseguido los sandinistas en la vecina Nicaragua. Simultáneamente, utilizando Cuba y Nicaragua como intermediarios, los soviéticos reforzaron las guerrillas marxistas que operaban en el país suministrándoles fondos, armas, preparación militar y apoyo político.[23] Todas esas acciones convirtieron El Salvador en uno de los muchos campos de batalla de la Guerra Fría.

Desde el momento en que Estados Unidos y la Unión Soviética se implicaron en El Salvador, resultó evidente que la salud de la economía nacional era el factor que decidiría el resultado de la guerra civil. Éste era un punto de vista compartido por la cúpula de la guerrilla, convencida de que «la solución consistía en impedir que la economía pudiera soportar la guerra».[24] Es más, desde 1981 hasta 1984, el FMLN (Frente de Liberación Nacional Farabundo Martí), una coalición de cinco grupos revolucionarios marxistas, apuntó contra la economía y lanzó una dura campaña para sabotear su infraestructura: las redes telefónicas y eléctricas, las centrales eléctricas, las presas, los puentes, los servicios hidráulicos y la agricultura. El presidente Reagan, que temía el desplome de la estructura socioeconómica de El Salvador, consiguió convencer al Congreso para que aumentara la ayuda estadounidense a El Salvador, de modo que se pasó de 64 millones en 1980 a 156 millones en 1981, 35 millones de los cuales se destinaron a la ayuda militar. En 1982 esa cifra aumentó hasta 302 millones dé dólares (en este caso, 80 millones destinados a la ayuda militar).[25] La idea era sostener al gobierno utilizando la ayuda para cubrir el saldo negativo entre los ingresos y los gastos del gobierno. Así, mientras la estrategia del FMLN era provocar un hundimiento de la economía salvadoreña, el gobierno de Estados Unidos intentaba estabilizarla desesperadamente.

El impacto que tuvo la campaña de sabotaje económico[26] fue doble: por un lado debilitó al gobierno de El Salvador y, por el otro, reforzó al FMLN. El grupo guerrillero se benefició de la erosión de la economía, básicamente porque supo crear su propio sistema de financiación al margen de la economía nacional. Sus baluartes eran regiones rurales aisladas como Morazán y Chalatenango. El sabotaje contra las principales infraestructuras no afectó a esas áreas. Arrasadas y empobrecidas por la guerra civil, estaban completamente aisladas del resto del país. Sin líneas telefónicas, sin electricidad y sin agua corriente, la población sobrevivió gracias a la economía de guerra que promovió la guerrilla del FMLN. Esta «economía de guerra de guerrillas»[27] se basaba en la subsistencia y en las ayudas externas, esto es la ayuda extranjera, como las armas y los fondos que los soviéticos suministraban a los guerrilleros. Fue en el campo donde la economía de guerra de guerrillas tuvo su centro neurálgico y donde el FMLN recibió más apoyo y se hizo fuerte: el 95 por ciento de los combatientes de la guerrilla procedían del campo y tenían orígenes campesinos.[28] El grupo era visto como el salvador y protector de los *campesinos** contra los abusos del régimen de derechas. En diciembre de 1980, el reportero del

* En español en el original. (*N. de la E.*)

New York Times Raymond Bonner preguntó al recién elegido presidente José Napoleón Duarte «por qué había guerrillas en las montañas». La respuesta de Duarte sorprendió a Bonner: «Cincuenta años de mentiras, Cincuenta años de injusticias, Cincuenta años de frustración. Ésta es la historia de la gente que muere de inanición y que vive en la miseria. Durante cincuenta años, han sido las mismas personas quienes han tenido todo el poder, todo el dinero, todo el trabajo, toda la educación, todas las oportunidades».[29]

El gobierno de Estados Unidos era consciente de los peligros que podían derivarse de una campaña del FMLN extendida a objetivos económicos y conocía perfectamente cuál era la intención final del FMLN: destruir la economía de El Salvador y sustituirla por una propia. Por consiguiente, Estados Unidos, además de dar apoyo militar diseñó un ambicioso programa para remodelar la estructura social y económica del país. Así, junto con una reforma agraria que pretendía estimular la creación de nuevos granjeros, Estados Unidos impulsó una serie de medidas de promoción tanto de la exportación de productos agrícolas como de artículos no tradicionales, como productos textiles. Haciendo caso omiso de la resistencia que el gobierno mostraba hacia ese plan, se destinaron fondos a la Fundación para el Desarrollo Económico y Social, una organización que mantenía estrechos lazos con el sector privado. Entre los años 1984 y 1992, Estados Unidos destinó 100 millones de dólares para que esta organización pudiera llevar a cabo operaciones en El Salvador. Gracias a esa iniciativa, se permitió que los negocios privados, en especial los de más peso, se desarrollaran al margen del marco gubernamental, y que las compañías asumieran funciones que ya no podía desempeñar el Estado. A su vez, las nuevas empresas se fueron consolidando como poderosos socios de Estados Unidos.[30]

El final de la Guerra Fría conllevó el final del conflicto de El Salvador sin que la victoria se decantara de forma clara por ninguna de las dos partes. El gobierno del partido ARENA[31] se mantuvo en el poder. Aunque Estados Unidos hizo todo lo que estuvo en sus manos para evitar una revolución marxista, el FMLN no pudo ser barrido y se le permitió participar en los comicios. Todavía era evidente la presencia del ejército, pero el país fue profundamente desmilitarizado. Fue la población civil quien pagó el precio más alto por la internacionalización de la guerra civil: hubo 75.000 muertos, una cuarta parte de la población salió del país en calidad de refugiados y la mayor parte del campo quedó destruida. La transición de la guerra a la paz no supuso el fin de la violencia que, por desgracia, ya se había convertido en endémica. Ése fue el legado más relevante de los años de la Guerra Fría. Durante la guerra civil murió una media de 6.250 personas al año y en 1995 se contabilizaron hasta 8.500 «muertos en tiempo de paz». Aunque pueda parecer que todos esos asesinatos poco tenían que ver con la política de la Guerra Fría en El Salvador, no dejan de ser «la expresión de una economía política violenta».[32]

Terrorismo patrocinado por el Estado

A diferencia de los estadounidenses, que se vieron involucrados en la guerra de Indochina, los soviéticos eran reacios a enviar tropas de apoyo a los combatientes anticolonialistas, a las organizaciones armadas y a los grupos marxista latinoamericanos, una estrategia que se abandonó en 1979 con la invasión de Afganistán. La ayuda económica soviética se tradujo básicamente en proporcionar armas y entrenamiento. Incluso después de la Segunda Guerra Mundial, cuando el Kremlin se esforzaba por atraer a países como Grecia hacia el bloque del Este, Moscú evitó involucrarse abiertamente. Desde noviembre de 1949 hasta verano de 1950, los comunistas griegos recibieron constantes cargamentos de armas, pero nunca un apoyo militar directo. Las armas checoslovacas llegaban a Albania, donde los comunistas griegos las recogían. Ahora bien, no todos los cargamentos iban destinados a los griegos. Un número considerable de ellos viajó más al sur, hasta Palestina, Egipto y Kenia, vía Yibuti. Etiopía, un antiguo cliente y socio de los soviéticos en el tráfico regular de armas, fue el punto de entrada para el suministro de armas a los rebeldes Mau Mau que luchaban contra el dominio británico en Kenia. En el escenario posterior a la Segunda Guerra Mundial, Oriente Próximo también se convirtió en un beneficiario habitual de los envíos de armas soviéticos. Mucho antes de que se formara el Estado de Israel, el Kremlin, resuelto a barrer el poder colonial británico en la región, ofreció su apoyo tanto a los árabes palestinos como a los judíos que se oponían a los británicos. Así, el armamento checoslovaco fue mandado puntualmente tanto a la Agencia Judía como a los palestinos.[33]

En conjunto, los soviéticos no tenían una estrategia bien definida. Proporcionaban armas, preparación y formación a cualquier combatiente, a veces incluso cobrando por ello, que luchara o estuviera dispuesto a luchar contra Occidente. Al parecer, ése era el único criterio para que prestaran su apoyo. Es más, a excepción de Cuba, las revoluciones patrocinadas por los soviéticos no consiguieron ni un solo aliado de valía; Egipto, Etiopía, Mozambique y Zimbabue demostraron ser países en los que no se podía confiar. Otros, como la Angola de Dos Santos, se revelaron demasiado independientes.[34]

Ahora bien, las dos superpotencias no eran los únicos Estados comprometidos en el patrocinio de organizaciones armadas. Por su misma naturaleza, el terrorismo patrocinado por el Estado es un medio al alcance de cualquiera que pueda financiarlo. Tras la primera crisis del petróleo y el subsiguiente reciclaje de petrodólares,[35] los dirigentes árabes tuvieron que administrar enormes sumas de dinero casi de la noche al día. Provistos de cuentas corrientes abundantes, muchos se permitieron financiar grupos armados. Muammar el Gaddafi fue uno de esos líderes. Llegado al poder mediante una revolución llevada a cabo en 1969, se sintió obligado a promover movimientos antiimperialistas en cualquier lugar del mundo. En los años setenta empezó a canalizar una parte del superávit que generaba el petróleo de Libia hacia lo que él consideraba grupos armados revolucionarios. Desde la OLP hasta el IRA, desde el Movimiento de Liberación Angoleño al ANC de Sudáfrica y el KANAK de Nueva Caledonia, las organizaciones armadas internacionales fueron alimentadas con ese maná libio. Como los beneficios generados por el petróleo libio aumentaron con el paso de los años hasta alcanzar los 22 mil millones de dólares en los años ochenta, Gaddafi cada vez fue más generoso. Llegó incluso a establecer un sistema de bonificaciones para las operaciones particularmente arriesgadas y de más impacto. Por ejemplo, los miembros de Septiembre Negro que participaron en el atentado terrorista perpetrado en Múnich durante la celebración de los Juegos Olímpicos de 1972 recibieron gratificaciones que iban de uno a cinco millones de dólares.[36] Al terrorista internacional Carlos, *El Chacal,* se le dio una bonificación de 2 millones de dólares tras el secuestro de los ministros del petróleo de la OPEP en Viena en diciembre de 1975. Hans-Joachim Klein, uno de los hombres del comando de Carlos, recibió una compensación de 100.000 libras por el disparo que recibió en el estómago durante el secuestro.[37] La generosidad del líder libio le valió el apodo de «padrino del terrorismo».

En 1973, Gaddafi aprovechó la guerra civil que se libraba en el Chad para ir más allá en sus sueños de expansión. Al ofrecer su apoyo al líder militar Goukuni Oueddei contra el dictador Hissene Habre, el dirigente libio ocupó la franja de Aouzou, en el norte del Chad, una región rica en manganeso y uranio. Veía en Aouzou, que hacía frontera con el extremo de Libia, un puente natural hacia África Central. Su plan a largo plazo era constituir una república saharaui bajo dominio libio, que incluiría Túnez, Mauritania, Argelia, Níger, Chad y el Sáhara Occidental. Evidentemente, su actitud desencadenó una reacción inmediata por parte de Francia, que temía un efecto desestabilizador en la región. El presidente Mitterand mandó 3.500 soldados para ayudar a Hissein Habre, que logró frenar a Oueddei. El líder militar se refugió en Libia, donde ejercía de jefe de Estado en el exilio. La guerra se alargó muchos años y a Libia le costó un dineral. En 1985, cuando los beneficios anuales del petróleo libio disminuyeron a 8.500 mil millones de dólares, las repercusiones de estas pérdidas provocaron un gran resentimiento entre la población. Con el tiempo, incapaz de financiar esta guerra, Gaddafi se retiró de Aouzou.

El Club Safari

A comienzos de los años ochenta, Muhammad Hasseinine Haykal, un escritor egipcio, descubrió por casualidad un secreto muy bien guardado. Mientras investigaba en los archivos imperiales de Teherán descubrió la copia original de un acuerdo firmado el 1 de septiembre de 1976 por los jefes de las agencias de contraespionaje de varios países.[38] Con creciente agitación, Haykal leyó algunos de los nombres de los firmantes, entre los que se incluía el conde Alexandre de Marenches, jefe del contraespionaje francés, y Kamal Adham, jefe de los servicios secretos de Arabia Saudí. El acuerdo establecía la creación de una organización secreta cuya labor era llevar a cabo operaciones anticomunistas en África y en el Tercer Mundo en beneficio de los intereses de Occidente. Haykal lo bautizó con el nombre de Club Safari. Su cuartel general se encontraba en El Cairo, en un edificio que les había sido cedido por el presidente egipcio Anuar el Sadat. Francia proporcionó el equipo técnico más sofisticado y algunos de los miembros del personal.

El Club Safari es un ejemplo perfecto de la adaptación de la doctrina de la contrainsurgencia al nuevo escenario político internacional. La humillación que supuso la guerra de Vietnam y el movimiento antibelicista que se vivía en el país forzó a Estados Unidos a reconsiderar su posición en la guerra no convencional. Para proteger la nación tanto de las críticas internas como de las externas, se pasó a considerar el apoyo indirecto ddel Estado a las fuerzas anticomunistas (la ayuda monetaria y militar por mediación de terceros) como una opción más viable que la implicación directa. Como consecuencia, Henry Kissinger, secretario de Estado con Nixon, promovió la idea de emplear grupos afines para llevar a cabo operaciones vitales que contribuyeran a contener la expansión de los movimientos marxistas. Así, se estableció con mucho cuidado un listado de Estados amigos: Francia, Marruecos, Egipto, Arabia Saudí y Persia. Argelia también fue invitada a participar, pero el autoproclamado régimen islámico-socialista de Bumedian declinó la propuesta.

Una de las primeras operaciones que llevó a cabo el Club Safari fue rescatar a Siad Barre, el dictador somalí que por entonces estaba en guerra con Etiopía por el control del territorio de Oga- dén. En el último momento, los soviéticos, que habían apoyado el régimen de Barre durante bastante tiempo, cambiaron su política y en su lugar apostaron por el gobierno etíope en la contienda. Ba- rre miró hacia el Club Safari en busca de ayuda. Sus miembros acordaron que Egipto debía vender parte de sus armas de fabrica- ción soviética a Somalia. De resultas, una partida de 75 millones de dólares de las antiguas armas soviéticas obtenidas por Nasser de Checoslovaquia se envió al ejército somalí. Arabia Saudí, cuyo ma- yor problema en esos momentos era su boyante cuenta de resulta- dos, pagó la factura. Ante tamaña generosidad, Barre rompió sus vínculos con Moscú, puso su país y a sí mismo bajo la protección del Club Safari e, indirectamente, de Estados Unidos.

Aun así, pronto descubrió que en el cambiante clima de la Guerra Fría, el apoyo estadounidense era tan voluble como el de la Unión Soviética. En 1977, el secretario de Estado estadounidense Cyrus Vance mostró ciertas reticencias a mandar ayuda económica adicional al dictador de Somalia en su guerra contra Etiopía. Ante la creciente presión de Barre, el sha de Irán, Reza Palevi, intervino y le mandó morteros alemanes adquiridos en Turquía y algunas ar- mas anticarros. Irónicamente, cuando las tropas somalíes descu- brieron que esas armas llevaban una marca de fábrica israelí recha- zaron utilizarlas. Al cabo de poco, en compensación por las garantías soviéticas de no participar en la entrega del poder a la mayoría negra en Rodesia, Estados Unidos aceptó poner fin a su apoyo a Somalia en la disputa territorial de Ogadén. El Club Safa- ri pronto hizo otro tanto y abandonó a Barre, otro peón sacrifica- do en el tablero de ajedrez de la Guerra Fría.[39]

Sólo en contadas ocasiones los soviéticos dieron apoyo direc- to a las insurrecciones del Tercer Mundo. Cuba fue una de esos contados casos. En 1959, Fidel Castro se hizo con el poder en gran parte gracias a la financiación soviética. De todos modos, en un gesto de cortesía por parte del «nuevo vecino», Castro permi- tió que los estadounidenses continuaran dirigiendo sus negocios en Cuba y les proporcionó acuerdos para que se ajustaran a la nueva legislación local. Con la esperanza de socavar la economía y poner fin al régimen comunista, el gobierno de Estados Unidos garantizó ayuda económica a Cuba, pero con unas condiciones muy estrictas. Castro se volvió inmediatamente hacia la Unión Soviética, que estableció un duro acuerdo de subvenciones basado en el intercambio de petróleo por azúcar.[40] En pocos años, el flujo regular de dinero trajo a Cuba la estabilidad económica y reforzó la revolución. Castro también disfrutaba de una generosa línea de crédito directo de Moscú, un dinero que supuestamente debía ser compensado mediante transacciones comerciales. De todos modos, teniendo en cuenta que cualquier intercambio comercial realizado dentro del bloque comunista se liquidaba en rublos, una moneda que sólo existió con fines contables,[41] resultaba fácil inflacionar o deflacionar el valor de los préstamos o incluso hacerlos desaparecer de los libros de contabilidad.

Cuba, la república soviética de América Latina

La ayuda económica directa de los soviéticos a Cuba se debió al papel estratégico de la isla en la política de la Guerra Fría. La Habana era la representante *de facto* de Moscú en América Latina y su labor consistía en alimentar los movimientos marxistas de la región. En los años ochenta, la Unión Soviética canalizó unos 4 mil millones de dólares anuales a través de la isla caribeña, que en su mayor parte se dedicaron a entrenar a las guerrillas.[42] La base militar de Guanabo, en la costa norte de Cuba, llegó a ser uno de los más famosos campos de adiestramiento comunista. Los reclutas llegaban de Nicaragua, El Salvador, Colombia, Oriente Próximo, Angola y otros muchos países. Aun así, el papel principal de Cuba no era formar guerrilleros, sino unir los distintos grupos bajo un ideal común y ayudarlos a combinar sus estrategias. En Guanabo, la ideología tenía un papel relevante. Contrariamente a los escuadrones de la muerte vietnamitas adiestrados por los estadounidenses, los soldados de la guerrilla comunista dedicaban una buena parte de su tiempo a escuchar conferencias políticas y, al parecer, recibían poco entrenamiento militar propiamente dicho. Ello solía traducirse en un rendimiento militar más bien pobre. El 6 de junio de 1982, durante la Operación Paz para Galilea,[43] los soldados israelíes informaron de que los palestinos mostraban tener habilidades tácticas limitadas y un escaso conocimiento de su armamento y su equipo. No luchaban como un ejército, remarcaron los israelíes, sino como un grupo de individuos que utilizaban los tanques como artillería en vez de hacerlo como lo que eran, fuerzas móviles de primer orden. Los combatientes entrenados por los soviéticos en Rodesia mostraban esa misma falta de conocimientos tácticos.[45]

Tras una máscara ideológica, Moscú y La Habana también manejaron las insurrecciones armadas como si de un negocio se tratara. Contrariamente a la creencia popular, la Unión Soviética no dudó en cobrar a las organizaciones armadas por sus servicios. A la OLP, por ejemplo, a menudo se le exigía que pagara en moneda fuerte las armas y el adiestramiento que solicitaba.[46] Otros patrocinadores, como Arabia Saudí y Libia, proporcionaban los fondos. Cuba tenía una visión bastante parecida. Castro mandó miles de soldados cubanos bajo el disfraz de «trabajadores de la construcción», para que ayudaran a todos los grupos armados comunistas desde Angola hasta Nicaragua, desde Malí hasta la isla de Granada. Para ello cobraba un precio mensual fijado de antemano.[47]

Patrocinio encubierto, el caso de la Contra

Hacia finales de los años setenta, era evidente que el apoyo económico directo a los grupos armados se había convertido en el método menos popular de ejercer el poder en la periferia de la esfera de influencia de las superpotencias. Las democracias occidentales necesitaban un decidido respaldo de sus ciudadanos para garantizar dichas ayudas. En Estados Unidos, por ejemplo, fue necesario obtener el consentimiento del Congreso para cualquier ayuda económica a otros países. Así, en los años ochenta, el presidente Reagan tuvo que embarcarse en una campaña para convencer al Congreso de la necesidad de apoyar a la Contra de Nicaragua. La lucha de la Contra para derrocar el régimen sandinista se vendió como «guerra de liberación», una lucha patriótica para detener la expansión de los gobiernos marxistas en América Central. En realidad, la Contra era una organización armada creada por Estados Unidos para hacer su propia guerra por poderes en América Central.

En su libro *In Search of Enemies*, John Stockwell, el agente de más alto rango de la CIA que jamás se haya atrevido a dejar la agencia para hacer públicos sus conocimientos, describe el nacimiento de la Contra de la manera siguiente:

A fin de desestabilizar Nicaragua, empezamos a financiar una fuerza constituida por los antiguos guardias nacionales de Somoza, los llamamos *contras* (de contrarrevolucionarios). Nosotros creamos, pues, esa fuerza, que no existió hasta que no la dotamos económicamente. Les armamos, les dimos uniformes, les calzamos botas, les proporcionamos campos en Honduras donde vivir, medicinas, doctores, entrenamiento, liderazgo y orientación y les mandamos a Nicaragua para que desestabilizaran el gobierno. Bajo nuestras ordenes hicieron volar sistemáticamente graneros, aserraderos, puentes, delegaciones del gobierno, escuelas, centros de salud. Preparaban emboscadas a los camiones para que los artículos no pudieran llegar a los mercados. Arrasaban granjas y pueblos. Los agricultores debían ir armados para labrar la tierra, si es que podían hacerlo.[48]

En 1984 la administración Reagan obtuvo un paquete de ayudas de 24 millones de dólares para armar a 12.000 hombres.[49] Si bien esa cantidad fue aumentando posteriormente cada año hasta que estalló el escándalo Irán-Contra,[50] seguía siendo demasiado baja para hacer frente a los crecientes costes de la guerra por poderes de Estados Unidos en Nicaragua. Se necesitaron otras formas de financiación para salvar la gran diferencia entre los fondos destinados y los gastos. De este modo, paralelamente a la campaña oficial a favor de la Contra, la administración Reagan-Bush organizó una espectacular operación encubierta para conseguir más dinero con el que socavar el gobierno sandinista en Nicaragua. Una red de miles de personas, centenares de compañías y fundaciones contribuyó al plan. Al final, a los contribuyentes norteamericanos se les estafaron miles de millones de dólares, un dinero que se empleó no sólo para financiar a la Contra, sino también a sus padrinos estadounidenses.[51]

Según Al Martin, oficial retirado de la Marina estadounidense que formaba parte del entramado de la Contra,[52] en julio de 1984 un memorándum secreto escrito por el coronel Oliver North y Donald Gregg, entonces asesor para la seguridad nacional del vicepresidente, estableció un presupuesto de mil millones de dólares mensuales para abastecer a la Contra. Ese objetivo debía alcanzarse por medio de operaciones financieras ilegales llevadas a cabo dentro de Estados Unidos.[53] Según el citado memorándum, North ideó unas cuantos ardides: transacciones fraudulentas con aseguradoras, préstamos bancarios ilegales, falsificación de valores, fraudes con compañías de seguros, blanqueo de dinero, etcétera. Cinco mil personas, un ejército de seguidores de la derecha, trabajaron con el propósito de reunir dinero para la «causa», como la definía Oliver North. En la cima de la pirámide se encontraban organizaciones y fundaciones políticas, utilizadas principalmente porque estaban exentas del pago de impuestos. Pongamos un ejemplo: las contribuciones por valor de 10.000 dólares a la American Eagle Foundation, fundada por Oliver North y Jesse Helms, eran deducibles como pérdidas contables.[54] A fin de animar a hacer donativos, los contribuyentes recibían una tarjeta con el número de una línea directa de la Casa Blanca en la que los empleados de North estaban siempre dispuestos a «ofrecer su ayuda». Posteriormente, ese dinero «fácil» se blanqueaba en los libros de la fundación y se hacía llegar a la Contra.

La base de la pirámide estaba formada por subcontratistas, exagentes de la CIA, personal militar, ayudantes de políticos, etcétera. Esas personas operaban en distintos campos: petróleo y gas, lingotes o minas de oro, sector inmobiliario, Bolsa, etcétera, para generar dinero ilegal. Finalmente cabe decir que la mayor parte de esas operaciones pretendían estafar a los bancos cuyos ejecutivos simpatizaban con «la causa». También se estafó a las compañías de seguros. En su libro titulado *The conspirators*, Al Martin apunta que, en 1984, el general de división John K. Singlaub creó la World Anti-Communist League (Liga Mundial Anticomunista) para recaudar dinero con el que apoyar a los republicanos y a los anticomunistas.[55] Se donaron pequeños aviones a cambio de privilegios fiscales. Ciertos tipos de aviones fueron transferidos a filiales de la Liga. Los aviones se vendían a pequeñas compañías privadas, como DeVoe Airlines, Rich Aviation, Southern Air Transport, Polar Avions, etcétera, porque reunían los requisitos idóneos para hacer contrabando de drogas desde Suramérica. El resto de los aviones se escondió en Joplin, Missouri, y se denunció su robo. Las compañías de seguros pagaron las primas correspondientes: por un avión de 100.000 dólares, por ejemplo, podían llegar a pagar 300.000. Una parte del dinero fue a parar a la Liga en concepto de donativo, y el resto se empleó para devolver las contribuciones de sus donantes.

Hacia finales de 1985 los cómplices de North casi llegaron a alcanzar la meta de mil millones de dólares mensuales. Una parte de ese dinero terminó en los bolsillos de los políticos republicanos, la otra se destinó a pagar a los guerrilleros de la Contra y su armamento. Una cantidad considerable se empleó para financiar la participación directa de Estados Unidos en la guerra no convencional que se estaba librando en Centroamérica. Esto ocurrió en 1985, cuando Oliver North decidió minar el puerto de Córdoba, el más importante al este de Nicaragua y punto de entrada de los barcos soviéticos cargados de armamento para los sandinistas. La operación requirió el empleo de minas marinas Titan Mark 4, controladas por comunicación vía satélite. Puesto que las minas no podían adquirirse directamente a la armada estadounidense sin la correspondiente autorización del Consejo de Seguridad Nacional, hubo que buscar una ruta alternativa de compra. La empresa Defcon Armaments Ltd., con sede en Lisboa, compró las minas directamente a los estadounidenses. A su vez, la compañía portuguesa las revendió a la Standford Technologies Overseas, una compañía controlada por el general Richard Secord, uno de los hombres de North.[56] A través de Secord, las minas llegaron a manos de la Contra.

El derrumbe de la Unión Soviética puso punto final a la Guerra Fría, pero no terminó con el terrorismo patrocinado por el Estado. A principios de los años noventa, Estados Unidos proporcionó a Turquía el 80 por ciento de las armas que utilizó para aplastar la insurrección kurda, que se tradujo en la muerte de decenas de miles de personas, en dos o tres millones de refugiados y en la destrucción aproximada de 3.500 pueblos.[57] Pronto fue obvio que fuera del marco de la Guerra Fría la utilidad de la doctrina de la contrainsurgencia había menguado, dejando al terrorismo de Estado sin ninguna base ideológica. Tras la guerra del Golfo, como reveló la tragedia de los kurdos, la historia del éxodo de centenares de miles de civiles fue retransmitida en directo a los países occidentales. Los ciudadanos no conseguían ver con claridad quiénes eran los agresores ni quiénes las víctimas. Turcos y kurdos se acusaban los unos a los otros de ser unos terroristas, de llevar a cabo una campaña deliberada de terror. Ante la falta de un enemigo a sus puertas, la opinión pública occidental de repente se sintió incómoda ante el exterminio de civiles. El fin de la Guerra Fría supuso que la política exterior estadounidense, así como la de sus aliados, quedaba ennegrecida por la evidencia de su implicación en guerras civiles en terceros países.

La economía comercial de guerra de Sendero Luminoso

Las consecuencias más devastadoras de la interferencia de las superpotencias en los asuntos internos de otros países han sido la desestabilización de regiones enteras y el derrumbe de sus respectivas economías. El terrible legado del terrorismo de patrocinio estatal en América Latina fue la proliferación de grupos armados y la consiguiente eclosión de microeconomías regidas por el terror. En los años ochenta, ciertas áreas de El Salvador, Nicaragua, Honduras, Colombia y Perú cayeron en manos de las guerrillas. Es lo que les ocurrió a los habitantes del valle del Alto Huallaga, en Perú. El valle, conocido también con el nombre de la Selva Alta por su altitud, que oscila entre los 500 y los 1.800 metros, se encuentra en la vertiente oriental de los Andes nororientales. La región vivió una reforma agraria a finales de los años sesenta, que se reveló un gran fracaso. Debido a la dureza del clima, ninguno de los cultivos que se intentó introducir prosperó, y la población pronto se encontró al borde de la inanición. Sólo una planta comercializable pareció tener la suficiente resistencia para sobrevivir en esas altitudes: la *Erythroxylum Coca*. Los nativos habían masticado sus hojas durante siglos para incrementar su energía y calmar el hambre. Por consiguiente, cuando los traficantes de droga colombianos llegaron al valle para comprar las cosechas de coca, los empobrecidos agricultores se mostraron encantados. En un abrir y cerrar de ojos, los agricultores se convirtieron en cultivadores que producían más cantidad de coca de la que necesitaban para su uso privado y, casi con la misma rapidez, se convirtieron en víctimas de la explotación del poderoso cartel de Medellín.

En 1978, bajo la creciente presión estadounidense, el gobierno de Francisco Morales Bermúdez intentó erradicar la producción de coca. La iniciativa fue muy impopular y nunca llegó a despegar. A pesar de la intervención militar, las plantaciones de coca en la Selva Alta aumentaron para abastecer el boyante tráfico de droga. En 1980, militantes del grupo armado Sendero Luminoso (los senderistas) se trasladaron hasta el valle del Alto Huallaga y empezaron a vivir entre los indígenas. Enseguida descubrieron que la población vivía atormentada tanto por los traficantes de droga como por la policía. De modo que los senderistas lanzaron una campaña con dos objetivos: desautorizar los programas gubernamentales, una labor fácil entre una población constantemente amenazada por Lima, y proteger a los cultivadores del cartel colombiano.

Durante ese mismo año, el gobierno peruano introdujo otro proyecto para erradicar la coca del valle del Alto Huallaga. La población local tenía miedo del nuevo plan agrario que pretendía erradicar su único medio de subsistencia viable: la producción de coca. Aprovechando estos temores, los senderistas se dedicaron a visitar los distintos pueblos y aldeas para ganarse a sus habitantes y acusar a Estados Unidos de ser el instigador de las reformas. Explicaban a los cultivadores que la cocaína no era una amenaza para

Perú, sino para Estados Unidos. No obstante, los norteamericanos no querían empezar una guerra contra sus propios traficantes de drogas y poner fin al flujo monetario que generaba el blanqueo de ese dinero. Así que presionaron al gobierno peruano para que frenara la producción de coca. Ni Washington ni Lima, remarcaron los senderistas, tuvieron en cuenta que la subsistencia de todo el valle dependía del cultivo de la coca. Sendero Luminoso les ofreció protección contra los militares, que estaban dispuestos a hacer cumplir el nuevo programa, y contra el cartel de la cocaína, que explotaba a los cultivadores. Entusiasmados, los campesinos se unieron a los senderistas. «Son agitadores profesionales —sentenció el general del ejército peruano Héctor John Caro, antiguo jefe de la policía secreta—, siempre están preparados para entrar en acción.»[58] Bajo la supervisión de Sendero Luminoso, los cultivadores se organizaron en sindicatos, un movimiento que les permitió negociar mejores precios.

Gracias al uso de las tácticas del terror, Sendero Luminoso fue adquiriendo el control militar de todo el valle. Una de sus estratagemas más frecuentes era desplazarse hasta uno de los pueblos en compañía de unos treinta hombres armados, reunir a todos sus habitantes, exponer sus ideas públicamente y empezar los interrogatorios para descubrir quiénes trabajaban para las autoridades locales o quiénes colaboraban con los narcotraficantes. Los acusados eran ejecutados públicamente y de inmediato, y se sustituía la autoridad local por asambleas generales formadas por senderistas. Una vez «liberada» una zona, los senderistas se desplazaban hasta la siguiente población. Hacia 1985, el grupo había conseguido ya establecer una fuerte presencia militar en toda la región. Hicieron volar los puentes por los aires para evitar que las tropas regulares pudieran acercarse al valle y establecieron controles en las carreteras para controlar cualquier vehículo que se acercara por la Carretera Marginal, el único lazo de comunicación que existía con el resto del mundo. En poco tiempo, Selva Alta se convirtió en un área en la que no podían adentrarse ni la policía ni el ejército.

Entre tanto, los cultivadores parecían complacidos de que su valle estuviera controlado por los senderistas porque éstos les ofrecían protección contra los traficantes de drogas y contra las bandas de delincuentes, así como contra las reformas agrarias que quería implantar el gobierno. Curiosamente, los productores de cocaína y los traficantes de droga también dieron la bienvenida al cambio porque la disciplina que se instaló entre los cultivadores se tradujo en un incremento de la producción de coca. En 1988, 211.000 hectáreas del valle estaban recubiertas por plantas de coca. Además, bajo el control de Sendero Luminoso, los procedimientos de envío también se modernizaron. Era responsabilidad de los senderistas la protección de las distintas pistas de aterrizaje diseminadas por todo el valle, una labor que se mantenía en 2002 sin interferencia alguna. Los envíos con pequeños aviones resultaron no sólo más fáciles, sino también más eficaces.

Las actividades de Sendero Luminoso no se limitaron a controlar la producción de coca. En algunas zonas también se encargaron de otros negocios, por ejemplo, del cambio de divisas. En Xión, los bancos dejaron de cambiar dólares por intis peruanos a los intermediarios del cartel de Medellín. En su lugar, Sendero Luminoso, a cambio de una pequeña comisión, proporcionaba moneda nacional a los colombianos para que pudieran pagar a los cultivadores. Cómo es lógico, los banqueros estaban que trinaban con esa medida, pero nada podían contra el poder *de facto* de Sendero Luminoso, la única autoridad que gobernaba en el valle. El control ejercido sobre la moneda extranjera permitió a los senderistas disponer de una cantidad de dinero en efectivo muy considerable en un país privado de divisas. Una parte del dinero se empleó para mantener su autoridad en la Selva Alta y otros enclaves; otra fue destinada a la adquisición de armamento con el que fomentar el sueño marxista del grupo en Perú.

Sendero Luminoso fue —antes que las FARC— con mucho el grupo mejor armado de América Latina. Entre los meses de febrero y de septiembre de 1989, por ejemplo, desbarató los esfuerzos gubernamentales para erradicar el tráfico de drogas en el valle. Para desquitarse del uso que hizo el gobierno del herbicida Spike, que destruyó las plantaciones de coca, algunos miembros de Sendero Luminoso asaltaron el cuartel de la ciudad de Uchiza y fusilaron a los cincuenta soldados que previamente se habían rendido ante el elevado número de senderistas que los asediaban. Ese mismo año, el gobierno declaró el valle del Alto Huallaga como zona de emergencia militar.[59]

En el valle del Alto Huallaga, Sendero Luminoso consiguió crear una economía basada en el terror que constituía el núcleo de un micro-Estado. Como veremos en el capítulo 5, la Selva Alta es uno de los muchos «Estados embrión», entidades estatales *de facto* creadas a partir de una economía de guerra gracias a las actividades de grupos armados violentos. El modelo de Sendero Luminoso corresponde al de una «economía comercial de guerra» y se basa en la comercialización de los recursos locales, como las plantaciones de coca y el tráfico de productos ilegales como las drogas. En este modelo

> «los grupos armados erigen santuarios económicos gracias a que ejercen un control militar sobre las zonas económicamente rentables [como la Selva Alta] y crean redes comerciales con terceros, como podría ser el caso de los carteles de la droga colombianos o, incluso forjan alianzas con grupos rivales. El impacto puede ser positivo al contribuir a ... la protección de sectores ilegales (por ejemplo, la producción de coca)».[60]

Algunas de estas economías pueden generar grandes ingresos, como en el caso del valle del Alto Huallaga. A finales de los años ochenta, los beneficios totales generados por las hojas de coca y la pasta de coca peruanas se estimaron en 28 mil millones de dólares. De esa cifra, la parte correspondiente a los productores de pasta de coca y a los traficantes locales fue de 7.480 millones de dólares, lo que equivale a un 20 por ciento del PIB peruano real, que en 1990 fue de 35 mil millones de dólares. Los cultivadores se llevaron 240 millones de dólares por el cultivo de coca. La parte correspondiente a Sendero Luminoso en este negocio se cifró en una cantidad estimada de 30 millones de dólares,[61] suficientes para adquirir armas y seguir extendiendo su red de protección y de extorsión por todo Perú. Los beneficios de la economía comercial de guerra también se dejan sentir entre la población. Las 66.000 familias que viven en el valle del Alto Huallaga tuvieron un promedio anual de ganancias de 3.639 dólares, tres veces más que la renta per cápita del resto del país, que se sitúa en los 1.000 dólares.

Las ramificaciones internacionales de las economías dirigidas por el terror, como la del valle del Alto Huallaga, son más que sorprendentes. A escala global, miles de millones de dólares generados por las drogas se blanquean en Estados Unidos; entre el 30 y el 40 por ciento del total se incorporan a la economía norteamericanae,[62] mientras que el resto va a parar a la economía ilegal internacional y, como explicaremos más adelante, se emplea para alimentar la Nueva Economía del Terror.

3

La privatización del terror

«No, no soy un asesino profesional. No resulta fácil disparar a los ojos a una persona cuando te está mirando directamente, en especial cuando has matado a cuatro individuos en menos de diez segundos como hice yo...»

CARLOS, EL CHACAL

En el verano de 1981, cuando estaba en Estados Unidos estudiando gracias a una beca Fulbright, un amigo mío me invitó a pasar unos días en Cape Cod como invitada de su familia. Pronto me sorprendió comprobar lo estrictos que eran los padres de mi amigo, acomodados católicos irlandeses de Boston, con sus hijos, que tenían más de veinte años. A las tres hijas se les prohibía llevar biquini en la playa y los hijos no podían fumar delante de sus padres. Una noche, tras la cena, mientras mirábamos la puesta de sol sentados en el porche, la madre de mi amigo me preguntó cuál era mi opinión sobre el aborto. Le respondí que tener la posibilidad de elegir el momento para tener un hijo suponía una gran conquista para la mujer. Claramente decepcionada, sacudió la cabeza y replicó: «Es un crimen terrible, un pecado imperdonable». A la mañana siguiente, en la playa, observé a tres jóvenes de piel clara cruzando la playa y parándose para charlar con prácticamente todo el mundo. Cuando se acercaron a nuestro grupo, los padres de mi amigo les dieron la bienvenida y enseguida los invitaron a comer. Cuando pregunté quiénes eran, mi amigo me contó que eran irlandeses y que estaban recaudando dinero para el IRA. Supongo que dejé entrever mi más completa sorpresa porque mi amigo tuvo que repetirme la respuesta dos veces. «¡Tus padres —recuerdo que le dije—, tan católicos y tan estrictos, y aun así comparten su mesa con el IRA!» «Somos irlandeses —me respondió sencillamente—, son de los nuestros.»

Por tradición, los irlandeses norteamericanos han representado una generosa fuente de ingresos para el IRA. Fue la rama estadounidense de la Fenian Brotherhood (hermandad fundada en 1858 en Nueva York) la que financió la insurrección de finales del siglo XIX. Durante los años sesenta y setenta, el dinero viajaba a través del Atlántico gracias a la labor de Jack McCarthy, John McGowan y Michael Flannery, veteranos del IRA. Durante los años setenta fundaron la Irish Northern Aid, más conocida por Noraid. El cuartel general de Noraid se encontraba en el número 273 de East 194 Street, en el Bronx, Nueva York.[1] Su portavoz era el periódico *The Irish People*, que se distribuía por todo el territorio de Estados Unidos. El éxito de la aventura fue casi inmediato: Noraid se sumó a la ya existente red de organizaciones norteamericano-irlandesas —unos cuantos sindicatos del cuerpo de policía y trabajadores portuarios de la Costa Este, por ejemplo— y así pudo llegar a una gran variedad de personas. Hacia finales de los años setenta, contaba con 5.000 miembros y 30.000 seguidores.[2] El dinero llegaba de todos los rincones de Estados Unidos y se recaudaba de distintas maneras: por la venta de publicaciones, en los bares norteamericano-irlandeses, como el O'Neil de Chicago o el Wednesday de Nueva York, mediante sorteos, bailes y desfiles, y también en la soleadas playas de Cape Cod. Una proporción muy considerable de los fondos procedía de la clase trabajadora norteamericano-irlandesa. Hubo incluso unos cuantos sindicatos que pagaban una cantidad fija semanal con la que se engrosaban las cuentas de Noraid. También se recogían las donaciones de figuras públicas muy conocidas que se desplazaban por todo el país. En 1969, Bernadette Devlin recaudó 650.000 dólares en su viaje por Estados Unidos en pro de la Northern Ireland Civil Rights Association (NICRA).[3] En una década, Noraid reunió un monto de siete millones de dólares y pudo sufragar más del 50 por ciento de las necesidades de caja del IRA.[4]

La misión de Noraid era asegurar su poder político y a la vez su patrocinio económico con el objeto de convertirse en un grupo de presión lo suficientemente poderoso para influir en el gobierno estadounidense respecto de su posición sobre las relaciones entre Irlanda y el Reino Unido. A la manera de los profesionales de los grupos de presión establecidos, Noraid organizó acontecimientos para recaudar fondos, entre los que destacaba, por su importancia, la celebración de la cena de Nochevieja en distintas ciudades de la geografía estadounidense. En Nueva York, el lugar de reunión siempre era el Waldorf Astoria. A las fiestas asistían políticos distinguidos y miembros de los sindicatos, quienes pagaban la cantidad de 400 dólares por cada entrada. Era así como se lograba reunir la cantidad de 20.000 o 30.000 dólares y se conseguía, también, que la gente conociera mejor la causa irlandesa.

Al principio, los fondos de Noraid llegaban al Ulster a través del Northern Aid Comitee, una organización con sede en Belfast fundada en 1969 tras los disturbios de Londonderry. Cuando la An Cumann Cobrach (ACC), una versión moderna de la Prisoners' Dependants' Fund de los años veinte, tomó el control de dicha organización, el dinero empezó a llegar a la ACC, que compartía la oficina de Dublín con el Sinn Fein. A continuación, la ACC transfirió el dinero a la Green Cross de Belfast, oficialmente una organización de apoyo a las familias de los presos republicanos, cuando en realidad era el vehículo financiero para sostener económicamente al IRA. Lo curioso era que la Green Cross no disponía de dirección ni de número de teléfono, y tampoco llevaba una contabilidad legal y no estaba registrada como organización caritativa en Hacienda.[5] A pesar de que Noraid insistía en que los promotores americano-irlandeses enviaban dinero para vestir y alimentar a los indigentes del norte de Irlanda, la labor de caridad era una tapadera del IRA Provisional. En 1982, durante un juicio celebrado contra Noraid, el Departamento de Justicia de Estados

Unidos estableció que «desde sus comienzos, Noraid ha actuado como un agente en [Irlanda] del ala provisional del Ejército Republicano Irlandés, cuyo brazo político es el Sinn Fein y sus afiliados».[6] Un porcentaje considerable del dinero recaudado por Noraid en Estados Unidos se utilizó para adquirir armamento y pasarlo de contrabando al Ulster. En 1982, por ejemplo, el FBI destapó una operación de contrabando de armas en Nueva York valoradas en un millón de dólares.[7] Andrew Duggan, uno de los dos hombres que la orquestaron, era miembro de Noraid.

Si bien la ayuda económica directa procedente de organizaciones independientes como Noraid obliga menos que el patrocinio estatal, los grupos armados están igualmente condicionados por ella. El asesinato de lord Mountbatten en 1979 y el atentado con bomba perpetrado en los almacenes Harrods de Londres, que tuvo lugar durante la navidades de 1983, atrajo la atención pública estadounidense hacia la campaña de terror que el IRA lanzó en Inglaterra. Esto provocó un cambio en la relación entre el IRA y los norteamericanos de origen irlandés. Para combatir ese malestar que se generó, Noraid se esforzó en presentar a los británicos como invasores del territorio irlandés. Para muchos estadounidenses de origen irlandés, el IRA ya no luchaba contra fuerzas de ocupación extranjeras, mataba a civiles inocentes en Inglaterra. Exceptuando el año 1981, cuando Bobby Sands, Raymond McCreesh y otros miembros más del IRA se declararon en huelga de hambre y murieron en la prisión de Maze en protesta por las condiciones de vida en la cárcel y para que se les reconociera el estatus de presos políticos, el apoyo a Noraid disminuyó. Los políticos y las organizaciones nortemericano-irlandesas empezaron a distanciarse y ya no acudieron ni a las fiestas ni a los desfiles. En 1983 el gobierno irlandés, la archidiócesis católico-romana de Nueva York y muchos políticos norteamericano-irlandeses llegaron incluso a boicotear el desfile y la celebración del día de San Patricio en Nueva York. De repente, Noraid tuvo que hacer frente a una nueva realidad: la visión romántica de los soldados irlandeses liberadores había quedado irremediablemente mancillada por los actos de terror del IRA en Inglaterra. Tal como me comentó en

1984 un amigo norteamericano-irlandés residente en Londres, «si son capaces de poner una bomba en Harrods en plenas navidadesd, nadie está a salvo». La violencia política se había acercado peligrosamente al hogar de la gente.

El cambio de sentimiento experimentado entre los estadounidenses de origen irlandés secó las cuentas de Noraid y dejó ver cuáles eran los límites del patrocinio extranjero. Esas limitaciones eran especialmente graves en el contexto de la nueva estrategia del IRA, ya trazada por Gerry Adams en 1977. Dentro de lo que se conoció como «programa del voto y de la bala», el IRA debía divulgar y desarrollar una base política legítima sin dejar de lado su feroz campaña de violencia. Para asegurar la entrada de fondos con los que apoyar la estrategia de Adams, el IRA confió cada vez más en operaciones ilegales como el contrabando, la evasión de impuestos y el fraude. La frontera que separa la República de Irlanda y el Ulster, con sus más de 400 kilómetros de longitud, ofrecía un marco de actuación idóneo para el contrabando. Los seguidores del IRA en la República de Irlanda aprovecharon las subvenciones que el Mercado Común concedía para exportar productos agrícolas irlandeses al Reino Unido —al que pertenece Irlanda del Norte— para, así, recaudar dinero. Se empezaron a exportar cerdos desde la República a los seguidores del IRA afincados en Irlanda del Norte y con ello se cobraba la subvención a la exportación (equivalente a 8 libras por cerdo). Acto seguido, esos mismos cerdos se devolvían a su lugar de procedencia, es decir a la república, de contrabando. Esa operación se repetía infinidad de veces con los mismos animales, hecho que reportaba una considerable cantidad de dinero y, evidentemente, mucho agotamiento para los cerdos. Según el servicio de inteligencia británico, en 1985 Thomas Murphy, miembro del comando ASU del IRA, encargado de la frontera, y propietario de una granja convenientemente ubicada entre ambos países, hizo imposiciones de hasta 8.000 libras semanales en las arcas del IRA gracias al negocio de contrabando de cerdos. En un año, Murphy contribuyó con aportaciones de hasta 2 millones de dólares. Cuando Bruselas retiró estas subvenciones el IRA se orientó hacia otros productos, como los cereales, por los que daban una subvención de 12 libras por tonelada. Si bien resulta difícil calcular la cantidad total de dinero que generó el fraude de las subvenciones, el Tribunal de Auditores de la Comisión Europea estimó que en 1985 la cifra correspondiente a las pérdidas del Mercado Común fue de 450 millones de libras.[8]

Otro fructífero negocio ilegal fue la explotación de los distintos impuestos, sobre todo el Impuesto sobre el Valor Añadido (IVA), entre la república e Irlanda del Norte. El IVA de los artículos de lujo, como un televisor en color, era del 35 por ciento en el sur y del 15 por ciento en el norte. Los artículos se pasaban de contrabando del norte hacia el sur y se vendían a unos precios bastante inferiores a los imperantes en el mercado. En conjunto, el contrabando costó anualmente al gobierno de Dublín 100 millones de dólares.[9]

A medida que Gerry Adams organizaba la transición del IRA y la dirigía para que se convirtiera en una corriente política relevante, un porcentaje elevado de los beneficios del IRA se desvió para financiar las campañas políticas del Sinn Fein. Según el gobierno británico, el sueño político de Adams costó tres veces más de lo que había costado dirigir el IRA como organización armada.[10] Durante la campaña política de 1983, en la que Adams fue elegido, por ejemplo, sólo la seguridad costó 1,30 libras por voto, lo que supuso un total de 137.000 libras,[11] en gran medida sufragado por los beneficios derivados de las acciones delictivas del IRA. En 1985 el gobierno irlandés descubrió una transferencia ilegal de 2 millones de dólares al IRA, una parte de la cual se había destinado a financiar la campaña electoral municipal. El dinero se había obtenido mediante extorsión a la Associated British Foods, y a cambio de que el IRA dejara de cometer actos violentos en la República de Irlanda, como el secuestro y los atentados con bombas. Al seguir la pista del dinero, los investigadores irlandeses y el servicio de aduanas estadounidense pudieron reconstruir los movimientos de los fondos y destapar la complejidad de esa operación financiera. Desde Suiza, el dinero había sido depositado en una cuenta del banco de Irlanda en Nueva York. Alan Clancy, propietario de un bar en Nueva York y miembro de Noraid, transportó el dinero hasta Irlanda, provisto de un pasaporte falso, y lo depositó en una sucursal del mismo banco en Navan. Cuando intentó retirar los fondos, fue arrestado por la policía.[12]

Recurrir a operaciones encubiertas para financiar campañas políticas legítimas es un recurso común entre las organizaciones armadas que intentan convertirse en partidos políticos relevantes. Por desgracia, la asociación con la delincuencia termina por impregnar la ética de esos grupos, incluso después de que se haya realizado esa transición. El Sinn Fein y Adams siguen una política similar para obtener fondos. Sólo en 2001, el IRA amasó 7 millones de libras con el ejercicio de actividades delictivas. El contrabando de tabaco procedente de Europa del Este representó la fuente más importante de ingresos. Los camiones cargados de cigarrillos viajaban hacia Inglaterra y la República de Irlanda desde Europa del Este. Eludiendo el pago de impuestos, el IRA los volvía a vender y obtenía, así, unos beneficios netos superiores a las 400.000 libras irlandesas por camión.[13] A mediados de 2002, mientras el IRA consideraba la posibilidad de un desarme dentro del marco del proceso de paz, tres de sus miembros fueron arrestados en Colombia por entrenar a las FARC (Fuerzas Armadas Revolucionarias de Colombia), el mayor grupo armado colombiano, en el uso de artefactos explosivos. Uno de ellos, Martin McCauley, era el director de campañas electorales del Sinn Fein. Su abogado defensor, Ernesto Amezquita, dijo que habían ido a visitar la zona que estaba bajo control de las FARC en calidad de «eco-turistas». El jefe de las FARC, Manuel Marulanda, conocido como Tirofijo, secundó su explicación y describió el baluarte del grupo armado como una especie de «atracción eco-turística» para personajes públicos. «Distintos partidos y movimientos políticos de Europa y Estados Unidos han venido a visitarnos —afirmó—. Incluso hemos disfrutado de la visita del presidente de la bolsa de Nueva York y de la reina de Jordania… Los irlandeses vinieron aquí para conversar sobre relaciones internacionales.»[14] Por su parte, Gerry Adams llegó incluso a desmentir que existiera algún vínculo entre los tres hombres y el Sinn Fein. De todos modos, no es descabellado suponer que el dinero generado por

YIHAD

ellos estuviera destinado a financiar el Sinn Fein y las campañas políticas de Adams.[15]

Para muchos grupos armados, la asociación con la delincuencia organizada suponía la alternativa más fácil al terrorismo de patrocinio estatal, el primer paso para independizarse de las condiciones y manipulaciones de los poderes extranjeros. A mediados de los años setenta, a medida que la violencia política se intensificaba y cobraba fuerzas, las organizaciones armadas empezaron a librarse de las viejas estructuras de la Guerra Fría. Una vez asimiladas las metodologías de sus patrocinadores sobre cómo llevar a cabo operaciones encubiertas e ilegales para obtener dinero, les resultó más fácil establecer sus propios negocios ilegales.

La privatización del terror

El 23 de julio de 1968, el vuelo de pasajeros El Al que se dirigía a Tel Aviv desde Roma fue secuestrado y desviado hacia Argelia. La mayoría de los pasajeros fueron liberados, salvo doce israelíes. Los secuestradores los mantuvieron cautivos durante 39 días, el tiempo que se tardó en satisfacer sus demandas: pedían el intercambio de los secuestrados por quince palestinos encerrados en las prisiones israelíes. El secuestro del avión se convirtió en un hito en las tácticas y la financiación del terror. Por vez primera, los israelíes habían sido objetivo del terrorismo fuera de Israel. Si bien tanto Al Fatah como Arafat expresaron públicamente su rechazo a esa agresión e insistieron en que su política no era atacar a los civiles israelíes, la operación tuvo una buena acogida en el mundo árabe, y sus actores, el Frente Popular para la Liberación de Palestina (FPLP), se hicieron célebres de inmediato entre las guerrillas árabes y los grupos armados.

El secuestro del avión de El Al fue obra de Wadi Haddad, un palestino licenciado en medicina por la Universidad Americana de Beirut. Tras haber fundado inicialmente el Movimiento de Árabes Nacionalistas (MAN) junto con algunos de sus amigos de universidad (entre los cuales estaba George Habash y el kuwaití Ahmad al Khatib), en 1968 Haddad y George Habash lo transformaron en el FPLP. Ambos líderes estaban en desacuerdo con la estrategia de Al Fatah, que se centraba en atacar objetivos estratégicos dentro de Israel, como la red de suministro de agua, oleoductos y la red de ferrocarriles. Tanto Haddad como Habash deseaban ampliar la lucha. Aun así, su preocupación inmediata era independizarse económicamente de sus patrocinadores árabes y diferenciarse de Al Fatah, el grupo que controlaba la OLP. El secuestro del avión de El Al permitió que logararan ambas metas.

El ataque tuvo un éxito arrollador y pronto se convirtió en un modelo. Tras ese secuestro, algunas líneas aéreas pagaron gustosamente para evitar futuros secuestros. De repente, Haddad empezó a recibir pagos mensuales por valor de un millón de dólares de parte de una serie de grupos armados.[16] El dinero de la protección no tardó en convertirse en una valiosa fuente de ingresos para la comunidad armada internacional. Las compañías aéreas aceptaron hacer aportaciones voluntarias como pago por una especie de seguro contra secuestros. Lufthansa, por ejemplo, se sumó a este acuerdo en 1972, tras el secuestro de uno de sus aviones por parte del FPLP en Adén, hecho que obligó a las compañías a aceptar esa forma de extorsión. El coste anual del seguro oscilaba entre 5 y 10 millones de dólares. El dinero se repartía entre varios miembros de la OLP (que por entonces ya había abandonado su oposición a los secuestros), incluido el FPLP.[17]

El negocio de la extorsión a cambio de seguridad pronto se extendió a la industria del petróleo. En septiembre de 1972, tras el atentado de Septiembre Negro contra unas instalaciones petrolíferas en Rotterdam, la mayor parte de las principales compañías de petróleo se sumaron al «acuerdo de seguridad». ARAMCO, compañía árabe-estadounidense de petróleos, se adhirió al acuerdo tras la agresión que sufrió un grupo de sus empleados en el aeropuerto de Roma. La OPEP tampoco quedó inmune. En diciembre de 1975, Illich Ramírez Sánchez, más conocido por el apodo de Carlos o Chacal, junto con un comando del FPLP, se apoderó de los cuarteles generales de la OPEP en Viena. Según dijo la CIA, tras el secuestro, la OPEP pagó a Haddad y a los grupos que habían secundado la operación 100 millones de dólares para salvaguardar los intereses de la OPEP. Además, depositó 120 millones de dólares en los fondos secretos del presidente de la OLP.[18]

Algunas veces, el deseo de obtener una mayor independencia y de desvincularse de las interferencias externas fue lo suficientemente fuerte para justificar acuerdos impensables entre distintos grupos armados, como sería el caso de la OLP y la Falange Cristiana en Líbano. A comienzos de enero de 1976, Bashir Gemayal, líder de la milicia cristiana pro israelí, y Abu Hassan Salameh, jefe de seguridad de Al Fatah, acordaron una sorprendente alianza. Después de pasar años luchando encarnizadamente los unos contra los otros, establecieron una tregua de 48 horas para robar el Banco Británico de Oriente Próximo, situado en el centro de Beirut.

A primera hora de la mañana del 20 de enero de 1976, comandos de Al Fatah y de la Falange Cristiana precintaron la zona de negocios de la ciudad. El área, en la que se concentraba la mayoría de las instituciones financieras activas en Oriente Próximo y unas cuantas sedes diplomáticas, rodeaba la plaza de los Mártires. La parte sur fue controlada por la Falange y la norte por Al Fatah. Esa mañana del 20 de enero, a los empleados de banca, a los cambistas, a los trabajadores de las embajadas y a los visitantes que se acercaban a la plaza se les paró en la calle y se les recomendó que volvieran a sus respectivas casas y que no regresaran al trabajo en dos días. Hacia el mediodía, toda el área estaba desierta y acordonada. Un equipo de militantes de la OLP y de la Falange entró en la iglesia católica de los Capuchinos, adyacente al Banco Británico de Oriente Próximo, y negoció con los monjes la posibilidad de abrir un hueco en la pared de la iglesia para llegar a la cámara acorazada del banco. Para no dañar la iglesia, no se utilizaron ni explosivos ni dinamita; la labor se realizó a golpe de martillo y de pico. Mientras el equipo trabajaba, los miembros de la OLP y de la Falange patrullaban el área, se contaban chistes, fumaban y comían juntos. Dos días más tarde, los trabajadores de las oficinas próximas a la zona se acercaron para ver si podían acceder a ellas, pero una vez más se les mandó para casa. La OLP y la Falange Cristiana continuaban dando martillazos contra la pared de la iglesia de los Capuchinos. Cuando finalmente consiguieron entrar en la cámara acorazada, tuvieron que aceptar su derrota al verse incapaces de abrirla. «Somos soldados —protestó uno de ellos—, no ladrones.» Ante la situación, un equipo de expertos en demoliciones perteneciente a la mafia corsa apareció de inmediato para poner remedio al problema. Consiguieron abrir la puerta de la cámara acorazada, pero, esta vez sí, con la ayuda de una buena cantidad de dinamita.

Tardaron dos días en saquear el banco. Se llevaron miles de lingotes de oro, títulos de acciones, joyas y bolsas llenas de divisas fuertes, y todo ello lo cargaron en camiones. El robo supuso una pequeña fortuna[19] y entró a formar parte de la lista de récords del Libro Guinness.[20] El botín se repartió entre la OLP, la Falange y la Mafia. Los corsos alquilaron un DC-3 y se llevaron su parte a casa: una tercera parte del oro, las joyas y el dinero en efectivo. La Falange gastó la mayor parte de su dinero en armamento, pero la OLP lo invirtió en el extranjero.[21] Cargaron su parte en otro avión alquilado y esta voló junto con Arafat, Abu Iyad y Salameh[22] hasta Suiza, donde se depositó en varias cuentas bancarias.

Generar dinero a partir de actividades delictivas era relativamente fácil. Blanquearlo y volver a invertirlo para producir un rédito regular se reveló una tarea mucho más complicada. A pesar de que a principios de los años setenta unas cuantas organizaciones armadas entendieron que su supervivencia dependía de su habilidad para manejar sus finanzas, sólo unas pocas consiguieron formas de financiación legítimas a largo plazo. La OLP fue una de ellas. Durante los meses que siguieron al robo del Banco Británico de Oriente Próximo, la OLP, que actuaba en calidad de agente financiero en el mercado secundario, vendió las acciones y las obligaciones robadas de las cajas de seguridad del banco por 20 o 30 centavos de dólar. Muchos de esos productos se revendieron a sus propietarios originales, quienes temían que se conociera el alcance de sus fortunas y sus dudosos orígenes. Según indican distintas fuentes, los beneficios fueron mayores que el botín cosechado durante el robo. Una vez más, Arafat envió el dinero a Suiza en otro avión alquilado.[23]

La economía de rapiña de ETA

Durante los últimos treinta años, Arafat ha sido uno de los líderes del terror más imaginativos a la hora de blanquear dinero y reinvertirlo. Su asesor es un conocido financiero, Nabil Shaath, presidente de TEAM, una consultora de dirección de empresas con sede en El Cairo. Antes de convertirse en el asesor de Arafat, Shaath fue profesor de economía de la empresa en la prestigiosa Wharton School of Business de la Universidad de Pennsylvania.[24]

Para administrar sus finanzas, los grupos armados que disponían de capital tuvieron que desarrollar unas estructuras de contabilidad muy sofisticadas. En 1986, cuando se descubrió en un zulo practicado en la fábrica Sokoa de Hendaya, Francia, el cuartel general de las finanzas de ETA (Euskadi Ta Askatasuna), grupo armado nacionalista que lucha por la independencia del País Vasco, salió a la luz la complejidad de las técnicas contables que utilizaba el grupo para equilibrar su presupuesto.[25] Las entradas y las salidas se registraban de un modo similar al de una balanza de pagos de un Estado legítimo, y algunas aparecían en pesetas y otras en francos. Los ingresos procedían sobre todo de los secuestros, de la extorsión y del robo a mano armada, actividad esta última que sólo reportó en una década 800 millones de pesetas netos y que fue abandonada a mediados de los años ochenta debido al alto riesgo que implicaba. El secuestro, por el contrario, se convirtió en un negocio extremadamente lucrativo con el paso de los años. Los 50 millones recaudados en 1970 se dispararon hasta los 1.500 millones de pesetas en 1997. Ese tipo de delito se hizo tan frecuente que en 1984 el gobierno español aprobó una ley que autorizaba a procesar a quienes actuaran como intermediarios y a congelar las cuentas bancarias de las víctimas y familiares para evitar, así, la retirada de fondos destinados al pago del rescate.[26] Medida de la que fue pionera Italia...

La extorsión a hombres de negocios y a industriales también representaba una fuente de ingresos considerable. A menudo revestía la forma de protección contra actos de vandalismo y violencia. Los miembros de ETA lo consideraban un impuesto, un «impuesto revolucionario» impuesto por el bien de la población. Los argumentos nacionalistas justificaban el impuesto: «Considerando que todos los habitantes del País Vasco tienen la responsabilidad legal y moral de sostener la resistencia contra el opresor [el gobierno español], ETA obliga al cumplimiento de dicha responsabilidad [de pagar] del mismo modo que el gobierno de los Estados independientes impone el pago de un impuesto a sus conciudadanos».[27] Según la documentación hallada en la fábrica Sokoa, los ingresos totales generados por las extorsiones, desde 1980 hasta 1986, ascendían a la sorprendente cifra de 1.200 millones de pesetas. A ello había que sumar las contribuciones económicas de los militantes y simpatizantes. Las cuentas halladas en Sokoa, por ejemplo, demuestran que se recaudaba un 5 por ciento de los salarios de los vascos que trabajan en el extranjero, sobre todo en Francia, que recogía el comité vasco de refugiados. No constaban entradas de ningún país extranjero. La ayuda de la Unión Soviética, de los aliados de Europa del Este y de la OLP se limitaba al suministro de armas y a la formación, de ahí que resultara difícil cuantificarla en términos monetarios. Los estrechos lazos de ETA con el Partido Comunista Español servían más para cubrir objetivos logísticos y tácticos que para generar ingresos.[28] Así pues, ETA básicamente se autofinanzaba. Desde 1978 hasta 1997, su promedio anual de ingresos superaba los 400 millones de pesetas (4 millones de dólares).[29]

Las actividades de autofinanciación de ETA en el País Vasco tuvieron desastrosas consecuencias para la economía local. La población vasca representa una pequeña minoría dentro del conjunto de España. A comienzos de los años ochenta, en España vivían 1,5 millones de vascos y al otro lado de la frontera, en Francia, 200.000, mientras que la población total española era de 37 millones de habitantes. La política de reasentamientos que fomentó Francisco Franco[30] generó unos flujos migratorios desde las zonas más pobres del país hacia el País Vasco que desequilibraron la balanza étnica de la región. Los inmigrantes se trasladaban a otras regiones de la península atraídos por su riqueza industrial: talleres siderúrgicos, minería y astilleros actuaban a modo de imán para todo aquel que estuviera dispuesto a trabajar. En los años setenta, antes de que estallara la época del terror, la industria de la región estaba en pleno auge. La renta media del País Vasco era equiparable a la de los países del Benelux y la renta per cápita era la más alta de España (en Bilbao llegaba a ser casi un 40 por ciento más elevada que en el resto del país). Esa prosperidad económica se vino abajo con la campaña de terror que lanzó ETA para financiar su lucha armada contra Madrid. Paradójicamente, el sueño nacionalista de ETA agotó los recursos del país, empobreció la región y obligó a partir a los conciudadanos más adinerados. Las fábricas se fueron cerrando. Los industriales vascos huyeron de su país por miedo a padecer las consecuencias de los métodos que empleaba ETA para recaudar fondos: el secuestro, las palizas, la extorsión, el robo de bancos, los impuestos revolucionarios cada vez más desorbitados. «¿Qué me queda aquí? —le preguntó un hombre de negocios a la investigadora Claire Sterling cuando ésta realizaba un estudio sobre ETA—. La esposa de mi hermano y su hijo fueron amenazados a punta de pistola para que él aceptara vaciar sus cuentas bancarias y entregar todo su dinero a ETA; ahora ya no vive aquí. A mi tío se le agotó la paciencia porque se veía obligado a pagar cada mes un precio desorbitado en concepto de impuesto revolucionario, y también se fue. Yo también estoy harto de pagar estas sumas; y, lo más importante, no tengo ninguna intención de obligar a mis cinco hijos a que aprendan una historia falsa en la escuela o a que hablen una lengua muerta que ni tan siquiera dispone de un alfabeto escrito. Así pues, no le costará imaginar que la próxima vez que venga usted por aquí yo ya me habré ido.»[31]

El éxodo de las clases acomodadas de la sociedad obligó a ETA a ir más allá de su región con el fin de financiar su lucha. En 1985, los salarios mensuales de los militantes se pagaban en francos franceses, lo que confirma que ETA había trasladado sus actividades al otro lado de la frontera. Durante ese mismo año el 65 por ciento de los gastos también se expresaba en francos franceses. El cambio de moneda indica claramente que la organización había tenido que trasladarse al País Vasco Francés para recaudar fondos.

En cuanto a los gastos se refiere, la disponibilidad de dinero en efectivo era un dato esencial para determinar los salarios de los miembros de ETA. La media anual de pagos de efectivo por este concepto durante los años ochenta y noventa fue de 600.000 francos (120.000 dólares,[32] lo que equivalía a un 10 del total de pagos).[33] Como término medio, en los años noventa ETA pagaba un salario de 1.200 francos (240 dólares) por persona casada, más 200 francos (40 dólares) por cada hijo, mientras que los solteros y jóvenes recibían 700 francos (140 dólares). Estos sueldos eran considerablemente inferiores a los sueldos mensuales que percibía un trabajador en España (el promedio del PIB per cápita mensual en España era de 5.400 francos, lo que equivale a unos 1.080 dólares). El grupo pagaba a sus miembros unos salarios de subsistencia y los obligaba, así, a confiar en la ayuda económica aportada por sus simpatizantes y seguidores o por sus familiares. Había una serie de gastos, como la adquisición de armas y explosivos y la preparación de zulos seguros, a los que se les atribuía plena prioridad.

Los pagos destinados a los militantes que vivían en el extranjero también estaban condicionados por la disponibilidad de líquido. Estos pagos se arreglaban de distintas formas. Por ejemplo, ETA pagaba a sus miembros desplazados a Nicaragua (para que ayudaran a los sandinistas) a través de la figura de Larreategui Cuadra, un gángster vasco. Escondían los billetes intercalándolos entre las páginas de revistas que mandaban por correo. En Nicaragua, el salario de los etarras fue de 20 dólares al mes hasta 1989, y de 100 dólares tras el rescate de Emiliano Revilla, un hombre de negocios secuestrado en 1988, por el que se pagó una cifra en torno a los 1.200 o 1.500 millones de pesetas (entre 12 y 15 millones de dólares). La infraestructura política nacional, la ayuda internacional a otras organizaciones armadas como los sandinistas (34 por ciento) y los gastos operativos (57 por ciento), que incluían la adquisición de armas y explosivos y el apoyo económico a miembros encarcelados, constituían otro tipo de salidas contables. El promedio anual de gastos totales de la organización ETA osciló, entre 1978 y 1997, entre los 300 y los 400 millones de pesetas (de 3 a 4 millones de dólares), una cantidad levemente inferior al total de ingresos.[34]

El descubrimiento de la estructura contable de ETA reveló la existencia de una economía básica centrada en el terror, similar a la de la economía de guerra. La autofinanciación de ETA se basaba en una variante del modelo de la «economía de guerra depredadora», según la cual «los grupos armados se relacionan con la población local y con los recursos económicos a través de la violencia y la depredación... Si bien a corto plazo es un sistema de supervivencia efectivo, este tipo de política económica se traduce en un progresivo agotamiento de los recursos y en la disminución del apoyo político... Esta economía de guerra tiene un impacto dramático en la población, que se traduce en desplazamientos masivos, en pobreza y, finalmente, en muerte».[35]

Tal como sucede en tiempos de guerra, la explotación de la economía legal no sólo está permitida, sino fervorosamente aconsejada. Es más, esta economía representa la única fuente de ingresos. Como consecuencia, a medida que se agota la economía legal, no se produce una redistribución de la riqueza en la región. El dinero invertido en armamento y munición sale del circuito monetario de la región vasca y no genera más riqueza. De resultas, la población empobrece. «Una vez el terrorismo se hizo endémico en la región, el temor a la violencia, a la extorsión y al secuestro que practican los separatistas de ETA son factores responsables, por regla general, de la caída de un 10 por ciento del PIB per cápita de la región.»[36] El drenaje parasitario de los recursos por parte de ETA no podía durar de por vida y, con el tiempo, la organización tuvo que trasladarse a otra región para generar ingresos.

No podemos negar que la sangría económica y financiera que generan las economías del terror puede conducir a la ruina de la economía legal, como ocurrió en Líbano. De todos modos, puede ocurrir que la población no sufra el pleno impacto de esto. En ciertas circunstancias, la economía del terror se limita a apoderarse del principal recurso económico, como en el caso de Sendero Luminoso en la Selva Alta. Cuando así ocurre, la economía legal se va haciendo progresivamente más dependiente de la economía del terror, como ocurrió en Líbano durante la guerra civil. En 1982, mientras las tropas israelíes asediaban Beirut, Arafat se refugió en la cámara acorazada de la Banque Nationale de Paris, uno de los bancos internacionales que manejaban los fondos de la OLP. De allí transfirió las cuentas en el extranjero de la OLP hacia otros bancos árabes. El volumen de dinero retirado fue tan elevado que aceleró el derrumbamiento de la moneda libanesa.[37] En 1984, cuando la OLP y los palestinos fueron expulsados del Líbano, el valor de cambio de la libra libanesa frente al dólar norteamericano había caído un 400 por ciento.

El nacimiento del narcoterrorismo

Al amanecer del 10 de marzo de 1984, un grupo de helicópteros de la policía colombiana apareció en el cielo, cerca del río Yari, a unos mil kilómetros al sur de Bogotá. Los pájaros camuflados aterrizaron en la orilla del río y abrieron sus vientres. Un comando de élite antiterrorista saltó de su interior y se dispuso a atacar el complejo de edificios cercanos, en los que se creía que se escondían los barones locales de la droga. A medida que avanzaban hacia su objetivo, los integrantes del comando se vieron soprendidos por un intenso tiroteo procedente de la jungla que rodeaba el claro. Tardaron dos horas en llegar al recinto y en controlar la situación. Dentro del recinto hallaron 13,8 toneladas de cocaína, una mercancía cuyo valor en la calle ascendía a unos 1.200 millones de dólares.[38]

La operación fue un éxito en muchos sentidos. Permitió destruir una importante base de drogas en la jungla, generó importantes pérdidas económicas a los barones de la droga y, más importante aún, desveló un peligroso vínculo entre las FARC y el boyante negocio de la droga colombiana. Los investigadores supieron enseguida que el tiroteo con el que había sido recibida la policía en Yari era obra de un comando formado por cien hombres de las FARC. Los documentos que se hallaron en el interior de los edificios confirmaron que las FARC daban protección armada a los barones de la droga.

La alianza entre el terrorismo y la droga es un fenómeno reciente y muy letal. Hasta el año 1980, las FARC (Fuerzas Armadas

Revolucionarias Colombianas) y el M19 (Movimiento 19 de abril) intentaban sobrevivir mediante los ingresos que generaban el robo a mano armada y el secuestro de hombres de negocios. Su número de seguidores había caído a 200, un simple puñado de fieles militantes; el reclutamiento se había paralizado porque ninguna de las dos organizaciones disponía de suficiente dinero para pagar salarios, y los líderes temían la desaparición de los grupos. Sin embargo, pronto descubrieron que en la inmensidad de la selva de Colombia había un potencial de riqueza impresionante que esperaba ser recogido. En 1981 Colombia produjo 2.500 toneladas métricas de hojas de coca;[39] en 1986 esta cifra, gracias al insaciable apetito de drogas de Estados Unidos, ascendió hasta la desmesurada cantidad de 13.000 toneladas.[40]

A mediados de los años ochenta, la economía de la droga aportó 5.000 millones de dólares anuales en efectivo a la balanza de pagos colombiana.[41] Los beneficios generados con la exportación de cocaína excedían en mucho a los que generaban el café o el cultivo de flores, los otros dos productos característicos del país, que se traducían en ingresos de divisas. La mayor parte del negocio de la droga estaba bajo el control de un puñado de hombres que dirigían poderosos carteles. En 1981, las FARC y el M19 establecieron un trato con la mafia colombiana de la droga: ellos les proporcionarían protección armada contra el ejército a cambio de una parte de los beneficios que generaba la coca.

Las FARC impusieron un impuesto de protección del 10 por ciento a cambio de proteger a todos los cultivadores de coca que trabajaran en su área de control, impuesto que representaba una ganancia mensual neta de 3,3 millones de dólares.[42] En 1984, las FARC y el M19 ganaban 150 millones de dólares al año con el negocio de protección de los contrabandistas y traficantes de droga. Una parte considerable de estos beneficios se invertía en reclutamiento, de modo que ya en 1988 ambos grupos dirigían una milicia de 10.000 personas, cantidad que ya despertaba el miedo entre los miembros del gobierno.[43] Otro porcentaje se empleó para sobornar a políticos de alto nivel, una estrategia con la que se aseguraban el control de amplias zonas de Colombia, en las que el ejército colombiano no se atrevía a entrar. Bajo el control de las FARC y del M19, la economía de esas regiones se centró enseguida en la producción de droga y en su defensa armada. La coca era el único producto que se exportaba, la única fuente de divisas y de ingresos. De este modo, los negocios se subordinaron directamente a ella o a conseguir beneficios indirectamente vinculados al provecho que generaba.

A medida que la alianza entre los barones de la droga, las FARC y el M19 se consolidaba, el negocio del narcoterror creció e incorporó un cuarto miembro. Se llegó a un acuerdo con las autoridades cubanas según el cual se establecía que los barcos colombianos podían usar los puertos cubanos y hacer escala en ellos en el transporte de drogas a Estados Unidos. A cambio, Cuba recibía la suculenta cantidad de 500.000 dólares en efectivo por cada barco que llegara y el derecho a vender armas colombianas, a las FARC y al M19.[44] La dinámica de la operación la explicó David Pérez, un traficante de drogas estadounidense, en el juicio celebrado contra él en Miami en 1983. El cargamento colombiano salió de Colombia con su propia bandera. Pero cuando se adentró en aguas internacionales izó el pabellón cubano e informó a Cuba por radio del horario estimado de llegada. Una vez en aguas cubanas, unos cuantos botes pequeños se acercaron al barco. La droga se cargaba en ellos y se pasaba de contrabando por Florida. A menudo se utilizaba este sistema para hacer negocios de trueque, y así la droga se intercambiaba por armas. Los beneficios que cosechaban los cubanos dependían del cargamento que llevaran en los barcos, es decir, del tipo de droga que transportaban. Por ejemplo, por cada cargamento de marihuana había que pagar un impuesto de 10 dólares por libra de droga; por un cargamento de methaqualone (conocido como Mandrax en Estados Unidos), La Habana recibía un tercio del beneficio.[45] En los años ochenta, Castro obtuvo sólo de la droga colombiana y del negocio de contrabando de armas 200 millones de dólares netos anuales en divisas.

El impacto en la economía colombiana del narcoterrorismo ha sido trágico para el país: ha contribuido a generalizar la corrupción política, ha fomentado el asesinato y ha frenado cualquier esfuerzo serio emprendido para luchar contra los narcotraficantes. La ingente cantidad de dinero en efectivo que ha generado el comercio de cocaína desequilibró la balanza de pagos nacional hacia un superávit e, inevitablemente, mantuvo vivo el crecimiento de los negocios. A medida que la afluencia de dinero en efectivo de los barones de la droga fue aflorando poco a poco en la economía, más difícil resultaba incriminarlos. A mediados de los años ochenta, el presidente Betancour[46] intentó reprimir el narcotráfico, pero sólo consiguió que los barones de la droga lo amenazaran con cerrar 1.800 empresas y reunir a un ejército de 18.000 hombres.[47] La debilidad del gobierno colombiano a la hora de tratar el fenómeno del narcoterrorismo se pone de manifiesto con los intentos fallidos que se han llevado a cabo para negociar un tratado de paz con las FARC, un gesto desesperado que evidencia el poder que ha alcanzado este grupo.

El extraordinario crecimiento experimentado por el cartel colombiano de la droga no sólo afectó a este país, también salpicó a los países vecinos. En Perú, como vimos en el capítulo anterior, Sendero Luminoso fue capaz de afianzar su poder y, con el tiempo, llegó a controlar extensas áreas haciendo de intermediario entre los cultivadores locales de coca y los traficantes de droga colombianos. También afectó a Estados Unidos: a mediados de los años ochenta, el negocio del contrabando de la droga colombiana contribuyó a hacer crecer la economía de Florida en 15.000 millones de dólares anuales. Esa ingente inyección de dinero en efectivo procedía en gran medida del blanqueo del dinero de la droga,[48] un dinero que corrompió inevitablemente al *establishment* financiero de Florida. Los bancos, sedientos de dinero en efectivo, acogieron con las manos abiertas el negocio sin hacer demasiadas preguntas. Y aunque legalmente estaban obligados a informar de cualquier imposición en efectivo superior a 10.000 dólares, lo hicieron en raras ocasiones y se limitaron a «reciclar» discretamente el dinero.[49]

Extrañas alianzas

Las boyantes economías de los grupos armados tienen un efecto inevitable en sus vecinos. En circunstancias excepcionales, como el caso de la OLP y de Israel antes de 1987, llegan incluso a crear relaciones simbióticas. En el verano de 1987, un joven palestino cargado con una maleta se acercó al puente Allenby, la zona de tránsito entre Israel y Jordania. La patrulla israelí le hizo parar y le pidió que mostrara el contenido de la maleta. Sin titubear lo más mínimo, el hombre la abrió. En su interior había 999.000 dólares en billetes. Mientras se retenía a aquel hombre, la patrulla fronteriza se puso en contacto con sus superiores para preguntarles cómo actuar. Al final, Adi Amorai, viceministro israelí de Economía, consultó con Shmuel Gore, coordinador de actividades en los territorios ocupados de Gaza y la Orilla Occidental, para saber cómo tratar el asunto. Gore sospechaba que el dinero iba destinado a la infraestructura palestina en los territorios ocupados y a permitir el pago de los sueldos de profesores y enfermeras más que a adquirir armas. Amorai compartía su opinión, basándose en el hecho de que la OLP solía mover sus fondos secretos de maneras más discretas a través de cuentas bancarias y de canales financieros, y no metidos en una maleta y atravesando el puente Allenby. Amorai también estaba preocupado por la inactividad económica de Israel y por la creciente inflación, que alcanzaba ya valores de un 40 por ciento. Sabía que el mensajero palestino debía convertir los dólares en shekels israelíes y que la economía de Israel necesitaba una inyección de moneda fuerte. Además, estaba convencido de que una buena parte del dinero se gastaría en Israel. Así pues, dejó que los palestinos siguieran adelante con su entrega.[50]

La extraña simbiosis entre la OLP e Israel forma parte del coste económico que Israel soporta por ocupar la Franja de Gaza y Cisjordania. También pone de manifiesto el poder económico de la OLP, una organización armada que con el paso de los años ha sobrevivido y prosperado en una economía de guerra gracias exclusivamente a contribuciones exteriores. La clave de su éxito radica en su habilidad para explotar fuentes de ingresos alternativas.

Como parásito económico que es, la OLP ha pasado de agotar un recurso a agotar otro, son los hitos de la diáspora palestina. Quizás uno de los mejores ejemplos de la habilidad de sus líderes sea el reparto de la economía libanesa.

La economía libanesa y la OLP

En 1970, el rey Hussein expulsó a la OLP de Jordania, temeroso de que intentaran controlar su país. La organización se trasladó al Líbano, donde estableció de inmediato una alianza con el Movimiento Nacional Libanés (MNL). El MNL pretendía transformar Líbano en un Estado árabe puro, una meta que complementaba a la perfección la agenda secreta de Arafat. Además de apoyar al MNL y de luchar contra la milicia cristiana, la OLP decidió introducirse en la economía libanesa. «La ruta hacia Palestina pasa por Líbano», fue el eslogan favorito de Abu Ayad.[51] El Líbano, como antes Jordania, era el vehículo para un regreso triunfal a la tierra natal. Y en Líbano, como en Jordania, el objetivo final de Arafat y de sus seguidores era doble: por un lado, liberarse de su dependencia de los países árabes y, por el otro, garantizar un flujo constante de dinero que permitiera sufragar la OLP. Desde principios de los años sesenta, Arafat intentó independizarse del patrocinio estatal, una fórmula que despreciaba. Su organización armada, Al Fatah, fue creada por los servicios secretos de Egipto y de Siria. Éstos proporcionaron fondos, armas y formación. De todos modos, para Arafat resultaba obvio que Al Fatah era un mero instrumento en manos de sus patrocinadores y que éstos no dudarían en retirar su apoyo en el preciso instante en que la organización dejara de serles útil para su política nacional. Precisamente para evitar esa posibilidad Arafat se unió a la coalición de la OLP, para más adelante controlarla, convirtiendo la organización en un gobierno político y económico *de facto* de los palestinos. En Líbano, el primer paso hacia la independencia económica fue establecer un control territorial. Los puertos y las regiones estratégicas, como el valle de la Bekaa en el sur, fueron el objetivo del aparato militar de la OLP. Los puertos de Tiro y Sidón, por ejemplo, fueron atacados y ocupados por los comandos de la OLP. A continuación, Arafat nombró a Asmi Zarir, un antiguo oficial del ejército jordano, comandante de la región de Tiro. El segundo paso consistió en sustituir las autoridades regionales y locales por las instituciones propias de la OLP. Esa misma estrategia se utilizó en los campos de refugiados que había distribuidos por la capital. Las autoridades libanesas que habían sido nombradas para administrarlos fueron reemplazadas progresivamente por oficiales de la OLP. En Beirut, el sector de Fakhani, donde tanto la OLP como Al Fatah tenían instalados sus cuarteles generales, también estaba bajo jurisdicción de la OLP. Todos esos enclaves no tardaron en convertirse en áreas prohibidas para la policía libanesa, pues les resultaba imposible entrar en ellas sin que se produjeran enfrentamientos armados. En determinadas zonas la OLP estableció alianzas con otras organizaciones armadas. El puerto de Trípoli, por ejemplo, era administrado conjuntamente con la Al Tauchid (Unificación Islámica), la milicia sunita capitaneada por el jeque Sa'id Sha'aban.

El control territorial dio a la OLP el poder para exigir impuestos.[52] Éstos revistieron formas variadas, que iban desde cuotas de protección, parecidas a las impuestas por ETA, hasta tasas de importación y exportación. Curiosamente, los productos de contrabando estaban más gravados. Entre otras labores, Asmi Zarir recaudó tasas para la OLP de todos los bienes que pasaban por los puertos de Tiro y Sidón. Zarir pronto se dio cuenta de las ventajas que conllevaba entrar los productos de contrabando y establecer una actuación conjunta con la asociación de pescadores de Tiro, por medio de la cual se repartían los beneficios entre la OLP y los contrabandistas. Entre los dos controlaban el movimiento de bienes hacia y desde la región.[53]

El tercer paso consistía en maximizar la explotación de los recursos, en los que se incluían los negocios ilegales y delictivos. Estas actividades ilegales iban desde robos insignificantes hasta el contrabando de drogas. Los robos de bancos estaban tan extendidos en Líbano que todos los bancos importantes se vieron obligados a trasladar sus fondos fuera del país. Incluso el Banc du Liban, el banco central, desplazó su capital fuera del país y sólo guardaba los fondos necesarios para las transacciones diarias. Ahora bien, salvo el exitoso saqueo del Banco Británico de Oriente Próximo en 1976, el robo de bancos no suponía la fuente de ingresos más provechosa para los grupos armados. Saquear propiedades nacionales se reveló una tarea mucho más lucrativa. Durante la guerra civil, la Falange Cristiana saqueó el puerto de Beirut y obtuvo 715 millones de dólares en bienes, que en su mayoría se vendieron a Irak.[54] El contrabando de drogas también era un negocio muy provechoso. Líbano era una de las áreas principales de procesamiento de drogas duras procedentes de Asia, mientras que el valle de la Bekaa era un gran productor de hachís. Con una superficie de 4.280 kilómetros cuadrados al este de Líbano, el valle limita con Siria por el este y con Israel por el sur. Cuando la OLP se hizo con el control de la parte sur del valle, Arafat negoció un contrato con los cultivadores y con los contrabandistas. A cambio de prometer que no interferiría en el comercio de la droga, la OLP consiguió imponer un impuesto del 10 por ciento del total del negocio, estimado en 1.500 millones de dólares, lo que suponía un valor anual de 150 millones de dólares netos. Según Neil Livingston y David Halvey, coautores de *Inside the PLO*, había otras fuerzas que también se llevaron su parte en el negocio, entre las que se encontraban el príncipe Hassan de Jordania, Rifat, el hermano de Hafez el Assad de Siria y el clan de cristianos maronitas liderado por Bashir Gemayal, todos ellos enemigos declarados de la OLP. Pese a esto, la asociación comercial con ellos no incomodó a Arafat.[55]

Cuando estalló la guerra civil en Líbano, el valle de la Bekaa se convirtió en el campo de juegos de los señores de la guerra y de los grupos armados. Los 40.000 soldados sirios y la miríada de grupos terroristas involucrados en la guerra civil lo utilizaban como su puerta de entrada a Líbano. Pronto se sustituyeron las plantaciones de fruta y vegetales por campos de cannabis, cosechas muy rentables para financiar las distintas organizaciones armadas. Los campos de droga se extendieron desde el norte hacia el sur y a comienzos de 1981 la autopista Beirut—Damasco estaba rodeada de plantaciones de cannabis. Las cifras estimadas de producción para los primeros años de la década de 1980 oscilaban entre las

700 y las 2.000 toneladas métricas. Gracias a la inoperancia de la policía en el Líbano, el contrabando de drogas floreció y situó la ganancia anual en divisas muy por encima de los 10.000 millones de dólares. Puesto que la OLP controlaba muchas de las rutas principales de la droga, evidentemente recaudó una parte considerable de esa cifra mediante impuestos de transporte. La implicación de Arafat en el comercio de las drogas continuó mucho después de que fuera deportado. En 1983, por ejemplo, se informó de que miembros de la OLP habían vendido 4,3 toneladas de «oro libanés», hachís de primera calidad, a traficantes británicos, quienes lo transportaban en sus propios barcos y lo pasaban de contrabando a Europa. El valor de ese hachís en la calle era de 12 millones de dólares.[56]

En Líbano, la OLP fundó y consolidó su imperio económico y financiero y fue ganando independencia respecto de sus patrocinadores árabes. Atrás quedaban las humillaciones de los primeros tiempos, cuando el líder de la OLP tuvo que viajar por los países árabes suplicando que le concedieran ayuda financiera. Atrás quedaba la imagen de una organización sin estructura real, que vivía al día. Cuando la OLP salió de Líbano, la organización era ya un gigante financiero que manejaba la riqueza de una nación en el exilio. Unas cuantas cifras nos darán una idea del volumen de dinero que administraba la OLP. En 1982, pocos días antes de la caída de Beirut ante el ejército israelí, se retiraron 400 millones de dólares de los bancos libaneses y se depositaron en bancos suizos y de otros países árabes. Poco después, Arafat pagó 2,4 millones de dólares en efectivo por los barcos que hicieron posible el éxodo de Trípoli. Recompensó a cada uno de los capitanes y marineros que conseguían llegar a puerto con 5.000 y 3.000 dólares en efectivo, respectivamente. El coste de los 55 días de la batalla de Trípoli[57] fue de 26 millones de dólares, de los cuales aproximadamente 580.000 salieron de las cuentas bancarias en efectivo que la OLP tenía para el día a día.[58]

La invasión israelí del Líbano no afectó a la pericia económica demostrada por la organización y a la compleja estructura financiera de la OLP; sólo desmontó una parte de su infraestructura económica, que enseguida se reconstruyó en los otros países árabes que acogieron a los palestinos. En los años ochenta, la OLP continuó prosperando sin ayuda de patrocinadores árabes. El presupuesto «público» para el año 1988 muestra unos beneficios de 674,5 millones de dólares, 216 millones de los cuales eran contribuciones directas de los Estados árabes. El total de gastos fue de 395 millones de dólares, lo que da un superávit «declarado» de 280 millones, superior a las contribuciones directas de los Estados árabes.[59] Las cifras no incluyen las procedentes de la Chairman's Secret Fund.[60] Sin lugar a dudas, la OLP ha sabido encontrar el modo de ser autosuficiente.

El escándalo Irán-Contra

La explotación de la economía libanesa por parte de la OLP convirtió el país en un terreno abonado para los grupos armados. El progresivo debilitamiento del Estado proporcionó los recursos necesarios a muchas organizaciones armadas, que perseguían la independencia económica, un logro que les proporcionaría un nuevo estatus. Irán, el nuevo Estado islámico recién formado, impaciente por involucrarse en el negocio del patrocinio terrorista en Oriente Próximo, ofreció apoyo financiero a algunos de esos grupos. A comienzos los años ochenta, la Yihad Islámica logró controlar ciertas zonas del Líbano y se embarcó en una perversa campaña de secuestros que tenía el pleno apoyo económico de Teherán. Esta alianza condujo hasta el mayor escándalo vivido en los Estados Unidos de la posguerra desde el caso Watergate: el escándalo Irán-Contra (tratado en el capítulo 2).

En 1986, el público estadounidense se quedó impresionado al conocer los detalles del escándalo. Estados Unidos no sólo había vulnerado su propio embargo vendiendo armas a Irán, sino que se benefició de ella y utilizó los beneficios obtenidos para financiar las operaciones encubiertas de la Contra en Nicaragua y El Salvador. A medida que se iban destapando los detalles del escándalo Irán-Contra, se hizo más evidente que el gobierno iraní ya había pedido un rescate a Estados Unidos en 1979 para liberar a los rehenes en Teherán. Por ello, el gobierno estadounidense descongeló secretamente los fondos iraníes que había en Estados Unidos cuando estalló la revolución iraní y también los más de 3.500 millones de dólares en bienes y propiedades que administraba el sha en Estados Unidos.[61] A mediados de la década de 1980, incapaz de resolver la situación de los rehenes que había en Líbano, el gobierno se volvió hacia Irán para que actuara como mediador ante la Yihad Islámica, el grupo armado que mantenía cautivos a los rehenes estadounidenses en Beirut. Según el acuerdo entre ambos gobiernos, la CIA envió armamento del Departamento de Defensa por valor de 12 millones de dólares a Irán vía Israel, entre enero y septiembre de 1986, en el que se incluían misiles antitanque TOW. Israel actuó como mediador durante toda la operación. Ahora bien, dado el nivel de desconfianza que había entre Israel e Irán, el intermediario iraní Manucher Ghorbanifar recabó la ayuda de Arabia Saudí. El hombre de negocios saudí Adnan Khashoggi proporcionó un préstamo puente de 5 millones de dólares como garantía ante los israelíes de que los iraníes cumplirían su parte del contrato.[62] Con la aquiescencia de los iraníes, los israelíes les vendieron las armas a un precio entre 10 y 30 millones de dólares por encima del coste real y se embolsaron la plusvalía. La CIA recibió 12 millones de dólares, más el coste procedente de la venta iraní. Los fondos extra fueron transferidos a una cuenta suiza que había indicado Oliver North. Esa cuenta estaba controlada por los contras.[63]

Uno de los resultados de la larga lucha de la OLP por la independencia económica fue la desaparición del monopolio estatal en el patrocinio de los grupos armados. En el ruedo de la política internacional se formaron nuevos grupos armados autofinanciados, se forjaron nuevas alianzas, se abrieron nuevos frentes y se implicaron nuevos patrocinadores. El terror dejó de ser un juego exclusivo de las superpotencias y de sus aliados más próximos para convertirse en un negocio autónomo.

4

El terror reaganómico:
El terrorismo según la política
económica de Reagan

«Cincuenta mil personas o quizás ochenta mil podrían haber sido asesinadas durante la guerra en Timor... Era una guerra. ¿Por qué, pues, tanto alboroto?»

ADAM MALIK, ministro de Asuntos Exteriores indonesio, en una conferencia de prensa en Yakarta.

En 1978 conocí a Akmed, un palestino que estudiaba ingeniería en Alemania Oriental. Nos encontramos en Estambul durante las manifestaciones violentas contra el régimen de Ecevit,[1] aislados por los disturbios. Ante la imposibilidad de ir a ninguna parte, matamos las horas en la cafetería del albergue de juventud hablando de política. En una de nuestras conversaciones, Akmed me confesó que había viajado a Líbano unos meses atrás con la intención de alistarse en la OLP. Como muchos de los estudiantes occidentales que alcanzaron su mayoría de edad durante la época de oposición al conflicto vietnamita, tenía una imagen romántica e idealizada de la OLP. Según Akmed, los fedayines eran luchadores de la libertad, guerreros valientes y honorables que luchaban para reconquistar Palestina. En respuesta a su llamamiento a las armas, me contó, decidió abandonar los estudios y dirigirse a Beirut.

Pero tan pronto como llegó, Akmed se vio inmerso en un mundo surrealista de violencia. «Al llegar a Beirut —me dijo— me sorprendió el grado de militarización a que estaba sometida la sociedad. La ciudad está dividida en zonas de guerra, las calles cortadas por controles y la milicia patrullaba las fronteras. Tras una fachada de normalidad, prevalece una soterrada violencia. La guerra está tan profundamente arraigada en la vida diaria que la violencia parece la única realidad posible. La identidad de las personas se define exclusivamente a partir del papel que desempeñan en la lucha. Los fedayines son el alma de la sociedad musulmana. Un grupo de personas —madres, padres, esposas, hijos— gravitan alrededor de ellos, como meros accesorios humanos del guerrero árabe. En Beirut no eres nadie a menos que pertenezcas a un grupo armado.»

Cuando Akmed fue a visitar a unos parientes que vivían en el este de Beirut, al cabo de unos pocos minutos de llegar a su casa apareció un fedayín. «Era un hombre alto y enjuto que llevaba colgado un rifle M16 del hombro —lo describió Akmed—. Mi tío me lo presentó como el oficial al mando de la calle. Nos dimos la mano e inmediatamente me reclutó.» Esa misma noche se le entregó una tarjeta que acreditaba su calidad de miembro de la OLP. Dos días más tarde, mientras visitaba a otros parientes que vivían a unas cuantas calles de los primeros, tres hombres exigieron a Akmed que se detuviera. Tras unas cuantas preguntas sobre sus orígenes, le invitaron a afiliarse a su grupo. Cuando les contó que ya había sido reclutado, a punta de pistola pistola lo cachearon. Finalmente dieron con su tarjeta y le dejaron marchar. Dos meses después, perplejo ante el grado de surrealismo de esa sociedad, Akmed regresó a Alemania.

Akmed fue uno de los muchos estudiantes palestinos diseminados por los campus universitarios de toda Europa y América del Norte que, a finales de los años setenta, respondieron al llamamiento de los fedayines. Ese ejército de jóvenes intelectuales entró en tropel en Líbano, animados por la curiosidad y seducidos por el éxito de la OLP. Bajo el timón de Arafat, un hombre que buscó la independencia del patrocinio estatal, la OLP consolidó su poder en la economía libanesa a la vez que trabajaba en la constitución de un Estado palestino. Una vez en Líbano, los estudiantes también dejaban sentir su voz y se declaraban en contra de lo que interpretaron como el juego sucio de las superpotencias: el terrorismo de patrocinio estatal. Para muchos, la victoria sobre los soldados estadounidenses de la Guerra Fría no sólo les parecía posible, sino también inminente.

Tan pronto como ponían los pies en Líbano, los oficiales de la OLP se abalanzaban sobre los estudiantes para reclutarlos. El reclutamiento era una labor de importancia singular, puesto que Arafat repartía los fondos de acuerdo con el número de miembros que controlara el líder de cada uno de los distintos grupos. El reclutamiento era el motor de la máquina de guerra de la OLP y el dinero, su combustible. Sus miembros recibían un salario mensual que iba de las 700 a las 1.000 libras libanesas, equivalente al sueldo medio de un trabajador del campo local. Si estaban casados, la mujer y los hijos menores de dieciséis años también recibían un estipendio mensual de 650 y 25 libras, respectivamente. A los dieciséis años se esperaba que los chicos se enrolaran a la OLP y que empezaran a cobrar un salario base de 650 libras.[2] Para sufragar a un ejército como ése la OLP tuvo que construir una base económica y financiera muy fuerte.

Desde un punto de vista financiero, como hemos apuntado en el capítulo 3, la mayor parte del dinero que generaban las actividades ilegales o delictivas se invertía hábilmente en el extranjero para que diera beneficios. Si bien resulta difícil estimar el volumen del imperio financiero levantado por la OLP, podemos valorar la amplitud de su cartera gracias a los descubrimientos que hizo un *hacker* cuando consiguió introducirse en el sistema informático de la OLP en 1999. El *hacker* halló documentación correspondiente a 8.000 millones de dólares en cuentas de Nueva York, Ginebra y Zúrich. También había cuentas un tanto menores en el Norte de África, Europa y Asia. De los documentos y registros que descargó el *hacker* de Internet se deduce que la OLP también era propietaria de acciones de las bolsas de Tokio y París, y de fincas y solares en las áreas más caras de Londres, París y otras capitales europeas. Este *hacker* desveló una lista de compañías que encubrían los mercados financieros internacionales de la OLP. También descubrió capital invertido en Mercedes-Benz, participaciones en la compañía aérea nacional de Guinea-Bissau y en la de las Maldivas y otros valores financieros en cartera por un valor total de 50.000 millones de dólares.[3]

Estos fondos también se empleaban para poner los cimientos de una economía palestina legal. En 1970, en Jordania, la OLP fundó la Palestine Martyrs Work Society, más conocida por Samed. En sus orígenes, la función de Samed era proporcionar formación profesional vocacional a los huérfanos palestinos en las ramas de su elección. De todos modos, cuando la OLP fue expulsada de Jordania y se trasladó Líbano, Samed se reorganizó. Como veremos en el capítulo 5, Samed contribuyó a crear la infraestructura económica del futuro Estado de Palestina. Bajo la supervisión directa de Arafat, Samed canalizó la fuerza de trabajo de los campos de refugiados hacia la creación de una infraestructura social e industrial sólida. Su meta final era conseguir que los palestinos fueran autosuficientes y que la OLP no dependiera de las aportaciones ni de las donaciones de los países árabes. El éxito de esta iniciativa fue extraordinario. En 1982, Samed controlaba 35 fábricas en Líbano y 5 en Siria y tenía la propiedad de otros tantos negocios en el extranjero, hecho que le permitía exportar regularmente sus productos a Europa oriental y a los países árabes. Ese mismo año, el volumen de su facturación se estimó en 45 millones de dólares.[4] El crecimiento económico de la organización también se sustentaba en el impuesto del 5 por ciento que recaudaba de todos los palestinos que trabajaban en los países árabes. De acuerdo con los datos de que dispone la CIA, en 1999 la OLP tenía acumulado un capital por valor de entre 8 y 14.000 millones de dólares, procedente tan sólo de la recaudación de ese impuesto.[5]

El golpe de Sukarno en Indonesia

La privatización de la violencia política tenía como objetivo en primer lugar eludir las restricciones impuestas por los patrocinadores. Una forma de dependencia económica como el patrocinio de Estado limitaba el campo de acción de la lucha armada al mantenimiento del *satus quo* de la Guerra Fría y, por consiguiente, descuidaba el derecho de autodeterminación de las naciones. Memorables son las palabras de Henry Kissinger sobre la democracia chilena reseñadas por Alejandro Reuss: «No veo por qué debemos permanecer impasibles y observar cómo se torna comunista un país por la simple irresponsabilidad de sus habitantes».[6] La URSS tenía una visión semejante del tema y empleaba los distintos grupos armados de Oriente Próximo como peones en una partida de ajedrez contra Estados Unidos. Arafat se percató de esta realidad muy pronto y se concentró en el objetivo de alcanzar la independencia financiera para la OLP. Para él, el camino hacia Jerusalén no pasaba por Moscú, sino directamente por la Bahnhofstrasse de Zúrich.

¿Cuál es la diferencia entre la lucha armada autofinanciada y la guerra patrocinada por un Estado interpuesto? En la última, el poder extranjero es quien decide a qué grupo político, nacionalista o insurgente da su apoyo, como sucedió con la creación de la Contra por parte de la CIA ya descrita en el capítulo 2. En el modelo de privatización de la violencia política, por el contrario, el grupo armado es quien desarrolla su propia estrategia, quien establece sus metas y quien elige a un sector de la sociedad para recibir su apoyo, es decir, dispone de un respaldo popular más que del apoyo de un Estado. Naturalmente, este último modelo depende en gran medida de la habilidad del grupo para generar el dinero suficiente que permita garantizar la lucha armada.

Fundamentalmente, el patrocinio extranjero de grupos armados o insurgentes[7] tiende a salvaguardar los intereses económicos occidentales en países en vías de desarrollo en detrimento de la población local. Es lo que sucedió en Indonesia. En los años cincuenta y a comienzos de los setenta, Estados Unidos y sus aliados estaban cada vez más preocupados por el régimen del presidente Sukarno. En 1964, el embajador estadounidense de Malaisia resumió esos temores en un telegrama a Washington: «Nuestras dificultades en Indonesia son básicamente resultado de la estrategia deliberada y positiva del GOI (gobierno de Indonesia), que intenta echar del sureste asiático a Estados Unidos y a Gran Bretaña».[8] Las potencias occidentales desaprobaban la decisión de Sukarno de sumarse al movimiento de países no alineados y de adoptar posturas militantes antioccidentales. En particular, Occidente temía el ascenso del partido comunista de Indonesia, el Partai Komunis Indonesia (PKI), el mayor partido de izquierdas de Asia. Esos temores aumentaron cuando Sukarno se vio envuelto en un enfrentamiento anticolonial con los holandeses sobre el estatus de Papua Nueva Guinea. En ese momento, la administración estadounidense vio claramente la necesidad de emprender acciones en defensa de los intereses económicos occidentales (al ser Indonesia un país rico en recursos naturales, particularmente en petróleo).

Un informe de Estados Unidos indicaba que Sukarno perseguía «prioridades equivocadas».

El gobierno tiene una posición dominante en la industria básica, los servicios públicos, los transportes y las comunicaciones internas... Es probable que llegue a desaparecer la propiedad privada, que la suceda algún posible contrato de producción de socialización de beneficios y que se pretenda aplicar el modelo a todas las inversiones extranjeras... El objetivo de Indonesia es «conservar su idiosincrasia» en el desarrollo de su economía, sin la influencia extranjera, en especial de la occidental. [9]

Ante este panorama, la administración estadounidense decidió reforzar la influencia occidental en la región proporcionando al ejército indonesio un programa de ayuda militar. Así, se ofreció ayuda financiera y formación en Estados Unidos a los oficiales indonesios.[10] La decisión de promocionar el sector militar como una fuerza política de liderazgo dio sus frutos en octubre de 1965, cuando Sukarno fue depuesto tras un violento golpe de Estado perpetrado por el general Suharto. Durante los seis meses siguientes, se exterminó el PKI y murió la escandalosa cifra de un millón de personas. Un régimen dictatorial se impuso en el archipiélago.

El nuevo régimen dejó de lado la política anticolonial y de oposición de Sukarno y recibió con los brazos abiertos la inversión occidental. Las empresas acudieron en tropel a lo que dio en llamarse el paraíso de las inversiones.[11] A cambio, Suharto recibió ayuda financiera y militar y plena libertad para desarrollar una política expansionista agresiva en la región. En diciembre de 1975, Indonesia invadió la antigua colonia portuguesa de Timor Oriental, entonces en pleno proceso de descolonización.[12] Estados Unidos y Australia justificaron la invasión. El embajador australiano Richard Woolcott llegó incluso a recomendar una «pragmática lección de realismo kissingeriano», por ejemplo una invasión al estilo del golpe de Estado promovido por la CIA que llevó a Pinochet al poder en Chile. En opinión de Woolcott, un Timor Oriental bajo control indonesio proporcionaría mayores y mejores oportunidades para explotar los ricos recursos petrolíferos del país que un Estado independiente.[13] De ese modo, Australia quería asegurarse el derecho a explorar y explotar los yacimientos de petróleo y gas del mar de Timor, en el estrecho marítimo que separa Timor Oriental de Australia.[14]

Dos días después de la invasión, el Revolutionary Front for the Independence of East Timor (Fretelin) emitió por radio un llamamiento desesperado sobre la tragedia en marcha. «Las fuerzas indonesias están matando indiscriminadamente. Las mujeres y los niños que circulan por las calles son tiroteados. Nos matarán a todos. Repito, nos matarán a todos... Ésta es una llamada de socorro internacional.»[15] A los pocos días, la ONU hizo pública una resolución que condenaba duramente la invasión e hizo una llamada urgente para que se tomaran acciones con las que proteger la integridad territorial del Timor portugués y el derecho de su pueblo a la autodeterminación. Sin embargo, no se emprendió acción alguna. Setenta y dos países rechazaron la decisión de condenar Indonesia por haber violado la Carta de las Naciones Unidas, sólo diez votaron contra la agresión del régimen de Suharto y cuarenta y tres se abstuvieron, incluidos Estados Unidos, el Reino Unido y la mayoría de países occidentales.

A pesar de estar fuertemente armada y financiada por la administración Carter y sus aliados occidentales, Indonesia no pudo evitar tener que luchar durante unos años para obtener el control de Timor Oriental. Para dominar la isla, el ejército cometió las más espantosas atrocidades. A finales de 1979, aproximadamente una tercera parte de la población total de Timor Oriental había perdido la vida en el conflicto. Los bombarderos estadounidenses y el avión especialmente equipado para la contrainsurgencia que le proporcionó el campeón de los derechos humanos y premio Nobel de la Paz, el presidente Carter, ayudaron a Suharto a conseguir el control de la isla.[16] Aun así, unos pocos miembros obstinados de Fretelin rechazaron abandonar la lucha. Se reagruparon gracias a las tácticas de guerrilla y continuaron luchando contra las fuerzas de ocupación. El régimen de terror de Suharto, por otro lado, se benefició enormemente de la generosidad occidental (3.150 millones de dólares en 1987 y 4.010 millones en 1988). Los dirigentes occidentales incluso dedicaron al general todo tipo de alabanzas y admiraciones, y lo definieron como «nuestro hombre».

En algunas de las regiones fronterizas de la Guerra Fría, los grupos armados hacían la guerra completamente aislados, combatiendo en nombre de las dos superpotencias. Exceptuando el caso de Cuba en América Latina, la política de patrocinio de las superpotencias promovía una fragmentación en la que cada grupo luchaba sólo y exclusivamente contra su oponente. Ello explica por qué la llamada desesperada del Fretelin quedó sin respuesta por parte de las organizaciones armadas asiáticas. Sólo durante los años ochenta, durante la yihad antisoviética, aparecieron aspirantes a combatientes que empezaron a emigrar para unirse a un ejército musulmán multiétnico. Como veremos en el capítulo 8, ello fue resultado de la autosuficiencia económica de los grupos armados. Antes, la cooperación entre ellos se limitaba al comercio de armas y al intercambio de información.

La internacionalización de los grupos armados

Los intentos de establecer alianzas estratégicas entre las organizaciones armadas se remontan a comienzos de los años setenta. En Líbano, en 1972, George Habash fue el anfitrión de una de las primeras cumbres internacionales para formar un frente común contra el sionismo y el imperialismo occidental.[17] Había representantes del Ejército Rojo Japonés, del Frente de Liberación Iraní, del IRA, de Bader-Meinhof y del Frente Revolucionario de Liberación del Pueblo Turco.[18] Los participantes acordaron establecer una red internacional para ofrecerse cooperación económica y financiera, intercambio de datos, para compartir refugios seguros, llevar a cabo programas conjuntos de formación y también comerciar con armas.

Las asociaciones en el ámbito del tráfico de armas y el contrabando pronto gozaron de predicamento y, teniendo en cuenta que eran dos de las actividades más importantes de los grupos armados, enseguida surgieron empresas conjuntas. En 1984 entrevisté a un antiguo miembro de las Brigadas Rojas que sentía pasión por los veleros. Reconoció que su experiencia marinera le vino muy bien a finales de la década de 1970 y en los primeros de la de 1980 cuando se aprovechó de su hermoso balandro de dieciséis metros para pasar de contrabando armas y municiones. Su último viaje resultó especialmente memorable. Zarpó hacia Líbano con uno de los dirigentes de las Brigadas Rojas. «Era al final del verano, y el mar estaba calmo y templado —me dijo—. Como siempre, el Mediterráneo estaba lleno de barcos y yates y nadie reparó en nosotros, dos tipos de vacaciones en un velero.»[19] La travesía fue tranquila y plácida. Cuando finalmente entraron en aguas libanesas, una delegación de la OLP les salió al encuentro y los escoltó hasta un pueblo de pescadores. Allí les recibió un grupo de fedayines. Al alba, tras haber cargado las armas y municiones en el barco, zarparon de vuelta. Al final, el cargamento se repartió entre las Brigadas Rojas, el IRA y el grupo separatista sardo Barbagia Rossa. En otro viaje parecido, Mario Moretti, el líder de las Brigadas Rojas, se trajo de vuelta ametralladoras, pesadas minas antitanque Enerva, granadas, misiles SAM7 Strela, etcétera. El armamento se compartía con el IRA, ETA y grupos alemanes clandestinos.[20] Debido a la posición geográfica de Italia, con sus 7.600 kilómetros de costa y su proximidad con Oriente Próximo, a los grupos armados italianos les resultaba mucho más fácil hacer de correos con Oriente Próximo.

En los años setenta, la guerra civil convirtió Líbano en el centro del mercado internacional e ilegal de armas y a los palestinos en sus principales traficantes y mediadores. El armamento salía y entraba de contrabando a través de la espectacular línea costera mediterránea de Líbano mediante ingeniosas técnicas, por ejemplo aprovechando las mareas y las corrientes. Se trata de un método inusual que la OLP continúa utilizando hoy para proveer de armas a los territorios ocupados. En la primavera de 2002, un grupo de niños que jugaba en la playa de Gaza encontró un barril de petróleo pintado de negro en la costa. Al abrirlo, descubrieron que contenía granadas, rifles Kaláshnikov y proyectiles de mortero. Parece ser que, a unas 25 o 30 millas de la costa de Gaza, hay una poza conocida con el nombre de *al birkah*, en la que convergen las corrientes que recorren las playas de Gaza. «Las corrientes del mar son como las carreteras en el desierto— informó un lugareño al periodista Robert Fisk—. La gente sabe cuál es el momento idóneo para lanzar al agua el cargamento, cuánto tiempo tardará en llegar a Gaza —menos de una semana; son profesionales—, saben cómo hacer entrar armas.»[21] Las armas incluso se llegaron a pasar de contrabando en las tiendas libres de impuestos. En 1985, miembros relevantes de la OLP controlaban unas cuantas tiendas libres de impuestos en África y las emplearon para expedir armas, explosivos y municiones. Los camiones cargados con productos para las tiendas libres de impuestos se utilizaban para esconder las armas.[22]

A principios de los años ochenta, Patrizio Peci, el primer *pentito*[23] (arrepentido) de las Brigadas Rojas, vinculó el asesinato de Aldo Moro con el tráfico de armas palestino. Confesó que la ametralladora, una Skorpion checoslovaca, que empleó para asesinar al exprimer ministro italiano había sido adquirida en Oriente Próximo por Mario Moretti en uno de sus viajes de compras a Líbano. Si bien Peci no identificó la fuente, es muy probable que el proveedor fuera del FPLP (Frente Popular para la Liberación de Palestina). Durante los últimos años de la década de 1970 y a comienzos de la de 1980, el FPLP era el principal proveedor de armamento de los grupos armados europeos. Los italianos organizaban la mayoría de los transportes. En 1979, la policía arrestó a Daniele Pifano, el líder de Autonomía Obrera, mientras transportaba dos misiles Strela. En el juicio insistió en que tan sólo estaba haciendo un favor a George Habash, quien le había pedido que hiciera de mensajero. El FPLP no sólo confirmó la declaración, sino que además exigió la devolución de los misiles por ser propiedad de Habash.[24]

El Movimiento de Resistencia Palestina en Europa occidental tuvo un papel similar al de los cubanos en América Latina. Los soviéticos proporcionaban armamento, municiones, formación técnica y entrenamiento militar y estratégico; los palestinos comerciaban con todo ello y lo ofrecían a los grupos armados europeos. «La Unión Soviética estableció una cadena de terroristas del tipo "hágaselo usted mismo" por todo Oriente Próximo —me contó un magistrado italiano—, y la cedió a los palestinos para que la dirigieran.»[25] Resultaba una forma más sutil de patrocinio estatal comparada con la implicación directa de los soldados norteamericanos en los países extranjeros.

Reducir la dependencia económica de los patrocinadores requería una constante búsqueda de fondos. «Siempre íbamos faltos de líquido —admitió un antiguo miembro de las Brigadas Rojas—. Aunque llevábamos una existencia de lo más frugal y necesitábamos poco para sobrevivir, escaseaba, y mucho, el dinero en efectivo para financiar nuestra lucha.»[26] Los líderes de las organizaciones armadas siempre están preocupados por el tema de los fondos. Una mirada a las cuentas de gastos de las Brigadas Rojas explica el porqué. El coste estimado de un miembro fijo a tiempo completo que pasaba a la clandestinidad era, aproximadamente, de 15.000 dólares al año, incluido su salario,[27] el alquiler, la comida y el armamento personal. Así pues, para dirigir una organización con unos 500 activistas fijos, las Brigadas Rojas necesitaban recaudar unos 8 millones de dólares anuales. Durante los años setenta y ochenta esa cifra aumentó anualmente a causa de la elevada tasa de inflación. Además de los gastos corrientes, la organización también debía afrontar los extras: pasajes de avión, compra de armamento especial, costear viajes en barco a Oriente Próximo, equipos de alta tecnología, etcétera. Claire Sterling estima que solamente el gasto anual para sufragar las acciones de las Brigadas Rojas se aproximaba a los 10 millones de dólares.[28] El coste de mantenimiento de los grupos armados italianos, en conjunto, incluyendo tanto los de derechas como los de izquierdas, era, al menos, tres veces superior.[29]

Para generar y administrar tal cantidad de líquido se requiere un elevado nivel de profesionalidad y unos conocimientos en dirección de empresas. Tan sólo los robos multimillonarios de dólares a bancos y los rescates por secuestros podrían reportar estos fondos. Pero lejos quedan ya los días de las «expropiaciones» a supermercados de Curcio y Franceschini.[30] Las organizaciones armadas como las Brigadas Rojas debían dirigirse de un modo similar a las empresas. No se podía malgastar ni un centavo. A finales de los años setenta, las Brigadas Rojas se dieron cuenta de que los billetes que habían cobrado en concepto de rescate por un secuestro habían sido manchados con tinta amarilla y resultaban inservibles. «Tres personas se pasaron días y más días lavándolos uno por uno y secándolos con un secador de pelo, metidos en un húmedo habitáculo.»[31] Se debían justificar todos los gastos, detallarlos y, finalmente, la organización los debía comprobar por duplicado. Cuando la policía entró en el escondrijo de via Gradoli, en el que habían mantenido cautivo a Moro, encontraron recibos por cantidades tan pequeñas como 3.000 liras de gasolina o 6.000 liras de rotuladores y material de papelería.[32]

Empresarios por libre del terror

Mientras recibían el patrocinio del Estado, los grupos armados funcionaban sólo como receptores de fondos y se centraban exclusivamente en la lucha. Pero con la autofinanciación, su primera prioridad era hallar formas para sufragarse. Las nuevas labores capitalistas cambiaron la estructura de los grupos armados y revolucionaron la selección natural de sus líderes. A partir de ese momento a los jefes de las organizaciones armadas se les requería que demostraran sus habilidades económicas y empresariales, de modo que la habilidad financiera fue un valor más apreciado que el genio militar. Los emprendedores aparecieron en escena. Algunos de ellos, como Arafat, usaron su talento para escalar por las vertientes más resbaladizas de las enormes organizaciones armadas, mientras que otros, como Abu Nidal o Carlos, *El Chacal*, pusieron todo su empeño para trabajar en beneficio propio. Para estos últimos la lucha armada no era más que un negocio. Según indican distintas fuentes, Abu Nidal carecía de conocimientos específicos sobre la guerra de guerrillas o sobre las tácticas del terror. Es más, muchos son los que incluso se llegaron a cuestionar su motivación política y su coraje como soldado, y que estuvieron a punto de tildarlo de cobarde. En mayo de 1984, por ejemplo, mientras Nidal visitaba a Gaddafi en Trípoli, el servicio secreto libio desveló un complot tramado por el Frente Nacional para la Salvación de Libia que perseguía asesinar a Gaddafi. El refugio de los rebeldes fue atacado y a continuación se sucedió un feroz tiroteo. Abu Nidal se encontraba en una villa muy próxima al lugar de los hechos esperando el momento de partir hacia el aeropuerto. El tiroteo lo sumió en un completo estado de pánico. Empezó a gritar a su mano derecha, Abd al Rahman Isa, que lo sacara de Libia. Parece ser que sólo consiguió relajarse una vez que se halló fuera del país.[33]

La búsqueda de la independencia económica convirtió la lucha armada en un negocio multimillonario y a los luchadores por la libertad en empresarios. Abu Nidal, un hombre que no sólo consiguió sacar provecho del patrocinio de los Estados árabes en beneficio propio, sino que además logró «ordeñar a los árabes ricos» mediante la extorsión, se convirtió en el estereotipo de comerciante del terror sin escrúpulos. Desde 1974 hasta 1991 fue acogido en Irak, en Siria y finalmente en Libia. En todos esos países recibió apoyo financiero y logístico y encontró un refugio seguro desde el cual lanzar sus ataques. Su carrera empezó a comienzos de la década de 1970. Mientras residió en Bagdad como representante de la OLP, consiguió establecer su propio grupo. A cambio de su apoyo incondicional a Sadam Husein, recibió de los iraquíes 4 millones de dólares del capital destinado a Al Fatah, un valor aproximado de 15 millones de dólares en armas y una bonificación de 5 millones cuando el líder de Al Fatah lo sentenció a muerte.[34]

Gracias a su habilidad para poner a un poder en contra del otro, consiguió crear su propia multinacional del terror. Según los iraquíes, amasó millones actuando de intermediario entre el gobierno iraquí y los grupos armados que éste apoyaba. Comerció con armas y servicios. También sacó provecho de los conflictos bélicos de Oriente Próximo. Cuando estalló el conflicto entre Irak e Irán, por ejemplo, los iraquíes estaban dispuestos a desembarazarse de él y de su organización. Sin embargo, Nidal se ofreció para llevar a cabo asesinatos en nombre de los iraquíes en territorio extranjero, para mantener un canal secreto de comunicación con Siria y para actuar como intermediario en el tráfico de armas. Sadam recibió la propuesta con los brazos abiertos y pagó los servicios generosamente, a la vez que le permitió quedarse en Bagdad.

La habilidad de Abu Nidal para aprovecharse de sus patrocinadores hasta el máximo era archiconocida en el mundo árabe. A comienzos de los años ochenta ofreció a Sadam Husein tanques Polish T72. Los iraquíes pagaron 11 millones de dólares al contado por ellos, una suma que Nidal ingresó inmediatamente en una cuenta bancaria suiza. Al cabo de poco, los iraquíes decidieron que no iban a necesitar los tanques, después de todo, y que en su lugar deseaban reforzar su artillería. Abu Nidal no dio su brazo a torcer en ese asunto y, cuando le pidieron que devolviera el pago al contado, hizo oídos sordos. Al final, le pidieron que abandonara el país.[35] Desde Bagdad se desplazó hasta Damasco y continuó aprovechándose del conflicto bélico entre Irán e Irak, básicamente vendiendo armas a ambos. El suministro de armas procedía de los países del Este, sobre todo de Bulgaria. Utilizando el Bloque del Este como refugio, compró las armas de las empresas estatales a precios reducidos y las vendió mucho más caras, con lo que consiguió altos réditos. El beneficio total que le generó la guerra entre Irak e Irán se estima en 280 millones de dólares.[36]

Mientras residió en Siria, Nidal también extorsionó a los ricos jeques árabes y a los soberanos del golfo. Su táctica era muy sencilla: enviaba cintas amenazadoras a sus víctimas. Si no accedían a pagar, les hacía llegar otro mensaje con amenazas de muerte explícitas. Si incluso ese mensaje quedaba sin responder, Nidal pasaba a la acción, tal como le sucedió al jeque Zayid Bin Sultan, soberano de Abu Dabi. El jeque era un simpatizante generoso de la OLP y de la causa palestina, pero jamás había dado dinero a Abu Nidal o a ningún miembro de su organización. Cuando Nidal lo amenazó, Zayid se negó a satisfacer sus exigencias. El 23 de septiembre de 1983 un Boeing 737 de la Compañía Aérea del Golfo, procedente de Karachi y con destino Dubai, se estrelló a pocos kilómetros del aeropuerto de Abu Dabi y murieron todos sus pasajeros y tripulantes. Un desertor de las Brigadas Revolucionarias Árabes, el grupo ficticio que se atribuía la autoría del accidente, confirmó que Abu Nidal había planeado el atentado. Unos meses más tarde, el 8 de febrero de 1984, el embajador de los Emiratos Árabes Unidos fue asesinado a tiros en París. El 25 de octubre de 1984, otro diplomático de los Emiratos Árabes Unidos cayó asesinado en Roma. En ambos casos, las Brigadas Revolucionarias Árabes se atribuyeron la autoría. Finalmente, el jeque Zayid cedió y aceptó pagar a Abu Nidal 17 millones de dólares.[37]

Durante la crisis del petróleo de los años 1973-1974, la clase dirigente árabe adquirió conciencia del poder que suponían sus recursos y le cogió gusto al ejercicio del poder económico, como hemos detallado en el capítulo 2. El dinero empezó a fluir abiertamente y una parte del mismo consiguió llegar a manos del pueblo árabe. Poca gente quedaba inmune al poder seductor de la riqueza, incluyendo a los miembros de los grupos armados. Algunos de ellos sacaron provecho del conocimiento de las armas y del combate, y se convirtieron en «pistoleros a sueldo» que vendían sus servicios expertos al mejor postor.

Al final de la década, tras la segunda crisis del petróleo, el monetarismo y la desregulación se propagaron por Occidente y forja-

ron una nueva generación, la de los hijos del thatcherismo y el reaganismo, que generó empresarios exclusivamente dedicados a
acumular riquezas. A la vez, en Oriente Próximo surgió una nueva raza de mercenarios, luchadores que sólo profesaban su lealtad
a una única causa: el dinero. Los grupos armados dejaron de lado
el patrocinio estatal y se autofinanciaron mediante las técnicas del
mercado y de los negocios. Aquello era el comienzo del terror reaganómico.

Pistoleros a sueldo

En el verano de 1988, Ahmed Jibril, líder del Frente Popular para
la Liberación de Palestina-Comando General (FPLP-CG), se dio
cuenta de que estaba prácticamente arruinado. Libia acababa de
suspender su pago anual de 25 millones de dólares y Jibril no sabía cómo mantener a sus seguidores: entre 400 y 600 fedayines
árabes. Desde los años sesenta, Jibril, una figura muy conocida entre los grupos armados árabes, había logrado vender sus servicios
a los principales patrocinadores del terrorismo. Durante más de
una década fue el representante de Moscú en Oriente Próximo,
mantuvo relaciones directas con el KGB, hizo de mediador entre
el Kremlin y Siria, comerció con los productos soviéticos del terror, como armas y servicios, y promovió el papel de Bulgaria en el
desarrollo de la red de terror europea. Para prestar un mejor servicio a Moscú abandonó a George Habash y al FPLP, a quienes consideraba demasiado inclinados a exportar la causa palestina a Europa. Su organización fue decisiva para sabotear los intentos
diplomáticos de alcanzar la paz palestina y para mantener un estado de confrontación militar permanente entre Israel y los árabes.
Otros líderes árabes que apadrinaron a Jibril compartían estas mismas intenciones. Gaddafi pagó los salarios del FPLP, le abasteció
de armamento y financió unas cuantas de sus operaciones terroristas. El líder libanés también proporcionó servicios y vivienda. A
cambio, Jibril llevó a cabo ataques terroristas y cedió a Gaddafi sus
propios combatientes en la guerra del Chad.[38]
    Durante dos décadas, los líderes rusos, sirios y árabes, como

Gaddafi, pagaron un precio desorbitado por sus servicios. Pero, durante el verano de 1988 Ahmed Jibril y su ejército de mercenarios no podían contar con nadie. Entonces, el 4 de julio de 1988, la fragata *U.S.S. Vincennes* disparó accidentalmente contra un avión de línea iraní en el que viajaban 290 personas. En cuanto las trágicas noticias llegaron a oídos de Jibril, éste trazó su plan. Se puso en contacto con los iraníes y les ofreció, pagando, claro está, llevar a cabo un ataque de represalia contra Estados Unidos. Sugirió como posible blanco un avión de línea estadounidense, posiblemente un Boeing 747. Ese mismo mes, Jibril mandó a uno de sus hombres de confianza, Hafeth al Dalkamuni, a Teherán. Con la ayuda del ministro de Interior iraní, Machtashimi Tour, un viejo amigo de Dalkamuni, el FPLP-CG llegó a un acuerdo. Los iraníes aceptaron sufragar las necesidades económicas del grupo para el año en curso a cambio de los servicios de Jibril. Como muestra de su buena voluntad, los iraníes hicieron una imposición de 2 millones de dólares en las cuentas del FPLP-CG.

En septiembre de 1988, Dalkamuni fue arrestado en Alemania Occidental. La policía descubrió un zulo en el que se almacenaban bombas y explosivos que con toda seguridad iban destinados a ocupar un lugar en la bodega de un avión. Por desgracia, la policía no continuó indagando y nunca llegó a descubrir un segundo escondrijo en los suburbios de Frankfurt. Allí, dos hombres, un experto en explosivos y una persona «con carisma», un palestino encargado de engañar a un tercer personaje para que subiera la bomba a bordo del avión, completaban la misión. El 21 de diciembre de ese mismo año, el vuelo 103 de Pan Am estalló cuando sobrevolaba Lockerbie, Escocia. Los cuerpos de las 259 personas que iban a bordo se esparcieron por la zona. Dos días después del desastre, los iraníes transfirieron el resto del pago a las cuentas de la FPLP-CG.[39] Esto contradice la versión oficial que inculpa a Libia de los hechos.[40] El error por no haber interpretado la bomba de Lockerbie como una parte del fenómeno global del terror se debe, en parte, al profundo desacuerdo que por aquel entonces los gobiernos británico y estadounidense mantenían en relación con la figura de Gaddafi.

Las múltiples oportunidades de hacer dinero —en cantidades considerables— aprovechándose de la experiencia en terrorismo también atrajeron a los occidentales. Durante los años setenta, dos antiguos agentes de la CIA, Edwin Wilson y Frank Terpil, también se aprovecharon del terror. Terpil, que estuvo involucrado en la invasión de la Bahía de Cochinos, en Cuba, y en Vietnam, fue despedido de la CIA en 1971 y al poco tiempo montó una empresa llamada Oceanic International Corporation, que se puso al servicio del presidente de Uganda, Idi Amin. Utilizando sus contactos, Terpil suministró armamento, instrumentos de tortura, equipamiento militar, explosivos y bombas al dictador ugandés. Estos servicios le fueron pagados con generosidad. Por ejemplo, sólo el contrato con el State Research Bureau, el servicio secreto ugandés, le supuso un beneficio neto de 3,3 millones de dólares. Idi Amin estaba tan satisfecho con los servicios de la Oceanic International Corporation que presentó a Terpil a Gaddafi.[41]

Entre tanto, Edwin Wilson, que había adquirido su experiencia en Oriente Próximo y en Bangladesh, abandonó la CIA en 1976. Wilson utilizó sus contactos para vender armas a varios dictadores, entre los que figuraba Augusto Pinochet. Terpil se puso en contacto con Wilson y juntos montaron un gabinete de consultoría para Gaddafi. Le suministraron armamento y equipo que en buena medida habían adquirido a bajo precio en el superprovisto mercado estadounidense. Los márgenes que sacaron de esas ventas fueron extremadamente altos. A finales de la década de 1970, por ejemplo, vendieron equipo estadounidense a Libia por un valor de 900.000 dólares, cuando a ellos les había costado tan sólo 60.000 dólares. El material militar estadounidense fue transportado gracias a unos documentos de exportación del Departamento de Estado falsificados.[42] Los archivos del Tribunal de Cuentas e Impuestos, en los que se recogían todas las operaciones bancarias de Wilson con Libia, muestran que sólo en la década de 1980, su negocio había generado un beneficio bruto de 22,9 millones de dólares. Más de la mitad de esa cantidad procedía de un contrato de suministro de armas de pequeño calibre a las Fuerzas Armadas Libias.[43]

En 1977, Wilson y Terpil decidieron ampliar su actividad al ámbito de la formación y el entrenamiento. Reclutaron a diez antiguos Boinas Verdes para quienes establecieron la siguiente estructura de pagos: el jefe del equipo percibió 140.000 dólares y cada uno de sus hombres, 100.000. En el paquete se incluía un seguro de enfermedad en Europa y un plan de seguros que pagaba 250.000 dólares en caso de defunción y 125.000 por la pérdida de algún miembro del cuerpo. Tras el reclutamiento, cada uno de los hombres percibió 1.000 dólares en metálico y un billete de avión a Zúrich, donde Wilson los esperaba. Desde Suiza, el grupo se desplazó hasta Trípoli. Una vez en Libia, los antiguos boinas verdes entrenaron a los protegidos de Gaddafi en distintas tácticas de terror, incluido el uso de explosivos. Para llevar a cabo esa tarea, se transportaron desde Houston, Tejas, hasta Trípoli, en avión, 20 toneladas de explosivo C4, que costó 300.000 dólares. Los aprendices también cobraban su salario: los africanos y los árabes, 400 dólares al mes, y los de otras nacionalidades, 1.000 libras.

Terpil y Wilson montaron unos cuantos campos de entrenamiento para Gaddafi. También cometieron asesinatos e intentaron distintos golpes de Estado en Chad en su propio beneficio. Disponían de una lista de precios para ese tipo de servicios, y por matar a un estadounidense, por ejemplo, exigían un extra del 40 por ciento. Con el tiempo, Wilson fue arrestado en Estados Unidos por evasión de impuestos. La inspección fiscal lo demandó por 21 millones de dólares en concepto de impuestos no pagados y le impuso multas sobre los 51 millones de dólares que se estimó que había ganado entre 1977 y 1981.[44]

El advenimiento de la figura de empresarios independientes en el mundo de la lucha armada desencadenó la fragmentación de las organizaciones armadas más consolidadas. Así, salieron a la luz nuevos líderes y nuevos grupos, como Ahmed Jibril, gente de sus propios planes políticos. Nadie quedó a salvo de esa tendencia. En 1970, el IRA se escindió por una cuestión política de primera magnitud: el rechazo de la lucha armada. Bajo el liderazgo de David O'Connell, Rory O'Brady y Gerry Adams, una sección del IRA se opuso al abandono de las armas y rompió con la organización madre para convertirse en el IRA Provisional. En 1974, Seamus Costello, uno de los líderes del IRA oficial, fue expulsado por criticar la organización y por violar el alto el fuego con una serie de actos violentos perpetrados por su grupo, el Ejército Popular de Liberación, el ala armada del IRA oficial. Costello y ochenta delegados más formaron el Partido Socialista Republicano Irlandés. Al cabo de poco tiempo, el Ejército Popular de Liberación fue reestructurado y rebautizado con el nombre de Irish National Liberation Army (INLA, Ejército Irlandés de Liberación Nacional). A lo largo de toda la década de 1980, el proceso de fragmentación prosiguió dentro del INLA y de las distintas facciones del IRA.

En otros lugares del mundo, el flirteo con el capitalismo desgastó el compromiso terrorista de estos empresarios independientes con su causa y los transformó, en algunos casos, en mercenarios y pistoleros a sueldo, como ejemplifica la figura de Abu Nidal. En determinados momentos, fue posible, incluso en el transcurso de una acción, comprar su lealtad. En el secuestro de los ministros de la OPEP en el año 1995, Carlos, *El Chacal*, rompió el trato y liberó a los rehenes, incluido el jeque Yamani, a quien se suponía debía ejecutar. «Carlos se vendió», fue el comentario en boca de sus más próximos. A cambio del pago de un rescate, suspendió toda la operación y se retiró para llevar una vida de placer y lujo en Europa del Este.[45]

Durante cierto tiempo, esta corrupción ensombreció las intenciones políticas de la lucha armada y envileció la figura de los combatientes a los ojos de sus simpatizantes. Los levantamientos populares espontáneos, como el de la Intifada en los territorios ocupados de Palestina, aportaron savia fresca y un nuevo ímpetu a la lucha armada internacional.

SEGUNDA PARTE

El nuevo desorden económico

5

El nacimiento del Estado embrión* del terror

«He obtenido tal satisfacción de la yihad afgana que para mí resultaría imposible obtener una satisfacción igual de cualquier otra situación… Lo que más me ha satisfecho es que la gloria y el mito de la superpotencia fueron destruidos no sólo en mi cabeza, sino en la de todos los musulmanes.»

Declaraciones de Osama Bin Laden al periodista de la CNN
Peter L. Bergen en mayo de 1997

En diciembre de 1987, los palestinos que vivían en la Franja de Gaza y Cisjordania pusieron en marcha la Intifada. La espontánea sublevación supuso un cambio de orientación en la política israelí. Desde entonces el gobierno de Israel ya no permitió la entrada «extraoficial» de dinero dentro de los territorios ocupados, como esos 999.000 dólares en efectivo que habían sido descubiertos en el puente de Allenby. La policía recibió la orden de impedir el paso de dinero de contrabando a través de los puestos fronterizos. Al año siguiente se confiscaron más de 20 millones de dólares. Pero esa medida en poco contribuyó a frenar el apoyo económico de la OLP a los territorios ocupados. El dinero abundaba y fue llegando igualmente por vías más sofisticadas. Lo que los israelíes

* Shell States, también llamados estados caparazón *(N. del E.)*.

pronto descubrieron fue que Arafat había transformado una desunida confederación de grupos armados en una compleja organización económica. Actuando como si de un Estado legítimo se tratara, la OLP obtenía unas rentas superiores al producto nacional bruto de países árabes, como Jordania, por ejemplo. Gracias a esas ganancias inesperadas, la OLP dministraba Gaza y Cisjordania con eficacia.

El presupuesto «declarado» cubría los gastos diarios de los enclaves palestinos. En 1988, por ejemplo, ese presupuesto fue de 674 millones de dólares y prácticamente la mitad del mismo procedía de los beneficios obtenidos a través de inversiones (300 millones). Las actividades de la OLP se sufragaban a través del Palestinian National Fund (PNF), constituido en 1964 exactamente para ese propósito. En sus inicios, el PNF dependía de las donaciones de los países árabes; pero, aun así, una hábil política de inversiones a largo plazo unida a un rígido control de gastos dio como fruto un sólido capital de base. Hacia finales de la década de 1980, el PNF era económicamente independiente y manejaba una cartera de acciones valorada en 6.000 millones de dólares. Las organizaciones de asistencia social repartidas por el interior de los territorios ocupados recibían dinero directamente de la Palestinian Welfare Association (PWA), que fue fundada en 1983 por un grupo de palestinos adinerados. La PWA recogía las donaciones de los palestinos y de los simpatizantes de la causa palestina esparcidos por el mundo entero.

Paralelamente al presupuesto «declarado», la OLP también disponía de un presupuesto «secreto»: el Secret Chairman's Budget (SCB), que formaba parte del fondo secreto del presidente, controlado exclusivamente por Arafat. A diferencia de los otros recursos financieros de la OLP, los ingresos y las carteras de acciones del SCB siempre se habían mantenido en secreto. Los ingresos generados por las actividades ilegales y terroristas se canalizaban hacia esos fondos y, a finales de los años ochenta, el SCB controlaba un capital estimado de 2.000 millones de dólares. Con el SCB se financiaban las actividades terroristas y la compra de armas, se trataban y resolvían los temas vinculados a la seguridad de Arafat y se contribuía a cubrir los costes de las venganzas personales del líder dentro de la propia OLP. En ocasiones excepcionales, el Secret Chairman's Budget se empleaba también para sufragar gastos excepcionales, por ejemplo, una parte del alto coste en que incurrió la OLP durante el éxodo del pueblo palestino desde Líbano. De acuerdo con los datos de que dispone la CIA, en 1990 el capital total de la OLP oscilaba entre los 8.000 y los 14.000 millones de dólares.[1] Si tomamos estas cifras como un indicador de su producto interior bruto, observaremos que éste era superior al PIB anual de otros países árabes como Bahrain (6.000 millones de dólares), Jordania (10.600 millones de dólares) y Yemen (6.500 millones de dólares).[2]

Con la independencia económica llegó un mayor grado de libertad política y, a su vez, la oportunidad de que una organización armada desarrollara su propia política exterior. De ese modo, a comienzos de la guerra del Golfo, Yasser Arafat pudo permitirse el lujo de enfrentarse a sus benefactores árabes dando su apoyo a Sadam Husein. El desafío de Arafat a los líderes árabes manifestaba el síntoma de una nueva realidad: tan pronto como un grupo armado tenía la posibilidad de disponer libremente de sus propios ingresos, desarrollaba un gusto por el poder real y empezaba a construir la infraestructura de su propio Estado. Sin embargo, con dinero pero sin reconocimiento político, sólo podían construir el embrión de un Estado. Ello difiere del modelo de nacionalismo en el que la economía y su infraestructura se construyen tras un proceso de autodeterminación que conduce hacia la integración política. He bautizado este nuevo modelo como Estado embrión[3].

En un Estado embrión podría incluso llegar a faltar la integración política, puesto que se construye en función de una economía de guerra sustentada por la lucha armada. Así pues, en el ensamblaje de un Estado embrión, la economía antecede al resto de elementos porque es absolutamente necesaria para mantener la guerra. «La guerra es nuestra forma de vivir», declaró un combatiente de la Alianza del Norte desde la llanura afgana de Shomali.[4] Aparte de la producción de opio y del contrabando, «no hay mucho más que hacer en esta región, pues no hay industria, ni comercio, ni agricultura, ni tan siquiera el embrión de una economía».[5] Ahora bien, un combatiente en Afganistán, antes de la caída del régimen talibán, podía ganar más de 250 dólares al mes y disponer libremente de comida y cigarrillos. Porque los líderes de un Estado embrión hacen gravitar la estructura socioeconómica del Estado en torno a la guerra, ofrecen trabajo a los combatientes, promulgan impuestos para financiar la compra de armamento y municiones, etcétera, en pocas palabras, crean una economía y una estructura con la que mantener viva la lucha.[6] «En el frente no hay escasez de nada», admitió Mohamed Haider, un combatiente afgano.[7] Se trata, siempre, de entidades que viven en constante estado de guerra, que son dirigidas por élites militares, que viven en un permanente toque de queda político y en las que se prohíbe o se limita el alcance de la participación política popular.

Según comenta Christopher Pierson,[8] profesor de Política en la Universidad de Nottingham, un Estado moderno se define por aunar nueve características principales. Los Estados embrión reúnen sólo cuatro: el monopolio de los medios de violencia, el territorio, un sistema de impuestos y una burocracia pública. Los cinco puntos restantes —soberanía, constitución, el imperio de la ley y del poder no personal, la legitimidad de la autoridad y la ciudadanía— están ausentes.

Si aplicamos esta clasificación, la transformación de la OLP en una entidad gubernamental *de facto* del pueblo palestino en Líbano supone un ejemplo muy preciso y válido de cómo se construye un Estado embrión. En los enclaves que controla, ejerce el monopolio de la violencia. La violencia es el único instrumento utilizado para conquistar y mantener un firme control en los territorios ocupados. Paralelamente, la violencia legitima el uso de la fuerza en el interior de esos enclaves. De ese modo, la OLP recurre al empleo de la violencia física para desplazar a la población cristiana que vive en los pueblos libaneses y continúa valiéndose de ella para proteger a los refugiados palestinos con que los van repoblándolos. Para sufragar esta guerra, la OLP impuso diversos impuestos. Para el modelo de Estado embrión es muy significativo el impuesto para la liberación de Palestina, que se traduce en un gravamen de un 5 o 6 por ciento sobre los salarios de todos los palestinos que trabajan fuera del país. De un modo similar a Estados Unidos, la OLP impone gravámenes a sus nacionales, independientemente del lugar en el que generen su renta. La labor de recaudar el impuesto para la liberación y remitir el dinero a la OLP recae en los gobiernos árabes. No son contribuciones irrelevantes: en 1985 generó aproximadamente el 6 por ciento de los ingresos totales de la OLP. El mayor rendimiento procedió de Kuwait, donde los palestinos representan una cuarta parte de la población del país.[9] Finalmente, la OLP creó instituciones *ad hoc*, el equivalente a las burocracias de un Estado público moderno, cuya labor consistía en desarrollar la infraestructura socioeconómica del Estado embrión palestino.

Samed, el nacimiento del Estado embrión de la OLP

Samed fue un elemento esencial para el desarrollo del Estado embrión palestino. Actuando como brazo económico de la fuerza militar, Samed compartía con Arafat la prioridad principal de lograr que la OLP se independizara de sus patrocinadores árabes. Para alcanzar ese objetivo, durante los años setenta Samed participó en la creación del Estado palestino dentro de Líbano. Entre otras labores, se encargó de instalar a los refugiados en áreas estratégicamente vitales. En el pueblo de Damour, por ejemplo, a 20 kilómetros de Beirut, después de que los soldados de la OLP hubieran desplazado brutalmente a la población cristiana, Samed se trasladó allí para ocupar el vacío económico que había generado la evacuación. Inmediatamente se empleó a fondo para establecer los cimientos que permitieran articular la infraestructura económica necesaria con la que dar apoyo a los refugiados palestinos que se habían asentado en Damour. Asimismo, montó talleres para manufacturar telas, mantas, artículos de lana y productos metálicos con los que proporcionar empleo y cubrir la demanda de los combatientes de la OLP.[10]

En 1973, Samed consiguió independizarse del Departamento de Asuntos Sociales de la OLP y se reorganizó a partir de cuatro divisiones principales: industria, información (prensa e imagen), agricultura y comercio. Samed desempeñó una doble función: instruir y hallar empleo para los individuos y proporcionar productos a la población palestina a precios accesibles. A medida que alcanzaba estos objetivos en el transcurso de la diáspora, su departamento pasó de ser una institución asistencial a convertirse en el epicentro de la nueva economía palestina.

Puesto que su meta principal era garantizar la autosuficiencia de la comunidad palestina, el sector industrial produjo al principio uniformes militares, productos textiles y ropa para la OLP. Sin embargo, pronto pudo ampliar su línea comercial y empezó a exportar. En 1981, por ejemplo, exportó 100.000 camisas y 50.000 pares de pantalones a la Unión Soviética.[11] En aquel mismo año, las compras de la OLP representaron tan sólo el 35 por ciento del total de ventas de Samed. En cuanto al resto, el 8 por ciento se hicieron al Líbano, el 30 por ciento a los países árabes y el 27 por ciento al mercado internacional. En conjunto, antes de la invasión israelí del Líbano, los ingresos anuales del sector industrial fueron de unos 18 millones de dólares, aproximadamente.[12]

En 1981, Samed daba trabajo a más de 5.000 trabajadores fijos en Líbano, a 200 en Siria y a 1.800 en África. A ellos hay que sumar 6.000 empleados más a tiempo parcial en Líbano y hasta 12.000 personas a las que se les proporcionaba una formación regular antes de que establecieran sus negocios por cuenta propia.[13] Samed controlaba 46 fábricas en Líbano y 5 más en Siria.[14] En cada uno de los campos palestinos había, por lo menos, una fábrica de Samed. Los trabajadores disfrutaban de una serie de beneficios: si estaban casados recibían ayudas por la esposa y los hijos. También recibían bonificaciones por productividad y seguros de vida.

En el sector agrícola, Samed dirigía granjas avícolas y de producción de leche a fin de satisfacer la demanda palestina de alimentos. A comienzos de la década de 1980, ese sector generó un beneficio anual de 16 millones de dólares. Samed también organizó cooperativas en distintos países africanos entre los que figuraban Sudán, Somalia, Uganda y Guinea. Como la implicación directa en los territorios ocupados estaba prohibida, Samed se vio obligada a hallar la manera de sortear la discriminación israelí contra los productos palestinos. Los israelíes impusieron severas restricciones de agua en la región, hecho que complicó la producción agrícola, y exigieron también una licencia especial para exportar los productos palestinos a Israel. En contraposición, los artículos israelíes gozaban de plena libertad de venta en los territorios ocupados. La competitividad de los productos agrícolas israelíes, además, fue estimulada por el hecho de que no estaban gravados con impuestos, a diferencia de lo que ocurría con los artículos palestinos, sometidos a fuertes tasas. A fin de superar esa barrera económica, Samed actuó como agente comercial sin cobrar intereses y organizó contratos de importación y exportación para los productores palestinos. En 1981, por ejemplo, dispuso la venta de 250.000 toneladas de cítricos de Gaza a los Estados árabes.[15]

Samed no tenía asignada una partida en el presupuesto de la organización. Se autofinanciaba sin problemas, pero le estaba permitido solicitar préstamos sin interés a la OLP siempre que lo necesitara. También recibió fondos del extranjero. La ONG belga Oxfam, por ejemplo, le concedió 250.000 dólares en 1981.

Si bien la invasión israelí de Líbano en 1982 supuso un duro golpe para Samed, no representó el fin de su infraestructura económica. Según Ahmed Quary, el entonces presidente de Samed, la invasión generó pérdidas por valor de 17 millones de dólares.[16] Las fábricas de los campos de Burj el Shamali, Ein el Hilweh y Mijeh wa Mijeh fueron destruidas. Aun así, el resto no sufrió daños y continuó operando. Los ingresos brutos muestran la rapidez de recuperación de Samed. En 1986 los ingresos ascendieron a 39 millones de dólares, sólo 6 millones menos que en 1982, y en 1989 dieron un salto hasta los 70 millones de dólares.[17] La habilidad de Samed para sobrevivir se debía, en parte, a la diversificación de sus actividades y a su expansión en otros países. Según manifestaba un diplomático árabe, a finales de los años ochenta la OLP era propietaria de tantas granjas avícolas en África que hubiera podido suministrar huevos a todos los ejércitos de los países árabes.[18] Disponía de inversiones y de sucursales en más de treinta países de Oriente Próximo, África, Europa Oriental y América Latina y daba trabajo a 12.000 personas. Sus inversiones en esos países se estimaban en 50 millones de dólares.[19]

El Banco Árabe, el banco central de la OLP

El 9 de junio de 1982, tras la invasión israelí de Líbano, tres israelíes visitaron el Banco Árabe en Sidón. Puesto que el banco era muy conocido en Oriente Próximo por ser una de las principales instituciones financieras que trabajaba con los fondos de la OLP, su director, comprensiblemente, interpretó que los israelíes eran agentes del Mossad y que intentaban introducirse en la compleja estructura financiera de la OLP. Pronto descubrió que los israelíes disponían de una lista detallada de cuentas que deseaban investigar y que habían llevado a cabo el mismo tipo de indagaciones en la Banque du Liban, el Banco Central de Líbano. Sin embargo, la estricta legislación bancaria libanesa impidió que los dos directores de ambos bancos satisficieran las demandas israelíes. Tras una larga charla, los hombres acordaron marcharse y regresar al día siguiente. Tan pronto como se hubieron ido, el director del Banco Árabe se puso en contacto con el gobernador del Banco Central, Michel Khoury, quien llamó a Bashir Gemayal, presidente electo de Líbano. Gemayal telefoneó a su vez a Menájem Beguin, el primer ministro israelí, y le recordó el secretismo casi helvético que caracterizaba el sistema bancario libanés y el pleno compromiso del gobierno y del banco central con ese punto. Los tres israelíes no regresaron jamás.[20]

Los israelíes hicieron bien visitando el Banco Árabe. Era el único en el que la OLP confiaba plenamente y que trabajaba con la mayoría de las cuentas de la organización. Fundado antes de la Segunda Guerra Mundial en Palestina, compartió el destino de este pueblo. En 1948, cuando el éxodo empezó, perdió las sucursales de Haifa, Jerusalén y Jaffa, de las que se apropiaron los israelíes. Para demostrar su fidelidad a los palestinos, el banco respetó todos los depósitos que los palestinos habían hecho en su día en cada una de las tres sucursales, un gesto que nunca ha sido olvidado. En 1967, durante la guerra entre árabes e israelíes, el banco perdió seis sucursales más en Cisjordania y una en Gaza. Sin embargo, consiguió traspasar casi todos sus fondos a Amman antes de que los israelíes se apropiaran de la red bancaria.

El traslado a Jordania fue un éxito. Durante dos décadas, el Banco Árabe, actuando como brazo financiero de la OLP, logró una fuerte presencia en la economía jordana. Según indica un banquero jordano, a mediados de la década de 1980 la OLP controlaba el 70 por ciento de la economía nacional del país.[21] La OLP era propietaria de fábricas textiles, plantaciones de fruta y compañías de transporte y de construcción. Representaba una fuerza económica y financiera muy presente en Jordania, que ejercía una tremenda influencia en el mundo de los negocios. Hubo una ocasión en que un banco de Amman expresó su deseo de levantar un edificio muy alto y, ante la propuesta, la OLP amenazó con retirar los fondos que tenía en sus arcas a menos que las obras las realizara su compañía de construcción. Más de una vez, el Banco Árabe ha sacado de apuros y ha cubierto las deudas del anterior monarca jordano, el rey Hussein. El banco también ha supervisado las pérdidas de capital de la OLP en otros países, la mayoría de las veces a través del Banco Árabe para el Desarrollo Económico y del Banco Árabe Africano. Cuando Arafat retiró dinero de Líbano al comienzo de la invasión israelí de 1982, utilizó el Banco Árabe para dispersar sus fondos por todo Oriente Próximo, Europa y Estados Unidos.

El banco y la OLP son fruto de la diáspora palestina. Sus destinos están interconectados. Abdul Maheed Shoman, hijo del fundador del Banco Árabe, Abdel Hamid, es el director del Palestine National Fund y el hombre que ideó el programa de inversiones de la OLP. Esa extraordinaria asociación transformó el banco en una de las organizaciones financieras más importantes del mundo, con activos en la década de 1980 superiores a los 10.000 millones de dólares y sucursales por todo el globo.[22]

Para la construcción del Estado embrión palestino, la OLP confió en el Banco Árabe como su inversor y su banco comercial.

Sin embargo, a veces, el banco también actúa como banco central de Palestina. En julio de 1988, por ejemplo, el gobierno jordano renunció a reclamar la soberanía sobre Cisjordania y prácticamente de la noche a la mañana dejó de pagar los sueldos de 18.000 funcionarios palestinos que trabajaban allí. La OLP intervino y garantizó el pago de los salarios. Designó al Banco Árabe como entidad responsable de desembolsar los 6 millones de dólares mensuales que se requerían para pagar a esos funcionarios.[23]

Además de proporcionar una compleja y completa infraestructura económica a los palestinos, la OLP también ofrecía una asistencia social similar a la de cualquier Estado territorial soberano. El dinero se empleaba para garantizar un sistema educativo gratuito y una atención médica dentro de los territorios ocupados y en los enclaves de la OLP repartidos por todo el mundo árabe. En un informe publicado por el Occupied Homeland Department de la OLP, se afirmaba que, desde 1979 hasta finales de febrero de 1987, se gastaron 487,5 millones de dólares en los territorios ocupados (incluyendo 109,4 millones destinados a la partida de educación y cultura y 101 millones para mejorar los transportes).[24] La economía de la OLP, centrada en la oposición militar armada a Israel, también llegó al estado del bienestar. Así, se aseguraba una cobertura global a las familias que tuvieran miembros muertos o heridos en la guerra con Israel.

El Estado embrión de la Milicia Cristiana

El ejemplo de la OLP no es único. Otras organizaciones armadas han sido capaces de crear su propio Estado embrión. Dada su dependencia de la economía de guerra, los Estados embrión florecen entre la anarquía que genera la violencia política. Su principal característica es la economía de guerra que financia sus propias luchas. Los Estados embrión presentan distintas dimensiones y pueden ser tan pequeños como un pueblo o como el barrio de una gran ciudad, como fue el caso de la milicia cristiana de Beirut. A menudo su tamaño depende de la escala del conflicto en el que están envueltos. A finales de la década de 1970, proliferó en Líbano un grupo de Estados embrión dirigidos por grupos armados. Dentro de los territorios que controlaban, cada grupo actuaba como si de un poder estatal se tratara. La milicia cristiana, por ejemplo, dirigida por el Partido de la Falange del presidente Amin Gemayel, administraba *de facto* los enclaves cristianos del norte y del este de Beirut. La milicia imponía sus propias tasas aduaneras s en distintos puertos de entrada, y esto representaba para el gobierno libanés —ya bastante paralizado por la guerra— pérdidas por valor de 300 millones de dólares anuales. Bajo la protección de la Falange, los empresarios cristianos dirigían extensos y provechosos negocios de contrabando, de los que la milicia percibía un porcentaje. Dentro de su enclave, los falangistas impusieron su propio sistema impositivo, que incluía tanto impuestos directos como indirectos (un impuesto adicional de 10 céntimos por galón de gasolina, un impuesto mensual de residencia de 3 dólares por piso, un impuesto del 2 por ciento en las facturas de los restaurantes y una serie de impuestos colectivos mensuales, que ascendían en ciertos casos a unos cuantos cientos de dólares).

El dinero recaudado se utilizó para sufragar a la milicia y su guerra contra la OLP. Aproximadamente entre 10.000 y 15.000 soldados estaban preparados para entrar en servicio activo tan pronto como fueran llamados a filas. No obstante, los beneficios también se emplearon para mejorar las condiciones de vida de los residentes. La Falange proporcionó a toda la población servicios públicos, entre los que se incluía la limpieza y mantenimiento de las calles, el transporte, el plantado de árboles, el control de los precios de la venta al pormenor, las patrullas callejeras, etcétera. También habilitaron solares para el aparcamiento de coches y se difundieron por radio campañas para mantener limpia la ciudad (especificando cómo cerrar las bolsas de basura para que no se saliera el contenido); incluso pusieron en vigor una normativa contra los ruidos para asegurarse de que las fiestas a altas horas de la madrugada no molestaran a los vecinos. «Sustituyeron al Estado», dijo Nadia Klink, una joven simpatizante de los falangistas.[25] La mayoría de los residentes del norte y del este de Beirut estaban contentos con esta situación.

El Estado embrión de Hamás

Como vimos en el capítulo 4, la independencia económica, al igual que el entorno de anarquía política en el que operaban, propició la fragmentación de los grupos armados. La proliferación de organizaciones armadas fomentó la creación de los Estados embrión. No todos sobrevivieron. Aquellos que fueron capaces de combinar los ingresos independientes con aportaciones de patrocinadores externos tuvieron mayores posibilidades de sobrevivir y desarrollarse. Ése fue el caso de Hamás. Cuando, a comienzos de la guerra del Golfo, Arafat dio su apoyo a Sadam Husein, como represalia Arabia Saudí puso fin a todas las ayudas financieras que destinaba a la OLP. El dinero que hasta entonces se había mandado a los territorios ocupados se destinó a proporcionar apoyo a Hamás.[26] Nacido durante la Intifada en la década de 1980, Hamás se opuso a la política moderada de la OLP con una mezcla de fundamentalismo islámico y de principios democráticos. Puesto que el grupo se inspiró en los Hermanos Musulmanes y en la Yihad Islámica de Egipto y Jordania, desarrolló estrechos lazos con ésos y con otros grupos armados islámicos fundamentalistas, como el libanés Hezbolá. Su agenda política presenta un marcado contraste con la de la OLP. Por ejemplo, Hamás no reconoce el derecho de la OLP a crear un Estado secular y, por consiguiente, no acepta su participación en las negociaciones de paz con Israel. A causa de su oposición a la OLP, al principio Hamás fue bien recibido por Israel. «...Hamás es una creación de Israel —afirmó Arafat—, país que, en época del primer ministro Isaac Shamir, les dio dinero y más de 700 instituciones, entre las que había escuelas, universidades y mezquitas.»[27] De todos modos, en la misma línea que otros muchos grupos fundamentalistas, Hamás reclamaba la destrucción del Estado de Israel y su sustitución por un Estado palestino panislámico que se extendiera «desde el mar Mediterráneo hasta el río Jordán».

La dirección de Hamás empleó aquellas aportaciones no esperada para reforzar su capacidad de autofinanciación y para cuestionar el liderazgo de Arafat en la Franja de Gaza y Cisjordania.

Cuando el apoyo de Arafat a Sadam Husein provocó la expulsión de miles de trabajadores de varios países árabes, los palestinos empezaron a ver a Hamás como su nuevo líder. Como el dinero iba llegando, Hamás ofreció protección socioeconómica a sus miembros y seguidores. Proporcionó a unos desconcertados palestinos, tanto dentro como fuera de los territorios ocupados, un Estado embrión alternativo.

La mejora de las finanzas de Hamás condujo a un importante aumento de las actividades armadas. Durante los diez primeros meses de 1992, la organización llevó a cabo 192 atentados contra Israel, cifra desorbitada en comparación con los 140 que se perpetraron a lo largo de todo el año 1991. A finales de la década de 1990, Hamás casi tenía el monopolio de las actividades terroristas contra Israel. Según el servicio de inteligencia de este país, durante los dieciséis meses anteriores a mayo de 2002, los saudíes proporcionaron 135 millones de dólares para cubrir los gastos de Hamás. Esta ayuda proporcionada por los países árabes también sirvió a varios propósitos. Por ejemplo, una parte de los mismos contribuyó al pago de una indemnización a los mártires muertos, en una media de 5.000 dólares por cada suicida.[28]

A lo largo de la última década, el mayor esfuerzo económico realizado por Hamás ha sido establecerse como el primer poder político en los territorios ocupados. Al hacerlo, ha ido modelando su propio Estado embrión. Siguiendo los pasos de otros movimientos islámicos violentos similares que actúan en Argelia y Jordania, Hamás se enraizó en el entorno político de Gaza y Cisjordania. Destinó dinero (y continúa haciéndolo) a una extensa red de servicios sociales que le permite mantener escuelas, orfanatos, mezquitas, clínicas, comedores públicos y actividades deportivas en las zonas más necesitadas. Por ello, su popularidad es particularmente elevada en los barrios más pobres de la Franja de Gaza, donde sus seguidores se cuentan por decenas de miles. «Entre la pobreza y la desolación reinante en estas áreas —manifiesta un simpatizante del movimiento—, el mensaje violento y radical de Hamás ha constituido la única voz de la esperanza.»[29] El grupo también se ha ido ganando el apoyo de los sindicatos y de las cooperativas agrícolas, el de los hospitales y el de los sindicatos de estudiantes. Hoy en día es el segundo grupo de poder en los territorios ocupados, por detrás de Al Fatah. Sus actividades principales se centran en el ámbito de la educación y de la asistencia social, unas áreas en las que se nutre de futuros mártires. Según declara Martin Kramer, un especialista israelí en fundamentalismo islámico, Hamás se ocupa de los palestinos desde el nacimiento hasta su muerte.[30]

Se estima que el presupuesto de Hamás en los territorios ocupados es de 70 millones de dólares,[31] aproximadamente el 85 por ciento del cual procede del extranjero y el 15 por ciento restante es recaudado entre los palestinos que habitan los territorios ocupados. De todos modos, estas cifras sólo representan una pequeña parte de los bienes de Hamás. Si bien continúa recibiendo entre 20 y 30 millones de dólares al año procedentes de Irán y de donaciones puntuales por parte de Arabia Saudí (en abril del año 2002 un maratón televisivo organizado en ese país consiguió recaudar 150 millones de dólares para los palestinos asediados de los territorios ocupados), cada vez se recauda mayor cantidad de dinero procedente de los palestinos expatriados y de las donaciones privadas que se realizan desde Arabia Saudí y desde otros Estados del Golfo ricos en recursos petrolíferos. En 1998, tras ser liberado por los israelíes, el jeque Ahmed Yassin, líder espiritual de Hamás, inició una gira de cuatro meses por las distintas capitales árabes. En todas partes fue recibido como un héroe y recogió donaciones por un valor superior a los 300 millones de dólares.[32]

Mientras la OLP alcanzó su independencia económica invirtiendo fondos ilegales en el mundo de las finanzas, el modelo de autofinanciación de Hamás se parece más al esquema fraudulento que empleó Oliver North para la Contra, del que hemos hablado en el capítulo tres. La constitución de una red de organizaciones benéficas en Estados Unidos, Canadá y Europa occidental, con privilegios fiscales, permite a los contribuyentes musulmanes un gran número de ventajas. La Holy Land Foundation for Relief and Development (HLF) llega incluso a afirmar en sus folletos que recauda «donaciones deducibles para causas caritativas en los territorios ocupados».[33] Fundada en 1992 gracias a una fuerte aportación en metálico de Hamás,[34] la fundación recaudó 42 millones de dólares desde 1994 hasta 2000, según se deduce de sus declaraciones de renta.[35] En el año 2000 obtuvo aproximadamente 13 millones de dólares tan sólo de Estados Unidos (6,3 millones en 1999 y 5,8 millones en 1998).[36] La HLF también recibió dinero de otras instituciones benéficas estadounidenses. En diciembre de 2001, por ejemplo, el servicio de inteligencia sudafricano desveló una contribución a la HLF procedente de la Jerusalem Fund, una organización de ayuda canadiense.[37]

La Holy Land Foundation financia clínicas, orfanatos, escuelas, campos de refugiados y centros comunitarios en Cisjordania y en la Franja de Gaza. Mientras las entidades benéficas proporcionan fondos, grandes empresas como Beit el Mal Holdings se encargan de llevar a cabo los trabajos de construcción. Gracias a estas organizaciones Hamás consiguió construir su propio Estado embrión dentro del vacío socioeconómico que generó la Autoridad Palestina en los territorios ocupados. Beit el Mal Holdings era una compañía de inversiones con oficinas en Jerusalén este, controlada totalmente por Hamás. La mayoría de sus accionistas eran miembros de Hamás o mantenían estrechos vínculos con ese movimiento. Según la Autoridad Palestina, estas empresas apoyaban a las organizaciones socioeconómicas y culturales dirigidas por activistas de Hamás. Beit el Mal era propietaria de una participación del 20 por ciento del Al Aqsa International Bank, el brazo financiero de Hamás. En diciembre de 2001, estas tres organizaciones fueron clausuradas por las autoridades porque se sospechaba que participaban en el reclutamiento de jóvenes para Hamás y en la formación de suicidas. De todos modos, su papel dentro de la organización armada fue mucho más lejos que la mera financiación de los atentados terroristas de Hamás y fueron decisivas para la formación de su Estado embrión.

Con el paso de los años, Hamás ha procurado por todos los medios mantener separadas sus actividades declaradas de las encubiertas. Esta distinción también es aplicable a su financiación. Las donaciones procedentes de organizaciones benéficas normalmente no suelen usarse para llevar a cabo actividades militares. Para éstas, los fondos proceden de otras fuentes: ayudas por parte de hombres de negocios y de donaciones recaudadas en conferencias celebradas en Estados Unidos. Estas actividades para recaudar fondos pueden generar grandes beneficios. En 1994, por ejemplo, en un mitin de la Muslim Arab Youth Association en Los Ángeles, en el que participó Sukri Abu Baker, jefe ejecutivo de la Holy Land Foundation, se recaudaron 207.000 dólares para las familias de los soldados de Hamás.[38] Durante el día de Acción de Gracias del año 2000, la Islamic Association for Palestine, la voz de Hamás en Estados Unidos, organizó una conferencia en la que recaudó 200.000 dólares para los mártires palestinos.[39] En los países occidentales también se generan unos ingresos regulares mediante complejas tramas financieras como el blanqueo de dinero a través del sector inmobiliario. Por ejemplo, a comienzos de la década de 1990, la Woodridge Fountain, una filial de una empresa que construyó casas valoradas entre 300.000 y 500.000 dólares en DuPage County, fue utilizada por el Quranic Literacy Institute para blanquear el dinero de un adinerado seguidor saudí de Hamás. El plan generó unos fondos con los que se pudieron adquirir las armas que Hamás usó en distintos atentados dentro de Israel.[40]

Así pues, la independencia económica no sólo hizo que aumentara el número de organizaciones armadas deseosas de construir su propio Estado embrión, sino que además les proporcionó la posibilidad de competir entre ellas a la hora de promocionarse y de reclutar a seguidores entre la población. Esa competencia no se reducía a la esfera puramente económica; también conllevó el empleo estratégico de la violencia. La actitud conciliadora de la Autoridad Palestina hacia Isarel fue interpretada por muchos palestinos como una traición a la causa. Hamás capitalizó ese sentimiento y transformó la Intifada en Fitna, su versión violenta. Una parte de la Fitna estaba constituida por «comités de choque» palestinos y por escuadrones de la muerte, que se dedicaban a interrogar y finalmente asesinar a todos los presuntos «colaboradores» que se hallaran dentro de los territorios ocupados y atacaban también a los miembros de la Autoridad Palestina con el objeto de socavar el proceso de paz.

Corrupción en los territorios ocupados

Según la clasificación establecida por Pierson sobre las características del Estado moderno, la constitución, definida como adhesión a las leyes, y la soberanía, como la aceptación de la existencia de un único y solo gobernante, son dos de los elementos de que carecen los Estados embrión. Así pues, estos Estados no son democráticos y están altamente jerarquizados. Quien controle el monopolio de la violencia y la economía de guerra, que son las bases en las que se erige el Estado embrión, establecerá las reglas. Así, la persona que conquiste esos monopolios mediante la violencia o el dinero se convertirá en el nuevo gobernante. Por lo tanto, los intentos de Hamás de sustituir a la OLP en los territorios ocupados tienen un doble propósito: responden a la voluntad de romper el monopolio de la Autoridad Palestina sobre el uso de la fuerza y al deseo de ganar poder económico. El primer aspecto se combate con la Fitna y los escuadrones de la muerte y el último, con el programa para el bienestar social y económico que propugna Hamás. Sin embargo, conquistar esos monopolios sólo trae más problemas. Sin constitucionalidad ni soberanía, el poder, en un Estado embrión, es por definición muy precario. La incertidumbre impregna su infraestructura; la lealtad, una mercancía poco frecuente, se puede comprar. Quienes están en lo alto de la escala militar y económica, y disfrutan de grandes privilegios, tienden a acumular grandes riquezas para proteger a sus familias y a ellos mismos de los altibajos de la política del terror. De ahí que no sorprenda constatar que uno de los rasgos principales de un Estado embrión sea la corrupción. En una encuesta realizada el año 1999 dirigida por Jerusalem Media y el Communication Centre, el 83 por ciento de la población de los territorios ocupados declaró que la corrupción estaba presente en el seno de la Autoridad Palestina.

Mahmoud Hamdouni es una de las muchas víctimas de lo que algunos llaman el «Estado mafioso de Palestina». En 1996, Mahmoud compró 30 acres (12 hectáreas) de terreno en las afueras de Jericó. Construyó una gasolinera y proyectó una urbanización. Su sueño terminó de un modo abrupto cuando la Autoridad

Palestina decidió especular en esa área y necesitó el terreno de su propiedad. Hamdouni fue acusado de traición y encarcelado. Finalmente le devolvieron su libertad a cambio de que traspasara su propiedad a la Autoridad Palestina. El terreno fue vendido y en él levantaron un casino. Tan pronto como el negocio empezó a funcionar, una compañía que ejercía de tapadera de la Autoridad Palestina se apropió de un 28 por ciento no declarado de los beneficios que generaba el juego. Hoy en día, situado al otro lado de la calle donde se encuentra el campo de refugiados de Aqabat Abr, el Casino Oasis obtiene un beneficio mensual de 15 millones de dólares.[41]

El gobierno israelí también está profundamente involucrado en la corrupción de la Autoridad Palestina. Israel utiliza su poder económico sobre los territorios ocupados para mantener bajo control a una reducida élite de palestinos que están dispuestos a comprometerse en las negociaciones de paz. Hay bastantes oficiales de la Autoridad Palestina, por ejemplo, que disponen de unos pases especiales proporcionados por Israel que les permiten transitar libremente de un lado a otro de los territorios ocupados. Ahora bien, estos pases les son retirados tan pronto como se pronuncian en contra de Israel. La corrupción se ha mantenido como un componente integral del proceso de paz. Ni siquiera Arafat fue inmune a los «favores» de Israel. Hasta el mes de junio de 2000, Israel recaudó centenares de millones de dólares con el IVA y con los recibos de ciertos artículos, que fueron a parar directamente a sus cuentas. Arafat era libre de utilizar el dinero en efectivo como mejor le pareciera y, según declararon unos cuantos observadores, lo empleó para comprar lealtad política.

La corrupción impregna la sociedad de un Estado embrión y se convierte en el *modus operandi* de sus instituciones. Algunos oficiales de la Autoridad Palestina se aprovechan de su situación para llevar a cabo prácticas empresariales fraudulentas o para aceptar sobornos.[42] En 1999, los oficiales que estaban al cargo del «paso seguro» entre Cisjordania y Gaza fueron acusados de cobrar el doble por la expedición de permisos que Israel concede y vende, posteriormente, a la Autoridad Palestina a precio de coste.[43] Otro ejemplo de corrupción implicó a Jamil Tarifi, ministro de Asuntos Civiles de Arafat y negociador clave con Israel durante el proceso de paz. En verano del 2000, Tarifi fundó una compañía de distribución de productos farmacéuticos en los territorios ocupados. Los distribuidores israelíes de los medicamentos extranjeros se embolsaron una buen parte de esas importaciones destinadas a los territorios ocupados. El propietario de la Jerusalem Pharmaceuticals Co., Mohamed Masrouji, por ejemplo, debía pagar muchos impuestos cada vez que los importaba. También abastecían a los distribuidores de fármacos de los territorios ocupados. No obstante, en un día Tarifi no sólo consiguió registrar docenas de productos en el ministerio palestino de la Salud, un proceso que a Masrouji le hubiera costado años llevar a cabo, sino que también registró productos farmacéuticos egipcios, eludiendo, así, a los distribuidores israelíes. Esos productos, según declaran los profesionales de la industria en cuestión, no cumplían con los estándares internacionales de calidad. En el ministerio de Sanidad nadie se preocupó de comprobarlo. Las organizaciones de ayuda internacionales también estaban informadas de la extensión de la corrupción que reinaba en los territorios ocupados. Pero, aun así, mantuvieron la boca callada por miedo a que una campaña anticorrupción desestabilizara el régimen de Arafat y ello hiciera peligrar las ingentes cantidades (3.800 millones de dólares desde 1994 hasta 2000)[44] que les habían prometido los donantes de esas organizaciones.

La naturaleza depredadora de los Estados embrión: las AUC y las FARC en Colombia

Los Estados embrión se caracterizan por una doble naturaleza: depredadora y explotadora. Carecen de otras dos características del Estado moderno: el imperio de la ley y la administración de un poder no personal, sin el cual las personas se encuentran indefensas ante el Estado. Se hallan a merced de quienquiera gobierne la región, y con frecuencia son «deshumanizadas», es decir utilizados o explotados como mercancías. Así ha ocurrido en Colombia, cuya población civil soporta la carga más pesada del terrorismo. Durante los últimos cinco años, los desplazamientos de personas en Colombia han aumentado dramáticamente, alcanzando niveles similares a los de Sudán y Angola. Al menos 300.000 personas al año son expulsadas de sus hogares y se convierten en refugiados. El 2000 arrojó 25.000 muertos, la mayoría de los cuales víctimas de masacres perpetradas en zonas rurales. Ese mismo año, cerca del 55 por ciento de la población colombiana vivía por debajo del umbral de pobreza.[45] «Estamos hartos de la guerra —gritaba un hombre en la manifestación multitudinaria celebrada el 24 de octubre de 1999—,[46] pero también lo estamos de pasar hambre.»[47]

La pobreza y la muerte agobian a Colombia desde hace dos décadas. La guerra que libran dos grupos armados marxistas, FARC y ELN (Ejército de Liberación Nacional) por un lado, contra la formación terrorista de derechas AUC (Autodefensas Unidas de Colombia), y contra el gobierno colombiano, por otra parte, ha arruinado el país. Las FARC y el ELN, se autofinancian, fundamentalmente, por medio del tráfico ilegal de cocaína, opio, petróleo, oro y esmeraldas, lo que les ha permitido establecer sus Estados embrión propios en el país. Sobornan habitualmente a los funcionarios del gobierno, a los políticos y a los mandos militares, y eso les permite seguir operando a sus anchas. El gobierno colombiano, por otra parte, recibe el apoyo de Estados Unidos. En 1999, Washington concedió una ayuda de 1.600 millones de dólares para los tres años siguientes. Asimismo se mandaron a Colombia entre 300 y 400 «consejeros». Después de Israel y Egipto, Colombia es el tercer mayor receptor de ayuda militar y armamento estadounidense en el mundo.

Por su lado, el grupo paramilitar AUC, sólo se autofinancia en parte. El grueso de sus gastos se sufraga con la ayuda militar que Estados Unidos da al gobierno colombiano. Fundadas en abril de 1997, las AUC son la suma de una antigua milicia de los narcotraficantes, de unidades del ejército y de grupos paramilitares, entrenados todos ellos por los estadounidenses durante los años sesenta. Las AUC son creación de los grandes terratenientes, los barones de los carteles de la droga y de ciertos segmentos de las fuerzas armadas colombianas. «Crearon esa organización para "limpiar" extensas zonas de Colombia, sobre todo en el norte, de guerrilleros y simpatizantes», explicaba un refugiado. Las tácticas que utilizan son las de la contrainsurgencia tradicional. Es decir, matanzas indiscriminadas de población rural para privar de su base social al FARC y al ELN.[48]

El 25 de octubre de 1997, miembros de las AUC y soldados de la Cuarta Brigada del ejército colombiano asaltaron la aldea de El Aro, situada en una zona que tenía fama de simpatizar con la guerrilla izquierdista FARC (Fuerzas Armadas Revolucionarias de Colombia-Ejército del Pueblo). El ejército cercó la aldea, impidiendo que nadie huyera y las AUC procedieron a exterminar a la población. El dueño de una tienda fue atado a un árbol y lo torturaron brutalmente antes de castrarlo: le arrancaron los ojos y le cortaron la lengua con un cuchillo. Once personas, entre las cuales había tres niños, fueron decapitadas; incendiaron todos los edificios públicos, saquearon todas las viviendas y destruyeron los suministros de agua. Las AUC y la Cuarta Brigada se llevaron a treinta aldeanos, que ahora figuran en las listas de los miles de desaparecidos colombianos.[49] La carnicería de El Aro obedecía a una finalidad concreta: sembrar el terror entre los simpatizantes de las FARC en una zona que las AUC y el ejército habían elegido como objetivo. Carlos Castaño, el líder de los paramilitares, admite que la mayoría de las víctimas de las razias de las AUC son civiles. «¿Sabe usted por qué? —le preguntó a Maurice Lemonie, de *Le Monde Diplomatique* —. Pues porque dos tercios de los efectivos de la guerrilla [FARC y ELN] son gente desarmada, perteneciente a la población civil.»[50] Durante los últimos meses del año 2001, las AUC causaron más bajas mortales de no combatientes que los otros dos grupos guerrilleros juntos. Una vez «limpias» las zonas, éstas son ocupadas por las AUC. «La población tiende a rechazar cada vez más a las masacres, en su mayoría responsabilidad de las AUC —declaró el entonces presidente de Colombia, Andrés Pastrana, en febrero de 2001—.[51] Sólo en el mes de enero hubo más de 130 muertos.»

Hasta hace poco, las AUC eran la división paramilitar *de fac-*

to del ejército colombiano y se encargaban de llevar a cabo, conjuntamente con los «consejeros» estadounidenses, las operaciones, hecho que les reportaba como beneficio generosas ayudas por parte de Estados Unidos.[52] Pero tras el 11 de septiembre de 2001, las cosas cambiaron. Por fin, las AUC fueron incluidas en la lista oficial de «organizaciones terroristas extranjeras» elaborada por Estados Unidos. Según indicó un contable que trabajaba para la organización, las AUC dirigen un ejército de 10.000 efectivos y disponen de un presupuesto anual «declarado» de 8 millones de dólares, la mayor parte del cual se alimenta de los impuestos vinculados al tráfico de cocaína. Tiene en nómina a varios altos oficiales del ejército regular,que cobran salarios hasta de 3.000 dólares al mes.[53]

Los conceptos de autoridad y de legitimidad que, según Pierson, son características que definen un Estado moderno, también son ajenos a los Estados embrión. El poder se basa exclusivamente en la violencia y en el monopolio de los recursos económicos. La autoridad también requiere el consenso de los ciudadanos y un elemento como éste no existe en el modelo de Estado embrión. Dentro de los Estados embrión, las personas simplemente carecen de identidad política. En 1998, el gobierno colombiano desmilitarizó una zona de 42.000 kilómetros cuadrados —aproximadamente la superficie de Suiza—que comprendía cinco municipios: San Vicente del Caguán, La Macarena, Vista Hermosa, Mesetas y Uribe. La zona, que se conoce como «área de despeje» o Zona de Distensión, fue entregada a las FARC como gesto de buena voluntad en aras de lograr un final pacífico a la guerra civil imperante en el país. Nadie se molestó en solicitar la opinión de los habitantes. De la noche a la mañana, la población del «área de despeje» fue entregada a la autoridad del Estado embrión de las FARC. La gente fue tratada como mercancía, en una palabra.

Finalmente nos queda el concepto de ciudadanía como otra característica del Estado moderno que no se encuentra en el Estado embrión. En él, las personas no tienen voz. Así fue como las FARC impusieron nuevas normas a la población del «área de despeje», como el toque de queda en los poblados mineros. A la puesta del sol, prohibición absoluta de beber alcohol y de reunirse para los mineros. La pena de muerte se aplicaba a quienquiera que se atreviera a desafiar a los nuevos soberanos. Los ladrones debían cumplir una sentencia mínima de tres meses de trabajos forzados.[54] Lógicamente la delincuencia disminuyó y con ello el número de muertes violentas. En San Vicente, por ejemplo, el número de muertos pasó de seis por semana a seis por año. Como consecuencia de esos cambios, dos funerarias tuvieron que cerrar sus puertas.[55]

Las FARC también realizaron obras sociales y públicas en el «área de despeje». Construyeron y pavimentaron nuevas carreteras y mejoraron las zonas comunitarias de los pueblos empleando a los condenados a trabajos forzados. También proporcionaron seguridad a la población, lujo del que carecían hacía mucho tiempo. A algunos les pareció bien el cambio, aunque el precio a pagar fuese el de su propia libertad. También muchos palestinos de los territorios ocupados manifiestan sentimientos parecidos en relación con Hamás, y lo mismo se da entre la población de Selva Alta en relación con Sendero Luminoso.

La OLP, la Falange Cristiana, Hamás, las FARC y Sendero Luminoso han creado sus propios Estados embrión. Estos seudoestados han cubierto algunas de las necesidades básicas de las poblaciones bajo su dominio. Es más, uno de los objetivos más publicitados, que constituye la base de los eslóganes propagandísticos de los grupos armados que dirigen un Estado embrión, es la mejora de las condiciones de vida de las personas que residen en los enclaves que controlan. No se puede decir lo mismo de las AUC y de la Contra de Nicaragua. En el caso de las AUC, no cuenta con un gran apoyo de la población y son meros instrumentos en manos de sus patrocinadores. El mismo planteamiento vale para la ya desparecida Contra. En Colombia, un país con un profundo desequilibrio en el reparto de la riqueza (el 10 por ciento de la clase alta gana 60 veces más que el 10 por ciento de la clase baja), el ejército hace la guerra a los grupos armados de izquierdas para conseguir un país seguro en el que prosperen los negocios que dirigen los muy, muy adinerados. De ahí que las AUC hayan asesinado, en la última década, «aproximadamente a unos 15.000 sindicalistas, campesinos y líderes indígenas, defensores de los derechos humanos, activistas de la reforma agraria, políticos de izquierdas y sus simpatizantes».[56] Las AUC, en realidad, actúan como escuadrones de la muerte «alquilados». «Cuando consigamos un acuerdo de paz [con las FARC] —admitía Andrés Pastrana, expresidente de Colombia—, las AUC dejarán de tener una razón para existir.»[57]

De esta comparación enseguida se extrae una conclusión: las organizaciones armadas que se autofinancian, con una base popular o nacionalista de peso, como la OLP y el IRA, son menos explotadoras y depredadoras de la población que tienen bajo su férula que los grupos armados patrocinados por Estados extranjeros (como la Contra) o por grupos locales o extranjeros defensores de intereses económicos propios (como las AUC).

6

Hacia un nuevo desorden mundial

«Hubo 58.000 muertos en Vietnam y esta es todavía una deuda pendiente con los rusos.»

Comentario del congresista Charles Wilson sobre
el patrocinio estadounidense de la guerra de Afganistán.

El avión, un enorme C-141 Starlifter, siempre volaba sin hacer escalas desde Washington D. C. hasta Islamabad. Para cubrir los 14.000 kilómetros que separaban ambas ciudades, tenía que repostar en pleno vuelo con la ayuda de aviones cisterna KC10 con base en Europa y en Oriente Próximo. El viaje era largo, pero a William Casey, jefe de la CIA desde 1981 y asesor en jefe del presidente Reagan en cuestiones de espionaje e inteligencia, no le importaba. En la lujosa zona VIP del Starlifter, Casey se preparaba para asistir a la reunión bianual con el general Akhtar y los mandos del Servicio de Inteligencia de Pakistán (ISI), encargados de asegurar el apoyo logístico a los muyahidines dentro de Afganistán.[1] Apodado el Ciclón por su anticomunismo declarado, Casey abrazó con entusiasmo y pasión la idea de manipular la ideología islamista para combatir a los soviéticos. Al igual que otros políticos norteamericanos, consideraba la ocupación soviética de Afganistán como la largamente esperada oportunidad de vengar la humillación estadounidense en Vietnam. Casey se sentía orgulloso de ocultar a los combatientes musulmanes la participación estadounidense a la vez que Estados Unidos les proporcionaba armamento que sería empleado para matar soldados soviéticos y efectivos de las guerrillas locales apoyadas por la Unión Soviética. No le preocupaba lo más mínimo que al empezar la guerra los soviéticos tuvieran 90.000 hombres destacados en Afganistán. Al contrario. Cuantos más rusos pudieran atacar y matar los muyahidines con ayuda de Estados Unidos, mejor.[2]

Si bien la decisión de organizar una operación encubierta global para armar a los muyahidines y utilizar Pakistán como «intermediario» había sido tomada por la administración Carter, si la guerra afgana evolucionó hacia la que ha sido la mayor operación encubierta de la historia de Estados Unidos fue gracias a hombres como Reagan y Casey.[3] Este último fue decisivo para convertir Pakistán, un país gobernado por una corrupta y antidemocrática oligarquía, en una de las piezas claves y uno de los máximos beneficiarios de esa guerra. Puesto que la regla esencial de la participación estadounidense en la yihad antisoviética había sido evitar por encima de todo cualquier posible contacto directo con los muyahidines, la CIA delegó el trabajo de aprovisionar y armar a los combatientes árabes al ISI, el Servicio de Inteligencia de Pakistán,[4] que llevó toda la operación desde el principio. Mucho más poderoso que la CIA en Estados Unidos, el ISI era una especie de estructura paralela al Estado pakistaní, capaz de influir en el gobierno a todos los niveles y de decretar políticas independientes. En pleno auge de la guerra de Afganistán tenía bajo sus órdenes a 150.000 personas.[5] El ISI no sólo recibió con los brazos abiertos este especial vínculo con la CIA, sino que disfrutó llevando a cabo el trabajo sucio para los yanquis.[6]

Con las aportaciones de Arabia Saudí, que igualaban el dinero que proporcionaba la CIA, el ISI pronto se encontró manejando una enorme cantidad de armas, municiones, equipo y dinero en efectivo que le llegaban por mediación de una red de mensajeros conocida como «línea de distribución afgana». Según si el cargamento de armas llegaba por mar o por aire, la línea de distribución iba desde Karachi o Rawalpindi hasta Afganistán. Desde 1983 hasta 1987 el suministro anual de armamento por esa vía pasó de 10.000 toneladas a un flujo regular de 65.000 toneladas.[7] La CIA adquiría todo el equipo militar directamente de los países que simpatizaban con Estados Unidos, a menudo tras haber consultado al ISI cuáles eran las necesidades de los muyahidines. A continuación, se mandaba el cargamento a Islamabad y desde ahí el ISI lo repartía entre los partidos islámicos, es decir, entre grupos de resistencia que apoyaban directamente a los muyahidines.[8] Estos partidos se encargaron tanto de los cargamentos que enviaban los cabecillas militares como de su distribución en el interior de Afganistán. Se trataba de una tarea monumental debido a lo intrincado del territorio afgano. Los cargamentos se transportaban a través de las fronteras y se adentraban en lo profundo de los desfiladeros afganos empleando cualquier medio de transporte que se tuviera a mano: el coche, el camión, el caballo, la mula y las espaldas de los propios muyahidines. Durante todo el tiempo que duró la guerra, un constante río de gentes y armas, parecida a una infinita procesión de hormigas, se desplazó desde Pakistán hacia el norte.

Además del suministro militar, la CIA también proporcionó al ISI enormes cantidades de dinero en efectivo a través de cuentas especiales controladas en su mayoría por el ISI. Ese dinero era esencial para que la línea de distribución funcionara como una seda. A mediados de los años ochenta, por ejemplo, el ISI necesitó aproximadamente un millón y medio de dólares mensuales para desplazar y almacenar bienes.[9] Se necesitaba el dinero para pagar los salarios de los cuadros de los partidos islámicos, para financiar la construcción y el mantenimiento de los servicios de almacenaje, para comprar el equipamiento, la ropa y la comida de los combatientes, para pagar el transporte, etcétera. Los gastos mensuales de los partidos vinculados únicamente al transporte suponían otro millón y medio de dólares.[10] Hasta el año 1984, los líderes militares islámicos también hallaron el modo de recaudar dinero a través de impuestos aplicados a las provincias afganas en las que operaban. Sin embargo, esta fuente de ingresos se secó enseguida porque las tropas soviéticas destruían los pueblos, destrozaban los sistemas de riego, quemaban las cosechas y forzaban a los supervivientes a huir hacia los campos de refugiados instalados en Pakistán.[11] A partir de 1984, además, se necesitó dinero para pagar los salarios de los muyahidines, que oscilaban entre 100 y 300 dólares al mes.[12] Teniendo en cuenta que ya en 1984 había entre 80.000 y 150.000 combatientes islamistas en Afganistán,[13] sólo el gasto que representaba su manutención mensual era enorme. En conjunto, el coste de la guerra para sus patrocinadores fue de un mínimo de 5.000 millones de dólares al año.[14]

El ISI y los partidos islámicos también emplearon una gran cantidad de dinero para engrasar el engranaje de la corrupción. A lo largo de toda la guerra, el chantaje, el nepotismo y la especulación dominaron por completo la línea de distribución afgana. Los oficiales de aduanas pakistaníes destinados en los distintos puestos fronterizos con Afganistán, por ejemplo, solían exigir sobornos a cambio del libre paso de los convoyes de aprovisionamiento. Los mandos y los combatientes también necesitaban dinero en efectivo para comprar su salida de la cárcel. En Kabul, Hadij Abdul Haq (el primer líder muyahidín que se reunió con Ronald Reagan y Margaret Thatcher), fue liberado de la famosa prisión Pul-i-Charki, en Kabul, tras el pago de un soborno de 7.500 dólares que efectuaron sus primos. Estados Unidos y sus aliados tampoco eran ajenos a esos hechos. Como ocurrió con los planes encubiertos para financiar a la Contra, esta cruzada anticomunista significaba para sus patrocinadores, tras su fachada ideológica, una máquina de hacer dinero. La principal fuente del financiación estadounidense procedía del presupuesto «negro», unos fondos reservados que el Pentágono empleaba para sufragar las operaciones encubiertas, que aumentaron de los 9.000 millones anuales empleados en 1981 hasta los 36.000 millones de dólares utilizados a mediados de la década de 1990. William Casey los utilizó como si de los fondos privados de la CIA se trataran. Así pues, la cantidad de dinero disponible en manos de los agentes de la CIA era enorme. Fabricantes y traficantes internacionales de armas, políticos, todo el mundo se peleaba por llevarse su parte en el negocio.

La cantidad de dinero malgastado también fue enorme y los fraudes se daban a lo largo de toda la línea de distribución. Unos cuantos países «amigos», por ejemplo, aprovecharon los contratos de la CIA para quitarse de encima material militar viejo e inutilizable. Con excepción de China, que hasta 1984 vendió material y equipamiento de primera calidad,[15] países como Egipto y Turquía vieron en la yihad antisoviética la oportunidad de desprenderse de su material obsoleto. Las adquisiciones también estaban condicionadas por las decisiones políticas. En 1985, en contra del consejo del ISI, la CIA compró misiles tierra-aire británicos Blowpipe (SAM), aun a sabiendas de que eran demasiado pesados para que los muyahidines pudieran transportarlos a través de la abrupta orografía de Afganistán. La CIA llegó incluso a adquirir armamento que los israelíes habían incautado durante la invasión de Líbano. Los estadounidenses siempre se preocuparon de esconder su procedencia.[16]

Para llevar a cabo una operación de tal envergadura, la CIA tuvo que apoyarse en la infraestructura de las instituciones financieras internacionales. Casey era especialmente entusiasta del Bank of Credit and Commerce International (BCCI). Fundado en 1972 por Agha Hasan Abedi, un hombre de negocios pakistaní, el BCCI se había convertido en la institución bancaria musulmana más extendida en el mundo, con más de 400 sucursales repartidas por 73 países de todo el mundo. La propiedad nominal del BCCI era de capital árabe del Golfo. El 20 por ciento lo controlaba Khalid Bin Mahfouz, el hijo del fundador del National Comercial Bank of Saudi Arabia, el banco con el que opera la familia real saudí. Otro accionista principal era Kamal Adham, antiguo jefe del servicio de inteligencia saudí, cuyo socio en el negocio era el antiguo jefe de la agencia de la CIA en Arabia Saudí, Raymond Close.[17] Casey sabía que el BCCI había actuado en nombre de los saudíes en varias operaciones encubiertas. El dinero del reino había llegado a manos de la Contra en Nicaragua, de Unita en Angola e incluso de Noriega en Panamá a través de los canales secretos del BCCI.[18] Sin lugar a dudas, esos vínculos eran una enorme ventaja ya que Arabia Saudí era el principal promotor de la yihad antisoviética. Casey también estaba al corriente de los servicios que el banco había proporcionado a distintas instituciones estadounidenses; el Consejo para la Seguridad Nacional, por ejemplo, canalizó dinero a través de sus redes para el comercio de armas en la operación Irán-Contra y la CIA había empleado regularmente las cuentas del BCCI para sufragar sus operaciones encubiertas. Además de todo ello, el BCCI tenía unos contactos extremadamente efectivos con el tenebroso submundo del tráfico ilegal de armas. Pongamos un ejemplo. Una transacción secreta de armas por valor de 17 millones de dólares entre Irán y el gobierno de Estados Unidos, gestionada por el hombre de negocios saudí Adnan Khashoggi, fue llevada a cabo con la cooperación de la sucursal del BCCI de Montecarlo.[19] También gracias a la implicación del BCCI los saudíes obtuvieron los misiles Silkworm chinos.[20] El banco llegó incluso a negociar contratos de armas para las agencias de espionaje israelíes y para las organizaciones de inteligencia occidentales.[21] Por último cabe decir que, si bien el capital era árabe, la dirección media y alta era pakistaní y, por consiguiente, el núcleo de la operación estaba enraizado en Karachi.[22] Este detalle tenía gran importancia para la CIA. Según el punto de vista de Casey, el BCCI poseía el pedigrí ideal para el trabajo.

Tan pronto como el banco de Abedi empezó a operar, todas las operaciones encubiertas pasaron por su «red negra», virtualmente un banco paralelo secreto dentro del propio banco. Su cuartel general estaba situado en Karachi y era desde esa ciudad desde donde actuaba la red negra como un banco para toda clase de servicios para la CIA. Con unos 15.000 empleados, operaban de modo similar a la mafia. Se trataba de una organización plenamente integrada: financiaba y arreglaba tratos secretos de armas entre distintos países, transportaba bienes con sus propias flotas, las aseguraba en sus propias agencias y proporcionaba mano de obra y seguridad cuando los cargamentos estaban en ruta.[23] En Pakistán, los agentes del BCCI sabían cómo y cuándo sobornar. También sabían hacia dónde derivar los fondos. Richard Kerr, ex director de la CIA que admitió que la la agencia disponía de cuentas secretas en el BCCI de Pakistán, confirmó que esas cuentas se habían abierto para distribuir fondos reservados de la CIA entre los miembros y los agentes pakistaníes de la resistencia afgana.[24] Hacia mediados de la década de 1980, esta red negra se había hecho con el control del puerto de Karachi y pudo llevar a cabo todas las operaciones de venta y los envíos de la CIA hacia Afganistán, incluyendo los necesarios sobornos para el ISI. Era tarea del BCCI asegurar que los cargamentos de armas y de equipamiento se descargaran con celeridad.[25]

A medida que la guerra se prolongaba, su coste subía vertiginosamente. Puesto que había constantes restricciones y escasez de dinero en la línea de distribución, el ISI y la CIA empezaron a buscar otras fuentes de ingresos. Una que se demostró viable fue el contrabando de droga. Afganistán era, por tradición, un importante productor de opio, pero sólo lo suministraba a los pequeños mercados regionales vecinos. El ISI se encargó de aumentar la producción de opio, de tratarlo y de pasar de contrabando la heroína hasta los mercados ricos de Occidente. A medida que los muyahidines avanzaban y conquistaban nuevas regiones, se les hizo cargar un impuesto sobre el opio para financiar la revolución. Para pagar los impuestos los cultivadores empezaron a ampliar las plantaciones de opio. Los traficantes iraníes, que se habían trasladado a Afganistán tras la revolución, les ofrecieron créditos como adelanto por las cosechas futuras.[26] También les proporcionaron los conocimientos necesarios para refinar el opio y convertirlo en heroína. En menos de dos años, la producción de opio estalló. Pronto la economía basada en la droga sustituyó a la economía agraria tradicional de Afganistán y, con ayuda del ISI, los muyahidines abrieron centenares de laboratorios de opio. En dos años las fronteras entre Pakistán y Afganistán se convirtieron en el mayor centro de producción de heroína del mundo y en el principal proveedor de heroína de las calles de América del Norte, llegando a cubrir el 60 por ciento del total de la demanda de drogas de Estados Unidos. Los beneficios anuales se estimaban entre 100.000 y 200.000 millones de dólares.[27]

La ruta preferida para el contrabando pasaba por Pakistán. El ISI empleó al ejército pakistaní para transportar la droga a través del país,[28] mientras que el BCCI proporcionaba el apoyo financiero y logístico para llevar a cabo las operaciones. Si bien la mayoría del género transportado se vendía y consumía en las calles de América del Norte, el Departamento de Narcóticos de Estado Unidos o la DEA jamás realizaron ninguna investigación sobre ello, jamás emprendieron acción alguna para detener una afluencia de heroína perfectamente documentada, que iba desde Pakistán hasta Estados Unidos.[29] En 1991, la producción anual de la zona que estaba bajo control de los muyahidines[30] aumentó hasta la sorprendente cantidad de 70 toneladas métricas de heroína de primera calidad,[31] un volumen que supuso un aumento del 35 por ciento en relación con el año anterior.[32] En 1995, el ex director de la CIA para la operación afgana, Charles Cogan, admitió que la agencia había sacrificado la guerra contra la droga para combatir en la Guerra Fría.

Mientras la heroína se pasaba de contrabando hacia fuera de la región, el contrabando introducía en la región equipamiento de alta tecnología. El ISI y los partidos islámicos sacaron provecho del Afghan Transit Trade Agreement, más conocido por sus siglas, ATTA, y pusieron en marcha un próspero negocio de contrabando de mercancías libres de impuestos. En 1950, Pakistán y Afganistán firmaron el ATTA para que Afganistán, un país sin salidas al mar, disfrutara del derecho de importar bienes libres de impuestos a través del puerto de Karachi. Esos bienes libres de impuestos con destino a Afganistán se almacenaban en contenedores sellados y se cargaban en camiones con dirección a Kabul. Algunos de los productos se vendían en Afganistán, pero la mayor parte de los cargamentos nunca llegaba a salir de los camiones. De ese modo, el contenido se devolvía a Pakistán y se vendía en los mercados locales. Los camiones, a unas pocas calles de los mercados, pasaban a manos de los agentes de aduanas pakistaníes corruptos y de la mafia del transporte, quienes se encargaban de gravarlos con «impuestos»; los señores de la guerra que controlaban los territorios por los que debían cruzar los camiones aplicaban sus propios impuestos y, finalmente, los oficiales de aduanas de Kabul sacaban su propia tajada. Con todo, los bienes libres de impuestos del ATTA podían adquirirse en los mercados de Pakistán a mejor precio que los productos idénticos que se importaban legalmente al país. Lo que hacía que los productos del ATTA fueran tan competitivos era el altísimo impuesto con el que el gobierno pakistaní gravaba las importaciones, especialmente los equipos electrónicos procedentes del Lejano Oriente. Los estéreos del ATTA, los televisores, los reproductores de vídeo y de CD podían llegar a ser entre un 40 y un 50 por ciento más baratos. Esta forma de contrabando aportó a Pakistán un suministro limitado de bienes extranjeros, libres de impuestos, muy baratos, y al ISI una fuente adicional de ingresos. A lo largo de los años ochenta, el ATTA y el comercio ilegal se fueron expandiendo y supusieron beneficios para la mayoría de las ciudades afganas bajo control comunista, a la vez que generaron aproximadamente unos 50 millones de dólares al año.

Los costes de la yihad antisoviética fueron desorbitados; los gastos eran siempre muy superiores a los ingresos. La financiación directa de Estados Unidos y de Arabia Saudí, junto con los increíbles ingresos que generaba el comercio de contrabando y el de la droga, continuaban siendo insuficientes para dar el apoyo que la línea de distribución afgana precisaba. La mayor parte del dinero en efectivo se empleaba para mantener toda la operación encubierta. Para funcionar, la línea de distribución dependía de complejas y caras infraestructuras ubicadas por todos los rincones del mundo. Para disponer de armas, de droga, de bienes libres de impuestos, de productos de contrabando y de efectivo, el dinero tenía que cambiar de manos varias veces, y cada uno de esos cambios tenía su propio coste. Las transacciones financieras debían realizarse mediante estructuras bancarias secretas que resultaban muy caras; sin ellas no se podía garantizar ningún movimiento de dinero. Además, el conjunto del sistema obligaba al constante engrase de su engranaje, que se traducía en sobornos y corrupciones. Los robos aumentaron y se pusieron en la orden del día. El armamento y el equipo de paso por Afganistán solía robarse. En realidad, sólo un 30 por ciento del armamento llegó a manos de sus supuestos receptores.[33] Según cuenta un antiguo combatiente, por cada dólar que Estados Unidos les destinaba, los muyahidines podían darse por satisfechos si lograban 20 o 30 centavos. Así pues, en el punto de recepción final de la línea de distribución, los partidos islámicos, los líderes militares y los muyahidines siempre andaban faltos de fondos, de armamento y, a veces, también de comida. «Hubo ocasiones en las que nada teníamos para comer», confesó un antiguo muyahidín. Los suministros que conseguían llegar a los combatientes solían hacerlo con retraso, las provisiones eran insuficientes y el dinero, desesperadamente escaso. Los partidos islámicos lograron cubrir las carencias y superar la escasez gracias a las donaciones voluntarias de las adineradas organizaciones árabes y a las aportaciones individuales. Puesto que las contribuciones se transmitían directamente a estos partidos, éstas quedaban libres de costes adicionales y de la amenaza de los ladrones de la línea de distribución. De todos modos, el dinero se hizo llegar en primera instancia a los cuatro partidos islámicos fundamentalistas y, como consecuencia de ello, los más moderados fueron menos eficaces en la lucha.[34]

«Las contribuciones árabes independientes mantuvieron vivo la yihad antisoviética —admitió un antiguo muyahidín—, y gracias a esos fondos se ganó la guerra.»[35] A lo largo de toda la contienda, los combatientes islámicos desconocían el papel que Estados Unidos desempeñaba en el conflicto; no sospechaban que estaban haciendo una guerra por poderes. Incluso un saudí tan bien relacionado e informado como Osama Bin Laden declaró no haberse dado cuenta de la profunda implicación de la CIA. «Ni tan siquiera yo —sostuvo— o mis hermanos supimos ver alguna prueba de la ayuda estadounidense.»[36] Escondida tras el ISI, la CIA consiguió evitar cualquier contacto directo con los combatientes. «Nosotros no entrenábamos a los árabes», confirmó Milton Beardman, un agente de alto rango de la CIA.[37] El entrenamiento lo dirigía y realizaba el ISI en los campos militares que había repartidos por toda la región. Se estima que por esos campos llegaron a pasar 80.000 personas durante la guerra. Cuando los combatientes musulmanes descubrieron que Estados Unidos había manipulado la yihad antisoviética, una vez finalizada la guerra, se sintieron humillados. Este sentimiento contribuyó enormemente a alimentar el odio que sienten los grupos armados islamistas contra Estados Unidos.

El abandono del modelo de la Guerra Fría

En conjunto, la yihad antisoviética rompió el modelo establecido de la guerra por poderes. Si bien se limitaba a un único Estado, la llevaba a cabo un ejército musulmán multiétnico: los muyahidines. Por lo tanto, tuvo enormes repercusiones en todo el mundo musulmán. Tuvo dos patrocinadores principales: Estados Unidos y Arabia Saudí. Cada uno de ellos perseguía fines distintos. Los saudíes se sentían motivados por un colonialismo religioso; los norteamericanos, por la venganza más cruda. Se llevó a cabo sin tener en cuenta las repercusiones que tendría en el equilibrio del poder en Asia central. El objetivo principal de los instigadores estadounidenses fue infligir un golpe mortal a la Unión Soviética, como si al hacerlo pudieran hallar, al fin, una justificación por la pérdida de 58.000 vidas estadounidenses en Vietnam. Se llevó a cabo sin tener para nada en cuenta la debilidad de la posición soviética en Afganistán. Pongamos un ejemplo. Ya en 1983 los rusos se dieron cuenta de su error y empezaron a considerar la retirada. En 1985, cuando Gorbachov subió al poder, el Politburó se había inclinado por retirarse del conflicto en cuestión de un año. La administración estadounidense, por su parte, cada vez más exultante, intensificó la lucha. Casey llegó incluso a sugerir al ISI que se extendiera el conflicto armado más allá de las regiones centrales de Asia.[38] Es más, fue precisamente el fervor y el incremento del apoyo estadounidense a la resistencia afgana lo que impidió que los soviéticos abandonaran Afganistán en 1986.[39]

La guerra también trajo consigo el germen del desorden económico que iba a dominar en esa parte del mundo durante los siguientes años. Forjó y puso los cimientos de la alianza entre Estados Unidos y Pakistán, una dictadura corrupta dirigida por una implacable oligarquía que explota su posición privilegiada para conseguir poder nuclear y establecerse como fuerza política de peso en Asia. La guerra aceleró también el proceso de desintegración de la Unión Soviética, hecho que desestabilizó, a su vez, amplias regiones de su periferia, como Asia central, el Cáucaso y los Balcanes. Además, hizo que Estados Unidos infravalorara la insurgencia islamista y su poder económico. La derrota del enemigo estadounidense por antonomasia de la Guerra Fría puso una venda en los ojos de la élite política norteamericana, que no supo prever las consecuencias de una victoria como ésa. La política exterior de Estados Unidos fracasó en su intento de adaptarse al nuevo orden mundial.

La política exterior había sido moldeada a lo largo de medio siglo a partir del patrón de la Guerra Fría. Toda una generación de diplomáticos había crecido a la sombra de la «represión soviética». El desmembramiento de la Unión Soviética les dejó un vacío político y una falta de metas concretas. Para rellenar ese hueco, la diplomacia americana se volcó en los negocios. Se convirtió en un colectivo de embajadores y diplomáticos de los grupos de presión más poderosos de Washington. Prácticamente de la noche a la mañana, la política exterior estadounidense se convirtió en un poderoso vehículo para las corporaciones de Estados Unidos, que iban en busca de oportunidades por doquier en vez de fomentar la estabilidad internacional. Por desgracia, esta orientación imperialista sigue siendo la maquinaria que empuja la política internacional de George W. Bush.

A comienzos de la década de 1990, impelido por el *lobby* del petróleo, George Bush padre subestimó las consecuencias de la desintegración del equilibrio económico en Asia central, establecido en Yalta en 1945.[40] El desmantelamiento del poder soviético fue entendido como el comienzo de un lucrativo período de explotación, con las compañías petrolíferas estadounidenses controlando los vastos campos petrolíferos de la región. La Casa Blanca confiaba tanto en ese resultado que Washington no se preocupó de crear un marco político para esa región, ni tan siquiera en marcar unas líneas de actuación para la zona postsoviética. En Oriente Próximo, mientras intentaba establecer alianzas con las oligarquías regionales, por ejemplo, con las capitales árabes y los países con dictaduras islámicas, Estados Unidos se equivocó al no percibir y entender las fuerzas de cambio que ya habían empezado a moverse en la región. Subestimó las implicaciones de la crisis de los rehenes en el Líbano, el papel de Irán como Estado islamista y la ascensión de grupos armados independientes del Estado. Sobre todo, no tuvo en cuenta las consecuencias políticas de la masiva transferencia de riqueza generada por la primera crisis del petróleo, el creciente sentimiento de resentimiento contra Estados Unidos y la decepción de la población musulmana respecto de los líderes árabes. Todos estos acontecimientos en particular originaron un flujo masivo de dinero y de personas hacia los grupos militantes islamistas. Este fenómeno, como iremos viendo, creó el hábitat ideal para el desarrollo de un adversario terrible: la Nueva Economía del Terror.

7

Economía islamista

«La guerra es la continuación de la política por otros medios.»

KARL VON CLAUSEWITZ

El general Mohamed Zia ul Haq tuvo un sueño: dirigir una confederación musulmana que se extendiera desde Turkmenistán hasta Pakistán, una poderosa liga panislámica bajo control pakistaní. Casey y la administración estadounidense lo animaron para que intentara llevar a cabo su fantasía. Para legitimar a Pakistán como uno de los aliados estadounidenses y como el principal bastión contra Irán, Washington certificó que Pakistán era un Estado laico, aunque, en realidad, la *sharia* sustituía a la constitución escrita. El poder soviético se desintegró en Asia central gracias, en parte, al apoyo que Pakistán dio a las políticas estadounidenses. A cambio de ese favor, Estados Unidos cerró los ojos cuando Pakistán empezó a sufragar las necesidades de los grupos islámicos fundamentalistas que aparecieron como resultado de la guerra de Afganistán y se mantuvo al margen cuando Pakistán adquirió armas nucleares.[1]

La poderosa red militar y de inteligencia del ISI no fue desmantelada cuando la yihad antisoviética terminó; al contrario, se mantuvo intacta, al igual que la especial relación que hasta entonces habían mantenido el ISI y la CIA. La agencia continuó exportando combatientes islamistas a Asia central y el Cáucaso. Mientras las tropas soviéticas iniciaban una penosa retirada, en Asia central se empezaron a orquestar una serie de operaciones encubiertas. Al principio el ISI actuó a modo de «catalizador para la desintegración de la Unión Soviética y la emergencia de nuevas repúblicas en Asia central».[2] Cuando en 1991 las repúblicas de Kazajistán, Kirguizistán, Tayikistán, Turkmenistán y Uzbekistán obtuvieron a desgana su independencia de Moscú, el ISI desempeñó un papel crucial al dar apoyo a las rebeliones armadas islamistas que las desestabilizaron. Su intención era aplicar los planes de expansión pakistaníes.

Siguiendo el modelo empleado en la yihad antisoviética, los pakistaníes establecieron sus propias líneas de distribución de armas. El arsenal pakistaní era uno de los más ricos de Asia y había sido acumulado a lo largo de la guerra de Afganistán, cuando el ISI fue apoderándose gradualmente de una parte considerable de las armas y del equipamiento que era transportado por la línea de distribución afgana. Como consecuencia de la guerra, Pakistán se convirtió en el mayor suministrador de armas de Asia central y del sureste asiático. Se establecieron tres líneas de distribución desde Pakistán: una abastecía los grupos rebeldes islamistas del interior de la India; otra avanzaba por el sureste asiático a través de Tailandia, y la tercera estaba destinada a abastecer la zona de Asia central.

El ISI empleó dos fuentes principales para financiar sus propias operaciones encubiertas en las regiones vecinas: el ATTA y el tráfico de drogas. Después de 1992, las actividades de contrabando aumentaron exponencialmente. Tras el derrumbe de la Unión Soviética se abrieron nuevas vías, rutas comerciales que unían Kabul con las nuevas repúblicas asiáticas. Las mercancías libres de impuestos del ATTA pronto llegaron a esos países y a sus mercados emergentes. Entre 1992 y 1993, el negocio del contrabando suponía 128 millones de dólares y continuó creciendo en proporciones muy elevadas. En 1997, sólo las ganancias correspondientes a Pakistán y Afganistán ascendían ya a 2.500 millones de dólares, más de la mitad del PIB estimado de Afganistán. En ese mismo período, la cifra para el conjunto de la región asiática central ascendió sorprendentemente hasta 5.000 millones de dólares.[3] Estas cifras reflejan el caos económico dominante en esa región tras la independencia. En cuanto las tropas rusas abandonaron el lugar, los ejércitos y los políticos locales tuvieron que arreglárselas por su cuenta. Dentro de las repúblicas, las actividades de importación y exportación se detuvieron porque los rusos exigían que los pagos por sus exportaciones se realizaran en una moneda fuerte y rechazaron pagar los elevados precios de la era soviética para las importaciones. Los precios del algodón, de los minerales y del petróleo cayeron en picado. Los préstamos que Rusia había concedido hasta entonces, que habían supuesto la savia monetaria de la región, fueron cancelados. Los bancos de Moscú exigieron el inmediato pago de todos los créditos pendientes. Las deudas de los respectivos gobiernos de las repúblicas centroasiáticas fueron reclamadas y se exigió el inmediato pago de las mismas en dólares estadounidenses. Los intentos de abrir las economías de las repúblicas hacia el exterior fracasaron por falta de diplomacia y de canales económicos. En medio del caos económico generado por la independencia, el paro se disparó, la inflación fue galopante, los estándares de vida cayeron en picado y la progresiva escasez de productos se convirtió en una constante, incluyendo entre éstos las materias primas para la industria y la agricultura.[4] Asia central reunía todas las condiciones necesarias para convertirse en el vivero del terror islamista.

El ascenso del Movimiento Islámico de Uzbekistán (IMU)

A medida que el malestar político iba en aumento, los líderes de las repúblicas —pertenecientes todos a la línea comunista dura y que habían ido escalando posiciones en de la jerarquía soviética— reaccionaron restringiendo las libertades del pueblo. En medio de ese clima de represión, la violencia política fue en aumento. Los militantes de los grupos islamistas pasaron a ser la única oposición política y la economía de guerra que generaron fue la única fuente de sustento para una buena parte de la población. El ISI se encargaba de instruir a los insurgentes islamistas y de proporcionar-les armas, mientras que los fondos les eran suministrados por Tur-quía, Arabia Saudí, algunos Estados del Golfo y por los talibanes. En 1998, Tohir Abdouhalilovitch Yuldeshev y Juma Namangiani fundaron el Movimiento Islámico de Uzbekistán (IMU), con una red que se extendía a través de unas cuantas repúblicas asiáticas, y declararon la yihad contra el gobierno uzbeco. El movimiento se sufragaba gracias a aportaciones extranjeras y a su capacidad de au-tofinanciación. En 1999, por ejemplo, recibió 25 millones de dó-lares de patrocinadores extranjeros. Los fondos procedían de dis-tintas fuentes: el líder turco islamista Necmettin Erbakan les mandó 100.000 dólares para «trabajos» en Uzbekistán. Una orga-nización de turcos emigrados de la ciudad de Colonia, que goza-ba del patrocinio de Erbakan, firmó un contrato con Yuldashev para adquirir y transportar gratuitamente armamento por un valor de varios miles de dólares.[5] Un representante del IMU recaudó 270.000 dólares en Arabia Saudí, mientras que un único donante, Mohamed Amin Turkistuni, ofreció 260.000 dólares para la com-pra de armas.[6] Incluso el líder talibán Mullah Omar contribuyó con 50.000 dólares.[7] Ese mismo año, el IMU obtuvo aproxima-damente 5 millones de dólares del rescate de cuatro geólogos ja-poneses secuestrados en las montañas del sur de Kirguizistán. De todos modos, la mayor parte de los ingresos derivaban del cre-ciente comercio de la droga y del contrabando en la región de la que procedía el IMU. Las redes de Namangiani en Tayikistán y en Asia central se utilizaron para el contrabando de opio desde Afga-nistán. En parte gracias a los contactos de Namangiani en Che-chenia la heroína llegó hasta Europa. Según la Interpol, aproxima-damente el 60 por ciento de los estupefacientes afganos exportados durante el año 2002 transitó por Asia central. El IMU controlaba el 70 por ciento del volumen total de opio y heroína que circulaba por esa área[8] y llegó incluso a montar laboratorios en los territorios que tenía bajo su control.[9]

El bastión de este grupo armado se ubica en el valle de Tavil-dara, en Tayikistán. Ahora bien, desde 1999 ha luchado por con-trolar también el valle de Fergana. Con más de trescientos kilómetros de largo y noventa de ancho, el valle es el corazón económico de Asia central. En él se halla la más densa concentración de personas de la región: aproximadamente 10 millones de habitantes (lo que supone el 20 por ciento de la población total de Asia central). El valle de Fergana ha sido siempre un centro tradicional del islam, un lugar dotado de un aura religiosa. Sin embargo, el advenimiento de la insurgencia armada islamista y los éxitos del IMU en el área no pueden atribuirse únicamente al fervor religioso; más bien son consecuencia directa de la pobreza que ha azotado la región tras el desmembramiento de la Unión Soviética. Bajo los soviéticos, la economía había sido muy estable, con unos pocos mercados centralizados que daban servicio a toda la región. El nacimiento de las repúblicas y su desvinculación de Moscú puso en marcha un proceso de descentralización cuyo efecto fue destruir una parte muy importante de la infraestructura agraria e industrial. Tras la independencia, se trazaron las fronteras entre las repúblicas, dividiendo pueblos, granjas y, a veces, incluso a familias. Para ir de un mercado local a otro se exigía el pasaporte, pues, a partir de ese momento estaban emplazados en países distintos. Incluso los sistemas de abastecimiento de agua quedaron interrumpidos en las distintas fronteras. El comercio entre el valle de Fergana y Tashkent, el mayor y más importante mercado de Asia central, también quedó interrumpido porque ya no se podía acceder libremente a él.

Con el apoyo financiero y militar del ISI, el IMU encontró un amplio apoyo entre las tribus del valle de Fergana en su lucha contra los nuevos gobiernos de las repúblicas. La negligencia y la corrupción del gobierno habían convertido el antaño fértil valle en un área condenada a la pobreza. La falta de semillas y de préstamos casi llegó a destruir la agricultura, mientras que la industria estaba paralizada por la escasez de materias primas. Debido a la corrupción y a la mala gestión del presidente uzbeco Karimov, el valle incluso perdió la oportunidad de beneficiarse de los préstamos del FMI (Fondo Monetario Internacional), una de las pocas vías monetarias de subsistencia que tenían a su alcance. En abril de 2001, incapaz de convencer a Karimov para que introdujera reformas con las que estabilizar la economía, el FMI se retiró de Uzbekistán. Desde ese momento, la entrada de capitales ha sido escasa. Turquía ha invertido cientos de millones de dólares en unas cuantas iniciativas conjuntas; Estados Unidos continúa invirtiendo en minas y campos petrolíferos. Empresas surcoreanas y alemanas han comprado participaciones en la industria del automóvil. Pero las inversiones y los préstamos extranjeros esporádicos de poco sirven en un país que padece una escasez monetaria crónica y que lo deja todo en manos de los habitantes del valle de Fergana. La mayoría de los negocios los firma y los dirige el propio Karimov, que es quien se embolsa la mayor parte del dinero. Como resultado de todo ello, el paro y la inflación aumentan en toda la región; en el valle de Fergana, el paro ha alcanzado valores de hasta un 80 por ciento en los últimos años. Teniendo en cuenta que el 60 por ciento de la población del valle tiene menos de 25 años, constituye un terreno muy fértil para el reclutamiento de grupos armados islamistas.

Siguiendo un patrón común, a medida que las guerrillas del IMU iban controlando el territorio y declaraban «liberados» pueblos y regiones, fueron proporcionando sustento a la población e integrándola en sus economías. El reclutamiento es la forma más común y popular de llevarlo a cabo. Se dice que Namangiani paga a sus hombres un sueldo mensual que oscila entre 100 y 500 dólares. «En todas partes ocurre lo mismo —explicó un asistente social en la región de Batken, en Kirguizistán, al escritor Ahmed Rashid—. En los pueblos no quedan jóvenes. O bien se han marchado a Rusia en busca de un lugar de trabajo o deciden seguir a Namangiani porque, por lo menos, les paga, y la pobreza, aquí, es generalizada.»[10] Ahora bien, no todos los reclutas son enviados a luchar. El IMU dispone de una amplia red «durmiente», células de terror en el valle de Fergana que esperan a ser despertadas. A otros se les encarga de suministrar comida, armas y equipos procedentes de Tayikistán y Kirguizistán. A fin de asegurar el suministro necesario para sus hombres en el valle de Fergana, Namangiani estableció un acuerdo con el gobierno de Tayikistán y con las tribus locales. Prometió no interferir en la política de Tayikistán y no restablecer los movimientos islamistas en el interior del país a cambio de que le permitieran volver a abrir las importantes rutas comerciales de antaño.

El éxito del IMU en su doble labor de desestabilización del valle de Fergana y en el establecimiento de su propio Estado embrión en Asia central es evidente. La red de IMU atraviesa las fronteras políticas de los nuevos países recién formados; se extiende más allá de las tres repúblicas y se enraíza profunda y vigorosamente en los impenetrables valles y quebradas. Las guerrillas adquieren su suministro en los pueblos, pagan bien y ofrecen protección a sus habitantes. Tras años de guerra civil, el IMU ha traído la estabilidad y el crecimiento económico a bastantes pueblos. La población ha recibido el cambio con los brazos abiertos. Este resultado es la consecuencia directa de la estrategia de promoción del terrorismo islamista que lleva a cabo el ISI, que lo emplea como una herramienta para aplicar el plan de expansión pakistaní.

El comercio de estupefacientes

La otra fuente principal de financiación utilizada por el ISI a fin de abastecer la insurgencia armada islamista fue el tráfico de estupefacientes. Tres cuartas partes de la producción mundial de opio se produce en Asia central, en el llamado Creciente Dorado. Según las Naciones Unidas, a finales de la década de 1990, el negocio total de la droga alcanzó los 500.000 millones de dólares, y el Creciente Dorado contribuyó en 200.000 millones.[11] Entre 1983 y 1992, los beneficios que generaron los estupefacientess pakistaníes aumentaron de 384 millones a 1.800 millones de dólares[12] gracias a la intervención del ISI. Esta agencia tiene una amplia experiencia en este campo y se ha encargado de incrementar la producción de la amapola en Afganistán. Según el antiguo primer ministro pakistaní, Nawaz Sharif, en 1991 el jefe del Estado Mayor del ejército de Pakistán, junto con el director del ISI, le pidieron permiso para traficar con heroína a fin de sufragar operaciones encubiertas.[13] La petición representaba un modo de hacerle saber educadamente que el ISI había empezado a suministrar recursos a las guerrillas islamistas en Punjab y Cachemira.

Los envíos de armamento hacia Punjab y Cachemira se alternaban con la instrucción de los combatientes en los campamentos militares controlados por el ISI en Pakistán. Durante la primera década posterior a la guerra de Afganistán, el comercio de armas se incrementó espectacularmente. En 1987, las fuerzas de seguridad indias apostadas en los puntos fronterizos confiscaron 33 rifles y 92 pistolas, pero en 1997 ya se incautaron de 16.772 fusiles Kaláshnikov, sin especificar el resto del armamento intervenido.[14]

Las relaciones con las guerrillas cachemires estaban plenamente consolidadas y durante los años que siguieron todavía se afianzaron más. En 1989, el ISI ya había contribuido a crear los grupos islámicos de muyahidines Hizbul de Jammu y Cachemira entre los seguidores islamistas y de los Jamiat.[15] En 1993 creó el Harkatul Ansar en Peshawar, un grupo armado de combatientes no cachemires compuesto por militantes y veteranos islamistas de la yihad antisoviética.[16] Ese mismo año, la elección de Benazir Bhutto como primera ministra condujo al poderoso partido antiestadounidense Deobandi, el Jamiat ul Ulema e islam (JUI), hasta la primera línea del panorama político pakistaní.[17] El JUI era el principal seguidor y benefactor de los talibanes en su batalla por controlar Afganistán, de ahí que recibiera con los brazos abiertos el conflicto en Cachemira.

La desestabilización del Cáucaso

La desestabilización del Cáucaso y el papel emergente de Chechenia como fortaleza contra los rusos pronto fueron factores determinantes para la insurgencia islamista. Siguiendo los pasos del general Zia, Bhutto volvió a plantearse el antiguo sueño del dictador: la creación de un eje transasiático, bajo hegemonía pakistaní, que abarcara desde la frontera este con China, y que incluiría Afganistán y las repúblicas del Asia central, hasta las regiones productoras de petróleo del mar Caspio.[18] Curiosamente, la ruta por la que circulaban los estupefacientes afganos transitaba por esas mismas regiones. A fin de llevar a cabo ese sueño, Pakistán debía imponer su hegemonía en Asia central y en Afganistán, donde los rusos continuaban apoyando a la Alianza del Norte. Si bien se trataba de una coalición muy inestable entre jefes militares étnicos, la Alianza del Norte mantenía un firme control en las regiones del norte de Afganistán, desde donde proseguía su lucha contra los talibanes. Hubo un señor de la guerra, el uzbeco Ahmed Shah Massoud, que representó un serio obstáculo para los planes de Pakistán. Massoud controlaba la estratégica franja del norte de Afganistán que hace frontera con Turkmenistán, Uzbekistán y Tayikistán, una lengua de tierra que la élite dirigente de Pakistán veía como una zona geopolítica vital para hacer realidad el eje transasiático.

El creciente conflicto en Chechenia, en lucha antes y ahora, para alcanzar su plena independencia de Rusia, ofreció la posibilidad de desviar la atención de Rusia y los recursos de Massoud. El plan pakistaní consistía en impulsar la insurgencia islamista en Chechenia para forzar a los rusos a que combatieran en el Cáucaso. Así, en 1994 el ISI empezó a preparar a Shamil Basayev, un joven líder militar checheno. Fue instruido y adoctrinado junto con un reducido grupo de lugartenientes en el campamento de Amir Muawia, en la provincia afgana de Khost. El ISI montó ese campamento durante los años ochenta en colaboración con la CIA, y lo dirigía el señor de la guerra afgano Gulbadin Hekmatyar. Una vez completada la formación, se mandó el grupo a Pakistán para recibir más instrucción.[19] Los instructores con experiencia, la mayoría veteranos de la yihad afgana, también fueron destinados a Chechenia para instruir a futuros combatientes. Entre ellos estaba el jordano Khattab, a quien Basayev conoció en Pakistán y con el que forjó amistad. Khattab fue un héroe de la yihad antisoviética; además, era una de los próximos a Osama Bin Laden y a su red de financiación. En 1995, Khattab fue invitado a Grozny para organizar la instrucción de los combatientes muyahidines.

Las asociaciones y las alianzas que habían funcionado durante la yihad afgana pronto se reprodujeron en Chechenia. El plan maestro para hacer estallar la rebelión en el Cáucaso y en Cachemira se trazó en una reunión que se celebró en Mogadiscio, Somalia, en 1996, y a la que asistieron el ISI y varios grupos armados islamistas.[20] Osama Bin Laden y agentes de alta graduación del servicio de inteligencia pakistaní también estuvieron presentes. Al general Javed Ashraf, del ISI, se le atribuyó la tarea de proporcionar armas y municiones, así como de pagar el traslado de combatientes islamistas desde los campos de entrenamiento en Afganistán, Pakistán, Líbano y Sudán hasta los nuevos frentes islamistas de la yihad emplazados en Chechenia y Cachemira.[21]

Según indicaron fuentes de espionaje soviéticas, Osama Bin Laden contribuyó con 25 millones de dólares a la lucha en Chechenia.[22] Hasta entonces, los grupos guerrilleros islamistas habían sido sufragados gracias a la combinación de patrocinio estatal y privado, sobre todo de Pakistán y Arabia Saudí, y mediante actividades de autofinanciación delictivas. A lo largo de la primera guerra chechena, la rebelión islamista se había apoyado ante todo en patrocinadores extranjeros y en el contrabando. En 1991, por ejemplo, se acordó un negocio de intercambio entre la milicia armenia en el Alto Karabaj y el Congreso Nacional del Pueblo Checheno. Un intermediario paramilitar georgiano, Tengiz Kitovani,[23] negoció un intercambio de armas armenias de pequeño calibre por petróleo de Chechenia y productos derivados del mismo.[24] En 1995, el traslado de Khattab a Grozny fue arreglado por la International Islamic Relief Organisation, una asociación saudí de caridad fundada con los fondos cedidos por las mezquitas y por ricos donantes del Golfo.[25] Ese mismo año, Basayev, y más adelante Khattab, consiguieron establecer contacto con organizaciones delictivas rusas, con el crimen organizado albanés y con el Ejército de Liberación de Kosovo (ELK). Esas alianzas se revelaron fructíferas y generaron beneficios derivados del comercio de la droga y del contrabando, especialmente del de armas. Chechenia pronto se convirtió en un importante centro de negocios ilegales, entre los que se incluía el secuestro y la falsificación de dólares. Basayev también obtuvo beneficios económicos del blanqueo de dinero en Chechenia.[26]

Mientras la economía del terror puede hundir o destruir la economía tradicional, cualquiera de estos dos procesos generará un peligroso efecto de rebote en los países vecinos, como ocurrió en el Cáucaso a finales de la década de 1990. Cuando la economía de guerra chechena ya sangraba la economía de los países vecinos, la rebelión islamista estalló en Ingusetia, Dagestan y Osetia del Norte. En un principio, Arabia Saudí, Líbano e Irán eran los responsables de sufragar y proveer a los grupos armados islamistas establecidos en la región; sin embargo, las distintas organizaciones armadas pronto fueron capaces de vincularse y aprovecharse de la floreciente economía de guerra del Cáucaso. En Tbilisi, por ejemplo, los traficantes de armas hacían publicidad de su producto, la venta de Kaláshnikovs,[27] con letreros luminosos. Ninguna de las superpotencias intervino para evitar el desarrollo de la economía del terror. Rusia, que ostentaba el liderazgo en la Confederación de Estados Independientes, luchaba por mantener el control dentro de su propio territorio. Entre tanto, Estados Unidos había olvidado por completo esa región, con lo que dejó que se convirtiera en una presa fácil para el expansionismo de países musulmanes como Pakistán y para la colonización religiosa por parte de Arabia Saudí.

La islamización de los Balcanes

Tal como habían previsto Zia y Bhutto, la apertura de un nuevo frente en el Cáucaso fue minando progresivamente el apoyo ruso a la Alianza del Norte. Aunque la Alianza continuó siendo una amenaza para los talibanes, se trataba de una amenaza que se podía sortear y contener. Lo que no pudieron predecir los líderes pakistaníes fue que, desde Chechenia, los muyahidines continuarían desplazándose a lo largo de la parte occidental de la ruta de la droga hacia Albania y Kosovo, y que alcanzarían las puertas orientales de Europa. El legado que nos ha aportado esa expansión es el floreciente contrabando de estupefacientes en Europa. Casi el 75 por ciento de la heroína que entra en el viejo continente se desplaza vía Turquía. Desde ahí, se transporta una enorme cantidad de heroína a través de los Balcanes: Bulgaria, Grecia, Kosovo, Albania y la antigua Yugoslavia conforman lo que se conoce con el nombre de la Ruta Balcánica. Se estima que cada mes se envían desde Turquía a Europa occidental, a través de los Balcanes, entre cuatro y seis toneladas métricas de heroína.[28]

En el Cáucaso y los Balcanes, la economía del terror supuso para la insurgencia islamista una nueva bocanada de aire fresco. Los grupos armados dejaron de necesitar la protección de países como Pakistán para mantener su lucha. El negocio de la droga les ofreció la oportunidad de reducir su dependencia de los poderes extranjeros y ser autosuficientes. Esos objetivos animaron a los jefes de la guerra chechenos a establecer una buena relación con el ELK en Kosovo y a promover provechosos negocios basados en el contrabando. Gracias a la mediación de los grupos criminales chechenos, el ELK y la mafia albanesa consiguieron controlar el negocio del tráfico de heroína en los Balcanes. Los beneficios pronto se dejaron sentir. En la segunda mitad de los años noventa, una de las primeras fuentes de autoabastecimiento financiero fue el contrabando de drogas procedentes de Afganistán. El ELK también acabó siendo una pieza clave en el intercambio de drogas por armamento y en el blanqueo del dinero procedente de la droga. Los departamentos antidroga alemanes estiman que, en 1998, 1.500 millones de dólares procedentes de la droga fueron blanqueados en Kosovo mediante la participación de 200 bancos y de oficinas de cambio de divisas.[29]

La economía del terror del ELK estaba estrechamente vinculada a la creciente economía clandestina albanesa y a las actividades ilegales fronterizas. En 1992, se estableció en Albania un negocio triangular entre las drogas, las armas y el petróleo. El embargo a Serbia y Montenegro y el bloqueo impuesto por Grecia a Macedonia en 1993 y 1994 alimentaron esos negocios. En realidad, el tráfico de drogas y de armamento prosperó ante las mismas narices de un importante contingente de tropas norteamericano, cuya labor específica era hacer cumplir el embargo. Occidente simplemente cerró lo ojos. Los beneficios generados por el petróleo y los estupefacientes permitían adquirir armas, a menudo a través del trueque. «Las entregas de petróleo a Macedonia, saltándose el embargo de Grecia, se empleaban para disimular la heroína, al igual que ocurría con las entregas de fusiles Kalashnikovs a los «hermanos» albaneses de Kosovo.[30] Es más, el embargo creó las condiciones ideales para que se extendiera la economía del terror y contribuyó, a su vez, al desmoronamiento de la economía tradicional. Puesto que el paro en Kosovo había alcanzado cotas de hasta un 70 por ciento, miles de jóvenes se alistaron al ELK.[31]

Los grupos islamistas alentados por Pakistán para implantar su hegemonía habían conseguido su independencia económica y empezaron a mostrar interés por desarrollar sus propios planes políticos. Durante la segunda mitad de la década de 1990, la insurgencia islamista se extendió desde el Cáucaso hasta los Balcanes, llegando hasta el mismo umbral de Europa. Como veremos en los capítulos 9 y 10, no tardarían en aparecer nuevos patrocinadores que apoyarían esa causa, entre los que cabe destacar a los bancos islámicos y el mundo de los negocios musulmán.

8

La yihad del terror: las cruzadas islamistas

«La cumbre de esta religión es la yihad.»

Reflexión de Osama Bin Laden sobre su experiencia
en la guerra de Afganistán

El 27 de noviembre de 1095, el papa Urbano II hizo una aparición pública en la catedral de Clermont-Ferrand, en Francia. La muchedumbre sabía que iba a ser testigo de un importante anuncio y se agolpó en el interior del templo. En un momento, la iglesia se llenó completamente de nobles, clérigos y villanos. En el exterior del templo, más allá de sus puertas, se amontonaban más hombres y mujeres, deseosos de compartir esas extraordinarias nuevas. Ante una multitud de personas, el Papa ordenó que sacaran su silla al exterior de la puerta este de la ciudad y que montaran una tarima. Rodeado de un mar de cabezas, Urbano II se levantó y empezó a hablar.

Con elocuencia y pasión, empezó describiendo los sufrimientos de sus hermanos cristianos allá en Oriente. «La cristiandad de Oriente nos ha pedido ayuda —reveló—. ... Los turcos avanzan hacia el corazón de las tierras cristianas, maltratando a sus habitantes y profanando sus lugares sagrados.»[1] Alrededor de él, la multitud asentía en señal de aprobación. El Papa continuó denunciando las vergonzosas condiciones en las que vivían los cristianos en Jerusalén y los sufrimientos impuestos a los peregrinos que hasta allí se desplazaban. «Que la cristiandad de Occidente emprenda su marcha para rescatar Oriente —sugirió—. Tanto pobres como ricos deberían ir. Deberían dejar de matarse los unos a los otros y, en lugar de ello, combatir en una guerra justa que les permitirá que se cumpla la voluntad del Señor; y el Señor los guiará.» La multitud respondió entusiasmada a sus palabras; la nobleza, ansiosa de entablar batalla, imaginaba ya el botín de las ciudades palestinas y las tierras que podría conquistar; el clero, por su parte, albergaba la esperanza de volver a ser la fuerza de liderazgo de las masas e imaginaba las inmensas riquezas y el poder que conllevaría la llamada del Papa a las armas; comerciantes, banqueros y mercaderes, que se habían visto frenados en sus actividades por el poder de sus homólogos árabes —quienes no sólo controlaban el mar Mediterráneo sino que además eran los soberanos absolutos del comercio internacional—, vieron en las palabras de exhortación a la guerra de Urbano la oportunidad largamente esperada de ampliar sus negocios, y los pobres, los azotados por la hambruna, las plagas y la pobreza, agradecieron a Dios la oportunidad de poder tener una comida diaria si se enrolaban en las tropas cristianas. Incluso los pecadores, aquellos que eran incapaces de seguir las estrictas normas de la Iglesia, estaban contentos, pues se les ofrecía la posibilidad de redimirse. Aquellos que murieran en la batalla, declaró, ganarían la absolución el perdón de sus pecados. Las masas tenían la sensación de que se les habían abierto de golpe las puertas del Paraíso.

El Papa hizo hincapié en la santidad del martirio, comparando sus recompensas con la mísera vida en la tierra, donde los hombres estaban constantemente amenazados por el demonio y sus infinitas tentaciones. La vida era una continua lucha contra la carne; la humanidad vivía atormentada por las necesidades del cuerpo y la voluntad de mantener las virtudes del alma. A todos aquellos que murieran en el campo de batalla, el Papa les ofrecía una existencia mucho mejor en el Paraíso, un lugar de dicha y felicidad en el que los hombres podrían, al fin, descansar bajo la acogedora sombra del Señor. «No os demoréis —concluyó Urbano II con firmeza—. Preparaos para emprender la marcha con la llegada del verano y dejad que el Señor os guíe.» Al cabo de unos meses, la primera cruzada zarpó hacia Tierra Santa.

Casi mil años más tarde, desde las costas orientales de África, Osama Bin Laden lanzó un llamamiento similar al mundo musulmán. «...El pueblo del islam [ha] sufrido agresiones, iniquidades e injusticias que le han sido infligidas por la alianza entre los cruzados sionistas y sus colaboradores»,[2] escribió en 1996. Para justificar su llamamiento a las armas, recordó a sus seguidores la matanza de musulmanes perpetrada en todos los rincones del mundo. «Su sangre fue derramada en Palestina y en Irak, pero también en Líbano, Tayikistán, Burma, Cachemira, Filipinas, Somalia, Eritrea, Chechenia, Bosnia-Herzegovina e Indonesia. Denunció la ocupación de Jerusalén por Israel y los sufrimientos del pueblo palestino atrapado dentro de los territorios ocupados. «... [Los israelíes] han ocupado la tierra sagrada que rodea Jerusalén y que constituye parte de la ruta de viaje del profeta (que Alá lo bendiga)» declaró, y como han violado «los dos Lugares Santos [Arabia Saudí]... los miembros del pueblo de islam reunirán fuerzas y se ayudarán los unos a los otros para desembarazarse de los principales *káfir* (infieles)». A continuación insistió en que la unidad era la primera condición para ganar la guerra. Los musulmanes debían dejar de pelearse entre ellos, escribió, y unirse como hicieron antaño. «Los hijos de la tierra de los dos Lugares Santos salieron para combatir a los rusos en Afganistán, a los serbios en Bosnia-Herzegovina y actualmente están luchando en Chechenia; y, con el consentimiento de Alá, saldrán victoriosos...» Tal como hizo Urbano II hace casi mil años, Osama Bin Laden anunció a sus seguidores las recompensas que esperaban a aquellos que perecieran en el campo de batalla. Los mártires de la yihad entrarán en el Paraíso, declaró, y sus pecados serán perdonados, su vida de privaciones y dolor en la tierra será sustituida por la felicidad eterna y por los esponsales con setenta y dos hermosas vírgenes.

Las similitudes entre ambos documentos son considerables: la retórica, las motivaciones; el concepto de unidad religiosa que trasciende el nacionalismo; la humillante mancha de Jerusalén y la recompensa por el martirio. Todavía más remarcables son las similitudes entre el clima económico que suscitan las cruzadas cristianas y el proceso de formación de la Nueva Economía del Terror, que promueve el terror islamista. Las cruzadas fueron un capítulo decisivo en la expansión de Europa hacia Oriente, fueron una forma de colonización y de imperialismo medieval. Al final del primer milenio, las principales fuerzas que operaban en Europa occidental eran un crecimiento demográfico excepcional, sumado a unas condiciones económicas adversas que, unidas, alimentaban un enorme malestar social; el declive del poder del papado, que precisaba hallar nuevas estrategias para reconquistar la confianza de las personas, y la demanda insistente de nuevas salidas comerciales por parte de las nuevas clases sociales de mercaderes, banqueros y comerciantes. Como veremos, hoy en día existen unas fuerzas similares que impulsan el proceso expansionista del fundamentalismo islámico en el mundo musulmán.

La caída del Imperio romano tuvo unas consecuencias desastrosas para la economía de Europa occidental. La desintegración de la *pax romana* abrió las puertas al implacable saqueo de las tribus de bárbaros; sin la protección de Roma, regiones enteras fueron saqueadas y vieron cómo sus economías retrocedían hasta la situación que reinaba en el período prerromano. El comercio en los antiguos territorios occidentales del imperio se paralizó; casi de la noche a la mañana desapareció lo que una vez había sido un próspero sistema económico. El dinero como medio de intercambió también desapareció y las transacciones económicas volvieron a revestir la forma del trueque. Viajar se hizo cada vez más difícil y peligroso porque los caminos y los bosques estaban infestados de ladrones. Con el uso de la violencia como único instrumento para establecer y mantener la legitimidad, los señores de la guerra empezaron a crear Estados embrión fuera de los territorios que habían formado el Imperio. Esos nuevos soberanos pronto controlaron parcelas de territorio sobre las que imponían altos impuestos a cualquiera que deseara cruzarlas. Como consecuencia, la economía de Europa occidental retrocedió hacia un estado de subsistencia basado en la agricultura y en la guerra.

La desintegración de la Unión Soviética tuvo un impacto similar sobre las economías de sus antiguos territorios periféricos. Asia central y el Cáucaso, donde habita un porcentaje de población musulmana muy alto, recibieron un duro golpe al desmantelarse la economía soviética. La abolición del rublo convertible como moneda de intercambio interrumpió el comercio, mientras que la desaparición de los servicios financieros que prestaba Moscú cortó el flujo monetario a naciones enteras. En el aspecto microeconómico, el trazado de las nuevas fronteras que definían los límites de los nuevos países cortó las antiguas rutas comerciales, bloqueó los sistemas de regadío y dificultó el comercio agrario. El valle de Fergana, en Asia central, por ejemplo, que funcionó como una unidad comercial durante siglos, se repartió entre varios países; algunos pueblos quedaron aislados de sus mercados habituales y las tribus se sumieron en la pobreza. El crecimiento económico, ya lento de por sí, se estancó y las economías empezaron a declinar. Tal como veremos en el capítulo 9, en los años noventa el PIB de la mayoría de los antiguos miembros de la Unión Soviética disminuyó, mientras que el desempleo y la pobreza aumentaron. La corrupción generalizada y las políticas represivas caracterizaron a la mayoría de los gobiernos que nacieron de las cenizas del sistema soviético. Ante la ausencia de cualquier posible forma democrática de disidencia, la oposición política se fue polarizando cada vez más alrededor de los grupos radicales islamistas, como el IMU, en el valle de Fergana. En la lucha que siguió a esta situación, los señores de la guerra y los grupos terroristas intentaron crear su propio Estado embrión a partir de retales de economías de subsistencia basadas predominantemente en la agricultura, por ejemplo con la producción de estupefacientes, y con la guerra.

Las similitudes entre las cruzadas y el terror islamista también se extienden a la condición económica del «enemigo», a los sistemas socioeconómicos y políticos que se disponen a destruir, respectivamente. En el siglo XI, la desolación en la que vivía el campo en la Europa occidental contrastaba con el esplendor de la civilización árabe. Bagdad, El Cairo y las ciudades de la costa oriental del mar Mediterráneo eran un hervidero de cultura y riqueza. El declive del Imperio de Occidente todavía resultaba más obvio porque coincidió con la expansión y el florecimiento del islam. En el siglo VII, el islam alcanzó las costas orientales del Mediterráneo y del norte de África; a lo largo de los dos siglos siguientes, conquistó el sur y el centro de Italia y España. La colonización árabe fue, como cualquier otra colonización, cruel y despiadada. Los piratas árabes infestaron las islas mediterráneas: saquearon Chipre y Rodas, invadieron Córcega y Cerdeña, así como las islas Baleares. Al final del siglo VIII, lo que los romanos habían bautizado como *mare nostrum* pasó a ser un lago árabe, «inaccesible para los barcos cristianos, pero abierto al comercio con todos aquellos países que aceptaran el dominio árabe. Ese intercambio comercial dio unos sorprendentes resultados tanto para la economía árabe como para la industria».[3] El comercio a lo largo de las costas del Mediterráneo floreció. Contrariamente a la extendida creencia entre los cristianos occidentales, quienes, durante toda la Edad Media, consideraron el comercio como una forma casi de usura, los musulmanes lo tenían en alta estima. El profeta Mahoma, que comerciaba con materias primas y manufacturadas entre distintos países, animó al libre comercio y al desarrollo de nuevos mercados. «... La tradición mahometana recuerda un dicho del Profeta en el que bendice el triple recurso de los creyentes: la agricultura, la ganadería y el comercio... Los califas honraban a los mercaderes e impusieron la seguridad en los caminos para permitir una circulación pacífica y justa del comercio.»[4] El comercio, a su vez, difundió la cultura islámica por todos los rincones del mundo. Prueba de ello fue el extendido uso del dinar árabe como moneda de intercambio. Tanto en Rusia como en los países escandinavos, en los Balcanes, en Bretaña y en Islandia se han encontrado monedas árabes de los siglos VII al XI.[5]

Hoy en día se da un escenario muy similar en cuanto a las relaciones entre Oriente y Occidente se refiere, con la excepción de que la balanza del poder ahora se ha inclinado hacia el lado opuesto. La colonización occidental dejó profundas huellas en Oriente y plantó las semillas de la dependencia económica y cultural. Los líderes árabes como Gamal Nasser[6] abrazaron los elementos laicos de Occidente y los aplicaron para forzar un rápido proceso de modernización basado en el modelo económico europeo. La descolonización mantuvo los principios económicos occidentales, como el capitalismo y la acumulación de riqueza, sin introducir sus propios valores sociopolíticos, como podría ser una democracia representativa. Ello condujo a la creación de una nueva oligarquía inmensamente rica. La élite musulmana, educada y criada en Occidente, se convirtió en el puente entre el capitalismo occidental y los recursos y mercados de Oriente. Florecieron las sociedades y las empresas conjuntas entre la nueva oligarquía y el capital occidental con el objetivo de explotar los recursos naturales y los mercados de Oriente. Podemos destacar dos principales negocios controlados por dichas sociedades: los recursos naturales, como el petróleo y el gas, que van desde Oriente hacia Occidente, y los productos de consumo, que siguen la dirección contraria, esto es, de Occidente a Oriente. Esta alianza dificulta el desarrollo de una cultura oriental poscolonial originaria y se hizo con las riquezas de naciones enteras. En los años noventa, el declive de Oriente era sorprendente si se comparaba con el auge económico y financiero vivido en Occidente. A medida que las distancias crecían, las nuevas generaciones, en busca de una identidad política, empezaron a cuestionarse el *statu quo*.

En el siglo XI, la búsqueda de una identidad política también tenía su origen en la desesperación de los europeos de Occidente. Con la desintegración del Imperio Romano llegó el caos de los bárbaros. La cristiandad era el único puntal socioeconómico al que podían aferrarse las masas. La subordinación a un conjunto de creencias cristianas garantizaba la integración del individuo en la sociedad. De ahí que la identidad de la Europa medieval llegara a ser prácticamente sinónimo de la cristiandad. «Todos los cristianos creían tener un alma a la que salvar.»[7] Por esa razón el llamamiento a las armas de Urbano II en Clermont-Ferrand apelaba a la «identidad cristiana» del individuo y la guerra quedaba justificada por la necesidad de ayudar a los «hermanos», es decir, al prójimo cristiano. Los motivos económicos y políticos reales de la primera cruzada fueron sagazmente disimulados tras la máscara de la religión. Si el Papa los hubiera planteado sin tapujos a la gente, pocos le habrían seguido hasta la batalla. El mundo tuvo que esperar otros novecientos años para que el marxismo movilizara a las masas por cuestiones económicas. Urbano II también representó al enemigo bajo una imagen religiosa. Con sumo cuidado, evitó mencionar la supremacía económica de los califas, que bloqueaba el desarrollo del comercio europeo de Occidente y la aparición de nuevas clases sociales. En lugar de ello, basó su discurso en Jerusalén y los cristianos que vivían o se desplazaban allí, en la santidad de la ciudad en la que murió Cristo.

En la actualidad, los líderes islamistas se dirigen a sus seguidores utilizando una retórica similar porque es el lenguaje más fácil de entender por parte de las masas musulmanas. Para muchas tribus de Asia central, del Cáucaso y de África, para los musulmanes del sureste asiático así como para aquellos que han nacido en ciudades industriales europeas, el islam se ha convertido en su principal referente de identidad. Formar parte de una comunidad significa aceptar un conjunto de reglas impuestas por el Corán. Para millones de musulmanes, las mezquitas esparcidas por todo el mundo representan un puntal socioeconómico al que aferrarse en los momentos en que las aguas bajaban revueltas. El islam, para muchos, se ha convertido en sinónimo del mundo musulmán. Una vez más, el enemigo es presentado bajo un «ropaje clerical»; los «cruzados sionistas», les llama Bin Laden. Por esta razón, para los buenos musulmanes luchar contra ellos no es una opción, es un deber: «... la decisión de matar a los norteamericanos y a sus aliados —tanto civiles como militares— es un deber individual para cualquier musulmán que pueda hacerlo en cualquier país en el que sea posible llevarlo a cabo...».[8] Del mismo modo que, mil años antes, Urbano II usó Jerusalén y los ultrajes a los cristianos y los peregrinos como una excusa para ir a la guerra, los líderes islamistas señalan el Estado de Israel y a sus aliados occidentales con el dedo. El trato discriminatorio que profesan contra los palestinos no es más que el *casus belli* de la yihad moderna, una guerra global contra Occidente.

En realidad, Jerusalén e Israel no son más que la punta del iceberg; los motivos reales del violento choque entre Oriente y Occidente están profundamente enraizados en un complejo conjunto de relaciones económicas de dependencia. En la actualidad el conflicto es entre el gran capital de Occidente y sus aliados oligárquicos de Oriente, por un lado, y las masas de Oriente y una clase emergente de mercaderes y banqueros, por otro; hace mil años, el conflicto era entre el esplendor económico del islam y sus pilares comerciales, y la desolación de Europa occidental y sus emergentes pero frustradas clases sociales. Paradójicamente, Osama Bin Laden es uno de los pocos líderes islamistas que ofrece a sus seguidores una visión de la verdadera naturaleza del conflicto. En 1996 escribió:

> La gente está profundamente preocupada por su vida diaria; todo el mundo habla del deterioro de la economía, de la inflación, de las deudas que aumentan más y más y de las prisiones abarrotadas de presos. Funcionarios del gobierno con ingresos limitados hablan de deudas millonarias en moneda saudí. Se quejan de que el valor de esta moneda se deteriora continuamente en comparación con la mayoría de divisas importantes. Los grandes mercaderes y los contratistas hablan de una deuda del gobierno de cientos y miles de millones de riales que no les devuelven. El Gobierno debe más de 340.000 millones al pueblo, a los que hay que sumar el interés diario acumulado, sin contar la deuda externa. La gente se pregunta si en realidad somos el primer país productor y exportador de petróleo. Incluso llegan a pensar que esta situación es una maldición que les ha impuesto Alá por no haberse opuesto al comportamiento tiránico e ilegítimo y a las medidas del régimen vigente.[9]

La decadencia económica caracterizó la vida europea occidental en el cambio del primer milenio, como sucede con las economías de muchos países musulmanes al final del segundo. En el siglo XI, la vida para los campesinos del norte de Europa era muy dura. Durante la invasión de los bárbaros y las razias de los vikingos, la tierra se había abandonado y, como consecuencia, resultaba inservible. Los sistemas de regadío y las presas habían sido destruidos y en muchos lugares las tierras estaban anegadas. Los campesinos no podían utilizar los bosques para buscar comida y leña porque eran espacios reservados para la nobleza, para sus juegos y para la caza. Cualquier pueblo que careciera de la protección de un señor o de su castillo se convertía en una presa fácil para los soldados y los bandidos armados, quienes atacaban y saqueaban constantemente los núcleos rurales. La Iglesia intentó proteger a los pobres animándolos a que construyeran ciudades, pero muchos de los señores medievales se opusieron a esa estrategia porque temían que esas nuevas entidades llegaran a restarles poder. Al mismo tiempo, el extraordinario crecimiento demográfico ejercía una presión creciente sobre unos pueblos cuyas propiedades eran cada vez más insuficientes para mantener a esa población en aumento. Como dijo Urbano II, «con estas tierras a duras penas podéis mantener a sus habitantes. Por este motivo agotáis sus recursos y fomentáiss guerras interminables entre vosotros».[10] El panorama todavía empeoró con las inundaciones y las pestes, que diezmaron la población del noroeste de Europa en 1094, y con las tormentas y la hambruna de 1095. Emigrar era la primera opción viable para subsistir.

Actualmente, el Pakistán moderno, que es una potencia nuclear, presenta unas cuantas similitudes con el rápido declive económico de Europa occidental en el paso del primer al segundo milenio. La economía legal está a punto de desmoronarse; con un 65,5 por ciento del PIB destinado a cubrir las deudas y el 40 por ciento a defensa, el ejercicio económico empieza con un balance negativo. Una oligarquía profundamente corrupta, responsable de una masiva pérdida de capitales, se ha adueñado de la riqueza del país. Se han depositado en bancos norteamericanos y europeos más de 88.000 millones de dólares, una cifra superior a los 67.000 millones de dólares del PIB y al valor estimado del total de la deuda interna y externa, que asciende a 82.000 millones.[11] El desempleo es rampante. De las 800.000 personas que se incorporan al mercado laboral cada año, sólo unas pocas consiguen un trabajo. La evasión de impuestos es la norma, porque nadie está dispuesto a pagar al gobierno impuestos directos e indirectos a cambio de unos servicios sociales inexistentes. Los servicios sanitarios se están desintegrando; en 2002, más del 77 por ciento de la población tuvo que pagarse algún tipo de seguro privado de enfermedad. Cada año mueren 135.000 mujeres al dar a luz por la falta de recursos asistenciales. Entre tanto, el gobierno sólo destina el 0,7 por ciento del PIB a la sanidad, una cantidad insuficiente que ni siquiera cubre los sueldos de los empleados. En contraposición a este desolador panorama, la economía sumergida ha ido creciendo regularmente y, a finales de la década de 1990, había triplicado el volumen de la economía convencional. La expansión del contrabando ha repercutido negativamente en todos y cada uno de los sectores de la economía clegal, y muy especialmente en la industria. Entre 1995 y 2000, cerraron sus puertas más de 6.000 industrias. A finales de 1999, la economía había sufrido un descenso del 2,4 por ciento, mientras que la población crecía a razón del 3 por ciento anual. La pobreza lleva años aumentando. En la última década, la proporción de población que vive por debajo de los límites de la pobreza se ha doblado, pasando de un 17,2 por ciento a un 35. Tan sólo un escaso 15 por ciento de la población dispone de servicios sanitarios y únicamente el 22 por ciento tiene acceso a agua potable. La mortalidad infantil se encuentra entre las más altas del mundo. Emigrar es, pues, una opción extremadamente atractiva, sobre todo para las nuevas generaciones.[12]

Las cruzadas ofrecieron a la depauperada población de Europa occidental la oportunidad de escapar de una muerte cierta, la posibilidad de obtener un rendimiento de la guerra y la esperanza de salvar sus almas. Todo ello constituía una oferta extremadamente atractiva. Hoy por hoy, sin futuro, con un horrible presente y con un pasado ensombrecido por la explotación occidental, muchos jóvenes musulmanes sopesan la oferta de sumarse a la nueva yihad —la insurrección islamista en todo el mundo, lo que yo llamo la yihad moderna—, pues la ven como una propuesta ventajosa similar a la de nuestros antepasados: un sueldo, una misión y un objetivo en la vida, la perspectiva de una vida mejor y, con la muerte, la dicha del martirio.

Las fuerzas reales que pusieron en marcha las cruzadas, igual que las que encendieron la yihad moderna, procedían de las nuevas clases sociales económicas. En el yermo campo económico que caracterizaba la Europa occidental del siglo XI nació una nueva clase de mercaderes, comerciantes y banqueros. Éstos establecieron vínculos comerciales con Oriente, importaron seda y especias y exportaron madera, hierro y tejidos. Esas nuevas clases veían Oriente como el espacio natural en el que ampliar sus negocios, si bien estaban limitados por la supremacía comercial del islam. Su alianza con la Iglesia para fomentar las cruzadas les brindó infinitas oportunidades comerciales.[13]

A mediados de los años setenta, la primera crisis del petróleo y el subsiguiente reciclaje de petrodólares originaron una nueva clase de hombres de negocios y banqueros musulmanes. Éstos crearon empresas y bancos, pero su crecimiento estaba limitado por la supremacía de Occidente. Curiosamente, la riqueza acumulada por las oligarquías orientales dominantes se invertía más en Occidente que en los bancos árabes. Tal Como explicaré más adelante, en el capítulo 9, los bancos islámicos y las organizaciones financieras nunca alcanzaron un papel importante en el sistema financiero internacional, sino que se mantuvieron en el umbral del mundo de las finanzas. Ahora bien, la caída de la Unión Soviética proporcionó a estas fuerzas económicas y financieras nuevas oportunidades en los países de población musulmana. De este modo, la colonización islámica financiera descrita en el capítulo siguiente fue posible gracias a las alianzas con el wahabismo,[14] la interpretación estricta del islam.

Mil años antes, la Iglesia bendijo con las cruzadas la asociación entre los campesinos de Europa occidental y las clases emergentes de mercaderes y banqueros,[15] que constituyeron el embrión de la burguesía europea. De un modo similar, el islam aplicó un sello religioso a la yihad moderna con el objeto de que, tanto los pobres como las clases emprendedoras, persiguieran los intereses económicos y políticos de las nuevas fuerzas musulmanas, los pobres y los empresarios. En torno al islam se ha forjado una alianza imprevisible cuyo objetivo es luchar contra los régimenes oligárquicos musulmanes y quienes los respaldan, los capitalistas occidentales. Estos últimos son el objetivo actual de la yihad moderna.

9

La colonización
financiera islamista

«Luchamos contra la pobreza
porque la esperanza es una respuesta al terror.»

GEORGE W. BUSH, al anunciar un aumento de la ayuda exterior

El fin de la Guerra Fría inclinó el equilibrio económico entre Oriente y Occidente y agrandó la distancia entre los países ricos y los países pobres. En los años noventa, con excepción de la India y China, la lucha contra la pobreza se estancó, y en muchas zonas, como Asia central y el Cáucaso, la pobreza extrema llegó a aumentar. Todas las repúblicas de Asia central padecieron una reducción real del PIB;[1] en Tayikistán, por ejemplo, el PIB real del año 2000 fue sólo la mitad del de 1989. Durante ese mismo período, el porcentaje de población en economías en transición que vivía con menos de 1 dólar al día llegó a triplicarse (o incluso más),[2] y la partida de comercio mundial correspondiente a África se redujo a un mero 1,2 por ciento.[3] Según el Banco Mundial, durante la década de 1990 las salidas de capital representaron para el continente africano una reducción del 40 por ciento de su riqueza total.[4] La consecuencia más grave del progresivo empobrecimiento de amplias regiones del

mundo ha sido el aumento de los conflictos armados en los países pobres.[5]

Muchos factores han contribuido a agravar la pobreza durante la década anterior. La desintegración de la Unión Soviética tuvo
un impacto devastador en la situación económica de sus antiguos
miembros. Desde 1990 hasta 2000 se triplicó la desigualdad de la
renta per cápita,[6] un tercio de la población mundial se vio forzada
a vivir por debajo del umbral de la pobreza,[7] el dinero en circulación se redujo y, en ciertas regiones, el trueque sustituyó al antiguo rublo como medio de intercambio.[8] Como hemos descrito en
el capítulo 7, el desmantelamiento de la Unión Soviética y el subsiguiente reagrupamiento de Estados bajo la Federación Rusa pri-
vó a muchas naciones, por ejemplo a las repúblicas de Asia central,
del acceso a los mecanismos económicos necesarios para sobrevivir
y crecer como entidades políticas individuales. En toda la periferia
de la antigua Unión Soviética, la pobreza extrema proporcionó a
los grupos armados un fértil campo para el reclutamiento.[9] Los
movimientos secesionistas en el interior de la nueva federación,
como en el Cáucaso, originaron conflictos étnicos, del mismo
modo que los movimientos nacionalistas los generaron dentro de
los Estados recién formados. El estallido de la guerra civil, alimen-
tado por los grupos armados, erosionó la infraestructura de las antiguas economías comunistas. De la progresiva sustitución de esas
economías por otras basadas en el terror nació un nuevo grupo de
Estados embrión, en lugares como Abjasia, Chechenia, Alto Karabaj, Kosovo y Albania.[10]

Tras el desmembramiento del sistema soviético, Rusia cortó
el apoyo financiero a sus antiguos miembros. «Los recursos fueron
movilizados para salvar Moscú», recordaba un hombre de negocios italiano que residió en la capital de Rusia durante los años noventa. «Evidentemente, cuando estalló la lucha por la supervivencia económica, las primeras pérdidas se registraron en la periferia.»
En esas regiones, la ayuda exterior fracasó en su intento de compensar la drástica reducción de la ayuda financiera soviética, en
parte porque los capitales occidentales invirtieron en otros sitios y,
en parte, también, porque la inversión estratégica, que finalmente

había conseguido librarse de la tenaza de la Guerra Fría, se dirigió hacia áreas que generaban beneficios mayores y más seguros. En conjunto, en la década de 1990, la ayuda exterior descendió un 10 por ciento en términos reales (al igual que la proporción del PIB de los donantes, que cayó de un 0,33 por ciento en 1990 a un 0,22 por ciento en 2000).[11] Durante ese mismo período, los flujos de capital a largo plazo hacia los países pobres pasaron de algo menos de 2.000 millones de dólares hasta 22.200 millones, de los cuales el flujo oficial descendió de 17.000 millones de dólares a 13.000 millones;[12] el volumen del mercado de capitales se redujo del 0,5 al 0,3 por ciento. Sólo la inversión de capital privado aumentó significativamente y pasó de 1.300 millones de dólares en 1991 a 2.800 millones en 1999. Sin embargo, el dinero sólo llegó a un grupo reducido de naciones: a los países de renta media de América Latina y de Europa del Este.

Liberada de los corsés políticos de la Guerra Fría, la ayuda procedente de donaciones siguió las leyes de la economía. La inversión directa exterior (IDE) llegó a los países que lograron aplicar con éxito políticas de fomento de una economía estable en combinación con regímenes reguladores efectivos. La entrada de México en el Tratado de Libre Comercio de América del Norte (NAFTA) y la introducción de las reformas del mercado en China atrajeron grandes cantidades de dinero. La política de valoración de riesgos del Banco Mundial también tuvo un papel relevante en la captación de fondos extranjeros. Los tres mayores receptores de la inversión directa exterior, Brasil, China y México,[13] tuvieron una clasificación por países del 4,1, cuando otras naciones desarrolladas sólo habían recibido un 3,3.[14]

Además, la Nueva Economía, la revolución económica generada a raíz del advenimiento de Internet, que se impuso en el mundo entero durante la segunda mitad de la década de 1990, atrajo ingentes cantidades de capital que, de no haber existido tal eclosión, se hubieran podido invertir en cualquier otro lugar. Según el parecer de un corredor de bolsa estadounidense, «los inversores de alto riesgo apostaron muy fuerte por la Nueva Economía. Eran personas que, en otras circunstancias, habrían invertido en empresas de alto riesgo de los mercados emergentes». Estados Unidos tuvo durante toda una década una afluencia masiva de capital. Desde 1990 hasta 1996, por ejemplo, la adquisición neta de títulos y valores por parte de extranjeros aumentó hasta los 150.000 millones, frente a los 29.000 millones del año 1990.[15] A lo largo de esa misma década, el índice compuesto del Nasdaq compuesto tuvo un ascenso espectacular, pues pasó de 500 a más de 5.000 puntos. El índice Nasdaq de empresas de telecomunicaciones siguió el mismo ritmo.[16] «Los inversores extranjeros volcaron mucho dinero en Estados Unidos —explicaba un antiguo corredor de bolsa del Nasdaq—. Esas masivas afluencias alimentaron poco a poco la revolución de las puntocom.» Este fenómeno dio lugar a una nueva industria en el corazón mismo del capitalismo occidental y conllevó una redistribución de la riqueza que favorecía a los empresarios de Internet.

Con la excepción de un reducido número de economías en transición, las inversiones extranjeras rehuían la antigua Unión Soviética. «Occidente ha derribado el Imperio del Mal —explicaba un antiguo banquero europeo— y ha abandonado el lugar mientras aún caían los escombros.» Ni siquiera las repúblicas de Asia central, ricas en petróleo, atrajeron a los inversores occidentales. «Las pocas compañías petrolíferas que se atrevieron a invertir salieron escarmentadas —afirmaba un analista de temas petrolíferos del Reino Unido—, como BP en Rusia.» Paradójicamente, la corrupción dominante demostró ser una barrera más eficaz para el capitalismo que el antiguo Telón de Acero. Los diplomáticos occidentales confirman que aún hoy en día las economías de Asia central son demasiado propensas al soborno, a las formalidades burocráticas, a la estrangulación del mercado y a las interferencias de presidentes dictatoriales y de sus entornos para atraer el capital extranjero. Durante casi toda una década, los líderes tiránicos de las repúblicas han bloqueado cualquier posible forma de desregulación y de modernización. En Uzbekistán, por ejemplo, la administración del presidente Karimov todavía controla muchos precios, incluido el del algodón, el producto de exportación indudablemente más rentable de ese país. El cambio de divisas está racionado y restringido a los negocios, y los empresarios locales se limitan al trueque de productos.[17] El capitalismo occidental es poco proclive a aventurarse en contextos económicos cargados de reminiscencias del servilismo medieval. Según el parecer de un embajador europeo, en Dushanbe, capital de Tayikistán, los funcionarios todavía ejercen su derecho de obligar a las empresas a proporcionarles servicios particulares gratis, como en la época en que los señores feudales obtenían de sus vasallos un trabajo que no les remuneraban.[18] «Ante este panorama, a nadie le apetece arriesgarse a financiar un proyecto» —admitió un ejecutivo de un banco de inversiones europeo.

Como era de esperar, la inversión de los bancos occidentales en los países pobres ha seguido los mismos criterios económicos que se aplican a la inversión directa extranjera. En Occidente, la liberalización de los mercados financieros, sumada al crecimiento del comercio, facilitó una expansión bancaria sin precedentes. Las fusiones y las absorciones entre bancos de países fronterizos aumentaron: pasaron de 320 en la década de 1980 a, aproximadamente, 2.000 en la década de 1990, con una posterior aceleración registrada entre 1992 y 2000.[19] Una vez más, los grandes beneficiarios de estas políticas expansionistas fueron los países de renta media de América Latina, este asiático y Europa del Este.[20] En contraste, África, Asia central, el Cáucaso y una parte de los Balcanes quedaron al margen. Desde 1989 hasta 2002 el PIB por cápita de la antigua Yugoslavia descendió un 48 por ciento; en Bosnia-Herzegovina, un 26 por ciento; en Croacia, un 13 por ciento, y en Macedonia, un 23 por ciento.[21] Las únicas organizaciones que mostraron cierto interés por estas regiones fueron los bancos turcos, iraníes y árabes, es decir, los bancos islámicos. A diferencia de sus equivalentes occidentales, las instituciones financieras islámicas pronto estuvieron dispuestas a acudir en rescate de los antiguos regímenes comunistas que carecían de líquido, los cuales, privados del apoyo monetario de Moscú, establecieron rápidamente vínculos de dependencia con las finanzas islámicas. Como iremos viendo en los capítulos siguientes, este proceso abonó el terreno para que se produjera una cooperación económica panislámica entre la banca islámica y los Estados embrión. Por lo tanto, mientras la desregulación de la banca alimentaba la expansión de los bancos occidentales en América Latina y en el este de Asia, la desintegración de la Unión Soviética facilitó la penetración de la banca islámica en África, Asia central, el Cáucaso y los Balcanes.

Aislados y marginados por los países occidentales, que nunca hubieran permitido que las instituciones financieras islámicas manejaran amplios sectores de la riqueza árabe por miedo a una retirada masiva de capitales,[22] los bancos islámicos, hasta ese momento, sólo habían llevado a cabo operaciones internacionales menores. Ninguno de ellos había aspirado jamás a convertirse en uno de los principales bancos del mundo. «El conjunto de la riqueza saudí y árabe siempre ha estado dirigida por los bancos europeos y norteamericanos», reveló un banquero británico. Ahora bien, la caída del sistema soviético ofreció al mundo de las finanzas islámico una gran oportunidad de expansión como la que no había tenido desde su renacimiento en el año 1976.[23] «Se sirvieron de las finanzas para colonizar las naciones pobres en las que vivían musulmanes —explica un antiguo banquero de Oriente Próximo—. El apoyo material a la población musulmana más necesitada fue el modo de imponer los principios fundamentalistas a la sociedad islámica.» Arabia Saudí, por ejemplo, empleó sus ingentes recursos financieros para propagar el islamismo wahabí. Siguiendo los pasos del BCCI (Banco de Crédito y Comercio Internacional), los bancos islámicos supieron ocupar el vacío monetario generado por la caída de Moscú y el desinterés de Washington.

El final de la Guerra Fría dio paso a nuevas oportunidades para los negocios. Eliminó los últimos obstáculos políticos para lograr la desregulación económica promovida por el monetarismo de Reagan y Thatcher y amplió al máximo los horizontes de las finanzas. Sin fronteras «de contención», los bancos occidentales e islámicos se desplegaron libremente por todo el mundo. Desde un punto de vista nacional, los bancos islámicos funcionaron excepcionalmente bien proporcionando instrumentos monetarios y fórmulas para el comercio informal y la economía sumergida.[24] Desde un punto de vista internacional, siguieron una política de colonización financiera agresiva, sobre todo en los países musulmanes que se hallaban al borde del caos económico, donde procuraron mantener una base monetaria sobre la que la economía pudiera funcionar.

La reorganización de la economía albanesa

Albania, un país pobre con poco más de 3 millones de habitantes, el 70 por ciento de los cuales se confiesan musulmanes, representa un inmejorable ejemplo de lo que es la colonización financiera islámica. En 1992, una delegación del Banco Turco para el Desarrollo Islámico (IDB) visitó Tirana y estableció los cimientos para llevar a cabo una estrecha colaboración económica entre ambos países. Al cabo de poco tiempo, las compañías comerciales turcas dedicadas a la producción y comercialización de fertilizantes empezaron a ofrecer condiciones extremadamente ventajosas a los importadores y exportadores albaneses. Gracias a su táctica agresiva fueron controlando el mercado y desbancaron al IFDC (el Centro Internacional para el Desarrollo de Fertilizantes), el comité consultivo estadounidense creado para fomentar el paso del comercio agrícola a la economía de mercado. El objetivo del IFDC era garantizar préstamos y supervisar las importaciones y las exportaciones. Esa labor la fueron controlando progresivamente los comerciantes turcos, que tenían el respaldo de los bancos islámicos, activamente involucrados en el ámbito del comercio financiero. A finales de 1998, el personal del IFDC fue evacuado por miedo a que sufriera atentados terroristas. Un pequeño grupo de empleados fue trasladado a Macedonia y nunca regresó a Albania.

Unos meses después de la visita que recibieron del Banco Turco para el Desarrollo Islámico, una delegación de Kuwait viajó a Albania y ofreció la posibilidad de llevar a cabo un ambicioso plan de inversión a cambio de que se les concediera el permiso para construir unas cuantas mezquitas. La oferta se aceptó de inmediato y los kuwaitíes empezaron a levantar mezquitas y escuelas religiosas por todo el país. En opinión del Comité para los Derechos Humanos de Helsinki, los misioneros islámicos enviados a Albania se aprovecharon de la crisis espiritual y material reinante en el país para imponer modelos extranjeros de fanatismo extremo. Animaron a que los niños viajaran a Turquía, Siria, Jordania, Malaisia, Libia, Arabia Saudí y Egipto para aprender teología islámica gracias a las becas que concedían varias organizaciones benéficas musulmanas.

El adoctrinamiento religioso coincidió con la llegada de miembros del grupo de Osama Bin Laden, esto es, veteranos afgano-árabes de la yihad antisoviética que se hacían pasar por colaboradores de las organizaciones benéficas islámicas. Parte de su labor consistía en desviar fondos benéficos oficiales para sufragar grupos terroristas. Los acusados en el juicio de El Cairo celebrado en 1999 contra Yihad Islámica, el grupo terrorista egipcio, aportaron interesante información sobre la red afgano-árabe de Albania. La mayoría de ellos eran empleados de los centros de beneficencia islámicos en Tirana y contribuían con un 26 por ciento de sus salarios al funcionamiento de la Yihad Islámica. El dinero de los centros benéficos árabes destinado a ayudar a Albania también se desviaba hacia Egipto para dar apoyo al grupo. Un trabajador cualquiera de una organización benéfica kuwaití, por ejemplo, mandaba una parte de los fondos destinados a los huérfanos albaneses para mantener a las familias de los miembros de la Yihad que se hallaban en prisión.[25] Así pues, la principal labor de los afgano-árabes poco tenía que ver con la ayuda humanitaria. Más bien consistía en reclutar, financiar y armar a los combatientes en la guerra de Yugoslavia. Jihan Hassan, la esposa de Shawki Salama Mustafa, el egipcio que lideraba la célula albana de Al Qaeda, testificó en el juicio que su marido se dedicaba en Tirana a la falsificación de documentos, desde pasaportes hasta certificados de nacimiento. Se trataba de una actividad que aprendió en 1994 cuando residían en Sudán, donde él tenía un negocio de falsificaciones en el sótano de su casa.[26] Para sufragar esa célula albana podía retirar dinero de una red de cuentas bancarias alimentada por pequeñas transferencias de más de 2.000 dólares procedentes del extranjero. Ahmed Ibrahim al Sayed al Naggar, el miembro de la yihad vinculado a Osama Bin Laden en Albania, admitió en el juicio que sus compañeros estaban muy bien vigilados y atendidos por el líder saudí. «... En caso de que la situación se complicara en Albania, Osama Bin Laden dijo estar dispuesto a hacerse cargo de cualquier miembro [que deseara trasladarse a] Afganistán —confesó—. ... Osama puede pagar 100 dólares mensuales a cada una de las familias a través de sus contactos con los talibanes.»[27]

La cooperación entre la Yihad Islámica y Bin Laden en Albania fue un síntoma de la progresiva integración del grupo terrorista egipcio liderado por el doctor Ayman al Zawahiri en la red de Bin Laden. A comienzos de 1998 los dos grupos se fusionaron y surgió la Liga Mundial Islámica para la Yihad contra los Judíos y los Cruzados. El objetivo del nuevo grupo era internacionalizar la yihad. La proliferación de grupos armados fue posible gracias a la creciente influencia de las instituciones financieras y económicas islámicas, un proceso que facilitó el nacimiento de un nuevo fenómeno: la globalización de la economía del terror. En Albania, los seguidores de Bin Laden también se encargaron de integrar al país en la red internacional de economías emergentes dirigidas por organizaciones armadas. Los albaneses, sobre todo en Kosovo y en Macedonia, establecieron vínculos con otros grupos armados islamistas, como los chechenos, con el objeto de participar en el negocio del tráfico de drogas y armas dirigido a Europa. Fue entonces cuando montaron empresas conjuntas con la mafia italiana, que se encargaba de la venta y la distribución de la mercancía.[28] De ahí que Albania se convirtiera en un punto de reexpedición vital en la ruta de los estupefacientes entre Afganistán y Europa.

Al mismo tiempo, los hombres de Bin Laden se encargaron de reclutar seguidores entre la población musulmana. Consiguieron convencer a 6.000 albaneses de Kosovo, Macedonia y Albania para que se sumaran a las fuerzas de los muyahidines lideradas por los afgano-árabes para luchar en Bosnia. Durante este período Albania se ganó la fama de ser un refugio seguro para los islamistas radicales procedentes de otros países y para miembros de otras organizaciones armadas.[29] En 1998, el nuevo papel del país en los Balcanes fue una realidad oficial cuando Osama Bin Laden y los guardianes de la revolución iraníes firmaron un acuerdo para utilizar Albania y Kosovo como su base principal para llevar a cabo futuros atentados en Europa.[30]

La implicación iraní en Albania se remonta a 1997, cuando el gobierno de Irán consideró que Albania ya estaba preparada para la colonización económica. Ese país debía formar parte, junto con Kosovo y Macedonia, del Eje Musulmán,[31] el baluarte islámico en el mismo umbral de Europa. En esos momentos, la economía albanesa se estaba desmoronando. Las reformas de libre mercado impuestas por Occidente en los años noventa con el objeto de impulsar la democracia tuvieron un efecto contrario y más bien aceleraron la corrupción y el latrocinio en el mismo seno de las instituciones. Un ejemplo elocuente de este fracaso fue el desplome de los fondos de inversión piramidal. Seducidas por la promesa de una increíblemente alta tasa de interés (más de un 10 por ciento mensual), el 70 por ciento de las familias albanesas invirtieron sus ahorros en el fondo piramidal. La escalofriante cantidad de 1.500 millones de dólares, equivalente a una tercera parte del PIB albanés (estimado en 4.500 millones en 1990), se volatilizó. La inevitable quiebra del fondo vació las arcas del país.[32] El impacto de la quiebra tuvo serias repercusiones incluso para la vecina Macedonia, donde el sistema bancario privado estuvo a punto de desmoronarse cuando ingentes cantidades de dinero circularon hacia Albania para participar en ese fondo piramidal.[33]

Tras el fracaso de este fondo de inversión,[34] Albania necesitaba ayuda desesperadamente. La pobreza extrema se extendió por todos los rincones del país y la única preocupación de la población pasó a ser la mera supervivencia. Los robos, el terrorismo, el contrabando de drogas y de armas, los secuestros y la trata de blancas pasaron a ser las primeras fuentes de ingresos. Ante este panorama, los planes de Teherán fueron dobles. Oficialmente, los bancos islámicos invertían dinero en Albania para crear un sistema de apoyo en el que participaban los bancos, las instituciones financieras, los centros de beneficencia, las organizaciones humanitarias y la infraestructura necesaria para sostener la economía. Pero, en secreto, Irán planeó organizar una red de militantes islamistas en el país, desde donde creía que le iba a resultar más fácil llegar a Europa.

Para ejecutar ese plan, Mohsen Nurbakan, gobernador del Banco Central Iraní, ordenó a algunos bancos de su país que invirtieran en Albania, prescindiendo del hecho de que obtuvieran rendimientos bajos o de que asumieran riesgos elevados. Las instituciones bancarias iraníes pronto se convirtieron en una fuente básica de entrada de moneda fuerte en Albania. Promovieron vínculos entre importadores locales, exportadores y sociedades comerciales islámicas; animaron y facilitaron el comercio entre los hombres de negocios iraníes. Los bancos locales y las instituciones financieras se reestructuraron a fin de mejorar las relaciones con los bancos islámicos. En pocos años, la presencia iraní en la banca y en el sector financiero albaneses no sólo creció, sino que se convirtió en parte del sistema.[35]

La banca como instrumento de promoción del islam

Al igual que Albania, una parte de Indonesia se convirtió en el objetivo de la colonización islamista. En 1998, la caída de Suharto abrió las puertas a las instituciones financieras islámicas y el dinero procedente de los países árabes empezó a afluir. En 2002, se pusieron en marcha distintos proyectos desde Kuwait, por un monto promedio de 400.000 dólares cada uno. Durante el primer semestre de 2002, el comercio entre Indonesia y nueve países árabes aumentó hasta los 1.950 millones de dólares, 950.000 de los cuales correspondieron a exportaciones indonesias.[36] En septiembre de 2002, el gobierno indonesio firmó un contrato con Egipto para que suministrara 10.000 autobuses al país a lo largo de un período de diez años. En octubre de 2002, Indosat, la compañía telefónica internacional indonesia, anunció la salida de obligaciones «sharia» por valor de 100.000 millones de rupias (10,1 millones de dólares), unas obligaciones públicas destinadas a adaptarse a la prohibición que impone la ley islámica de obtener intereses.[37] Sin lugar a dudas, la intención era atraer a los inversores islámicos.«La labor final de los bancos islámicos es promocionar el islam y servirlo. Los bancos no dejan de ser meros instrumentos para alcanzar dicho objetivo», me contó hace unos cuantos años un banquero árabe. El capitalismo y sus reglas no son aplicables a un sistema financiero cuyo objetivo final es formar una cultura sociopolítica: el islam. Para la mayoría de los musulmanes, el capitalismo es sinónimo de cultura occidental y, por su naturaleza basada en la explotación se considera una ideología carente de ética. Durante décadas los grupos militantes islámicos han visto de este modo a la sociedad capitalista y, paradójicamente, han compartido con los movimientos radicales marxistas la idea de que las economías de mercado son depredadoras y decadentes. Las democracias occidentales generan una desconfianza similar. «No ha arraigado un movimiento ciudadano a favor de la democracia en el mundo árabe —dijo Tarik Masoud—, en gran medida porque la democracia no sintoniza con el árabe medio. No tiene ninguna tradición en el pasado árabe y además está contaminada por su asociación con Occidente.»[38] Bin Laden añade a ello que «la participación popular es incompatible con el islam».[39]

La victoria sobre el comunismo se obtuvo con las armas y bajo el liderazgo de Dios, proclaman los combatientes afganos. La democracia, la modernización *à l'américaine*, nada tuvo que ver con ello. La idea de que la yihad podría terminar y ser sustituida por diplomáticos occidentales comprometidos en la construcción de una nación, de que Afganistán podría convertirse en el calco de Tejas, es extraña, anacrónica y, por encima de todo, una blasfemia para la mentalidad de los combatientes musulmanes. «Luchamos por Dios, para establecer sus reglas —confesó un antiguo muyahidin—, no para instituir la democracia al estilo occidental.» Tal como remarcó el profesor Edward Said, de la Universidad de Columbia, las únicas voces musulmanas que todavía celebran el advenimiento de los modelos occidentales —la democracia, la modernización, las economías de mercado occidentales y la libre competencia— proceden, todas ellas, de los intelectuales árabes prooccidentales. Ahora bien, ellos nunca antes habían estado tan aislados de las masas musulmanas, tan desvinculados de su mundo.[40] «Tras los soviéticos, quienes más perdieron en la guerra de Afganistán fueron los pensadores, los políticos y los intelectuales de mentalidad occidental que habían trabajado para construir una democracia y para implantar el pluralismo político en el mundo musulmán.»[41]

Es más, mirando hacia atrás, hacia la implicación occidental en los países desarrollados de fuera de la órbita de la Guerra Fría, la imagen que se dibuja está muy lejos de ser una imagen ética. La financiación encubierta, el tráfico de drogas, la corrupción, el engaño, el terrorismo de patrocinio estatal y la doble moral se incluyen entre sus principales características. La falta de ética que observamos entre las democracias occidentales ciertamente ha contribuido a legitimar los grupos islámicos radicales a los ojos de los musulmanes moderados. «¿Quién puede negar que Occidente tiene una doble moral? —me preguntó desafiadoramente un disidente saudí—. ¿Por qué motivo debe Irak respetar las resoluciones de la ONU mientras Israel pueda hacer lo que más le convenga? Cuando Sadam luchaba contra los iraníes se le permitió desarrollar y emplear armas químicas contra los soldados de Irán. Ahora que se ha puesto contra sus mentores, lo tildan de malvado.»

Los grupos armados no islamistas de todo el mundo comparten esta visión tan poco halagadora de Occidente. Sendero Luminoso, por ejemplo, denuncia que, si bien es cierto que el consumo de droga en Estados Unidos es un problema para Washington, la administración norteamericana no tiene la menor intención de admitirlo por razones de índole estrictamente económicas. Los bancos del Estado de Florida se quedan con una buena parte del dinero procedente del narcotráfico que los barones de la droga latinoamericanos les llevan para blanquear. Ese dinero contribuye a las arcas estadounidenses y ayuda a mantener el buen ritmo de la economía de Florida. Por esta razón, Estados Unidos prefiere presionar al gobierno peruano para que erradique la producción de coca antes que dar un paso para limitar el consumo en su país. El hecho de que esta política, en caso de funcionar, pudiera llevar a un segmento entero de la población agraria peruana a vivir por debajo del umbral de la pobreza no parece que preocupe lo más mínimo a Washington.

La doble moral occidental

Si el capitalismo es percibido como un instrumento de explotación carente de valores éticos, ¿por qué motivo los bancos y los líderes islámicos deberían, pues, cumplir con sus normas y regulaciones? Ésta es la pregunta que se hacen muchos musulmanes hoy en día. Un vistazo a las relaciones de Estados Unidos con los talibanes refuerza este argumento. Así es como John Pilger, periodista galardonado, los describe:

Cuando los talibanes tomaron Kabul en 1996, Washington no dijo nada. ¿Por qué? Porque los líderes talibanes estaban a punto de partir para Houston, Tejas, donde les esperaban los ejecutivos de la compañía petrolífera Unocal. Con el consentimiento secreto del gobierno de Estados Unidos, la compañía les había ofrecido una parte generosa de los beneficios que generaría la extracción de petróleo y gas mediante un oleoducto que los norteamericanos querían construir a través de Afganistán. La obra iba a ser como una autopista subterránea que conectaría los ricos campos petrolíferos de Turkmenistán con las costas de Pakistán y la India. Naturalmente, Estados Unidos tendría el pleno control sobre el oleoducto». «Es muy probable que los talibanes evolucionen como hicieron los saudíes», comentó un diplomático de Estados Unidos, resumiendo con esta frase las esperanzas de la Casa Blanca. Washington se imaginaba Afganistán como una colonia petrolífera norteamericana, generadora de grandes beneficios para Occidente, y por ello no se fijaba en la ausencia de libertad que allí reinaba y en la proscripción legal de las mujeres que ahí se practicaba. «Podemos vivir con eso», añadió el diplomático estadounidense. Si bien el negocio fracasó, la construcción de un oleoducto continuó siendo una prioridad urgente para la administración de George W. Bush, «basada en la industria del petróleo. El plan secreto de Bush es explotar las reservas de petróleo y gas de la cuenca del Caspio, la mayor fuente de carburante fósil sin explotar de la tierra, capaz, según se estima, de cubrir a lo largo de una generación la voraz necesidad de energía que tiene Estados Unidos. Los norteamericanos sólo pueden albergar la esperanza de controlarla si se consigue hacer pasar el oleoducto por Afganistán».[42]

La explotación por parte de Occidente de los recursos naturales de Oriente contaminó las relaciones entre los Estados embrión emergentes, como Afganistán, y las compañías occidentales. Los negocios con las compañías petrolíferas se caracterizaron por la desconfianza y la manipulación. Así, los talibanes emplearon la rivalidad existente entre Unocal y Bridas, la compañía petrolífera argentina, por construir el oleoducto, para presionar a Washington a fin de que hiciera un reconocimiento político y exigirle con amenazas grandes sumas de dinero. Parece ser que Unocal sola gastó más de 20 millones de dólares para atraer a los talibanes, aunque no tuvo éxito. Niyazov, el presidente dictatorial de Turkmenistán, también puso en práctica un juego similar al garantizar a Bridas unos derechos de explotación que rescindió al cabo de poco para atribuírselos a Unocal, que había ofrecido un precio mucho más elevado.[43]

La doble moral y la falta de ética contaminaron también las relaciones económicas entre los servicios de inteligencia occidentales y los Estados islámicos. Tras los resultados de la yihad antisoviética, Washington estaba seguro de poder repetir en Yugoslavia el éxito de la operación encubierta en Afganistán. Por ello, en 1991, el Pentágono estableció una alianza secreta con los grupos islámicos de Yugoslavia. Los servicios de inteligencia de Estados Unidos, Turquía e Irán crearon «la línea de distribución croata» según el modelo afgano. Las armas iraníes y turcas fueron introducidas en Croacia por Iran Air y más adelante con una flota de aviones de transporte Hércules C-130. Arabia Saudí pagó el coste de las armas y del equipo. Otros Estados musulmanes —Brunei, Malaisia, Pakistán, Sudán y Turquía— proporcionaron dinero, armas y equipo. Para aprovisionar la línea de distribución, el servicio de inteligencia estadounidense se saltó el embargo de la ONU[44] contra Bosnia. Con la entrada de armamento en Bosnia llegaron

los guardianes de la revolución, los espías de la VEVAK[45] y los muyahidines. En abril de 1994, por sugerencia de Anthony Lake, el
futuro jefe de la CIA, y de Peter Galbraight, el embajador estadounidense en Croacia, el presidente Clinton aprobó personalmente la política de cooperación con Irán en Bosnia, una decisión
que en el futuro iba a facilitar la penetración iraní en la región.[46]
«No hay ninguna duda de que la política de introducir armas en
Bosnia contribuyó mucho a que los iraníes pudieran cultivar y
mantener buenas relaciones con el gobierno bosnio —declaró un
antiguo oficial de la CIA ante el Congreso en una declaración secreta en 1996—. Y es una cosa de la que nos vamos a arrepentir
toda la vida porque cuando hagan volar por los aires a unos cuantos norteamericanos, cosa que seguro harán... todo habrá termi-
nado, en parte porque los iraníes habrán tenido el tiempo suficiente y los contactos para establecerse en Bosnia.»[47] La
participación de la administración Clinton se limitó a la inspección
de misiles iraníes destinados a la línea de distribución.

La Agencia de Ayuda al Tercer Mundo (TWRA),[48] una organización humanitaria fraudulenta con sede en Sudán, fue utilizada
como intermediaria entre los proveedores y los combatientes. Según establece un informe redactado por el Partido Republicano de
Estados Unidos, la TWRA tenía vínculos con los líderes islamistas,
como el jeque Omar Abdul Rahman, el jeque ciego implicado en
el primer atentado al World Trade Center, y Osama Bin Laden.[49]
Durante la guerra en Yugoslavia, entre los años 1991 y 1995, los
iraníes y los saudíes dejaron que Estados Unidos creyera que estaban defendiendo su plan de trazar un nuevo mapa del país.[50] Ahora bien, ellos tenían sus propios planes: difundir la colonización islámica por la región. «Si lee usted los escritos del presidente
bosnio Izetbegovic[51] como yo he hecho, se dará cuenta de que no
hay ninguna duda de que es un fundamentalista islámico —me
dijo un diplomático occidental de cierta edad que tenía una gran
experiencia y conocimiento de la región—. Es un fundamentalista
muy amable, pero no deja de ser un fundamentalista. Ello no cam-
bia nada. Su meta es establecer un Estado musulmán en Bosnia, y
los serbios y los croatas, esto lo entienden mejor que todos noso-

tros.»[52] Hubo que esperar a mediados de la década de 1990 para comprender que Estados Unidos había sido engañado: la línea de distribución había sido manipulado para establecer un baluarte islamista en las mismas puertas de Europa.[53] Pero entonces ya era demasiado tarde para evitar las consecuencias de esa política. Como había ocurrido antes, durante la guerra del Golfo, Estados Unidos terminó luchando contra quienes había ayudado a armar.

En contraposición, las relaciones entre los Estados embrión, los musulmanes y los Estados islámicos tienden a ser de cooperación y se caracterizan por la confianza, la cual en ocasiones incluso se da entre enemigos. A finales de los años noventa, una dura contienda entre los talibanes, apoyados por Pakistán, y las fuerzas afganas del presidente Rabbani, apoyadas por Irán, amenazó con poner en peligro el comercio de drogas checheno. Los talibanes habían conquistado la zona cercana a Khost, en la que los combatientes chechenos se instruían, y el campo de batalla se había desplazado a lo largo de la ruta de droga. Una delegación de ambos bandos, que incluía a representantes pakistaníes e iraníes, se reunió y negocio un trato. Según se acordó, se abrió un corredor entre ambas fuerzas para permitir el paso de los traficantes de drogas, mientras la Alianza del Norte y los combatientes talibanes continuaban matándose los unos a los otros.

La colonización islamista de los países y de los Estados embrión musulmanes abonó el campo para que se diera una cooperación económica fuera de la infraestructura económica de Occidente. Bajo este paraguas, se forjaron relaciones muy especiales. Según cuentan fuentes rusas, por ejemplo, en la década de 1990 Pakistán vendió misiles Stinger a los combatientes chechenos a precios bajísimos. Los grupos armados islamistas utilizaron la cooperación en el terreno económico para sembrar la semilla de la economía del terror allí donde pudieran. Traficantes afganos de heroína financiaron a los grupos islamistas por todo el continente asiático, incluida China. El opio y la heroína inundaron la provincia de Xinjiang y también contribuyeron a respaldar la rebelión uigur contra el gobierno de Pekín.[54] Bajo el patrocinio de los talibanes y con el apoyo logístico del ISI, los combatientes uigures recibieron su instrucción en Afganistán antes de regresar a su tierra natal. Los temores de China sobre la posibilidad de que Xinjiang, la única región con mayoría musulmana, llegue a ser el Cachemir chino son fundamentados.[55] En realidad, el objetivo de la insurrección es crear un califato islámico en la región, en el que se incluirían los territorios de Uzbekistán, Tayikistán, Kirguistán y Uigur. Así pues, la cooperación económica islámica también puso los cimientos para la solidaridad entre los países musulmanes, un baluarte ideológico, como veremos en los capítulos siguientes, que se convirtió en un arma de poder en manos de los grupos armados islamistas para ir contra Occidente.

10

Las fuerzas económicas de la colonización islamista

«...Hay vacíos legales en las leyes laicas [occidentales] que podrían emplearse a favor del islam y de los musulmanes.»

OMAR BAKRI MOHAMMED,
líder de Al Muhajiroun, a *Al Sharq Al Awsat*

La dicotomía entre el capitalismo y la colonización islamista nos brinda un marco ideal para retomar el asunto del BCCI. El International Bank of Credit and Commerce fue pionero en la política de promoción de préstamos, en virtud de los cuales se dieron grandes cantidades de dinero a los impositores sin otra garantía que el depósito —, que se convirtió en una herramienta a medida con la que promocionar negocios de clientes importantes dentro del sistema capitalista occidental. Los principales beneficiarios de esa política fueron los mismos accionistas del BCCI, personas como Khalid Bin Mahfouz, el propietario saudí del National Comercial Bank, quien —según se informa en *Forbidden Truth*, obra de Jean Charles Brisard y Guillaume Dasquie— recibió préstamos sin garantía muy por encima de su 20 por ciento de participación en el banco;[1] Kamal Adham, un antiguo jefe del servicio de inteligencia saudí y un grupo central de accionistas compuesto por doce jeques árabes y banqueros pakistaníes.[2]

Los beneficios no iban en un único sentido; el banco también obtenía ganancias considerables de esas relaciones «especiales» con los accionistas, y por ello pronto empezó a ser considerado uno de los bancos más importantes del Tercer Mundo. Entre la década de 1970 y la de 1980, por ejemplo, Ghaith Pharaon, un magnate saudí, recibió préstamos sin garantías por un valor estimado de 500 millones de dólares.[3] Ese dinero se empleó para adquirir acciones de compañías en nombre del BCCI entre las que se incluyen dos bancos estadounidenses, el National Bank of Georgia y el Independence Bank of Encino, en California. Pharaon funcionaba a modo de cortina de humo contra las regulaciones internacionales de la banca y las auditorías; en más de una ocasión, el banco escapó a las regulaciones estadounidenses de la banca escondiéndose tras su figura.[4] Los grandes préstamos sin garantía que se concedían a los accionistas principales se podían conceder gracias a que había un flujo constante de depósitos. Mientras el dinero en efectivo continuó entrando, el banco nunca tuvo problemas. Naturalmente, esa política ocasionó un enorme agujero en la tesorería del banco que, con el tiempo, lo llevó a la quiebra.[5]

Aun así, las estrategias del BCCI para ascender por la resbaladiza pendiente de las finanzas internacionales eran vistas positivamente por los banqueros árabes y del Tercer Mundo, porque proporcionaban una alternativa viable a la explotación capitalista occidental. Así, el BCCI se convirtió en un prototipo para las futuras instituciones islámicas de la banca; en realidad, su quiebra fue atribuida por muchos a sus vínculos con instituciones financieras occidentales y no tanto a una gestión fraudulenta. «La quiebra no ha manchado la imagen del BCCI en el Tercer Mundo —admitió un banquero turco que había trabajado para el banco—. En Turquía la gente todavía recuerda lo mucho que hizo el banco en pro del comercio y la agricultura del lugar. A lo largo de toda la costa mediterránea y en las zonas interiores, donde los granjeros deben luchar para sobrevivir, la economía floreció. ¿Por qué? Porque el

BCCI fue el único banco dispuesto a financiar la agricultura y el comercio de la región.»

Para los hombres de negocios y los pequeños impositores que operaban en los países en vías de desarrollo, el BCCI también ofreció servicios variados. Puesto que en la mayor parte de esos países se llevaba a cabo un estricto control del cambio de divisas, el BCCI ofrecía a sus clientes sofisticados y eficaces métodos para sacar dinero del país ilegalmente. Ello fue particularmente efectivo para los líderes de las naciones «amigas». Según la opinión de Kroll, del FBI, el BCCI ayudó a Sadam Husein a esconder los beneficios generados por el petróleo por todo el mundo.[6] Al general panameño Eduardo Noriega también se le proporcionó un servicio parecido. Mientras el banco fue operativo, es decir, hasta el año 1991, se desplazaron los mayores capitales procedentes de India, Pakistán y los países africanos.[7]

En una escala más amplia, el BCCI dio apoyo a los líderes musulmanes para que alcanzaran sus aspiraciones políticas, como hizo en Pakistán. Desde mediados de la década de 1990, el banco donó grandes sumas de dinero (más de 10 millones de dólares) para financiar un laboratorio científico secreto dirigido por el doctor Abdul Qadeer Khan, el cerebro del programa de desarrollo de armas nucleares diseñado por el general Zia.[8] El dinero procedía de una fundación libre de impuestos que el BCCI había constituido en Pakistán y que dirigía el entonces ministro de Finanzas y futuro presidente, Ghulam Isaac Khan.[9] En 1987, el banco financió la adquisición de acero de gran resistencia[10] en nombre del general Inam ul Haq, el responsable del programa de armamento nuclear pakistaní.[11]

La colonización religiosa saudí

En 1998, unos cuantos años después de la quiebra del BCCI, fue el Islamic Bank for Development (IBD) la entidad bancaria más importante de Arabia Saudí, el organismo que contribuyó a hacer frente a las sanciones económicas impuestas sobre Pakistán por el hecho de haber llevado a cabo pruebas nucleares. La generosidad saudí fue una consecuencia directa de la política de colonización religiosa y de solidaridad económica practicada por la casa real saudí. El régimen saudí ha subordinado sistemáticamente las consideraciones financieras a la difusión de la interpretación fundamentalista del islamismo, conocida como el wahabismo, como veremos en el capítulo 11.[12] Según el general Rifaat el Said, secretario general del partido egipcio de la oposición Tagammu (Unión Progresiva), en 1993 los saudíes ofrecieron dinero al gobierno de Mubarak con la condición de que alentara la islamización de la sociedad egipcia.[13] «Los saudíes han... logrado infiltrarse en prácticamente todos los ámbitos de la cultura, la economía y la vida política egipcias.»[14] Han sabido promover la proliferación de entidades financieras islámicas. Los préstamos dependen de su estricta adhesión a las tradiciones y a las leyes islámicas. Una de estas organizaciones, al Rayan, pagaba a las estudiantes quince libras egipcias (unos cinco dólares) al mes a cambio de que llevaran velo.[15] En otros países musulmanes también se llevaron a cabo «iniciativas» como ésta.

Con los beneficios generados por el petróleo saudí se pagó la difusión del wahabismo. Una generosa financiación aseguraba esta difusión. El apoyo logístico y monetario se garantizaba mediante la introducción de tribunales religiosos y la aplicación de la *sharia*, la ley islámica. Esta forma de colonización religiosa se reprodujo en otros países, como Chechenia. La primera guerra chechena (1994-1996) destruyó las instituciones laicas del Estado. En el vacío político que siguió, emergió un grupo de Estados embrión dirigidos por la milicia islamista y financiados con capital saudí. En algunos pueblos y ciudades se introdujeron tribunales islámicos con la intención de que aplicaran la *sharia*. En conjunto, la población civil se mostraba reacia a aceptar dicha legislación. Si bien Chechenia tenía una tradición secular muy arraigada, poco podía hacer para oponerse a los grupos armados patrocinados por Arabia Saudí y a la radicalización del conflicto, alimentada por la invasión rusa. En Chechenia, como en otros muchos lugares del mundo musulmán, el movimiento wahabí supo alentar «a una reducida minoría muy bien armada y muy bien financiada», cuya labor era infundir el terror «en el corazón de las masas... Al alimentar la anarquía y el caos, esos grupos [hicieron respetar] a la fuerza su propia concepción violenta e intolerante del islam...».[16] Cuando las instituciones soviéticas se desmoronaron, debido, entre otras razones, a las restrictivas condiciones económicas impuestas por Boris Yeltsin y el FMI (Fondo Monetario Internacional), los tribunales islámicos ocuparon su lugar. Al final de la primera guerra, el jeque Abu Umar[17] fue nombrado juez superior islámico y muftí, el juez religioso que promulga juicios y da opiniones sobre la ley islámica. Era un islamista de la línea dura que había llegado a Chechenia en 1995, que se unió a los muyahidines de Ibn ul Kattab y los adoctrinó sobre los principios del wahabismo.[18] Carecía de vínculos y de conocimientos de la historia y la cultura del país; su labor simplemente consistía en remodelarlo según la *sharia*.

La financiación del imperialismo religioso saudí

El imperialismo religioso de Arabia Saudí estuvo financiado básicamente por su sistema bancario, cuyas instituciones centrales son Dar Al Maal Al Islami (DMI) y Dallah Al Baraka (DAB). Ambos bancos disponen de una amplia red de sucursales en Oriente Próximo, África y Asia. El DMI fue fundado en 1981 por Mohamed Al Faisal, el hermano del príncipe Turki; hoy en día lo dirige el príncipe Mohamed Al Faisal Al Saud, primo del rey Fahd. Este gigantesco conglomerado bancario es el principal vehículo empleado por los saudíes para financiar la difusión del fundamentalismo islámico.

La red bancaria islámica, como cualquier otra red financiera, es intrincada, vasta y prácticamente impenetrable. Una de las filiales del DMI es el Banco Islámico Al Shamil, en Sudán. El Departamento de Estado de Estados Unidos sostuvo que Osama Bin Laden controló el banco tras haber pagado 50 millones de dólares a sus accionistas;[19] de todos modos, lo más probable es que no sea más que uno de sus accionistas mayoritarios. Jamal Ahmed Mohamed al Fadl, un antiguo socio de Osama Bin Laden, que testificó en el juicio que se celebró para determinar la responsabilidad y autoría de Al Qaeda en el atentado de 1998 contra dos embajadas estadounidenses, reveló que Bin Laden usó el Banco Islámico Al Shamil y otras dos entidades bancarias más, el Banco Islámico Tadamon[20] y el Banco Islámico Faisal,[21] para hacer llegar dinero a sus seguidores en todo el mundo.[22]

Hasta el mes de septiembre de 2001, Osama Bin Laden y sus seguidores operaron básicamente a través de estas tres entidades, que representaban el núcleo de una organización financiera multimilmillonaria auspiciada por algunos de los hombres más ricos de Oriente Próximo. El presidente del Faisal Islamic Bank, por ejemplo, es el príncipe Mohamed al Faisal Al Saud. Entre los fundadores de este banco encontramos a Saleh Abdulá Kamel, magnate saudí y cuñado del rey. Según la *Forbes Magazine*, Saleh ocupa el puesto 137 en la lista de los hombres más ricos del mundo, con una fortuna valorada en 4.000 millones de dólares.[23] Gracias a él se fundó en 1981 el conglomerado empresarial Dallah A Baraka (DAB), que representa el otro pilar bancario de Arabia Saudí. El DAB tiene 23 sucursales y unas cuantas sociedades de inversión repartidas por quince países.

Los bancos islámicos aplican la *zakat*, la limosna religiosa exigida a todos los musulmanes, en cada uno de los contratos o transacciones que llevan a cabo. Deducen las cantidades correspondientes, que equivalen a un 2 por ciento de la riqueza personal, y las transfieren a organizaciones de beneficencia islámicas. Las transferencias de la *zakat* no se incluyen en los libros de contabilidad, por lo cual resulta imposible seguir su pista; además, todos los registros son destruidos en cuanto se completan las transacciones.[24] Un periodista pakistaní que se ha dedicado a investigar este modo de transferir dinero sostiene que el pago de la *zakat* es una de las muchas estratagemas empleadas para financiar a los grupos armados terroristas. Ramzi Yousef, por ejemplo, recibió fondos en concepto de donaciones de una empresa que importa agua bendita de la Meca a Pakistán.[25] La *zakat* es una inmensa fuente potencial de ingresos. Por poner un ejemplo, solamente los 6.000 miembros de la familia real saudí, cuya fortuna está valorada en unos 600.000 millones de dólares, contribuyen a la *zakat* con 12.000 millones de dólares al año.[26]

Los bancos islámicos han funcionado, pues, a modo de cordón umbilical para la insurgencia islamista. En 1999, el gobierno saudí descubrió que Khalid bin Mahfouz, presidente del Banco Comercial Nacional, transfirió por mediación del banco 3 millones de dólares a organizaciones benéficas que en realidad eran tapaderas de la red de Bin Laden. Entre ellas cabe destacar Islamic Relief y Blessed Relief.[27] De la auditoría realizada por el servicio de inteligencia estadounidense se deduce que el dinero procedía de cinco hombres de negocios saudíes. Los agentes estadounidenses sostienen que esos hombres pagaban a Bin Laden a cambio de que éste les asegurara su protección y evitar, así, posibles atentados contra sus empresas e intereses. Según Greg Palast, periodista de investigación estadounidense «uno de los traficantes de armas a nivel internacional... habló de un encuentro de multimillonarios saudíes en el hotel Monceau de París, en mayo de 1996, para decidir quién pagaría la operación de Osama Bin Laden y cuánto costaría («La información de que disponemos —añade Palast en su libro *The Best Democracy Money Can Buy*— nos da a entender que no se trataba de un acto de apoyo a Bin Laden, sino de un dinero con el que "compraban" la propia protección y la seguridad de mantener lejos de Arabia Saudí a ese loco de las bombas.»)[28] En conjunto, disponemos de pocas pruebas que permitan fundamentar este tipo de acusaciones o que demuestren que la extorsión es el motor de financiación saudí de la red de Bin Laden.[29] Así, lo más acertado es pensar que la mayor parte de empresarios saudíes contribuye voluntariamente a la causa de Bin Laden, personaje que disfruta de una gran popularidad entre todas las clases sociales de Arabia Saudí.

Una parte de los 3 millones de dólares derivados por Mahfouz se destinaron a la Internacional Islamic Relief Organisation en Filipinas, una organización benéfica saudí fundada en la década de 1990 por Mohamed Jamal Khalifa, cuñado de Bin Laden. Según se dice, las donaciones se emplearon para financiar al grupo armado de Abu Sayyef.[30] Los investigadores del servicio de inteligencia estadounidenses creen que Khalifa, que regresó a Arabia Saudí y no dudó en criticar a Bin Laden, dirigía los fondos del terror de Malaisia, Mauritania, Singapur y Filipinas en nombre de su cuñado. Vincent Cannistraro, el antiguo jefe del contraterrorismo de la CIA, sostiene que Khalifa también tomó parte en la fundación del Ejército Islámico de Adén, el grupo que se atribuyó la responsabilidad del atentado contra el navío de guerra *USS Cole*.[31]

Los 3 millones de dólares transferidos por Mahfouz forman parte de una amplia red de donaciones privadas montada por instituciones financieras islámicas que las destinan a los grupos armados cuyo objetivo principal es fomentar una visión fundamentalista del islam. Se trata, pues, de otro de los canales para alentar el imperialismo religioso en el mundo musulmán. En el año 2000, ante la creciente presión por parte de Estados Unidos y en un gesto para demostrar su voluntad de frenar la entrada de dinero, el gobierno saudí adquirió el 50 por ciento del National Comercial Bank, con lo que redujo la participación de Mahfouz a la de un accionista minoritario. Ahora bien, el hecho de cerrar uno de los canales de entrada de dinero tuvo poca repercusión, si tuvo alguna, en el ritmo de entradas de capital saudí. Muchos otros bancos saudíes continuaron empleando el dinero de la caridad para sufragar los gastos de todas las organizaciones armadas repartidas por el mundo entero. En 2001, las donaciones oficiales de Arabia Saudí ascendieron a 267 millones de dólares y una gran parte de ellas se empleó en las zonas en las que los musulmanes mantenían conflictos armados. «¿Quién no pagó por Cachemira y Chechenia? En esos lugares se perseguía a los musulmanes y la gente no preguntaba adónde iba a parar el dinero —admitió un hombre de negocios saudí a dos periodistas del *Financial Times*—. Se trataba de defender a nuestros hermanos.»[32]

La administración Bush sostiene que el cerebro del núcleo de la red de financiación de Osama Bin Laden en Arabia Saudí era un hombre de negocios saudí, Wael Hamza Jalaidan, residente en Yedda, Arabia Saudí.[33] El 11 de septiembre de 2001 prácticamente no alteró esa red. Según el informe de la ONU sobre la financiación de Al Qaeda redactado el verano de 2002, la organización recibió 16 millones de dólares de Arabia Saudí tras el atentado al World Trade Center.[34] Parece obvio que Bin Laden cuenta en Arabia Saudí con el apoyo de un gran número de seguidores, la mayoría de los cuales son exitosos hombres de negocios independientes. Entre ellos figura Yasin al Qadi, el magnate saudí. Según afirman las autoridades estadounidenses, Al Qadi ha transferido millones de dólares a través de la fundación Muwafaq, el nombre árabe con el que se conoce Blessed Relief. La beneficencia cuenta con el apoyo y la dirección de las principales familias saudíes. Qadi es un empresario internacional dedicado a negocios inmobiliarios, químicos, bancarios y de consultoría que operan en Arabia Saudí, Turquía, Kazajistán, Albania y Pakistán. Es la quintaesencia del hombre de negocios saudí moderno, que desarrolla sus actividades profesionales en los países musulmanes y en aquellos Estados embrión que durante los años noventa fueron colonizados financieramente por capital saudí, como vimos en el capítulo 9. En 1998, Qadi estuvo implicado en un plan de blanqueo de dinero para Hamás a través del Quranic Literacy Institute, una organización benéfica con sede en Chicago cuyo fundador, Mohamed Salah, era uno de los testaferros de Hamás.[35] Tras el 11 de septiembre de 2001, se congelaron el capital y las inversiones que Yasin al Qadi tenía en distintos países musulmanes. En Tirana, por ejemplo, las autoridades albanesas detuvieron las obras de construcción de dos rascacielos que llevaba a cabo su constructora Karavan.

Debido a las contradicciones inherentes a la política saudí, el vínculo entre la red de Bin Laden y las sociedades de beneficencia saudíes sigue siendo muy estrecho. En contra de su voluntad, en marzo de 2002 el gobierno saudí aceptó limitar las donaciones procedentes de la Haramain Islamic Foundation, una sociedad benéfica con sede en La Meca dirigida por el jeque Saleh bin Abdul Aziz al Ashaikh, ministro de Asuntos Islámicos. Como consecuencia se congelaron las aportaciones económicas en las sedes de Somalia y Bosnia.[36] Con todo, en septiembre de 2002, un periódico saudí informaba de que las sociedades de beneficencia estaban ampliando su actividad tanto en Somalia como en Bosnia y que habían abierto un centro islámico en Sarajevo cuyas obras habían costado 530.000 dólares.[37] Resulta evidente que en Arabia Saudí y en otros países musulmanes las restricciones impuestas a los centros de caridad sólo tuvieron un impacto temporal en la aportación de dinero. Los gobiernos son reacios a limitar las donaciones por miedo a hacerse impopulares entre la población que, al fin y al cabo, apoya la causa islamista en el mundo entero. Según un periódico kuwaití, «El islam político controla las calles de Kuwait. Nadie desea quemar sus puentes con los islamistas precisamente ahora. Ni tan siquiera el ministro del Interior. Así que los dejan en paz».[38] Desde el 11 de septiembre de 2001 se han hallado nuevas e ingeniosas formas de hacer llegar el dinero a los combatientes islamistas. Unos cuantos hombres de negocios kuwaitíes, por ejemplo, han volado hasta Pakistán cargados con maletas repletas de billetes. Se hospedan en hoteles caros de Karachi, lejos de la zona donde operan las tribus, sin levantar sospechas porque se han afeitado la barba, viajan con ordenadores portátiles y se visten a la europea. Varios grupos islamistas recaudan el dinero en efectivo en secreto para financiar su lucha.

De acuerdo con lo que indican ciertas estimaciones, las organizaciones islámicas, algunas de las cuales están vinculadas a grupos armados, pueden recibir un volumen de dinero que oscila entre 5.000 y 16.000 millones de dólares;[39] el gobierno saudí también concede una donación anual de 10.000 millones de dólares a través del ministerio de Asuntos Religiosos.[40] El origen de estos fondos se desconoce por completo. La estructura fiscal de los países islámicos dificulta mucho el control de las organizaciones benéficas. En Arabia Saudí, por ejemplo, no existe un sistema de impuestos ni una agencia tributaria, nadie puede auditar las cuentas ni seguir la pista de las imposiciones y de las deducciones monetarias. Si bien las compañías pagan regularmente la *zakat,* las donaciones no constituyen un impuesto oficial. Es un pago voluntario para el que no se exigen registros.[41] La estructura del sistema bancario islámico tampoco es de gran ayuda. Una gran mayoría de las transacciones se realizan en efectivo. «En Oriente Próximo es común ver a clientes entrar en un banco con una maleta en la mano para llenarla o vaciarla de billetes», comentaba un antiguo banquero de la zona. Y es que, a pesar de que el petróleo ha traído a países como Arabia Saudí una inmensa riqueza, el reino sigue siendo una sociedad tribal, con una cultura del dinero en efectivo fuertemente arraigada.

El sistema monetario islámico

El ex ayudante del subsecretario de Estado estadounidense, Jonathan M. Winer, estima que el movimiento de dinero que circula sin dejar rastro por Oriente Próximo asciende a un 25 o un 50 por ciento del total de las transacciones realizadas. En el sistema *hawala*, por ejemplo, en el que el dinero en efectivo se deposita en un país pero se retira en otro, tan pronto como se termina la transacción se destruyen todos los registros y documentos que pudieran dar fe de ella.[42] Inventado por los antiguos chinos, que lo llamaban *fei qian*, «dinero volador», el sistema fue adaptado por los comerciantes árabes para evitar los robos que se producían a lo largo de la Ruta de Seda. En los años sesenta y setenta, las oleadas de inmigrantes procedentes de los países subdesarrollados y el deseo de eludir la prohibición oficial de importar oro en el área del sureste asiático reactivaron el *hawala*.[43] Hoy en día millones de inmigrantes asiáticos y africanos utilizan el *hawala* moderno para mandar dinero a sus familiares. No se exige la identificación del emisor ni la del receptor. «Mediante el uso de un código de palabras, se permite que el receptor recoja el dinero directamente de manos de un socio de confianza del comerciante *hawala* de origen (el *hawaladar*).»[44] El sistema es operativo veinticuatro horas al día y los siete días de la semana; a veces sólo se requiere hacer una llamada telefónica o mandar un télex para que el dinero llegue a su destino. «Es mucho mejor que la Western Union… No necesitas presentar ninguna credencial, las comisiones son más bajas y es más rápido.»[45] El *hawaladar* sólo cobra un 1 por ciento de comisión por cada transacción realizada; los beneficios se generan a partir de las fluctuaciones de las divisas y de los derechos aplicados sobre cantidades importantes de dinero, mayoritariamente procedentes de los traficantes de droga y de armas, de los contrabandistas y de las transferencias ilegales de dinero de los grupos armados.

El secreto y la rapidez en la transacción son las cualidades del sistema *hawala* que más atraen a los grupos de terror. Hay muchos informes que demuestran que los islamistas emplean con profusión este sistema. Un *hawaladar* pakistaní figuraba entre los patrocinadores financieros de los atentados contra las embajadas estadounidenses perpetrados en África en 1998. En 2001, las autoridades de Delhi desvelaron la existencia de una red de instituciones *hawala* que recibía el apoyo del ISI, con la que se sufragaron los grupos armados de Cachemira.[46] Curiosamente, las redes de *hawala* no están controladas por los árabes, sino por indios y pakistaníes que han emigrado al Golfo. Si bien Indira Gandhi logró erradicar el sistema en la India, el sistema *hawala* todavía se utiliza mucho en Pakistán. Las cifras oficiales demuestran que, sólo en Pakistán, a través de esta red se mueven al año 5.000 millones de dólares. Al finalizar la década de 1990 había 1.100 *hawaladar* conocidos en Pakistán, que llegaban a manejar en una sola transacción 10 millones de dólares.[47] Según las Naciones Unidas, la industria *hawala* mueve 200.000 millones de dólares al año.[48]

Aparte del sistema *hawala*, hay otras muchas maneras de mover el dinero sin que éste sea detectado. Los expertos en blanqueo de dinero afirman que los envíos incluso se transportan en cajas, y la mayoría desde Dubai. Esta ciudad tiene una larga y acendrada tradición en el mercadeo de dinero y oro, y goza de muy buenas y sólidas relaciones comerciales con Irán. Una familia iraní residente en Dubai e implicada en el tráfico de dinero admitió que, hasta comienzos de 2001, se realizaban más de dos vuelos semanales desde Dubai hasta Kandahar con cajas repletas de billetes de dólares.[49] Las compañías occidentales suelen emplear técnicas similares para transportar dinero sin dejar rastro hasta los países en vías de desarrollo. Un antiguo jefe de una planta farmacéutica de África admitió que su empresa mandaba mensualmente cajas llenas de dinero en efectivo para pagar a los señores de la guerra y a los funcionarios los sobornos necesarios para mantener la producción. El transporte se compartía con una fábrica de cervezas ubicada al otro lado de la calle. «Un mes fletábamos nosotros un avión y al siguiente lo hacían ellos —explicó—. Funcionó muy bien.»

Los bancos islámicos incluso fueron capaces de establecer relaciones financieras con mercados poco sofisticados y con un grado bajo, o inexistente, de movimientos de capitales. Esa labor fue particularmente difícil en los Estados embrión que emergían tras décadas de guerras civiles. En Afganistán o en Somalia, por ejemplo, no existe una tradición bancaria; todo se hace por mediación de *hawala*. Hasta el final del año 2001, además de la moneda talibán, que valía prácticamente el doble que la moneda de la Alianza del Norte, circulaban cuatro tipos de billetes y monedas afganos: el que se acuñó durante el gobierno del antiguo rey Zahir Shah y otro de la época de gobierno de Burhanuddin Rabbani, ambos con el mismo valor; un tercero acuñado por los rusos para el general uzbeco Rashid Dostum, valorado aproximadamente en la mitad de los dos anteriores, y una cuarta moneda que sacó la Alianza del Norte, también de poco valor.[50] Dentro de Afganistán, el oro era el valor de intercambio más fiable, por encima de cualquier otro. «La gente reconoce el oro, confía en su valor porque es un valor tangible», admitía un funcionario de la ONU. Los *hawaladar* utilizan el oro para cuadrar sus cuentas; los comerciantes de *hawala* utilizan el oro en lugar de las divisas para realizar sus negocios por todo el mundo. El oro, además, mantiene su valor independientemente de la persona, partido o facción que gobierne en un país. Antes de la guerra, el afgani se cambiaba a 60.000 por 1 dólar. Cuando los talibanes abandonaron el país, el valor de la divisa subió y el valor de cambio era de 25.000 afganis por 1 dólar.[51] Durante ese mismo período, el precio del oro se mantuvo estable.

La colonización islamista del mundo musulmán fue facilitada por el sistema *hawala*, que se alimentaba de los bancos islámicos y del comercio de mercancías de Oriente. Tanto la banca islámica como el *hawala* están regulados por una misma legislación: la *sharia*. El órgano que supervisa las finanzas islámicas modernas es el Consejo Supervisor de la Sharia de los Bancos e Instituciones Islámicos, más conocido como el Comité de la Sharia. Hoy en día los bancos islámicos operan en todo el mundo y ofrecen sus servicios a la comunidad musulmana internacional. Más de 200 bancos operan en Estados Unidos, cientos en Europa, África y los países árabes y asiáticos. En 1998, el pasivo total de las instituciones financieras islámicas fue de 148.000 millones de dólares.[52] Para comprender la magnitud de esta cifra, basta con recordar que el PIB de Arabia Saudí para ese mismo año fue de 138.000 millones.[53]

Los sistemas monetarios modernos de Occidente son fiduciarios; se basan en la confianza de los ciudadanos en sus dirigentes. El valor del papel moneda depende por completo de la confianza que demuestran tener hacia los gobiernos que los ponen en circulación. En los Estados embrión, esta relación no se da. Y ello queda demostrado cuando los talibanes exigen que el pago de los impuestos sobre la producción de opio se realice en oro y no en dinero en efectivo. Las compañías de transportes de la India y Pakistán tenían que pagar el impuesto por circular por las carreteras en oro. A menudo, las donaciones a Bin Laden y a sus seguidores llegaban a Afganistán en forma de oro. A través de las líneas aéreas afganas Ariana y en vuelos regulares, se mandaban cajas de lingotes de oro desde Dubai hasta Kandahar.[54] Según las investigaciones realizadas desde Europa y Pakistán, cuando a finales de 2001 el régimen afgano empezó a desmoronarse, Al Qaeda mandó por barco varios contenedores llenos de oro hasta Sudán.[55] Los talibanes sacaron oro del país por un valor estimado de 10 millones de dólares. Uno de los emisarios fue el cónsul general de los talibanes en Karachi, Kada Zada, quien, como mínimo, transportó uno de los cargamentos de oro, valorado en 600.000 dólares, hasta Dubai,[56] donde se recogía la mayor parte del oro y de divisas de los talibanes antes de la guerra de Afganistán en 2001.

Hubo países más activos que otros en el patrocinio de la causa islamista. Dubai, por ejemplo, fue con mucho el principal apoyo financiero para el régimen talibán y para la red de Bin Laden. Dubai, uno de los centros bancarios más laxos de Oriente Próximo, fue, junto con Arabia Saudí y Pakistán, uno de los pocos países que reconoció a los talibanes como dirigentes de Afganistán.

Según las pesquisas de los investigadores estadounidenses, parte del dinero empleado para financiar el atentado del 11 de septiembre pasó por Dubai.[57] Mohamed Atta, el líder de los secuestradores, recibió una transferencia por valor de 100.000 dólares desde los Emiratos Árabes Unidos.[58] La implicación de Dubai en actividades bancarias ilegales se remonta a los años ochenta, cuando estableció una estrecha relación con el BCCI.

El papel de los bancos islámicos no se limitó a países cuyos sistemas bancarios ya no existían o jamás habían existido. Sus vínculos con los grupos armados y con los Estados embrión proporcionaron un canal directo y seguro para introducirse en las economías tradicionales. «Se introdujeron en sofisticados sistemas monetarios —cuenta un banquero ruso retirado—, desde los que se podía dirigir el dinero para financiar la actividad del terror en todo el mundo o para sacar provecho del mundo capitalista.» Los bancos afines, por ejemplo, pueden ayudar a esconder fondos. Los bancos islámicos los emplean en los países en los que no tienen sucursales. Normalmente, los bancos islámicos investigan esos bancos afines para asegurarse de que los pagos que realizan son legales y solventes. Sin embargo, si el banco afín recibe pagos de un tercer banco, que a su vez es el receptor de otro banco, el sistema de investigación se debilita.[59] La cuenta que el Advice and Reformation Committee —una organización que se considera una tapadera de Bin Laden— tiene en el Barclays, recibió fondos de bancos afines de Sudán, Dubai y los Emiratos Árabes Unidos. Desde Barclays, el dinero se transfería a las células terroristas afincadas en los países occidentales, en ciudades como Ginebra, Chicago o Londres. Khalid al Fawaaz, disidente saudí residente en Londres, era el titular de la cuenta. Se sospecha que es uno de los hombres de Bin Laden en Occidente. Los documentos del juicio demuestran que el texto original de la *fatwa* lanzada por Bin Laden contra los estadounidenses fue mandado por fax a Fawaaz desde Sudán. Desde la cuenta de Barclays, Fawaaz ordenó las transacciones a distintos centros y organizaciones de beneficencia islámicos de todo el mundo, entre ellos, los de Bosnia, Kosovo y Albania. En una entrevista realizada en 1996, Osama Bin Laden admitió que su sistema económico y de financiación se extendía por 13 países, entre los que incluía Albania, Pakistán, Malaisia, Holanda, Gran Bretaña, Rumania, Rusia, Turquía, Líbano, Irak y algunos Estados del Golfo.[60]

La desintegración de la Unión Soviética brindó nuevas oportunidades a las clases emergentes de comerciantes y banqueros musulmanes. Todos ellos vieron en la alianza con el fundamentalismo islámico una oportunidad de expansión. Los musulmanes laicos se reagruparon en torno a las nuevas fuerzas para contrarrestar un sentimiento de abandono y traición que les llegaba de Occidente. Para desviar esas energías tan explosivas hacia el exterior, Arabia Saudí financió la tendencia a la colonización islámica, que se centraba no sólo en zonas en las que los musulmanes buscaban respuestas y no únicamente preguntas a su identidad y a su cultura perdida, sino también en lugares en los que se precisaba una aportación de ayuda material. Con la ayuda de la financiación islámica, los movimientos militantes, los grupos armados y los Estados embrión repartidos por toda la periferia de lo que había sido la antigua Unión Soviética empezaron a edificar su propia identidad política y se erigieron como los primeros beneficiarios del «Nuevo Desorden Mundial». Como explicaré en los capítulos 12 y 13, estas nuevas fuerzas convergieron en lo que es la yihad moderna.

11

La red de las mezquitas

*«Es el pueblo norteamericano quien financia los ataques
contra nosotros; a través de sus senadores electos controlan
el destino de los impuestos.»*

Manifiesto de Al Qaeda, noviembre de 2002[1]

Todos los viernes, a la hora de la comida, los hombres se reúnen alrededor de la mezquita cercana a Mardan, en la frontera de la provincia del noroeste de Pakistán. En la mezquita, un
miembro del grupo armado islamista cachemir Lashkar-e-Taiba se
dirige a los fieles y se encarga de recoger las limosnas que éstos entregan. Aunque el general Musharraf ha prohibido todas las aportaciones de fondos por parte de los militantes, en torno a las mezquitas pakistaníes la cuestación para distintas organizaciones
armadas islamistas continúa inalterable.[2] Los colaboradores coin-
ciden en afirmar que los acontecimientos del 11 de septiembre no
han supuesto impedimento alguno para recaudar fondos. Es más,
muy pocas pruebas indican que las mezquitas hayan detenido su
labor de recaudación y financiación en beneficio de los grupos armados. La red de las mezquitas sigue siendo tan eficaz como
siempre, y mantiene su papel de vehículo primordial a través del
cual las organizaciones islamistas, los Estados embrión, los países

islámicos, así como sus patrocinadores se vinculan los unos a los otros y desarrollan sus negocios.

La red de las mezquitas representa la figura del socio ideológico de la red financiera del terrorismo; complementa a ésta y, por consiguiente, se articula de modo tan complejo y completo como la red económica. Su creación está estrechamente vinculada al nacimiento del reino de Arabia Saudí.

Una asociación muy especial

Entre las décadas de 1920 y 1930,[3] la casa de los Saud consiguió unificar el país y establecer su monarquía gracias a su alianza con los líderes religiosos de la península Arábiga, quienes predicaban una estricta y particular visión del islam conocida bajo el nombre de islam wahabí. La asociación entre el poder religioso y el poder político llegó a convertirse en parte integral de la legitimidad de la familia real: uno de los pilares sobre los que descansa el poder del rey es la «propagación del wahabismo islámico en Arabia Saudí y en todo el mundo». Así pues, en el fondo, la intención del wahabismo es remodelar el islam según sus principios. El carácter proselitista de esa alianza influye profundamente en la política exterior saudí. A mediados de los años noventa, por ejemplo, el Ulema, el poderoso consejo saudí de eruditos islámicos, y autoridad religiosa última, presionó a la familia real para que reconociera a los talibanes como los legítimos gobernantes de Afganistán. Esta particular asociación también generó una gran dosis de ambigüedad en la política saudí, particularmente en la actitud de la élite religiosa wahabí respecto de la «especial» relación que mantienen los saudíes con Estados Unidos. Cuando Arabia Saudí permitió que las tropas estadounidenses entraran en el país tras el estallido de la guerra del Golfo, algunos líderes religiosos se opusieron con firmeza. Una década más tarde, los soldados estadounidenses todavía siguen destacados en el reino y el Ulema ha aceptado su presencia *de facto*. Ello se debe al extremado conservadurismo del Ulema, reacio a remover los cimientos del régimen saudí.

Quizás el mejor ejemplo de la relación disfuncional entre los gobernantes políticos y los dirigentes religiosos en Arabia Saudí sea el papel que interpreta Osama Bin Laden en la política del país. Desde una posición muy privilegiada, se rebeló contra la élite política saudí y proclamó que por haber fracasado a la hora de extender y aplicar el wahabismo habían perdido su legitimidad como dirigentes de Arabia Saudí. La consecuencia natural de ese aserto es el objetivo político último de los secuestradores saudíes que participaron en el atentado del 11 de septiembre: derribar el régimen saudí y librar al país de la presencia militar estadounidense. Resulta incuestionable que, ya en los años noventa, Bin Laden desafió abiertamente a las autoridades saudíes. Pero si bien le retiraron la ciudadanía y lo acusaron de conspirar contra el régimen, la familia real nunca ha hecho el más leve gesto para entregarlo a la justicia. Lo que protege a Bin Laden son sus estrechos vínculos con el Ulema saudí y con los altos cargos eclesiásticos del mundo musulmán, aun cuando oficialmente el Ulema apoya a la casa de Saud como legítima gobernante del país. Lo que no resulta sorprendente, dada la extensión de la familia real saudí, es que la popularidad de Bin Laden alcanza a algunos miembros de la misma, que comparten sus ideas políticas y le dan apoyo financiero. Según afirman los disidentes saudíes, la popularidad de este personaje en Arabia aumentó tras el atentado del 11 de septiembre, y el dinero fluye en abundancia. Las organizaciones benéficas y los hombres de negocios adinerados continúan financiando las organizaciones armadas, y de algunas de ellas se ha demostrado que mantienen vínculos con la red terrorista de Bin Laden.

El wahabismo proselitista

En general, el modelo que ha seguido la colonización wahabí ha sido idéntico al empleado por los bancos islámicos. La religión y las finanzas trazan una vía de doble sentido. A comienzos de los años noventa, el wahabismo penetró profundamente en el territorio de la desmoronada Unión Soviética y llegó a países en los que los musulmanes llevaban años oponiéndose a la libertad de culto religioso. Con el apoyo que les proporcionaba el dinero saudí, los *mulá* wabahíes predicaban e inculcaban desde las mezquitas y *madaris,* escuelas religiosas donde los niños estudian, además del Corán y las leyes coránicas, una visión belicosa del islam. Ese radical y violento mensaje llegó a una población musulmana que tenía que hacer frente a un crecimiento demográfico excepcional y a un grave aumento del desempleo. El islam es la religión que más crece en el mundo: a mediados de la década de 1990, el crecimiento demográfico anual de la comunidad musulmana fue de un 6,40 por ciento frente al módico 1,46 por ciento registrado por la comunidad cristiana.[4] Ante este panorama socioeconómico los musulmanes jóvenes respondieron con entusiasmo al mensaje wahabí y acudieron a las mezquitas y *madaris*, donde algunos entraron en contacto con grupos armados islamistas recién creados. Así fue como el islam wahabí se convirtió en la ideología unificadora de los combatientes islamistas, del mismo modo que lo había sido el marxismo-leninismo para los comunistas. En Uzbekistán, la prédica del wahabismo fomentó la rebelión de 1998, liderada por Juma Namangiani, cuya visión política estaba profundamente influida por el islam wahabí. Su meta final era sustituir el corrupto y antidemocrático gobierno uzbeco por una réplica del kanato del siglo XV,[5] que incluiría algunos de los territorios de las recientemente creadas repúblicas centroasiáticas (Uzbekistán, Tayikistán y Kirguizistán). Los objetivos políticos de Osama Bin Laden son muy parecidos a los de Namangiani. Su objetivo a largo plazo es conducir a los países musulmanes hasta lo que él y sus seguidores consideran los verdaderos orígenes del islam, esto es, hasta la época de los califas sucesores de Mahoma, que gobernaron el mundo islámico desde el siglo VII hasta el XIII, hasta que las tropas de los cruzados aniquilaron su espléndida cultura. Según afirma Bin Laden, los nuevos califatos se modelarían a partir de los antiguos regímenes talibanes de Afganistán, por ser «uno de los más entusiastas a la hora de aplicar las leyes de [Alá]».

Más allá de las fronteras de la antigua Unión Soviética, la colonización wahabí, tanto en África como en el sureste asiático, ha seguido el mismo patrón: se ha empleado el dinero saudí para financiar la infraestructura religiosa necesaria con la que propagar el islam wahabí. El resultado, una vez más, ha sido la emergencia del wahabismo como fuerza unificadora de los grupos armados islamistas. De un modo similar al seguido tanto por Namangiani como por Bin Laden, Riduan Isamuddin (líder de la Yihad Islámica indonesia acusado de organizar el atentado perpetrado en Bali en octubre de 2002) ha predicado durante una década el uso de la violencia para conseguir un Estado islámico unificado integrado por Indonesia, Filipinas, Malaisia y Singapur, y dirigido como un califato independiente regido por la *sharia*.

La red occidental

En los países no musulmanes, sobre todo en Occidente, la colonización wahabí ha sido más discreta, pues las organizaciones benéficas islámicas han financiado sobre todo escuelas y cursos dirigidos desde las mezquitas. En Occidente, las principales operaciones llevadas a cabo por la red de las mezquitas han sido el reclutamiento de seguidores y la obtención de fondos. Su labor ha sido tan fructífera que hoy por hoy las mezquitas se han convertido en un vivero de potenciales guerreros del terror, alimentados por una mezcla explosiva de religión e ideología política. Abu Qatada, un palestino residente en Inglaterra acusado de ser uno de los reclutadores de Al Qaeda, expresa la visión compartida por muchos: «La guerra de los muyahidines la imponen las palabras del profeta... La yihad significa ejecutar la palabra de Dios supremo; a eso le llamamos la yihad islámica».[6]

En concordancia con la afirmación de Qatada, los reclutadores en los países occidentales tienden a hacer hincapié en la motivación religiosa, y por consiguiente se centran en determinados tipos de individuos: musulmanes jóvenes, muchas veces decepcionados y desarraigados en las sociedades occidentales. Uno de tales individuos fue Zacarias Moussaoui, nacido en Francia y presunto vigésimo secuestrador del 11 de septiembre. Moussaoui llegó a Londres arruinado y en busca de su propia identidad como musulmán. La red de las mezquitas le proporcionó auxilio tanto financiero como emocional. Los reclutadores prefieren a personas que se acercan a las mezquitas «en busca del sentido de la vida», como explicaba un ex agente del MI5. «A menudo [esos individuos] apenas saben nada del islam, y se confían a los mayores para que éstos les muestren el camino. Pero el camino que se les enseña es el de la violencia.»[7] Entre los potentes instrumentos de reclutamiento que se utilizan para influir sobre los jóvenes musulmanes figuran sermones exaltados, y sobrecogedores vídeos cuyos protagonistas son combatientes islamistas. Una de estas cintas, disponible en varias mezquitas londinenses desde enero de 2002, lleva el título de *El espejo de la Yihad* y muestra a combatientes talibanes degollando con cuchillos a otros de la Alianza del Norte. Este vídeo lo distribuía una organización islamista con base en Paddington, en pleno centro de Londres.[8] El dinero recaudado mediante las ventas servía para financiar organizaciones islamistas armadas.

En Occidente, al igual que en los países musulmanes, la población musulmana ha crecido exponencialmente y vive agobiada por el desempleo y la pobreza entre los jóvenes. Por eso muchos acuden en masa a las mezquitas en busca de ayuda, no tanto espiritual como material. En la mezquita de Finsbury Park, por ejemplo, la gente puede comprar pasaportes falsos y tarjetas de identidad que les permitirá cobrar de la seguridad social británica. Según Reda Hassaine, un periodista argelino que se infiltró en la mezquita de Finsbury, con los documentos de identidad falsos se puede recibir una prestación de 50 libras a la semana, además alquilar, generalmente, una habitación o un piso en inmuebles de protección municipal. El alquiler es totalmente pagado por el Estado. Una misma persona puede acumular varias identidades falsas, de lo que resulta en ocasiones un negocio lucrativo.[9]

Por supuesto, las mezquitas son muy selectivas en cuanto al reclutamiento de candidatos, y pocos de éstos consiguen entrar en la yihad. Uno de ellos fue Mohamed Bilal, de 24 años y nacido en Birmingham, quien se introdujo con un coche cargado de explosivos en el cuartel del ejército indio en Srinagar.[10] Birmingham es un conocido semillero de islamistas y se sabe que las mezquitas de allí han suministrado suicidas a Al Qaeda y a los grupos islamistas armados de Cachemira. En realidad, el Reino Unido, con su numerosa población musulmana inmigrante, es uno de los mejores viveros para el reclutamiento en el mundo occidental. El jeque Omar Baskri-Mohamed, fundador de Al Muhajiroun, grupos islamistas con base en Londres que recluta para la yihad,[11] ha afirmado que las mezquitas y los campus universitarios del Reino Unido reclutan todos los años, por témino medio, 18.000 musulmanes nacidos en Gran Bretaña y destinados a prestar servicio militar en cualquier país donde haya grupos islamistas armados en combate.[12]

Mohamed Ibbrahim Azhar, hermano de Maulana Masood Azhar (fundador del Jaish-I-Mohamed, uno de los principales grupos islamistas armados de Cachemira), se desplazó por lo menos una vez a Birmingham a fin de reunir voluntarios para la luchar contra la India. Su objetivo era la comunidad de los musulmanes cachemires, que ocupa uno de los diez bloques municipales más pobres de Birmingham, y que vive azotada por un altísimo índice de paro. La red de las mezquitas hizo posible que se moviese libremente por el Reino Unido para entrar en contacto con posibles combatientes y reclutarlos. Esos jóvenes recibieron dinero y fueron enviados a campos de adiestramiento en Pakistán, Afganistán, Yemen, Nigeria y Sudán, entre otros países. Pero sólo una minúscula fracción de ellos fueron destinados a misiones suicidas. Según atestiguan varios creyentes musulmanes, la realidad es que aunque la red de las mezquitas les da una razón para vivir y luchar raras veces logra convencerlos de que hay una razón por la cual morir.

Los posibles mártires son un bien escaso y las mezquitas andan constantemente ojo avizor. No sólo hay que seleccionar con cuidado, es preciso analizar minuciosamente todos los antecedentes y tomar en consideración todos los detalles. Cuando se juzga adecuado a un candidato, se lo adoctrina, se le suministra una dieta especial de religión, espiritualidad y violencia. Hamás, uno de los grupos más eficaces, con mucho, en la captación de hombres-bomba suicidas, dedica mucha atención a su instrucción. Los mártires potenciales son identificados a muy temprana edad, y se les va aleccionando poco a poco para su misión final. Salah Shehadeh,[13] líder de las brigadas Izz al Din Al Qassam, describe así el proceso de selección de un terrorista suicida:

> La selección se hace con arreglo a cuatro criterios. Primero, la estricta observancia religiosa. En segundo lugar, comprobamos que el joven cumpla los deseos de sus padres, que tenga el afecto de su familia y que su sacrificio no afecte [adversamente] a la vida familiar; que no sea el cabeza de familia, y que tenga hermanos, no admitimos a ningún hijo único. Tercero, su capacidad para llevar a cabo la misión que se le asigne, y para comprender su alcance. Cuarto, que su martirio anime a otros a realizar operaciones similares y lleve la yihad a los corazones de las gentes. Preferimos a los solteros. La dirección regional del movimiento Hamás propone a sus candidatos [o candidatas], y luego decide si se les acepta. [14]

En 2001 la asociación de eruditos religiosos palestinos dio su anuencia al martirio, con la declaración de que los ataques suicidas son parte de la guerra justa porque «destruyen al enemigo e introducen el miedo en sus corazones, lo provocan, sacuden los fundamentos de sus instituciones y le infunden el deseo de abandonar Palestina. [Ellos] reducirán el número de inmigrantes judíos que acuden a Palestina y les infligirán [a los israelíes] daño económico.»[15]

La red de las mezquitas intenta instruir a hombres-bomba en menos tiempo y partiendo de un fondo de recursos muy inferior al de las organizaciones como Hamás. La importancia de las misiones suicidas llama especialmente la atención cuando se considera en términos económicos. El análisis coste-beneficio demuestra que las operaciones suicidas son, con mucho, la forma más eficaz de atentado terrorista desde el punto de vista militar. Requieren cantidades relativamente pequeñas de dinero, y suelen tener gran impacto en cuanto a las bajas y los daños causados. Bin Laden y sus seguidores conocen bien esas ventajas. Según el jefe de la yihad islámica egipcia, el doctor Ayman al Zawahiri, «el método de operación mártir [es] la manera más eficaz de infligir daños al adversario y el menos costoso para los muyahidines en cuanto a cifras de bajas».[16] El 11 de septiembre ha sido la prueba excepcional de cómo se maximiza el impacto de un atentado terrorista recurriendo a sujetos dispuestos a morir al tiempo que lo perpetran. También es la operación terrorista más eficaz que se haya realizado nunca, en términos de costes: con sólo 19 secuestradores y un presupuesto estimado de 500.000 dólares, se consiguió matar a casi 3.000 personas y abrir una llaga indeleble en la sociedad occidental.

La red de las mezquitas suministra también respaldo financiero a la yihad. En 2001 el Lashkar-e-Taiba recibió de los musulmanes británicos 2 millones de libras en donativos. Según los servicios de inteligencia indios, entre los generosos donantes figuraba Ahmed Nashir, que vive en un barrio del este de Londres, el cual venía aportando 15.000 libras al mes. Nashir aseguró que se dedicaba a captar dinero para organizaciones de beneficencia.[17] Después de los cachemires residentes en Oriente Próximo, el segundo lugar de la lista de principales benefactores de la Cachemira musulmana lo ocupa Gran Bretaña. La red de las mezquitas maneja la mayor parte de esos fondos; las mezquitas recogen el dinero y procuran que llegue al destino idóneo, es decir, al grupo armado de su predilección. Detrás de esa red se mueven imanes como Shafiqur Rehman, el imán de Oldham, en la región de las Midlands. Este personaje fue deportado por recaudar fondos para el Lashkar y para el jeque Abu Hamza, clérigo radical de la zona norte de Londres que fue grabado con cámara oculta durante una reunión celebrada en Gran Bretaña en la que incitó a los musulmanes a matar estadounidenses.[18] En el vídeo aparece diciendo: «Matadlos. Es una buena obra».

Hezbolá en Kurdistán

Los fondos recaudados mediante la red de las mezquitas sirven también para ampliar la red misma, sobre todo en las regiones musulmanas laicas. Hacia finales de la década de 1980, las autoridades turcas fomentaron que las mezquitas y las organizaciones benéficas recaudasen dinero para la construcción de mezquitas en el Kurdistán turco.

«Hubo aldeas que acabaron teniendo dos mezquitas —cuenta un kurdo, exiliado político en Londres—, pero no escuelas, ni instalaciones deportivas para los niños. A los estudiantes jóvenes diversas organizaciones benéficas les ofrecían becas para estudiar teología, pero no para estudiar carreras como medicina o ingeniería. Es obvio que la decisión de inundar de mezquitas el Kurdistán pretendía colonizar la región, tradicionalmente laica y leal al PKK o Partido de los Trabajadores del Kurdistán.»

Del mismo período datan las primeras apariciones de Hezbolá en la región. Se trataba de kurdos suníes entrenados en Irán y Líbano por el grupo Shia Hezbolá, aunque algunos de ellos también habían recibido instrucción militar y política en Afganistán.[19] Fueron al Kurdistán para predicar y para reclutar a favor de la Yihad Islámica. Al principio recibieron el apoyo de algunas organizaciones y de fondos benéficos islámicos, muy probablemente iraníes.Sin embargo, pronto optaron por las actividades delictivas como fuente de financiación. Hezbolá instrumentó las mezquitas como lugares de organización y reclutamiento.[20] Políticamente había unidad de objetivos entre ellos, Namangiani, Bin Laden y Hambali: la meta final era convertir el Kurdistán turco en un Estado islámico, un califato regido por la *sharia*. Intencionalidad política que no impidió que el ejército turco se aliase con Hezbolá para aplastar al PKK. Las mezquitas se convirtieron en cuarteles generales de la violencia islamista. Un experto turco en Oriente PróximoPróximo, Faik Bulut, ha descrito así la función de las mezquitas dominadas por Hezbolá:

«Individuos muy jóvenes, de entre 15 y 20 años, desempleados y escasamente instruidos, son aleccionados en las mezquitas. Todos ellos son asesinos potenciales. Es gente valiente. Funcionan como bandas profesionales de sicarios. Las fuentes de financiación de la organización se desconocen. Quienes se unen a ellos empiezan a manejar dinero de la noche a la mañana. Ese dinero quizá llegue del extranjero, o quizá de robos de coches, extorsiones, secuestros y contrabandos».[21]

La intención de los militares turcos era manipular a Hezbolá para librarse del PKK en Kurdistán, tal como Estados Unidos hizo con los muyahidines frente a los soviéticos en Afganistán. Esta alianza duró pocos años, durante los cuales los representantes y simpatizantes del PKK fueron sistemáticamente atacados y muertos por Hezbolá, igual que le ocurrió a a la población kurda.

En unión con los bancos islámicos, la red de las mezquitas ha contribuido a la aparición de un nuevo fenómeno económico. Bajo el paraguas del islam, y estimulados por los éxitos de la yihad antisoviética, los grupos terroristas, los Estados embrión, los países islamistas y sus patrocinadores han conseguido establecer una red internacional de vínculos económicos y financieros que constituye una red «alternativa» de rapiña de la economía mundial tradicional. Como veremos en el capítulo 12, el llamamiento a a la yihad ha sido una de las fuerzas cohesionadoras del nuevo sistema económico.

TERCERA PARTE

La Nueva Economía
del Terror

12

La debilidad del Estado, vivero del terrorismo

«Donde debería existir un Estado nacional hay un vacío que vienen a llenar los señores de la guerra: ¿dónde se encontraría terreno más fértil para que germinen las semillas del terrorismo internacional y de la ilegalidad?»

WALTER H. KANSTEINER, subsecretario de Asuntos Africanos de Estados Unidos

A los siete años de edad, Francis Bok, un sudanés cristiano, fue capturado para ser reducido a la esclavitud mientras paseaba por el mercado de su pueblo. La aldea fue atacada por musulmanes sudaneses que fusilaron a todos los varones adultos y adolescentes. Luego reunieron a los niños supervivientes, los ataron a lomos de asnos y se los llevaron del escenario de la matanza. Los que eran demasiado pequeños para montar iban atados dentro de canastos. «Para nosotros no sois más que ganado», le dijeron los soldados sudaneses a Bok, que ha recobrado recientemente la libertad y ahora vive en Egipto. «He visto a muchas personas asesinadas como animales, y a muchos niños vendidos como esclavos —recuerda Bok—. He visto fusilamientos, matanzas. A los niños que lloraban les cortaban las manos o las piernas como escarmiento para los demás.»[1] Esto no es un cuento medieval, sino el relato de un esclavo sudanés del siglo XXI.

Sudán forma parte de un grupo de países atrapados en crueles y despiadadas guerras civiles. Son lugares donde la ley y el orden han dejado de existir y la población se halla a merced de los depredadores, los señores de la guerra y desaprensivos políticos. El régimen de Hassan al Turabi en el Sudán, por ejemplo, se basaba en la explotación de sus conciudadanos. Son países endémicamente inestables y propensos a la desintegración, países caóticos, Estados débiles. Hay toda una gama, que va desde la simple debilidad del Estado, en países como Colombia donde la administración todavía mantiene cierto grado de control sobre el territorio, pasando por Estados fracasados como Sudán, donde la autoridad central «ya no puede ni quiere hacer frente a las tareas que incumben a un Estado nacional en el mundo moderno»,[2] hasta Estados destruidos como Somalia, donde existe un total vacío de poder político.

Cualquier clase de Estado débil puede ser un semillero de grupos armados. En contra de lo que se suele creer, un Estado destruido no es un entorno más favorable para los grupos armados que un Estado débil. En Sri Lanka, la organización separatista armada de los Tigres de la Liberación (Liberation Tigers of Tamil Eelam, LTTE), ha logrado hacerse con el control de hasta un 15 por ciento del territorio. Pero Sri Lanka no es un Estado destruido, ni se halla en vías de serlo. El 80 por ciento de la población respalda a las autoridades y opina que lo están haciendo razonablemente bien.[3] El terror también prospera en países donde sólo hay focos de inestabilidad política en regiones donde ha fracasado la autoridad central. Pakistán es un buen ejemplo de ese fenómeno. Aunque no se puede dudar de que el general Musharraf sea dueño del país, hay regiones, sobre todo en el cinturón tribal, adonde no llega la autoridad central pakistaní. Es en estos enclaves donde proliferan los grupos armados islamistas.

Áreas fracasadas y áreas pardas

Según definición de Madeleine Albright, ex secretaria de Estado estadounidense, son «Estados fracasados» aquellos que tienen una autoridad central débil o inexistente. Con frecuencia el Estado fracasado es producto de la desintegración política y económica de un Estado tradicional. Hay países que no consiguen someterse a una autoridad nacional. A menudo, el modelo de Estado fracasado supone la existencia de varias autoridades rivales que ejercen diversos grados de poder en regiones diferentes. Por consiguiente, el país se ve azotado por el caos, la violencia y el sufrimiento, y también se generaliza el desprecio a los derechos humanos elementales.[4] Somalia era el ejemplo que proponía la señora Albright. Pero si extendemos la definición de «Estados fracasados» a las regiones, dentro de un Estado débil, donde la autoridad central ha dejado de ejercer un poder real —enclaves geográficos a los que podríamos llamar «áreas fracasadas»—, vemos que aumenta exponencialmente el territorio potencial para la expansión del terrorismo. Estas regiones, en las que la presencia del Estado es mínima o nula tanto en lo funcional como en lo territorial, han sido llamadas «áreas pardas» por Guillermo O'Donnell, director del Instituto Helen Kellogg de Estudios Internacionales de París.[5] El altiplano peruano, la Amazonia brasileña y las regiones meridionales de Colombia son ejemplos de áreas pardas, al igual que el valle de Fergana en Asia central y determinadas regiones de Indonesia, Malaisia y las Filipinas, en el sureste asiático.

Los Estados fracasados y las áreas pardas comparten algunos rasgos característicos. Sufren los estragos de las luchas intestinas, están desgarrados por brutales conflictos entre comunidades (como sucedió en Kosovo); sus fronteras no están controladas ni definidas; los poderes fácticos (señores de la guerra, dictadores como Mobutu o una élite política dirigente, como los talibanes) saquean a sus propios ciudadanos; la corrupción es endémica; La renta per cápita y el producto interior bruto regional, decaen rápidamente, y hay un aumento incontrolable de la violencia y la delincuencia. La anarquía es la norma en tales lugares. Siguiendo la definición de O'Donnell, «son ejemplos de la desaparicióndel Estado en su dimensión pública y, por consiguiente, de una extraña "cosificación" del Estado, que se ha visto reducido exclusivamente a la presencia de unas organizaciones que, en esas regiones, forman parte de hecho de circuitos de poder privatizados, a menudo meros sultanatos.»[6] Atrapadas en el vacío político, las poblaciones de las áreas fracasadas aceptan encantadas a los caciques fuertes, señores de la guerra o grupos armados, que conquistan un apoyo popular basado en lealtades étnicas o de clan. Esta necesidad de una mano de hierro se refleja en el comentario de un vendedor de periódicos de Yakarta, después de los atentados con explosivos en Bali de octubre de 2002: «Si las cosas continúan así —decía—, el pueblo dará la bienvenida a un régimen militar. [...] Con Suharto estábamos mal, pero al menos había seguridad.»[7] En las áreas fracasadas, los líderes de los grupos armados son vistos como «hombres fuertes». Simbolizan el poder en medio de la desintegración sociopolítica y económica de la comunidad. En 1946 muchos judíos que vivían en Palestina respaldaban las actividades de grupos terroristas como el Irgun Zvei y el Stern porque creían que esas organizaciones acabarían por suplir el creciente vacío que dejaba la desintegración del protectorado británico.[8] Por una motivación parecida, los habitantes de la Selva Alta, en Perú, confiaron sus vidas a Sendero Luminoso, pues les ofrecía protección frente a la doble explotación por parte de las corruptas autoridades peruanas y de los narcotraficantes colombianos.

Es en las «áreas fracasadas», por tanto, donde se establecen más fácilmente los grupos armados y donde consolidan su poder, con la legitimidad que les da suplir el vacío que crea el colapso de la autoridad central. Como hemos visto en el capítulo 5, éste es el proceso mediante el que se fabrica un Estado embrión, el armazón de un Estado aparte. Los grupos armados suplantan las infraestructuras económicas del viejo Estado con sus propios modelos. Al hacerlo así, asumen el rol económico de la autoridad central, por ejemplo imponiendo y recaudando impuestos. Se ha calculado que en Pakistán, entre 1997 y 1998, la pérdida en concepto de tasas aduaneras no cobradas, a causa del contrabando, fue de 600 millones de dólares. Los grupos armados, los señores de la guerra e incluso los cabecillas talibanes impusieron peajes a los artículos no gravados que viajaban hasta Kabul procedentes de los puertos pakistaníes y volvían a entrar en Pakistán. Ese dinero sirvió para fortalecer a los grupos que controlaban las rutas del contrabando.

Cuando un Estado se desmorona se produce un proceso similar, como sucedió en Líbano hacia la década de 1970. Los grupos armados vienen a llenar lo que resta de «una mera expresión geográfica, del agujero negro en que se ha sumido una forma de gobierno fracasada».[9] Se hacen con el control de las comarcas, crean sus propias infraestructuras, regulan los mercados y el tráfico de mercancías, e incluso tratan de establecer unas relaciones exteriores con los Estados vecinos débiles. En agosto de 2000 las autoridades peruanas se vieron implicadas en un escándalo de contrabando de armas por suministrar armamento a las FARC colombianas. Se descubrió que los militares peruanos hicieron una petición oficial para adquirir al gobierno de Jordania cincuenta mil fusiles de asalto AK-47 fabricados en Bulgaria. La expedición salió de Ammán en un avión de carga ucraniano con tripulación ruso-ucraniana que hizo escala en las Canarias, Mauritania y Granada. Pero antes de llegar a destino, en Iquitos, (Perú), las armas fueron lanzadas en paracaídas sobre la región de Guainia, cerca de la frontera con Venezuela y Brasil, en territorio controlado por las FARC.[10] En el vuelo de regreso el avión iba cargado de droga. Se ha calculado que transportó unas 40 toneladas de cocaína, droga destinada en parte a intermediarios jordanos y en parte a la antigua Unión Soviética. La implicación de altos funcionarios de la administración peruana en estos contrabandos suscitó el escándalo y tiempo después condujo a la dimisión del presidente Fujimori, el 20 de noviembre de 2000.[11]

El Cáucaso y el caos de la política exterior

A veces los grupos armados se benefician de las dificultades que los Estados legítimos encuentran para relacionarse los unos con los otros o con los Estados embrión, es decir para desarrollar una política exterior viable. Ofrecen un ejemplo de este fenómeno los territorios meridionales del Cáucaso. Combatientes árabes y grupos armados islamistas se mueven a sus anchas por el paso de Pankisi, que conecta Chechenia y Georgia con otro desfiladero situado entre Georgia y la región irredentista de Abjasia, el paso de Kodori. Lo que le falta a Abjasia, como a otros Estados embrión similares nacidos de las cenizas de la Unión Soviética, es legitimidad. Estos dos pasos son las principales rutas de tránsito principales para el armamento que circula entre Georgia y Chechenia, así como para la droga que va de Afganistán a Europa. Una manera de acabar con ambos tráficos ilícitos sería que la administración rusa y la georgiana concedieran a Abjasia el derecho de patrullar sus propias fronteras, con lo que se bloquearía el acceso al paso de Pankisi. Pero esa decisión implicaría el reconocimiento oficial de Abjasia como Estado independiente.. Sin embargo, y aunque no haya sido reconocida por las potencias internacionales, desde 1993 Abjasia viene funcionando *de facto* como protectorado ruso. Georgia afirma que esa región pertenece a su Estado, y teme comprometer su integridad territorial si permitiese la secesión de Abjasia. Por análogas razones se niega además a permitir que las fuerzas de seguridad rusas emprendan, pasando por su territorio, acciones militares contra los grupos armados chechenos y los combatientes árabes que operan dentro de Georgia. La consecuencia de todo ello es que esos grupos armados de la región siguen disfrutando de un tráfico multimillonario (en dólares) de armas y drogas.[12]

Las ventajas de los Estados débiles

Paradójicamente, un Estado destruido es un medio menos acogedor para la creación de un Estado embrión, en comparación con el Estado fracasado. Sucede así porque el Estado destruido no mantiene ninguno de los elementos de una organización estatal legítima: no hay administración, ni política exterior. Internacionalmente se lo percibe como un país con identidad débil o inexistente. Cuando un Estado se hunde, como ocurrió en Líbano, Somalia y Sierra Leona, aparecen los usurpadores que se apoderan de los pedazos, pero son y siguen siendo ilegítimos y no reconocidos. En cambio, el Estado fracasado conserva los atributos exteriores de la soberanía. Aunque no sea siquiera capaz de controlar sus fronteras, como Sudán o Afganistán, mantiene su territorio. Por tanto, la violación de su territorio por una potencia extranjera se percibiría como un acto de guerra. Por eso los grupos armados pueden esconderse fácilmente detrás de las fronteras de un Estado fracasado vecino, como hizo Bin Laden en Afganistán. Estados Unidos tuvo que invadir ese país para perseguir a Osama Bin Laden. Durante muchos años, el puerto albanés de Durres fue usado sin ningún disimulo por la mafia albanesa para tráfico ilegal de drogas, armamento y emigrantes a Europa, con la colaboración de organizaciones armadas islamistas. Sin embargo, no hay ningún Estado europeo dispuesto a invadir Albania para poner fin a semejantes tráficos.[13] Los Estados fracasados mantienen una diplomacia y emiten pasaportes. En 1997, durante los grandes disturbios de Albania, se robaron 100.000 pasaportes[14]. La Interpol teme que estos documentos hayan servido para «colar» en Europa a miembros de las organizaciones islamistas armadas. Los Estados débiles mantienen ejércitos que pueden legítimamente comprar armas, que luego se entregan a grupos armados, o son robadas por éstos. Según Interpol, entre enero y marzo de 1997 las organizaciones armadas y de delincuentes saquearon los arsenales del Estado albanés y se llevaron decenas de miles de fusiles de asalto, ametralladoras y lanzacohetes.[15]

Los Estados débiles ofrecen otras ventajas a los terroristas profesionales. Proporcionan territorio para campos de entrenamiento y bases armadas. A finales de los años noventa, miembros del grupo terrorista indonesio Yemaa Islamiya fueron entrenados por el Frente Moro Islámico de Liberación en un campamento de Mindanao, una de las islas meridionales de las Filipinas.[16] El Estado embrión, una vez consolidado dentro de un Estado débil, puede convertirse en punto de tránsito o reexpedición de drogas, armas, dinero sucio e inmigrantes ilegales. Según los servicios de inteligencia italianos, Albania es uno de los principales puntos de reexpedición de la droga que va a los mercados europeos, y Chechenia otro.[17] Los Estados débiles también ofrecen oportunidades para hacer negocios legales. Mientras estaba en Sudán, Osama Bin Laden compró plantaciones de acacia africana.

En el mundo financiero el equivalente del Estado débil son las «zonas pardas» bancarias, es decir, los paraísos fiscales donde el control de las transacciones monetarias es inexistente o escaso. Estas áreas pardas facilitan el lavado del dinero de procedencia ilegal en manos de los grupos armados y de la delincuencia organizada. Son más de sesenta los países donde se puede acceder a servicios financieros que no dejan rastro. Nauru, por ejemplo, una pequeña isla del Pacífico, llegó a tener 400 «bancos tapadera» cuya única función consistía en ocultar dinero. En las islas Seychelles, la legislación garantiza a los inversores la inmunidad frente a cualquier demanda por cualquier delito que hayan cometido fuera de su territorio. Allí es posible invertir cantidades de hasta 10 millones de dólares o más, aunque provengan de actividades ilegales. Lo único que piden es que los inversores se abstengan de desarrollar tales actividades en las mismas Seychelles.[18]

Indonesia, una empresa conjunta poco corriente

De todo lo dicho se desprende que el semillero ideal para el terrorismo es el Estado débil en vías de convertirse en un Estado fracasado. En medio de la erosión progresiva del poder central, y conforme se agudizan las luchas de poder entre las desfallecientes instituciones del Estado, los grupos terroristas forjan alianzas estratégicas asombrosas. La asociación entre los militares y los islamistas en Indonesia ofrece un buen ejemplo de estas «empresas conjuntas poco corrientes». En los años setenta, para reprimir un rebrote del comunismo, la dictadura del general Suharto favoreció la colaboración entre los militares y las organizaciones extremistas musulmanas. Esta política recibió las bendiciones de Washington, que por aquel entonces cortejaba también a los grupos islamistas con el propósito de contener la expansión soviética. De esta manera, mientras la CIA manipulaba a los muyahidines de Afganistán, Suharto intentaba hacer lo mismo con los islamistas de Indonesia. De esta alianza nació, según se cree, la Yemaa Islamiya, es decir el grupo terrorista islamista al que se atribuye el atentado con explosivos de octubre de 2002 en Bali.[19] En los años siguientes, algunos sectores de los militares mantuvieron lazos con los grupos terroristas islamistas y a menudo se formaron redes de «operativos especiales» para reprimir la oposición contra Suharto. En 1997 se constituyó el Frente de Defensa Islámica (Front Pembela islam, FPI), con la colaboración de las autoridades militares, para sabotear las iniciativas a favor de la democracia. Este grupo asalta clubes nocturnos, burdeles y bares, cuyos propietarios se ven así obligados a pagar protección a la policía local.[20]

En Indonesia se da la misma ambigüedad política en que se han empantanado tanto los partidarios como los patrocinadores de la yihad antisoviética. Por un lado, los grupos islamistas cuentan con el respaldo de los militares. Por otro, se encarcela a algunos líderes destacados, como hizo Suharto con Abu Bakar Bashir, el clérigo que predica que Indonesia, Malaisia y las Filipinas meridionales deberían someterse a la *sharia*, la estricta ley islámica. En 1978 Bashir, que dirigía en Java una escuela donde formaba a los futuros dirigentes del Estado islámico puro, fue acusado de sedición por su complicidad con el Komando Yihad, otro grupo armado que pretendía establecer un Estado islámico en Indonesia. En 1985 Bashir fue puesto en libertad y se desplazó a Malaisia para reunirse con otros miembros del Ulema indonesio en el exilio. Entre éstos figuraba Riduan Isamuddin, más conocido como Hambali, que asumió el mando de la Yemaa Islamiya. Juntos, Bashir y Hambali recorrieron Malasia predicando y reclutando militantes para su causa.[21]

Cuando cayó Suharto, los militares de la línea dura trasladaron sus redes al extranjero. Según Wimar Witoelar, profesor de la Deakin University, en Australia, ése fue el núcleo de las llamadas «fuerzas oscuras»,[22] extremistas de extracción tanto militar como civil que reactivaron los vínculos con las redes de los islamistas. Para contrarrestar la erosión de su poder a causa del advenimiento de la democracia en Indonesia, los militares de la línea dura procuraron restablecer su presencia entre bastidores, sirviéndose de los grupos islamistas como tapaderas. A través de estos grupos tramaban la gradual desestabilización del país. En una población predominantemente musulmana, el objetivo era aprovechar las tensiones religiosas y raciales para promover la proliferación de bolsas o áreas fracasadas. Las organizaciones armadas islamistas veían en esa alianza una posibilidad de llevar adelante su propio programa, la creación de un Estado islamista puro.

Desde 1998 se suceden estallidos de violencia en todo el país, que dejan un rastro de sangre y desesperación. Los disturbios de mayo de 1998 en Yakarta causaron más de 1.000 muertos. En 2000, los militares consintieron la penetración de miles de seguidores de Laskar Yihad en las Molucas.[23] De esto resultó un conflicto entre musulmanes y cristianos en las Molucas, que duró hasta finales de 2001 y que se saldó con 4.000 muertos y medio millón de refugiados. De las Molucas, los guerreros de Laskar pasaron a Papúa, donde no existe mayoría demográfica musulmana, y desencadenaron el conflicto. También hay combatientes islamistas activos en el Aceh, en el extremo septentrional de Sumatra, donde los separatistas musulmanes llevan combatiendo por la independencia desde 1976. En los enclaves controlados por los guerrilleros musulmanes se ha impuesto ya la observancia estricta de la ley islámica. La contienda prosigue en Poso, en el Sulawesi central, donde colaboran en las sangrientas hostilidades contra los cristianos el Laskar Yihad, el FPI y el Laskar Yundullah, que es el brazo operativo de la Yemaa Islamiya. Desde 1999 han muerto 2.500 personas y 80.000 perdieron sus hogares en dicha isla.[24] En los enclaves controlados por los islamistas ya se ha impuesto la interpretación más estricta de la *sharia*.

Las fuerzas desestabilizadoras desatadas desde la caída de Suharto han creado un ambiente de gran incertidumbre económica. Tres presidentes intentaron sin éxito la implantación de las muy necesarias reformas económicas. Tropezaron con la contundente limitación de una deuda exterior que asciende a 130.000 millones de dólares, que representa una proporción muy alta del PIB anual (más del 90 por ciento en 2001). La inestabilidad política combinada con la incertidumbre económica es la causa del desplome de las inversiones extranjeras. «Bali es uno de los pocos lugares en donde se puede invertir con seguridad», me comentaba un banquero europeo cuando visité la isla en la primavera de 2000. Hoy día esto ya no es cierto. Los grupos islamistas lograron infligir un duro golpe a la precaria economía indonesia en octubre de 2002, cuando hicieron estallar una bomba en un club nocturno de Bali. «Al atentar en Bali, el golpe realmente iba dirigido al bajo vientre de Indonesia», comentó Dewi Fortuna Anwar, analista de la política indonesia.[25] Bali es un destino turístico de relevancia mundial y por sí sola contribuye a la economía indonesia con 7.000 millones de dólares en ingresos anuales (aproximadamente un 5 por ciento del PIB del país). Anwar agregó que el atentado no iba dirigido sólo contra los turistas, sino que apuntaba «a la prosperidad económica de Indonesia». Y, en efecto, después del atentado se produjo un desplome en el mercado bursátil indonesio, seguido de una caída del tipo de cambio de la rupia, bastante débil de por sí, frente al dólar estadounidense. La repercusión sobre la economía en general acentuó la debilidad del sistema bancario, que aún no se había recobrado de la crisis de los mercados asiáticos de 1997 y estaba minado además por la corrupción y por una gestión deficiente.[26]

En Indonesia los grupos terroristas siguen una estrategia bien conocida: apuntan contra la economía legítima para acelerar la desestabilización de la autoridad central. Como hemos visto antes con la OLP en Líbano, Sendero Luminoso en el altiplano peruano y el FMLN en El Salvador, una vez se ha hundido la economía los grupos armados ocupan el vacío con su propia economía de guerra.

13

De la yihad moderna a una Nueva Economía del Terror

«Estamos librando una yihad y ésta es la primera brigada interna-
cional islámica de la era moderna. Si los comunistas tienen sus bri-
gadas y los occidentales tienen la OTAN, ¿por qué no van a unirse
los musulmanes y formar un frente común?»

TENIENTE GENERAL HAMEED GUL, jefe del servicio secreto
pakistaní ISI, después de la derrota soviética en Afganistán

El entorno operativo del terror ha cambiado en los últimos 50
años. Las organizaciones armadas «tradicionales", como el
IRA o el Partido Obrero del Kurdistán (PKK) perseguían objetivos irredentistas y actuaban en un solo país o región. Hoy el terror
es transnacional. Se mueve libremente de un Estado débil a otro.
«Al Qaeda está presente desde Argelia a las Filipinas —explica Es-
sid Sami Ben Khemais, miembro de la célula milanesa de Al Qaeda—. Está en todas partes.»[1]
   La naturaleza transnacional de los grupos armados islámicos es
un fenómeno muy reciente. Sin embargo, sería un error concebir a
Al Qaeda como una organización internacional estructurada y altamente integrada, a la manera de las multinacionales del crimen. No
sólo se ha modificado el medio en que se mueven las organizacio-

nes armadas, sino que también ha evolucionado la estructura de éstas. «Al Qaeda es un fenómeno», explica el disidente saudí Saad Al
Faqih.[2] Bin Laden no es tanto un organizador o un director como
un líder carismático. Según el informe del Consejo de Seguridad de
las Naciones Unidas sobre Al Qaeda, «muchos de estos elementos
extremistas miran hacia Osama Bin Laden y su Shura Majlis como
una especie de "consejo supremo", en el que buscan inspiración y,
en ocasiones, también ayuda financiera y logística».[3] Coincide con
esta interpretación Yossef Bodansky, director de una comisión del
Congreso estadounidense, cuando dice que Bin Laden actúa como
inspirador más que como organizador. «Bin Laden y sus principales ayudantes son de importancia extraordinaria por lo que se refiere a la moral y a la inspiración teológica de las operaciones», analiza.[4] Son grupos y células independientes quienes se ocupan de la
logística de los atentados terroristas.

Al Qaeda, un fenómeno mundial

Incluso los orígenes de Al Qaeda confirman esa interpretación. En
los comienzos de la yihad antisoviética, los candidatos a guerreros
árabes afluían en Pakistán, donde eran alojados en albergues, que
no llevaban registros de entrada. Ninguna organización registraba
el nombre de los combatientes ni el lugar al que les destinaban ni
si habían sido heridos o muertos. La inexistencia de esa información vital era angustiosa para los familiares. En esa época Bin Laden estaba a cargo de varios de esos albergues y quedó consterna-
do al recibir cientos de llamadas en demanda de información. En
consecuencia decidió llevar constancia de quienes pasaban por los
albergues, y esa nómina fue lo que con el tiempo se conoció como
el Registro de Al Qaeda. Y así fue como nació Al Qaeda, que significa «La Base», o «La Lista ».[5] No fue hasta 1988 que Bin Laden
empezó a concebir la idea de organizar a los voluntarios musulmanes en un ejército dedicado a la yihad.

Según el doctor Al Faqih, líder del Movimiento por la Reforma Islámica en Arabia, una organización radicada en el Reino Unido que propugna el derrocamiento de la dinastía al Saud, en la ac-

tualidad deberíamos hablar de «el grupo» o «la red de Bin Laden», mejor que de Al Qaeda. Esa red tiene un núcleo central: Bin Laden y un reducido círculo de partidarios, gentes que le siguen adondequiera que vaya. El cuadro global incluye a miles de grupos menores, es decir organizaciones armadas de distinto tamaño y constitución, desde auténticos equipos hasta agentes individuales. Esos grupos tienen sus propias cadenas de mando, su logística y sus objetivos. Como red, tienen poca cohesión, y ven a Bin Laden como un personaje carismático, como alguien que inspira, sanciona y ayuda a financiar las operaciones violentas.[6] A mediados de 1999, Hambali y su grupo grabaron un vídeo explicativo que detallaba un plan para volar una central de autobuses de las tropas estadounidenses en Singapur. La cinta le fue mostrada a Bin Laden con la esperanza de allegar fondos para sus actividades terroristas en el sureste asiático. Hacia finales de 2001 este vídeo fue hallado en Kabul, en la casa de Mohamed Atif, comandante en jefe a las órdenes de Bin Laden. Éste y su red debieron recibir por aquel entonces cientos de propuestas similares, ninguna de las cuales mereció una asignación de fondos. En cambio Hambali tuvo éxito y su plan fue financiado. Atif utilizó una organización benéfica saudí para transferir el dinero destinado a comprar las cuatro toneladas de nitrato amónico necesarias para el atentado.[7] Desde entonces se ha relacionado a Hambali con varios atentados en el sureste asiático, incluyendo las cinco explosiones simultáneas de Manila, en octubre de 2002. Pocos días después de la explosión en Bali, un islamista indonesio detenido en Manila confesó que Hambali había proporcionado los medios económicos para esos atentados.[8]

Confirma la importancia estratégica de Indonesia, país que tiene una impresionante mayoría de musulmanes, el hecho de que lo han visitado reiteradamente destacados miembros del entorno de Bin Laden. Hacia mediados de 2000 viajó a Indonesia el doctor Ayman al Zawahiri, acompañado de un joven kuwaití, Omar Faruq, que era uno de los hombres de Bin Laden en las Filipinas. Durante esta visita, Zawahiri estableció contactos con los líderes islamistas, entre ellos Abu Bakar Bashir. Es probable que durante estas reuniones se le expusieran al ayudante de Bin Laden proyectos de atentados terroristas y se le solicitase colaboración económica. Pocos meses después varias bombas explotaron en iglesias cristianas de las Molucas. En la actualidad se cree que estas explosiones fueron otros tantos ensayos para el atentado de Bali. Según la CIA, Bashir recibió 74.000 dólares procedentes de una cuenta controlada por el jeque Abu Abdulá, que es uno de los pseudónimos de Bin Laden. Este dinero se empleó en comprar a oficiales del ejército indonesio tres toneladas de explosivos.

«Puede que esos grupos tengan contacto directo con Bin Laden o con las gentes de su entorno más próximo y puede que no», comentó Al Faqih. Eso no importa. Lo que sí es relevante y peligroso para Occidente es que la red tiene su vida propia y se nutre según sus propios métodos. A saber: los grupos armados se incuban en el interior de los Estados débiles, evolucionan hasta convertirse en Estados embrión y empiezan a establecer relaciones los unos con los otros, y con otras organizaciones terroristas y de la delincuencia. Células como las que patrocinaron a los secuestradores aéreos del 11 de septiembre se multiplican incluso en las ciudades de Occidente. Ahora el mundo se enfrenta a un conglomerado transnacional de células. En todo el mundo hay colonias terroristas. La pregunta clave es cómo sobrevive este sistema. Y la respuesta es sencilla. Lo que le insufla vida es la Nueva Economía del Terror.

El verdadero objetivo del terrorismo islámico

Antes de analizar la interdependencia entre el terrorismo moderno y su economía, hay que plantear dos puntos: primero, que el desmoronamiento de la Unión Soviética y la consiguiente indiferencia occidental para con ciertas regiones dieron un nuevo impulso al terrorismo moderno. Segundo, que el objetivo primordial de la violencia política islamista no es Occidente, sino los regímenes pro-occidentales de los países musulmanes o de población mayoritariamente musulmana. «Según Bin Laden, los principales traidores [a Dios y su Profeta] han sido los gobiernos islámicos que cooperan con Estados Unidos, regímenes [...] que son "moralmente depravados", a los que él describe como "hipócritas" y "defensores de la falsedad" [...]».[9] Al Qaeda es sin duda producto de esos dos factores. En 1988, cuando la concibió originariamente Bin Laden, iba a ser «un ejército de hombres jóvenes que han escuchado el llamamiento a la yihad».[10] Según Abu Mahmud,[11] cuando Bin Laden le explicó esa idea nunca mencionó que la yihad apuntase contra los regímenes occidentales. Muy al contrario, pensaba en combatir a los gobiernos infieles que oprimían a los musulmanes en muchos lugares del mundo, como Palestina, las Filipinas, Cachemira y las regiones del Asia central entonces dominadas por la Unión Soviética.[12] El nuevo enemigo no apareció sino después de la victoria en Afganistán, el desmantelamiento de la Unión Soviética y la guerra del Golfo. La violenta oposición contra la cultura occidental es un corolario de ese fenómeno. Deriva de las alianzas que los gobiernos occidentales han contraído con los regímenes oligárquicos musulmanes y los apoyos que les han prestado. Regímenes, por cierto, que explotan a las masas, entre los cuales figuran Arabia Saudí, Pakistán y el Azerbaiyán postsoviético. Llevar la conflagración a Occidente, es la *conditio sine qua non* para el derrocamiento de esas oligarquías, proceso que a su vez debe allanar el camino al establecimiento de Estados islamistas.

La naturaleza explotadora de la alianza entre Occidente y las oligarquías musulmanas origina un incesante resentimiento entre la población musulmana. En Azarbaiyán un disidente se lamentaba de que, «de repente, a mediados de la década de 1990, y mientras Estados Unidos empezaba a formular por medio de la OTAN una política de seguridad para el orden mundial tras la Guerra Fría, empezaron a aumentar las estimaciones acerca de las reservas petroleras de Azerbaiyán. Sin que se supiera cómo ni por qué, las estimaciones iniciales que las comparaban a las reservas del mar del Norte y las cifraban en unos 30 a 50 mil millones de barriles, subieron a 200 mil millones de barriles y se empezó a tomar como término de comparación a Arabia Saudí. La consecuencia fue que desembarcaron en Bakú gran número de compañías petrolíferas estadounidenses con sus ejecutivos para acudir a la subasta de los derechos de prospección.[13]

En 1994 un consorcio liderado por BP-Aramco firmó un contrato para la explotación de los campos de petróleo de Charyg, cerca de Bakú. El socio local fue SOCAR, la compañía petrolera controlada por «unos amigos» de Heydar Aliyevich Aliyev,[14] presidente de Azerbaiyán.[15] El contrato fue avalado por instituciones financieras occidentales e internacionales, como el Banco Mundial. La petrolera repartió dinero entre miembros de la administración para asegurar el contrato y su ejecución. «Los líderes azerbayanos lo tenían todo pagado a cargo de las cuentas de gastos de las compañías petroleras mientras 600.000 azarbayanos viven todavía en condiciones terribles en barrios de barracas a las afueras de Bakú y en toda la provincia occidental de Azerbaiyán.»[16]

El terrorismo no se sustrae a la «fiebre de la globalización» de los años noventa. Sus objetivos a medio y largo plazo también son transnacionales. Las metas de los grupos armados islamistas son la yihad y el nuevo califato, respectivamente, es decir, una confederación de estados islamistas. "Los combatientes islamistas irán donde haga falta para la llamada de la yihad", me decía un muyaidín argelino hace una década. Y efectivamente, en 1992, veteranos de la yihad antisoviética acudieron a Bosnia para luchar. Grupos radicales como el Hezbolá libanés enviaron a instructores para que adiestraran a jóvenes musulmanes inexpertos, que viajaron a los Balcanes para librar la nueva yihad. Desde entonces las yihads se han multiplicado. Como vimos en los capítulos 9 y 10, la desintegración de la Unión Soviética, la nueva economía y el desorden político que la siguieron alimentaron la proliferación de guerras. En la periferia del viejo sistema soviético surgieron Estados débiles. Grandes regiones de estos Estados se convirtieron en zonas fracasadas y grupos armados islamistas tomaron su control. Abandonados, en el plano internacional, por los países occidentales y por la única superpotencia remanente, Estados Unidos, fueron terreno abonado para la difusión del terrorismo. Sin embargo, antes de que ese produjese ese fenómeno, las organizaciones armadas islamistas ya habían puesto su mira en los regímenes musulmanes tradicionales.

La amenaza de los afgano-árabes

En 1992 los dirigentes egipcios y argelinos advirtieron a Washington de que los afgano-árabes empezaban a representar un peligro. Se le suplicó a la administración estadounidense que reemprendiese la acción diplomática en Afganistán con la finalidad de pacificar la región. Estas peticiones fueron ignoradas. Mientras tanto, el régimen argelino había reunido abundante información acerca de los argelinos veteranos de la yihad antisoviética y sus vínculos con la red de Osama Bin Laden. Esta colaboración amenazaba la estabilidad política de Argelia. En enero de 1992 el ejército anuló el resultado de las elecciones en las que se proclamó vencedor (con el 60 por ciento de los escaños) el Frente Islámico de Salvación (FIS) e impuso la ley marcial. A esta decisión le siguió un cruento enfrentamiento entre los islamistas y el ejército. Hacia 1999 el conflicto se había cobrado 70.000 vidas. Finalmente, el FIS fue absorbido por la yihad islámica radical, que constituyó en 1995 el Grupo Armado Islámico (GIA), dirigido por argelinos ex combatientes de la yihad antisoviética.[17] El GIA formaba parte del plan maestro de Bin Laden para desestabilizar el norte de África, y condujo a la proliferación del extremismo islámico en Francia. Para los islamistas, Argelia y Albania eran las puertas de entrada del terrorismo en Europa.

Los afgano-árabes también pusieron sus miras en Egipto. A comienzos de los años noventa, veteranos de la guerra afgana reactivaron la Yihad Islámica egipcia y le inyectaron sangre nueva. Fallido en 1993 un atentado contra el ministro del Interior, en 1995 fracasaron de nuevo con un intento de asesinar al primer ministro. Sin embargo, consiguieron matar a cuatro policías y 58 turistas en 1997, cuando decidieron golpear el popular centro turístico de Luxor.

Los afgano-árabes también apuntaron a Libia: en 1998 Gaddafi descubrió que Al Muqatila, un grupo islamista formado a comienzos de la década de 1990 por libios ex combatientes de la guerra afgana, planeaba su asesinato. El grupo ideó una estrategia de infiltración en el territorio y entre la población, a fin de organi-

zar un golpe de Estado. Como muchas otras organizaciones islamistas similares del mundo árabe, al Muqatila tenía su cuartel general en Sudán y estaba apoyada financieramente por Osama Bin
Laden. En los años noventa éste residía en Jabala Larde, una aldea
libia no lejos de Bengasi, en la región oriental del país. Lo que
atrajo especialmente al millonario saudí fue que Libia era un es-
condite perfecto para él, gracias a la impopularidad del régimen de
Gaddafi. Flanqueada por Argelia y por Egipto, los dos países en
donde los grupos islamistas armados eran más activos, Libia era el
lugar ideal para el cuartel general de su red. Pero el 15 de abril de
1998, después del atentado contra su persona, Gaddafi emitió una
orden de busca y captura contra Bin Laden a través de Interpol.
Ésa fue la primera de otras muchas; hasta entonces, el hombre más
buscado del mundo era técnicamente libre. Transcurrido un mes
Interpol aceptó la validez de la petición y lanzó la orden internacional de detención.[18]

La extraordinaria asociación entre el MI5 y Al Muqatila ilustra hasta qué punto eran ajenos los occidentales a los acontecimientos de Oriente Próximo y el grado de complacencia con que
contemplaban la situación. David Shayle, ex agente del MI5 destinado en el norte de África, ha admitido que en noviembre de
1996 los servicios secretos británicos planearon el asesinato de
Gaddafi en cooperación con al Muqatila. Según el plan, se atenta-
ría contra el líder libio en el tránsito entre dos poblaciones, durante un viaje oficial. Pero nunca fue puesto en práctica y lo más paradójico es que después del 11 de septiembre los servicios secretos
británicos pidieron información acerca del grupo terrorista al Muqatila a sus colegas libios.[19] Una delegación de altos funcionarios
de los servicios secretos libios se desplazó a Londres para poner en
antecedentes al MI5.

La yihad moderna

El objetivo final de la Nueva Economía del Terror es sustentar el
terrorismo. De hecho, ese sistema económico no es más que el resultado de la evolución de la violencia política en los últimos diez

lustros: desde el terrorismo patrocinado por los Estados hasta la privatización del terrorismo y la aparición de Estados embrión. Hoy día la yihad moderna, bajo sus diversas formas, es una de las manifestaciones más importantes de la violencia política y el motor básico de la Nueva Economía del Terror. En el año 2000, según el Instituto Internacional de Estudios Estratégicos, grupos musulmanes intervenían en más de dos terceras partes de los 32 conflictos en armas que existían entonces en el mundo.[20] Bajo el paraguas de la yihad la comunidad musulmana se está forjando una nueva identidad belicosa. Por tanto, para comprender la Nueva Economía del Terror el primer paso consiste en captar el sentido de la yihad moderna. Y para ello es preciso observar las condiciones en las que se formó.

Dos destacados filósofos, Samuel Huntington y Francis Fukuyama, han tratado de describir el nuevo panorama. Huntington sitúa en la política las causas de la creciente conflictividad islámica. Hasta la caída de la Unión Soviética, la política había sido un privilegio de las dos superpotencias, y los países islámicos vivían a la sombra de éstas. Ni siquiera la crisis del petróleo y el subsiguiente y enorme flujo de capitales hacia los países árabes fue suficiente para alterar ese equilibrio. En un informe reciente de Naciones Unidas sobre el desarrollo, un grupo de intelectuales árabes declara que el mundo árabe, con su abundancia de petróleo, «es más rico que desarrollado».[21] Y que los petrodólares no trajeron la modernización, o mejor dicho, la distribución de la riqueza. Por el contrario, la descomunal transferencia de efectivo desde Occidente hacia los países árabes contribuyó a «congelar» los regímenes árabes. Además, a ojos de muchos musulmanes, el final de la Guerra Fría marcó el principio de la pérdida de supremacía de la cultura occidental. Al mismo tiempo, los países musulmanes empiezan a emanciparse de su yugo. Es en este punto cuando se intensifica la búsqueda de nuevos parámetros intelectuales que sirvan para definir la identidad musulmana. La religión no tardó en surgir como referente principal. Desde siempre las organizaciones islámicas procuraron atender a las necesidades de una población cada vez más numerosa, a la que ofrecían apoyo social y moral,

asistencia social, sanidad, educación, ayudas para los desempleados, beneficencia... servicios que demasiado a menudo los gobiernos musulmanes negaban a sus ciudadanos.[22] (Conviene añadir
aquí que algunas de esas funciones también son asumidas por los
grupos armados cuando consiguen crear sus Estados embrión, así
la OLP en Líbano, Hamás en los territorios ocupados o el IMU en
el valle de Tavildara.) En Tayikistán, varias organizaciones islámicas siguen impulsando el nuevo despertar de la conciencia musulmana. Por otra parte, con frecuencia los grupos radicales islamistas han constituido la única oposición frente a regímenes opresivos
y autoritarios.

   Huntington subraya que hay muchos agravios y resentimiento en el mundo musulmán contra la colonización cultural y
material por parte de los occidentales. Sin embargo, parece más
realista valorar ese resentimiento como una consecuencia de la
frustración islámica frente a sus propios mandatarios, no como
una oposición independiente. Entre las generaciones jóvenes,
sobre todo, es habitual cargar a Occidente la responsabilidad
por la supervivencia de regímenes musulmanes represivos y an-
tidemocráticos, de los cuales Arabia Saudí sería el ejemplo más
notorio. Señala también Huntington otras dos causas para la difusión del terrorismo islámico: una, las divisiones religiosas, tribales, étnicas, políticas y culturales que han existido siempre entre las comunidades musulmanas, lo cual hizo endémica la
violencia; y dos, el acelerado crecimiento demográfico.[23] La
evolución de ambos factores, concluye, conducirá al choque de
civilizaciones, sobre todo entre el islam y Occidente. Según
Huntington, el objetivo último de Osama Bin Laden no es otro
que el de que estalle ese conflicto violento, y ese objetivo se ve
favorecido por los acontecimientos recientes. De acuerdo con
un informe de 2001 redactado por la Digos, una sección de élite de la policía italiana, la célula de Al Qaeda en Milán descubierta después del 11 de septiembre tenía en su punto de mira a
Europa. Esta conclusión se basa en una serie de escuchas de las
conversaciones telefónicas entre los miembros de aquélla. «Dios
nos quiere, porque Europa está en nuestras manos», dice Lased

Ben Heini, un libio veterano de la guerra afgana y miembro de la célula milanesa.[24]

A diferencia de Huntington, Francis Fukuyama considera que los conflictos contemporáneos forman parte del proceso de modernización, una fuerza que impulsa a los países musulmanes y al resto del mundo hacia los regímenes representativos, es decir, hacia la democracia. Aunque Jomeini impusiera a las mujeres el uso del chador, se vio obligado a concederles el derecho de voto, argumenta Fukuyama.[25] Incluso teniendo en cuenta el crecimiento del terrorismo islámico, para Fukuyama la historia sigue moviéndose de manera ineluctable hacia la democracia universal.[26]

¿Qué relación guarda el terrorismo islámico con esas dos visiones del mundo? El islamismo en tanto que concepto moderno nació de las cenizas de otros movimientos islámicos anteriores. De la Hermandad Musulmana de Hassan al Banna, fundada en Egipto en 1928, el islamismo tomó la figura del líder carismático y la idea de lealtad ciega de sus seguidores, que al Banna había tomado prestada, a su vez, del fascismo italiano. En la ideología de la Hermandad ocupa un lugar central el maridaje entre lo espiritual y lo material, y ése es el concepto que los grupos islamistas armados introducen en la yihad. Del periodista marxista Maulana Mawduli, fundador del Jamaat e-Islami pakistaní en los años cuarenta, proviene la idea de la vanguardia revolucionaria islámica, aplicada por los combatientes de la yihad antisoviética también a la lucha contra Occidente y contra el islam tradicional. Por último, se debe al intelectual egipcio Sayyid Qutb, convertido en ideólogo de la Hermandad durante su estancia en prisión, el concepto de la naturaleza universal del movimiento islámico y el proyecto de una nación monolítica, de un Estado regido por un solo partido, el islámico.[27] Para alcanzar este objetivo final, Sayyid justificaba el empleo de la violencia en cualquiera de sus formas.

Es posible que el fundamentalismo islámico sea el heredero natural de los primeros movimientos revolucionarios islámicos, debidos a pensadores musulmanes tanto de derechas como de izquierdas. Admitiendo esto, sin embargo, su identidad moderna se define en tajante contraposición a la cultura occidental:

Esta campaña judeocristiana contra el mundo musulmán, tan violenta como nunca antes se había visto, es [la señal] de que los musulmanes debemos recurrir a todos los medios posibles para expulsar al enemigo en lo militar, en lo económico, en lo religioso y en todos los demás aspectos. Es crucial que nosotros seamos pacientes, que colaboremos en un espíritu de justicia y devoción, y que elevemos la conciencia del hecho de que, después de la fe, nuestro deber más elevado es expulsar al enemigo intruso que corrompe la religión y el mundo, y que nada excepto la fe merece una prioridad más alta, como nos han enseñado nuestros doctores; por cuyo motivo es fundamental que pasemos por alto los pequeños motivos de querella, para cerrar filas y poder repeler al gran *káfir* [infiel]».[28]

De ahí que el islamismo posea al mismo tiempo las semillas de la modernización y las del choque violento de civilizaciones, previstas tanto por Fukuyama como por Huntington. Sin embargo, el islamismo también es algo más. Es, como toda fuerza revolucionaria, un motor económico impulsado por un tipo de energía muy especial: la yihad moderna. Paradójicamente, la importancia que la «ciencia económica» desempeña para los grupos islamistas armados deriva del trasfondo ideológico en que se concibieron los primeros movimientos revolucionarios islamistas, un trasfondo empapado de ideología occidental. El culto al martirio de al Banna debe más al ala derecha del anarquismo decimonónico francés e italiano que al islam de la *sunna* o de la *shia*.[29] La influencia marxista contribuyó en gran medida a configurar el concepto de vanguardia revolucionaria. Como lo explican claramente los profesores iraníes Ladan y Roya Boroumand Sayyid, la sociedad ideal de Qutb era «una sociedad sin clases, de la que sería desterrado el "individuo egoísta" de las democracias liberales y se aboliría la "explotación del hombre por el hombre", y no habría más gobierno que el de Dios, mediante la puesta en vigor de la ley islámica. Esto era un leninismo con disfraz islámico».[30]

¿Será posible que las semillas ideológicas del fascismo, del nazismo y del bolchevismo alimenten ahora, casi un siglo más tarde, el islamismo? Por lo que se refiere a la economía, la respuesta es que sí. Todos esos movimientos anunciaban un cambio radical del sistema socioeconómico existente. Daba lo mismo que la propaganda en que se envolvían fuese ideológica o religiosa; su atracción para las masas se basaba en la promesa de una redistribución de la riqueza a favor de ellas. Sobre esa base conquistó el apoyo nacional la revolución iraní. Así los Romanov a principios del siglo XX, el sha en la década de 1970 y la dinastía saudí reinante son blanco de la inquina de las masas, a causa de las grandes desigualdades económicas que sus regímenes perpetúan en sus respectivos países. Lenin, Jomeini y Bin Laden son percibidos por sus seguidores como los líderes carismáticos, los «hombres fuertes», los revolucionarios que prometen legitimidad a quienes pretenden cambios radicales. Esta caracterización se confirmó cuando Ayman al Zawahiri, líder de la Yihad Islámica egipcia, definió a Bin Laden como «el nuevo Che Guevara».[31]

En ese contexto, la yihad se separa de su significado tradicional y adquiere un nuevo sentido. Esta palabra traducida de manera aproximada como «la lucha», originariamente significa la lucha existencial del musulmán frente a la debilidad y la decadencia moral. Esto es la Yihad Akbar, o «gran lucha». Junto a este concepto se propone el de Yihad Asghar, que se traduciría literalmente como «lucha menor» y se refiere al deber de autoconservación y autodefensa. La definición de Yihad Ashgar es la que contiene elementos militares y políticos; por consiguiente, depende de una serie de sanciones éticas. Por ejemplo, el musulmán sólo debe hacer la yihad cuando se vea atacado, pero se le prohíbe hacerlo únicamente por consideraciones de *realpolitik*.[32] La modificación de dichas sanciones éticas ha transformado la yihad moderna. Ésta va dirigida contra el Estado de Israel y el imperialismo de Estados Unidos y demás aliados occidentales, entidades políticas astutamente disfrazadas bajo sus credos religiosos, a saber, el judaísmo y el cristianismo. Pero sus blancos primordiales siguen siendo los Estados musulmanes tradicionales y cualesquiera otras autoridades que impidan la formación de naciones islamistas, como son la democracia india en Cachemira y el régimen democrático de Megawati en Indonesia. Por eso, en su versión moderna la yihad ha dejado de distinguir entre los infieles y las gentes del Libro, que son los musulmanes, los judíos y los cristianos, contra los que está prohibido hacer la guerra. La religión ofrece un cómodo refugio a las motivaciones políticas y económicas, pero cuando se aparta esa pantalla resulta obvio que no se está luchando contra ningún agresor, sino contra unas potencias extranjeras e interiores que explotan económica y culturalmente a las masas musulmanas. «Tenemos el derecho de atacar a quienes nos atacan —dice el manifiesto publicado por Al Qaeda en noviembre de 2002—, a destruir los pueblos y las ciudades de quienes destruyeron nuestros pueblos y nuestras ciudades, a destruir la economía de aquellos que saquearon nuestras riquezas, a matar a los civiles del país que mató a los nuestros.»[33] Esta dialéctica se parece más a la de Marx que a la de Mahoma. En 1989 Hashemi Rafsanjani, entonces presidente del parlamento islámico, resumió este concepto en un sermón del viernes: « […] Volad la fábrica. Allí donde trabajáis, podéis emprender la acción. […] No os importe que os llamen terroristas. […] A los crímenes que cometen ellos [el imperialismo de la información y de la propaganda] les llaman derechos humanos. Nosotros lo llamamos defensa de nuestros derechos y de un pueblo oprimido. […] Ahora dirán que el presidente del parlamento incita oficialmente al terrorismo […] Dejemos que hablen.»[34]

La caballerosidad, otra limitación fundamental impuesta por la yihad, en el sentido de prohibición absoluta de hacer daño a los inocentes y a los no combatientes, también ha sido abolida.[35] Los grupos armados que militan en la yihad moderna, como Hamás, no admiten los conceptos de inocentes y no combatientes. Para ellos, todos los ciudadanos de Israel son tan culpables como sus dirigentes, y por tanto son objetivos legítimos. La misma lógica subyace en el llamamiento de Bin Laden a matar estadounidensess dondequiera y siempre que sea posible. Una vez más, estas proposiciones recuerdan a las revoluciones francesa y bolchevique, cuando la contienda se definía como lucha de clases. Tratándose de aristócratas, no se hacía distinción de malos y progresistas, jóvenes ni viejos, hombres ni mujeres. Pertenecer a la clase oponente le colocaba a uno en el bando de los enemigos.

En último término, lo que motiva a la gente para tomar las armas y unirse a la yihad moderna es la destrucción de su propio sistema opresor, identificado con los regímenes musulmanes laicos y oligárquicos, así como la creación de un nuevo sistema socioeconómico. «Debemos destruir las leyes de la democracia y del laicismo, o cualesquiera otras impiedades o leyes que son *jahiliyye*, ignorantes», declaró Abu Mustafa Al Shafi, ideólogo de Ansar Al islam, el grupo armado islamista del Kurdistán independiente. El islam proporciona el marco institucional para el nuevo sistema. «Debemos aplicar la ley islámica en todos los aspectos de la vida —prosiguió Al Shafi—. Las leyes que apliquemos en la vida deben hallarse especificadas y aplicadas en el Corán en la *sunna* (el conjunto de las palabras y las acciones del Profeta)».[36] De tal manera que aparece como meta del fundamentalismo islamista la creación de un califato islámista. Líderes islamistas como Hambali, en Indonesia, han reconocido expresamente su objetivo de transformar el país en un Estado islamista fundamentalista.[37] Y la meta de la red Ngruki, un grupo escasamente cohesionado de células armadas de islamistas indonesios militantes, y cofundado en la década de 1970 por Abu Bakar Bashir, no es otra sino la de crear con Indonesia y otros países del sureste asiático, a saber, Malaisia, Singapur y Filipinas, una federación de Estados islamistas estrictos, una especie de califato.[38]

De manera que la yihad moderna es un compuesto de ideología revolucionaria islamista, búsqueda de la identidad musulmana y aspiraciones socioeconómicas. Como tal, alimenta la red de la economía del terror, creada por la lucha de los grupos armados por alcanzar la autosuficiencia: tráfico de drogas, asociación con la delincuencia organizada, blanqueo de dinero, etcétera. Lo que contribuye a la proliferación de la yihad moderna es el deseo y la posibilidad de participar en esa red y, al mismo tiempo, la predisposición de la red a acoger en su seno todos los Estados embrión islámicos que contribuyen a que se extienda la yihad moderna. «Parece que esa red de la economía del terror —me comentó un periodista cuando le expliqué mi concepto— funciona como una Comunidad Europea del terrorismo, una federación de Estados dispuesta a expansionarse continuamente. Cada uno de los países que desean ingresar recibe una ayuda sustancial por parte de Bruselas para que pueda conseguirlo.» La auténtica naturaleza de la Nueva Economía del Terror es expansionista y ecuménica. El 1 de septiembre de 2001, cuando se fundó Ansar Al islam, el grupo islamista armado del norte de Irak, como resultado de la fusión de Al Tawhid y la Second Soran Unit, tres árabes ex combatientes de la yihad antisoviética les hicieron a los dirigentes una donación de 300.000 dólares, cortesía de la organización terrorista de Osama Bin Laden.[39] Era un gesto de «bienvenida al sistema».

Como cualquier otro sistema económico, la Nueva Economía del Terror tiene sus reglas y reglamentos propios. Sus miembros, los Estados débiles, los Estados embrión, los grupos armados y las células, han de ser capaces de organizar, como mínimo, una economía autosuficiente. Los gastos deben coincidir con los ingresos, es decir han de tener una balanza de pagos.

14

Los negocios legales del terror

«Si se llama terrorismo a liberar mi país, para mí es un gran honor.»

OSAMA BIN LADEN, en entrevista con Robert Fisk, 1996

En noviembre de 2001, ante las presiones cada vez más intensas por parte de Estados Unidos, las autoridades yemeníes congelaron varias cuentas bancarias de comerciantes de miel y tenderos a los que se acusaba de servir como canales para la red de Bin Laden. Pero la decisión no perjudicó demasiado al comercio de la miel en el país. La congelación de los activos «no nos ha afectado», admitió el gerente de la tienda Al Shifa, porque «muchas de nuestras exportaciones se truecan contra otros productos».[1] Bajo el calor mitigado del invierno en Arabia, la actividad de los vendedores de miel yemeníes continuaba tan boyante como siempre.

La miel es un producto muy consumido en Oriente Próximo. En Arabia Saudí, cuya producción es pequeña, las familias consumen un kilo de miel al mes, como promedio. Las importaciones proceden de Yemen, Pakistán e incluso Afganistán. La miel yemení es la más pura y la más cara de Oriente Próximo. Según Steven Emerson, que mantiene una base de datos sobre los grupos armados islámicos, Bin Laden ha establecido fuertes vínculos con empresas yemeníes del sector, entre las cuales está Al Nur Honey, una compañía radicada en la capital, Sanaa. Uno de sus propietarios es Mohamed al Ahdal, ex combatiente afgano-árabe que en 1992 fue descrito por un periódico árabe como uno de los primeros de esa nacionalidad que lucharon en la yihad antisoviética. En 1998 al Ahdal fue detenido en Arabia Saudí bajo la acusación de preparar actividades terroristas contra las autoridades.[2] Entre los comerciantes de miel figuran algunos de los colaboradores principales de Bin Laden, como Abu Zubaydah, director de Asuntos Exteriores de Al Qaeda. Los servicios de inteligencia estadounidenses afirman que el propio Bin Laden tiene una red de tiendas en Oriente Próximo, a través de una trama de empresas-pantalla y hombres de paja.

La entrada de Osama Bin Laden en el negocio de la miel coincidió con su traslado a Sudán, a comienzos de los años noventa. Una de las empresas que tiene allí, International al Ikhlas Company, produce miel y golosinas en una fábrica de Kameen. No es el único introducido en esa actividad; varios grupos armados de Oriente Medio, como la Yihad Islámica egipcia, han recurrido al comercio de la miel para financiar sus actividades terroristas. Además, consideran la miel como un producto idóneo para ocultar contrabando; en los contenedores muchas veces van drogas, armas, oro, aparatos electrónicos y dinero en efectivo. Con la tácita anuencia de los tenderos, esos artículos quedan literalmente «sepultados» en la miel. «El olor y la consistencia de la miel se prestan muy bien a esconder armas o droga [...] —explicaba un funcionario de la aduana yemení—. [Además] no dan ganas de inspeccionar esa sustancia, que pringa mucho.»[3] Estos negocios legales, como el de la miel, presentan una doble ventaja: son una fuente legal de recursos y tapaderas útiles para el contrabando.

La participación de las organizaciones armadas en actividades legales no es un fenómeno nuevo. En la década de 1970 el IRA logró una especie de monopolio del transporte en las zonas católicas de Irlanda del Norte. Las compañías de taxis propiedad del IRA, como Falls Taxis y People's Taxis, tenían 350 coches y daban empleo a 800 conductores. El IRA también tenía cooperativas, supermercados, y una carnicería en Andersonstown.[4] Hacia la misma época el grupo armado protestante UDA (Ulster Defence Association) tenía el monopolio del mercado de la seguridad. Sus compañías de seguridad, como Task Point Security o la Leader Enterprises, de Belfast, tenían sus consejos de administración, pagaban sus impuestos y funcionaban como empresas legales. Su facturación anual, superior a las 300.000 libras, era congruente con los promedios de la mediana empresa británica en los años setenta. La cooperativa de los Mártires de Palestina (Samed), creada por la OLP, tenía en nómina a miles de personas y producía artículos que se exportaban a todo el mundo. Antes de la invasión de Líbano por los israelíes facturaba 18 millones de dólares al año, considerando únicamente las actividades industriales.[5] Indudablemente, la privatización del terrorismo y la subsiguiente creación de la Nueva Economía del Terror han ampliado la gama de los negocios legales dirigidos por las organizaciones armadas. Hoy día incluso las células pequeñas son capaces de financiarse a sí mismas a través de las actividades legales e ilegales. Así ocurre a menudo con los «durmientes», es decir, las células o los individuos que permanecen mucho tiempo sin operar, en espera de recibir la orden de pasar a la acción. Uno de éstos fue el saudí de 24 años de edad Mohamed al Owahali. Para mantenerse a sí mismo y a su familia mientras aguardaba la llamada de Bin Laden, al Owahali dirigió una pequeña compañía pesquera en Mombasa (Kenia).[6]

A los durmientes con frecuencia se les da un dinero para que pongan en marcha algún negocio. Según Jonathan Winer, ex ayudante del subsecretario de Estado para las agencias de policía internacional, las células terroristas reciben «un capital inicial de sus patrocinadores para que se establezcan en otros países; por lo demás, se espera de ellas que sepan "vivir sobre el terreno" y mantenerse a sí mismas.»[7] Ahmed Ressam, el miembro del complot del Milenio que fue detenido mientras cruzaba la frontera canadiense llevando material para fabricar bombas, confesó que al término de su instrucción en Afganistán le habían dado 12.000 dólares para que regresara a Montreal y se estableciera allí.[8]

En el extremo opuesto del espectro, las organizaciones armadas también extraen beneficios de negocios legales multimillonarios en dólares como los que dirigen Al Barakaat y Al Taqwa/Nada Management Group. Estas instituciones financieras internacionales dirigen los intercambios del *hawala* en todo el mundo. Al Barakaat es un conglomerado financiero internacional con base en Somalia y sedes en cuarenta países, incluido Estados Unidos. Todos los años, hasta septiembre de 2001, en que las autoridades estadounidenses congelaron sus fondos, la delegación estadounidense giraba como mínimo 500 millones de dólares en beneficios a la oficina de compensación, con sede en los Emiratos Árabes Unidos. De estos ingresos la red de Bin Laden recibía un 5 por ciento neto, es decir, unos 25 millones de dólares.[9] Al Taqwa es un banco muy vinculado a ciertos grupos islamistas. Fue fundado en Nassau en 1987 con un capital de 50 millones de dólares, cuyas dos terceras partes provenían de organizaciones fundamentalistas islámicas, y uno de los principales socios era la Hermandad Islámica al Islah, de Kuwait. Entre otras actividades, ha financiado las campañas políticas de los candidatos islamistas en las elecciones municipales de Egipto. Este banco, que opera en más de 30 países,[10] lleva sus negocios con tal secretismo que incluso algunos servicios de inteligencia han llegado a dudar por momentos de su existencia. Después del 11 de septiembre, la sucursal de Lugano (Suiza) fue investigada por especulación y uso de información privilegiada en favor de colaboradores de Bin Laden.[11]

El desarrollo de la Nueva Economía del Terror ha facilitado la expansión de actividades transfronterizas legales de los terroristas. Como negocio, la actividad terrorista se ha mundializado. El imperio más desarrollado, y con mucho, es el que dirigen Osama Bin Laden y su camarilla. Se basa más en la habilidad comercial que en el rigorismo religioso. En muchos sentidos, el millonario saudí no encaja en el estereotipo del líder islamista como guía primordialmente espiritual. Carece de autoridad religiosa para ello; no es un clérigo, como el mullah Omar, líder de los talibanes, ni un predicador mesiánico como el egipcio Omar Abdul Rahman, el jeque ciego encarcelado en Estados Unidos por haber inspirado la primera colocación de explosivos en el World Trade Center. Pero Osama Bin Laden ha roto el molde de líder islamista al configurar su papel y sus actividades con arreglo a criterios políticos y de pragmatismo.

La política, en efecto, determina buena parte de su retórica. Al comentar la decisión por parte de la familia real saudí de permitir la presencia de tropas estadounidenses en su país, dijo que «este gran error del régimen saudí al llamar a las tropas estadounidenses revela su falsedad. Ellos [los saudíes] apoyaron a naciones que luchaban contra musulmanes. Ellos ayudaron a los comunistas yemeníes contra los musulmanes de Yemen del Sur.»[12] Bin Laden no participa en disputas ideológicas, como es el caso de Rashid Ghannouchi, el promotor del panislamismo magrebí y líder espiritual del Frente Islámico de Salvación argelino, embrión del GIA. Es sumamente pragmático en su manera de dirigirse a sus seguidores. En la proclamación oficial de la yihad contra los judíos y los cruzados afirma:

«[...] si los objetivos estadounidenses que están detrás de estas guerras son religiosos y económicos, hay también otro objetivo que es ayudar al Estado marioneta judío y distraer la atención de la ocupación de Jerusalén y las matanzas de musulmanes que allí se perpetran. Las mejores pruebas de ello son su afán por destruir Irak, el Estado árabe vecino más fuerte, y sus esfuerzos por fragmentar todos los Estados de la región como Irak, Arabia Saudí, Egipto y Sudán para convertirlos en Estados minúsculos existentes únicamente sobre el papel, cuya desunión y debilidad garantizarían la supervivencia de Israel y la continuación de la brutal cruzada de ocupación de la península.»[13]

Está claro que la religión sólo es una parte de la trama.

Las acciones terroristas de Bin Laden, a diferencia de otros líderes religiosos islamistas, van acompañadas de reivindicaciones concretas, como la abdicación del rey Fahd, la retirada de las tropas estadounidenses de suelo saudí y el reconocimiento político del régimen talibán.[14] Algunas de estas exigencias se apoyan con argumentos económicos. Por ejemplo, ha denunciado que los estadounidenses se lucran con la venta del crudo árabe, saqueando descaradamente el país. Que se han embolsado 135 dólares por cada barril vendido durante los últimos 25 años. La detracción total diaria de renta se calcula en la contundente cifra de 4.050 millones de dólares, que representa el mayor latrocinio de la historia. Ante la magnitud de tal «estafa», concluye, cada uno de los 1.200 millones de musulmanes que hay en el mundo tendría derecho a exigirles 30 millones de dólares a los estadounidensess, en concepto de indemnización.[15] De esta manera, el mensaje revolucionario de Bin Laden se define por el uso que hace de los argumentos políticos y económicos, que recuerdan a veces las antiguas afirmaciones marxistas, como cuando denunciaban el pillaje de los países atrasados por parte de los capitalistas occidentales. La política, la economía y el nacionalismo son sus motivaciones primordiales, más que la religión. Ellas definen la ideología de su red.

Los negocios legales de Bin Laden

La política, la economía y el nacionalismo son otras tantas características del imperio económico y financiero de Bin Laden, verdadera maquinaria transnacional de financiación del terror, buena parte de la cual está formado por negocios legales. Entre las compañías que lo integran se cuentan: en África, una sociedad de cartera, Wadi al Aqiq; una empresa constructora sudanesa, Al Hiraj;, un criadero de avestruces y embarcaciones de pesca en Kenia. En Oriente Próximo, participación accionarial en el Al Shamil Islamic Bank y grandes extensiones forestales en Turquía. En Asia, fincas agrícolas en Tayikistán. En Europa y Estados Unidos, sociedades de cartera, sociedades de capital-riesgo, bancos y compañías de importación y exportación.[16] Las inversiones inmobiliarias se distribuyen en todo el mundo para compensar pérdidas y maximizar beneficios. Esa cartera incluye fincas en Londres, París y la Riviera francesa. Tiene también compañías de productos lácteos en Dinamarca, industrias madereras y papeleras en Noruega y equipamiento hospitalario en Suecia. Según parece, Bin Laden y sus socios también han tomado como objetivo el mercado de equipamientos médicos en Egipto, Jordania e Irak, un sector que genera ingresos de cientos de millones de dólares, parte de los cuales se destinan a financiar su red de células.[17]

Los negocios legales de Bin Laden empezaron a despegar durante la estancia de éste en Sudán. Él financió la construcción del aeropuerto en New Sudan y de la carretera de éste a Jartum. Las autoridades le pagaron los servicios de su compañía constructora Al Hiraj en semillas de sésamo, que cotizaban entonces en el mercado internacional.[18] Más adelante llegó a alcanzar un monopolio virtual sobre el maíz, el girasol y las semillas de sésamo, que son las principales exportaciones de Sudán. De estas operaciones se encargaban Themar al Mubaraka, una compañía agrícola radicada cerca de El Damazin, y Taba Investment, agentes de cambio de divisas. A cambio de la construcción de la carretera, se le adjudicó a Bin Laden la propiedad de una empresa de curtidos, la Khartoum Tannery. Hacia la época en que Bin Laden salió del Sudán, su imperio sudanés incluía una panificadora, una fábrica de muebles, el Bank of Zoological Resources, una explotación ganadera y la compañía Laden International, dedicada a la importación y exportación. También poseía participaciones en una planta de procesamiento de pieles de cabra, y en la Quadrant Transport, una flota pesquera.

Una de las más rentables, de entre las empresas adquiridas por Bin Laden, fue la Gum Arabic Company Limited. Esta compañía suministra el 80 por ciento de la demanda mundial de goma arábiga, lo que equivale al monopolio de esa industria. La goma arábiga se fabrica con la savia de una variedad de acacia oriunda de Sudán. Sirve para fijar la tinta de imprenta sobre el papel de periódico, para evitar la sedimentación de los refrescos envasados y como excipiente que evita la caducidad prematura de caramelos y píldoras farmacéuticas.[19] Para sustraerse a las sanciones internacionales contra Sudán, se canalizaban los beneficios de estas actividades a través de bancos domiciliados en el sector turco de Chipre, con los que Bin Laden había desarrollado estrechos vínculos financieros.[20] En 1997, Sidi Tayyed, financiero saudí y uno de los tesoreros de Bin Laden, admitió haber abierto cuentas en Europa,

África, Pakistán y las repúblicas de Asia central. También confesó que, a fin de reducir riesgos, otras sumas pasaban por las repúblicas centroasiáticas para ser transferidas a la zona turcochipriota. Según las declaraciones de Tayyed, el contacto inicial con los bancos fue facilitado por un grupo de hombres de negocios turcos afines a la administración turcochipriota.[21]

La red de empresas legales de Bin Laden parece haberse inspirado en los esquemas de inversión de la OLP de Arafat, y se adapta al prototipo ideal de cartera capitalista con diversificación de riesgos. Los fondos se colocan en diferentes bancos del mundo, desde el sultanato de Brunei hasta los países europeos. La cartera financiera contiene inversiones con distintos grados de riesgo y rentabilidad. Después de la caída del régimen talibán, se cree que unos 750.000 dólares fueron colocados en cuentas a corto plazo y en varios mercados financieros de la Península arábiga; se trata de activos de gran liquidez, convertibles en un breve plazo. En 1998 y gracias a un contacto en la Arab Banking Corporation, Bin Laden especuló en el mercado francés de renta variable con acciones, entre otras de BNP y de la Société Génerale, con lo que obtuvo un beneficio de 20 millones de dólares. La especulación a corto plazo en las Bolsas occidentales se considera un modo eficiente y rápido de acumular fondos en Occidente sin recurrir a las transferencias bancarias, que dejan un rastro más localizable. Estos fondos pueden servir para sufragar y activar las células durmientes en los países occidentales. Los grupos terroristas prefieren este tipo de especulación, de importe relativamente reducido y realización rápida, porque deja menos huellas que otras transacciones más cuantiosas y también más complejas.[22] «Si puedes confiar en un *broker* capaz y discreto —explicaba un agente de Bolsa inglés—, la seguridad es total. Todos los días se desarrollan en el mundo millones de esas transacciones pequeñas y sería prácticamente imposible seguir el rastro de todas ellas.»

11 de septiembre: La especulación con el terror

En el caso de los negocios financieros de Bin Laden, la sofisticación de la gestión de su cartera, su conocimiento del grado de manipulación de los mercados mundiales son parangonables a los de las principales corporaciones capitalistas que tienen acceso a conocimientos e informaciones vitales. Así como Worldcom pudo recurrir a artificios contables para falsear sus libros, los socios de Bin Laden supieron emplear perfeccionados instrumentos de manipulación de informaciones reservadas, con objeto de especular en el mercado bursátil, en vísperas del 11 de septiembre. Se ha detectado que una semana antes del atentado hubo un volumen inusual de transacciones en determinados sectores, por ejemplo, los de transporte aéreo, energía y seguros. El 6 de septiembre, último martes antes del atentado, unos 32 millones de acciones de British Airways cambiaron de manos en Londres, lo que triplica aproximadamente los niveles habituales. El 7 de septiembre se negociaron 2.184 contratos «*put*» sobre British Airways en el LIFFE (London Futures and Options market), el mercado londinense de futuros y opciones, lo que supuso un volumen de negocio cinco veces superior al volumen diario normal. Al otro lado del océano Atlántico, el lunes 10 de septiembre, el número de opciones «*put*» sobre American Airlines en la Chicago Board Options Exchange ascendió bruscamente a 60 veces la media diaria. En los tres días anteriores al ataque, el volumen de opciones «*put*» en Estados Unidos se multiplicó por 285 en comparación con la actividad acostumbrada. También se descubrió una tendencia similar en el sector de los seguros, cuyas principales compañías fueron objeto de especulaciones excepcionales e inesperadas en los mercados de futuros. «Cuando ocurre una cosa así —explicaba un agente londinense de cambio— tú sabes que hay alguien por ahí que tiene información reservada y la está utilizando para ganar montones de dinero.» Con estas especulaciones se llega a centuplicar varias veces los beneficios corrientes de la especulación.

Durante la semana posterior al atentado, Ernst Welteke, presidente del Bundesbank, conjeturó que las especulaciones con información privilegiada anteriores al 11 de septiembre debían ser obra de los «terroristas», y comentó que también habían sacado provecho de los mercados de materias primas.[23] En efecto, días antes del atentado hubo un repentino e inexplicable aumento de las cotizaciones del petróleo y del oro, al que siguió una actividad frenética en los mercados de futuros. El 12 de septiembre los precios del crudo subieron más del 13 por ciento, y la cotización del oro por encima de un 3 por ciento, y el alza continuó durante toda la semana. Quien hubiese sabido de antemano lo que iba a ocurrir el 11 de septiembre fácilmente podía prever esas tendencias. «El inexplicable aumento en las cotizaciones del crudo y del oro antes del 11 de septiembre —ha confesado un comerciante en lingotes de oro— fue debido al aumento de actividad procedente de los agentes que compraban contratos de crudo a precios bajos para venderlos posteriormente a precios más altos. Es razonable suponer que toda esa gente sabía que iba a ocurrir algo fuera de lo común.»[24] Todo lo que necesitaban Osama Bin Laden y sus socios para especular y amasar una fortuna en las principales Bolsas era una sólida red de relaciones entre agentes de futuros o corredores bursátiles, y cualquiera de los bancos árabes u occidentales que manejan el dinero del terrorismo podía negociar e incluso ocultar esas operaciones especulativas. «El procedimiento más sencillo sería a través de una cadena de bancos corresponsales», explicaba un banquero italiano.

«Se crea una larga serie de oficinas representantes, al final de la cual hay una compañía pantalla registrada en cualquier remoto paraíso fiscal. Se necesitaría mucha suerte para llegar al final de esa cadena. Las investigaciones financieras suelen quedarse atascadas en un callejón sin salida a mitad de camino: en algún lugar, en algún diminuto despacho allende los mares, alguien ha traspapelado un télex o perdido un correo electrónico, y todo queda encallado. Si tienes suerte y llegas a identificar la compañía tapadera, el 99 por ciento de las veces no es más que un nombre, un buzón vacío. La mafia siempre ha utilizado esa técnica para blanquear dinero. No veo por qué no iban a recurrir a ella los terroristas.»

Según Jamal Ahmed al Fadl, ex contable de Bin Laden, la red tiene por lo menos 80 empresas pantalla diseminadas por todo el mundo. Además dispone de un complejo entramado de cuentas bancarias suizas numeradas y otras en Sudán, Hong Kong, Mónaco, Pakistán, Malaisia y Londres. En 1999, la introducción de las normas «Conozca a su Cliente» en los mercados financieros internacionales, por las que se obligaba a los bancos, incluso en los paraísos fiscales, a averiguar la verdadera identidad de sus clientes, dificultó un poco los movimientos ilícitos de fondos a través de esas cuentas y esas compañías. Paradójicamente, el mismo año el Congreso estadounidense rechazó endurecer esa norma, aduciendo que sería una infracción de las libertades civiles y dejando así mayor margen de maniobra para las transferencias de dinero ilegal desde o hacia Estados Unidos.[25] Si los perpetradores del atentado contra las torres gemelas aprovecharon la ocasión para lucrarse en las Bolsas, probablemente «nadie conseguirá demostrarlo jamás», admite un agente de futuros de Chicago, ni siquiera estando en vigor la norma «Conozca a su Cliente». «Por ejemplo, si hubiesen utilizado *brokers* ejecutivos, pequeñas compañías o agentes individuales que agruparan las operaciones por cuenta de varios clientes y las colocaran a través de una larga cadena de bancos distintos, sería extremamente difícil identificar a los inversores uno a uno». Paradójicamente, cuando atentó contra uno de los símbolos del capitalismo occidental Osama Bin Laden quizá tramó la operación de uso de información privilegiada más grande jamás realizada.

A diferencia de la delincuencia organizada, la principal preocupación de las organizaciones armadas no es acumular riqueza, sino ocultarla y redistribuirla. A los grupos armados les interesa más desembolsar el dinero que lavarlo. Para empezar, los ingresos generados por sus negocios legales ni siquiera necesitan ser blanqueados. Lo que hace falta es distribuirlos entre sus células. Por eso dedican muchos esfuerzos a la manipulación del dinero, a la capacidad para mover grandes sumas sin que sean detectadas.[26] Esta diferencia básica deriva de que los delincuentes y los terroristas se mueven por afanes distintos, y éstos dictan las maneras en que los grupos armados y la delincuencia organizada gestionan sus respectivos negocios.

La codicia es el móvil del delincuente. En cambio, a los grupos armados los motiva la política. La finalidad última no es monetaria, sino política, por ejemplo la sustitución de una forma de gobierno por otra, o la defensa de un régimen. Hay una diferencia interesante entre el antiguo terrorismo y el nuevo, y radica en los orígenes y la aplicación de los fondos. En el modelo de actividades de patrocinio estatal, el dinero procedía del extranjero y se empleaba exclusivamente en apoyar las guerras por poderes protagonizadas por los grupos armados durante la Guerra Fría. En el modelo privatizado, el dinero se recauda fundamentalmente por medio de actividades delictivas, como la extorsión y los secuestros, y sirven para mantener el grupo y su lucha armada. El terrorismo islámico contemporáneo puede contar en gran medida con apoyos voluntarios y recursos procedentes de actividades legítimas o fuentes legales de ingresos. Los fondos se distribuyen entre una amplia gama de grupos y Estados embrión, y se emplean en mantener la infraestructura socioeconómica de la yihad moderna.

Es por ello que la economía de las organizaciones terroristas contemporáneas se parece mucho a la de un Estado, en donde la riqueza generada por la nación se distribuye para el sustento de la comunidad. En cambio, la organización delictiva funciona como una corporación privada cuyo fin último es el lucro y la acumulación. En consecuencia, los flujos monetarios ilegales de las empresas criminales se gestionan mediante un sistema de contabilidad regulado, lo mismo que cualquier gran corporación, por el balance, que es una cuenta patrimonial. Pero ese instrumento contable no es el más idóneo para analizar y comprender los ingresos y gastos de las organizaciones terroristas y los Estados embrión; en este caso la balanza de pagos es un instrumento más adecuado para describir la actividad.

15

La balanza de pagos del terror

«El dinero es el oxígeno del terrorismo. Los terroristas no pueden funcionar sin unos medios para recaudar y mover el dinero por todo el mundo.»

COLIN POWELL, secretario de Estado de Estados Unidos

Anochecer frío y desapacible en Brooklyn, 1999. Unos doscientos inmigrantes albaneses se apresuran a entrar en el restaurante. Hombres ataviados con la indumentaria albanesa tradicional los conducen a sus mesas. Mientras se dirigen hacia sus asientos, los comensales dan propina a los acomodadores. Esto no es una convención de gastrónomos deseosos de saborear las delicias de la cocina balcánica. La gente ha acudido para conocer a Dina, un representante del Ejército de Liberación de Kosovo KLA). Una vez lleno el local, se apagan las luces y Dina pide un minuto de silencio en homenaje a los héroes caídos por la liberación de la patria. Poco después, los reunidos ven una cinta en la que se recogen algunas de las atrocidades perpetradas por los serbios en Kosovo.

El discurso de Dina después de la proyección no es tan conmovedor. Se trata de un soldado que no sabe hablar. Él es un combatiente, no un político. Sus frases breves y sencillas son interrumpidas con frecuencia por gritos espontáneos de «U Che Ke, U Che

Ke», las iniciales correspondientes al KLA en su idioma. La escasa capacidad retórica de Dina no impide que los hombres abran sus carteras y donen dólares a puñados. Que el KLA figure en la lista de organizaciones terroristas de las potencias occidentales y de Estados Unidos,[1] y que sus miembros hayan cometido atrocidades comparables a las de los serbios, tampoco afecta a la generosidad de la concurrencia, ni modifica su convicción de que el KLA lucha por una causa justa. Los participantes consideran a Dina, a sus camaradas de armas y a sí mismos como unos patriotas, gentes amantes de su país. «¿Qué pretenden? —exclama Izet Tafilaj, que ha perdido en la guerra a su tía, a su tío y a un sobrino—. ¡Si ellos no nos defienden, tendremos que defendernos nosotros mismos!» Y agrega que acaba de vender su agencia inmobiliaria de Nueva Jersey y se dispone a salir hacia Kosovo para unirse a las filas de los combatientes.[2]

Semejantes reuniones para recaudar fondos se dan casi diariamente en Estados Unidos y otros países occidentales. El IRA, Hamás, Hezbolá y la OLP, entre otras organizaciones armadas, recurren habitualmente a sus emigrantes con el fin de financiar sus organizaciones. Esas iniciativas suelen resultar muy fructíferas. En diciembre de 1997, un grupo de albaneses domiciliados en el Bronx recaudó unos cuatro millones de dólares para la ayuda a los grupos islamistas, y envió el dinero al país mediante transferencia bancaria.[3] En 1999, el KLA reunió diez millones de dólares procedentes de los emigrados a Estados Unidos. La mayor parte de este apoyo procede de obreros industriales, que representan las dos terceras partes del total de 400.000 estadounidenses de origen albanés. La mayoría de ellos son inmigrantes recientes y todavía muy vinculados con la provincia de Kosovo.[4] Los partidarios del KLA incluso han establecido una fundación, Home Land Calling («La patria te necesita»), con cuenta bancaria abierta en el People's Bank de Bridgeport (Connecticut). Hay abiertas otras cuentas similares en Suecia, Suiza, Italia, Bélgica y Canadá. En distintos países europeos se publican periódicos en albanés con anuncios que exhortan a donar dinero a través de esos canales.[5]

Las remesas de los emigrantes

Otra partida importante de la balanza de pagos del terror es la representada por las remesas de los compatriotas residentes en el extranjero, bien sea directamente o por mediación de instituciones especiales como la Noraid, que recauda para el IRA. Como indicábamos en el capítulo 5, la OLP incluso cobra un impuesto del 5 por ciento sobre las rentas de todos los palestinos que viven fuera del país. De manera similar, a finales de los años noventa los emigrantes albaneses de Alemania y Suiza remitían el 3 por ciento de sus ingresos para financiar a los combatientes musulmanes de Pristina. Aunque estas remesas constituyen una fuente importante de moneda extranjera, las contribuciones de los emigrantes no se reciben exclusivamente en forma de efectivo. Los albanoamericanos, por ejemplo, enviaron a los combatientes del KLA aparatos de radio de campaña, equipos de visión nocturna y chalecos antibala, todo ello adquirido a través de un catálogo estadounidense de venta por correspondencia.

Con frecuencia, las contribuciones de esta clase ni siquiera son técnicamente ilegales. La realidad es que jurídicamente no existen o no existían hasta hace poco los instrumentos para distinguir entre remesas legítimas y patrocinio de grupos armados. En Estados Unidos, por ejemplo, no está prohibido montar campañas de «recaudación a favor de organizaciones, grupos o ejércitos sediciosos, ni comete delito la persona o el grupo que se una a ellos, excepto cuando la organización, el grupo o el "ejército" estén incluidos en la lista de grupos y organizaciones terroristas elaborada por el departamento de Estado».[6] Esta lista, conviene agregar, varía según las contingencias de la política exterior estadounidense. En los años recientes, el KLA, sin ir más lejos, ha sido borrado e inscrito en ella dos veces. Pocos meses después de que el senador Joe Liebermann hubiese pronunciado un elogio del mismo, en el que decía que «luchar por el KLA es luchar por los derechos humanos y los valores norteamericanos»,[7] dicho ejército fue incluido de nuevo en la lista de organizaciones terroristas del Departamento de Estado.[8]

Organizaciones benéficas

Otra fuente principal de dinero extranjero son las organizaciones benéficas. Las de confesión islámica, en particular, canalizan todos los años miles de millones de dólares hacia la red islamista. Es razonable suponer que ese dinero supuestamente benéfico confluye, al menos en buena parte, hacia una especie de fondo común, disponible para ser reenviado a una organización armada dondequiera que se considere necesario en el mundo musulmán. Los lazos entre las organizaciones benéficas y los grupos armados se retrotraen a los años setenta, cuando los estadounidensess de origen irlandés crearon instituciones de ayuda para las viudas y los huérfanos católicos. Las de confesión islámica florecieron durante la yihad antisoviética. En la misma época, Estados Unidos fomentaba todas las formas de financiación a favor de los muyahidines, lo que incluía las donaciones «caritativas» de los países musulmanes. Cuando acabó la guerra, las organizaciones benéficas siguieron ayudando a los combatientes musulmanes de otras guerras similares en otros países, por ejemplo las de Bosnia y Chechenia.

Varias entidades presididas por simpatizantes del islamismo o miembros de grupos islamistas radicales pasaron del patrocinio en favor de los muyahidines a la canalización de fondos para los grupos armados islamistas, y en ocasiones incluso dieron cobijo a miembros de organizaciones terroristas.

Lo irónico es que muchas veces los donantes no se dieron cuenta de que había ocurrido una metamorfosis fundamental. En 1987, un rico hombre de negocios saudí, Adel Batterjee, creó la Benevolence International Foundation (BIF), institución dedicada a recaudar fondos saudíes para los muyahidines. En 1993 se le concedió la exención fiscal en Estados Unidos por tratarse de una entidad benéfica, que pasó a ser dirigida por Ernaam Arnaut, un ex combatiente de la yihad antisoviética que había sido comprador y distribuidor de armas en uno de los campamentos afganos de Bin Laden. Según las autoridades estadounidenses, Arnaut blanqueó los ingresos de la organización a fin de financiar a varios grupos armados islamistas, al tiempo que procuraba ocultar esas actividades a los donantes. Además empleó a Saif al islam el Masyr, otro de los consejeros militares de Bin Laden, y le asignó la representación de la entidad en Chechenia. Afirma Michael Chertoff, jefe de la policía judicial de Chicago, que Arnaut y el Masyr «enviaron cientos de miles de dólares a cuentas extranjeras sospechosas de tener vínculos con los rebeldes chechenos de Georgia».[9] En 2001, Benevolence International recaudó más de 3,6 millones de dólares y remitió 2,7 millones a víctimas de guerra musulmanas en ocho países, entre los cuales Afganistán, Bosnia, Pakistán y Chechenia.[10] Las autoridades estadounidenses opinan que la mayoría de estos fondos llegaron a manos de grupos armados, no de musulmanes en estado de necesidad.

Las instituciones de beneficencia asignan la ayuda humanitaria a una serie de proyectos, desde la construcción de mezquitas y *madaris* hasta la compra de armas y el patrocinio de atentados terroristas. La combinación de la ayuda humanitaria y la actividad ilegal es típica de las instituciones islámicas vinculadas a grupos terroristas. Muwafaq, más conocida como Blessed Relief, la ONG saudí públicamente apoyada por Bin Laden,[11] impartía cursos de árabe, informática y estudios coránicos en Bosnia, y asumió el reparto de alimentos para socorrer a las personas más necesitadas. Sin embargo, según un ex funcionario de los servicios de información croatas, Muwafaq también ayudaba a grupos armados musulmanes que operaban en Bosnia y Albania.[12]

Ayudas extranjeras encubiertas y legales frente a transferencias de activos

Otra fuente adicional de ingresos en divisas para la balanza de pagos del terror es el patrocinio estatal, como lo fue por ejemplo la ayuda estadounidense oficial y encubierta a la Contra. Hoy día los patrocinios estatales desempeñan un lugar secundario en las finanzas del terrorismo; una manera mucho más común de hacerse con recursos en divisas de organizaciones internacionales y gobiernos extranjeros es la transferencia de activos, definida como la redistribución de la ayuda exterior o de los activos existentes en favor de los grupos armados.[13] La transferencia de activos es una de las fuentes más lucrativas de ingresos para los grupos armados y los Estados embrión de los países del Tercer Mundo. Puede revestir muchas formas, a menudo ingeniosas e inesperadas. Antes de la guerra de Irak, un reconocimiento por satélite de Estados Unidos detectó 1.000 camiones, obtenidos por los iraquíes gracias al programa de petróleo por alimentos de Naciones Unidas, que habían sido convertidos en lanzamísiles y transportes militares.[14] Durante su alocución ante el Consejo de Seguridad de Naciones Unidas, el secretario de Estado estadounidenses Colin Powell pasó la grabación de una conversación telefónica en la que un iraquí no identificado solicitaba instrucciones sobre cómo tratar con los inspectores de las Naciones Unidas en caso de ser descubierta por éstos la «modificación de los camiones». La transferencia de activos se halla tan difundida, que los países donantes incluso asumen como norma la desviación de un 5 por ciento de cualquier ayuda, así sea en efectivo como en especies.

Una forma común de transferencia es el «impuesto revolucionario»; los grupos armados y los Estados embrión cobran peajes en los territorios que controlan. Durante la guerra de Bosnia, por ejemplo, los croatas bosnios impusieron un gravamen del 27 por ciento sobre la ayuda internacional en tránsito hacia Bosnia central que pasaba por su territorio. El mismo significado tiene la imposición de tipos de cambio que sobrevaloran la moneda nacional, como sucedió en Sudán y Somalia.[15] Las remesas en moneda extranjera, por ejemplo, se convierten a la local tomando para los cálculos el tipo de cambio oficial, mucho más favorable para la segunda que el del mercado negro. Quienquiera que controle el territorio —las autoridades oficiales, el grupo armado o el Estado embrión— se embolsa la diferencia.

Secuestros

Cuando se perpetra un secuestro de extranjeros, bien sean turistas o trabajadores, la operación puede convertirse en una fuente de divisas para la balanza de pagos del terror si el rescate se paga en moneda fuerte. En 1991 el IMU secuestró cerca de Batken, en el rincón menos desarrollado del Kirguizistán, a un general del ministerio de Interior, así como a cuatro geólogos japoneses que trabajaban para una compañía minera. Según fuentes diplomáticas occidentales, el gobierno japonés pagó en secreto al IMU un rescate de entre 2 y 6 millones de dólares en efectivo.[16]

Puesto que los rehenes son simples mercancías para los grupos armados, lo mismo que las drogas, el petróleo, el oro y los diamantes, cualquiera puede pujar por sus vidas, incluso las organizaciones terroristas y los Estados embrión. En este despiadado comercio con vidas humanas, comprar la muerte de alguien es una poderosa acción política. A finales de 1998, los rebeldes islamistas chechenos secuestraron a tres ingenieros británicos y uno neozelandés que trabajaban para Granger Telecom, una compañía británica que instala en Chechenia sistemas de comunicaciones móviles. Los rebeldes negociaron con la Granger un rescate de 4 millones de dólares. Pero justamente cuando se estaba a punto de proceder a la transferencia del dinero, los rehenes fueron decapitados. Una investigación de Channel 4 sobre las últimas horas de la vida de esos hombres reveló la intromisión de Bin Laden en las negociaciones. Según el programa *Dispatches* de esa cadena, en el momento crucial el magnate saudí ofreció 4 millones de libras para que los ingenieros fuesen ejecutados.[17] Se filtró que se les había pedido que informaran al gobierno británico acerca de la situación económica de Chechenia. En una carta remitida a la Granger en octubre de 1998, el Foreign Office escribía: «Al ser ustedes una de las muy escasas compañías británicas introducidas en Chechenia y dado que conocen Grozny de primera mano, agradeceríamos sus opiniones sobre posibilidades de inversión en Chechenia.»[18] Las compañías británicas del petróleo y de servicios son muy activas en el Cáucaso y Asia central. Con el respaldo de sus autoridades, llevan tratando de penetrar en esas regiones desde la caída de la Unión Soviética. Las cabezas de las cuatro víctimas, halladas en una cuneta de Chechenia, eran la macabra advertencia de Osama Bin Laden a las autoridades del Reino Unido: manteneos lejos del Cáucaso y olvidaos de sus recursos. Los rebeldes chechenos se atuvieron al mejor postor.

Actividades delictivas

Los delitos cometidos en el extranjero son otra fuente de divisas para la balanza de pagos del terror. Se obtienen estos ingresos mediante procedimientos idénticos a los de la delincuencia organizada. «Prácticamente no queda ningún método de financiación que no haya sido explotado a algún nivel por los grupos [terroristas].»[19] Por ejemplo, una banda dedicada al robo de coches en Ontario y Quebec para enviarlos a Líbano remitía rutinariamente el 10 por ciento de sus ingresos a grupos armados islamistas.[20] Investigaciones realizadas en Estados Unidos y Europa han descubierto varias tramas de estafa mediante tarjetas de crédito y de identidad, por sistemas que van desde el robo de equipajes de turistas que contienen los documentos y datos personales de éstos, hasta la fabricación de tarjetas de crédito falsas. Estos delitos son planificados por miembros de la delincuencia organizada (algunos de ellos, ciudadanos occidentales) y de las organizaciones armadas infiltrados en los países occidentales. Abdelghani Meskini y Ahmed Ressan, dos de los argelinos que intentaron colocar una bomba en el aeropuerto de Los Ángeles, dentro de lo que se ha dado en llamar el Complot del Milenio, han contado cómo se mantuvieron a sí mismos y financiaron la misión, al menos en parte, gracias a semejantes tramas. Meskini confesó también que un tercer cómplice del Complot del Milenio había planeado comprar una gasolinera para obtener números de tarjetas de crédito. El plan incluía la colocación de una videocámara oculta, de manera que grabase cómo la clientela tecleaba sus números secretos en los surtidores.

En Chicago, otro grupo de argelinos capitaneado por Youssef Hmimssa, empleaba a taxistas y camareros en otra astuta artimaña para copiar los datos de la tarjeta antes de cargar el servicio a la cuenta. Mourad Madrane, un camarero marroquí, llevaba al cinto un lector de tarjetas no más grande que un buscapersonas. En el camino entre la mesa del cliente y la caja registradora del restaurante, Mourad pasaba la tarjeta por la ranura de su aparato y los datos de aquélla quedaban grabados y le servían luego a Hmimssa para fabricar tarjetas duplicadas. Según el FBI, incluso los secuestradores aéreos del 11 de septiembre utilizaron tarjetas de crédito para sufragar sus gastos diarios.

En Estados Unidos las tarjetas de crédito son también un sistema fácil para obtener efectivo. Richard Rohde, ayudante del subdirector de la oficina de investigación del Servicio Secreto estadounidense, ha testificado ante la comisión del Senado para la lucha contra el terrorismo que varios miembros de grupos terroristas de Oriente Próximo habían solicitado y obtenido hasta cuarenta tarjetas de crédito cada uno, y comentó que esa estafa había costado a las instituciones financieras más de 4,5 millones de dólares.[21] «La facilidad con que estos individuos obtuvieron falsas identidades o suplantaron las de otras personas para abrir cuentas bancarias y conseguir las tarjetas de crédito hacía de éstas una manera cómoda de conseguir fondos», agregó Dennis Lormer, jefe de la unidad del FBI para la lucha contra los delitos financieros.[22]

Contrabando

Aunque los fraudes constituyan una fuente considerable de dinero, para los terroristas el contrabando es, con mucho, la principal actividad generadora de ingresos.[23] La gama de productos de contrabando va desde los cigarrillos y las bebidas alcohólicas hasta los diamantes. Daniel Pearl, el periodista del *Wall Street Journal* asesinado por el Jaish-i-Mohammed (Ejército de Muhammad) cuando investigaba el comercio del ATTA en Pakistán, dejó escrito que «más allá de suministrar posibles recursos a los que lo disponen y ordenan, el contrabando ofrece un empleo a los habitantes de las regiones tribales pobres que flanquean la frontera afgana».[24] Este párrafo resume en gran parte las bases económicas del contrabando. Para muchos es una actividad como otra cualquiera, pero sirve para sufragar grupos armados, organizaciones delictivas y Estados embrión, de manera que viene a representar la mayor partida de ingresos en la balanza de pagos del terror. El cinturón tribal de Pakistán es un buen ejemplo del fenómeno. Los comerciantes cifran el porcentaje de los artículos introducidos de contrabando en Pakistán por vía del ATTA en un asombroso 80 por ciento de las importaciones totales pakistaníes. Se trata, entre otras cosas, de artículos textiles chinos y coreanos, y automóviles desmontados en Afganistán que pasan la frontera como piezas sueltas y vuelven a montarse al otro lado.[25] Uno de los principales mercados de Pakistán es el bazar Karjano de Peshawar, donde 600 mercaderes en su mayoría afganos ofrecen una amplia variedad de enseres extranjeros. En 1999 un estudio de las Naciones Unidas estimó que las exportaciones ilegales desde Afganistán a Pakistán ascendían a casi mil millones de dólares y de Afganistán a Irak a 140 millones de dólares. La parte que obtenían los talibanes en este negocio, un auténtico arancel a la exportación, ha sido cifrada por las Naciones Unidas en 36 millones de dólares, aunque el Banco Mundial eleva la estimación a 75 millones.[26]

Al otro lado del mundo, Ciudad del Este, un importante centro de contrabando, es la encrucijada de un negocio que genera más de 12.000 millones de dólares al año. Situada en Paraguay, donde las fronteras de este país confluyen con las de Brasil y Argentina, esta región se llama también el Triángulo o la Triple Frontera. Con su puerto franco, Ciudad del Este es una meca de terroristas y organizaciones delictivas. Cada año se cometen 200 asesinatos en una ciudad de 100.000 habitantes. Todas las semanas entran ilegalmente en Paraguay dieciséis extranjeros a través de su aeropuerto, y otros muchos llegan por vía terrestre pagando 5.000 dólares por adelantado.[27] Hasta el 11 de septiembre los controles fronterizos eran inexistentes. En las calles de esta ciudad, un pasaporte falso o robado cuesta 5.000 dólares, y se puede sobornar a un funcionario de aduanas por 500 o poco más. En esta ciudad el contrabando trabaja con todo tipo de artículos, desde las drogas colombianas hasta ordenadores procedentes de Miami o coches robados en Brasil. Según estimaciones de algunos funcionarios, más de la mitad de los automóviles que circulan en Paraguay han sido robados en Brasil e introducidos a través de Ciudad del Este. Según la International Intellectual Property Alliance, en el año 2000 Brasil perdió 300 millones de dólares en ventas de discos compactos debido al floreciente contrabando de grabaciones piratas en Ciudad del Este.[28] Las organizaciones terroristas participan en la economía del contrabando y obtienen pingues beneficios por ello. Ali Khalil Mehri, hombre de negocios oriundo de Líbano y nacionalizado paraguayo, vendió *software* pirata por valor de muchos millones de dólares y contribuyó con los ingresos al sostenimiento de Hezbolá. Cuando la policía asaltó su casa en Ciudad del Este se encontraron numerosos CD y vídeos de hombres-bomba suicidas, con los que hacía labores de propaganda y recaudación.[29] Según la policía, de la documentación hallada en el registro se desprende que Mehri se hallaba también vinculado a una organización que recaudaba fondos para auxiliar a las familias de los «mártires y prisioneros». Se descubrieron transferencias de dinero procedentes de varios países, entre ellos Canadá, Chile, Estados Unidos y Líbano. Se calcula que durante los pasados siete años no menos de 50 millones de dólares fueron enviados desde Ciudad del Este a las cuentas de Hezbolá.[30]

Ciudad del Este tiene una población de 20.000 musulmanes, es decir, uno por cada 30 residentes, y alberga diversos grupos islamistas radicales. Se cree que los atentados con bomba de 1992 contra la embajada de Israel en Argentina y el centro de la comunidad judía del mismo país fueron planeados por una célula de Hezbolá desde aquella ciudad.[31] En octubre de 2001 fueron detenidas veinte personas bajo la acusación de estar vinculadas a Hamás. Al mismo tiempo las autoridades congelaron 22 millones de dólares en más de cuarenta cuentas utilizadas para canalizar dinero hacia diversos grupos armados de Oriente Próximo.[32] La presencia de grupos islamistas no es ningún secreto. Tanto Hezbolá como la Yihad Islámica imparten instrucción militar a los voluntarios locales en el *mato grosso*, es decir, la región de selva y sabana próxima a las cataratas de Iguazú, no lejos de Ciudad del Este. La población musulmana local colabora intensamente. En la mezquita de Foz do Iguaçú, en el lado brasileño de la frontera, los musulmanes chiíes y los suníes rezan juntos y «hablan abiertamente de volar Estados Unidos».[33] «Hezbolá es un grupo legítimo de resistencia que lucha contra los invasores de tierras que son históricamente árabes —explicaba el jeque Mounir Fadel, *mulá* de Ciudad del Este—. Usted no puede andar por ahí llamando simpatizantes del terrorismo a las personas que ayudan a organizaciones como Hezbolá. Las cosas no son tan sencillas. Ni en Oriente Próximo, ni desde luego tampoco en Paraguay».[34]

Se cree que los agentes financieros de Oriente Próximo vinculados a grupos islamistas intervienen en el blanqueo de los beneficios del narcotráfico latinoamericano. Bandas de traficantes de droga peruanas, colombianas y de otros países de Suramérica confluyen en Ciudad del Este para realizar sus expediciones y lavar su dinero. Los beneficios ilegales se blanquean a través de la cuenta CC5 ofrecida por el banco central brasileño a los forasteros en Ciudad del Este. En su origen esa cuenta especial debía servir para agilizar la conversión del dinero paraguayo y su transferencia a los bancos brasileños. Toda la operación lleva menos de un día. Sin embargo, el contrabando y el blanqueo de dinero no son los únicos alicientes de Ciudad del Este. La población es también, para todas las organizaciones armadas latinoamericanas, punto de encuentro idóneo para descansar y hacer negocios al mismo tiempo. Entre los visitantes habituales se ve a miembros del IRA, de ETA y de las FARC.[35]

Las ventajas del contrabando para los grupos armados son múltiples. No sólo es una fuente de saneados ingresos, sino que además erosiona la infraestructura de las economías tradicionales y, al hacerlo, facilita el establecimiento de economías de guerra. Un estudio de la Universidad Nacional de Colombia estimaba que la facturación de San Andresino, el mercado de contrabando más grande del país, representaba un 13,7 por ciento del PIB en 1986 y hasta un 25,6 por ciento en 1996.[36] En Colombia, el contrabando procedente de Panamá está arruinando a las compañías tabaqueras y a los importadores colombianos. El contrabando tiene también un impacto negativo sobre la fiscalidad del país. En 1996 las expediciones totales desde Panamá alcanzaron un valor de unos 1.700 millones de dólares, pero la aduana colombiana sólo informó de importaciones por valor de 166 millones. La diferencia de 1.500 millones son los artículos que entraron en el país ilegalmente y suponen una pérdida fiscal neta para las autoridades.[37]

El contrabando también es un excelente vehículo para el reciclaje de fondos. Según la policía fiscal del Departamento del Tesoro estadounidense, el contrabando es «el principal sistema para blanquear dinero empleado por los cárteles colombianos de la droga, y el más eficaz y extendido de los existentes en el hemisferio occidental.»[38] El procedimiento es sencillo. Los traficantes colombianos de la droga acumulan grandes cantidades de dólares que se han de blanquear y cambiar a pesos. Para ello venden los dólares en Estados Unidos a los cambistas de pesos que cobran una comisión. Por un millón de dólares reciben el equivalente de 750.000 dólares en pesos. Los cambistas utilizan los dólares para comprar artículos que puedan convertirse en dinero muy rápidamente. Se trata principalmente de artículos adecuados para el contrabando, como cigarrillos, alcohol, aparatos electrónicos, etcétera, todo lo cual se expide a Aruba o a la zona franca de Panamá. Otra posibilidad consiste en expedir directamente maletas llenas de efectivo, que cuando llegan a Aruba sirven para comprar los artículos a mayoristas locales. Desde Panamá la mercancía continúa hacia Colombia, donde se venden con una rebaja considerable, a menudo incluso por debajo de los precios que rigen en el país originario, con tal de acelerar el ciclo de blanqueo del dinero. Al mismo tiempo, este contrabando sirve para que amplios sectores de la población local puedan disponer de una serie de artículos que de otro modo serían demasiado caros para ellos. Por eso es muy difícil políticamente la erradicación de este tipo de negocio. [39]

El caso Susurluk

El contrabando es también una de las actividades económicas mediante la cual los Estados embrión se relacionan con la economía tradicional y la delictiva. El 3 de noviembre de 1996 un accidente de coche cerca de Susurluk, en Turquía,[40] causó gran conmoción en el país. Los que viajaban juntos formaban un grupo de personas bastante insólito: Abdullá Catli, miembro del grupo armado de ultraderecha Lobos Grises, su novia Gonca Us, el antiguo vicedirector de seguridad pública de Estambul, Huseyin Kocadag, y Ediup Bucak, comandante en jefe del somatén[41] de la localidad de

Siverek, y miembro del parlamento turco por el Partido de la Recta Vía (Dogru Yol Partisi, DYP). Este último fue el único superviviente. Una larga investigación reveló que todos esos pasajeros se dedicaban a introducir droga de contrabando en Europa. Por Turquía transita entre el 70 y el 80 por ciento de los estupefacientes que entran en Europa. Según Human Rights Watch, a finales de los años noventa el presupuesto anual de la mafia turca para narcóticos era de unos 50.000 millones de dólares, superior al presupuesto anual del gobierno turco (48.400 millones de dólares). En ese tráfico ilegal también participaban destacados políticos. En 1997 la comisión italiana antimafia protestó por la visita de Tansu Ciller, ministra turca de Interior, a quien se suponía estrechamente relacionado con la mafia turca. El dinero de la droga lo reciclan los bancos turcos en el extranjero. Entre 1991 y 1995 la policía federal alemana (*Bundeskriminalamt*, BKA) investigó quinientas mil cuentas bancarias y descubrió que se habían transferido a Turquía 150.000 millones de marcos, la mayoría procedentes del narcotráfico. En la actualidad, la mayor parte de ese dinero entra en Turquía mediante maletines transportados por correos.

El contrabando de petróleo

El contrabando de petróleo es otro de esos negocios en los que interactúan las economías delictiva y la legal del terrorismo. Los contrabandistas iraquíes fletan cargueros que zarpan del sur de Irak e ingresan inmediatamente en aguas iraníes. Contra un peaje de 50 dólares por tonelada de crudo, las patrulleras de los guardias revolucionarios iraníes no sólo los dejan pasar, sino que incluso los proveen de documentación falsa. El crudo continúa viaje, pasa el estrecho de Ormuz y se encamina hacia Arabia Saudí, los Emiratos Árabes Unidos, Omán, etcétera, desde donde se vende en el mercado internacional.[42] Es un negocio muy provechoso para los contrabandistas. También es lucrativo para Irán, que así percibe un gravamen sobre casi todo el crudo iraquí que atraviesa sus aguas. «[Los iraquíes] ofrecen el crudo a los contrabandistas por un precio muy rebajado, del orden de 95 dólares por tonelada métrica.

De esta manera, [...] el contrabandista puede comprar el petróleo a ese precio, pagar 50 dólares por tonelada métrica a los iraníes, [...] y luego vender el petróleo en destino por unos 205 dólares la tonelada métrica, obteniendo así un beneficio de 50 o 60 dólares por tonelada.»[43] Otra manera de sacar de contrabando el crudo iraquí es declarar sólo una parte del comprado legalmente. Según Chiladakis Theofanis, capitán del petrolero liberiano *Essex*, con bandera de Liberia, Transfigura, una empresa privada dedicada al comercio de materias primas y registrada en Holanda, utiliza a veces el *Essex* para comprar crudo iraquí bajo las condiciones del acuerdo petróleo por alimentos de Naciones Unidas. La vendedora fue Ibex, una compañía registrada en las Bermudas con filiales en Francia y las islas Vírgenes británicas. En ambas ocasiones, en cuanto los inspectores desembarcaron del petrolero en el puerto de Mina al-Bakr, en Irak, Transfigura embarcó tonelaje adicional que no quedó registrado. Ambos fletes navegaron hacia el Caribe, donde se vendió el petróleo. Los compradores finales fueronn Koch Oil, una firma estadounidense, y Petróleos de Venezuela S. A., compañía petrolera estatal venezolana.[44] También se saca de contrabando el crudo iraquí vía Turquía y Jordania, en cuyo caso se transporta en camiones, o incluso a Siria, a través del oleoducto. Esto suponía unos beneficios menores. Para Sadan, sin embargo, cualquiera de ellos era ventajoso, porque permitía vender un petróleo que de otro modo no podría salir del país. En conjunto el negocio del contrabando genera entre 2.000 a 3.000 millones de dólares, que escapan al control de Naciones Unidas. Los beneficios del contrabando de petróleo eran especialmente valiosos para Sadam, pues le permitían comprar armas o financiar la investigación de nuevas armas. Los pagos del crudo de contrabando se depositaban en cuentas controladas por el líder iraquí. En el caso de Transfigura, por ejemplo, un pago de 10 millones de dólares por medio millón de barriles de crudo iraquí efectuado a través de Ibex terminó en una cuenta numerada de un banco suizo.[45]

Transferencias de fondos nacionales

Los grupos armados también se financian a sí mismos mediante la transferencia de activos nacionales, que suele asumir distintas formas: saqueo, robo, extorsión y pillaje. Esos métodos son sumamente perjudiciales para la economía tradicional porque representan una merma directa de sus recursos. En los años setenta la práctica de las extorsiones y asaltos a mano armada por parte de ETA empobreció a la región vasca y forzó la emigración de muchos industriales con sus familias. En el sur de Líbano, los ingresos de Hezbolá proceden sobre todo del cobro de extorsiones a comerciantes, hombres de negocios, dueños de restaurantes y tenderos, principalmente en el valle de la Bekaa. Tanto ETA como Hezbolá califican estos actos delictivos como «impuesto revolucionario», como si fuesen pagos debidos a ellas en tanto que administradoras del territorio.

Por su propia naturaleza, como se comprende, la transferencia de activos nacionales es una fuente de ingresos limitada, sobre todo cuando el país está azotado por la guerra civil. Cuando el gobierno sudanés empleó a la milicia bagara del norte en la represión contra las aldeas del sur, donde tenía sus reductos el SPLA (Sudanese People's Liberation Army), el resultado fue la hambruna en el sur. Ocurrió que los milicianos perpetraron grandes robos de ganado, lo que destruyó la economía de subsistencia de la población local y condujo a la hambruna.[46]

Resumiendo, los ingresos del terror pueden dividirse en tres categorías principales según su procedencia: negocios legítimos (es decir, las actividades que no tienen, en principio, consideración de ilegales), ingresos ilegales que infringen o burlan la legislación, y actividades plenamente delictivas. Entre los negocios legítimos figuran los beneficios de las compañías o de los Estados embrión controlados por los grupos armados, las donaciones de las ONG o a título individual, las transferencias de activos y las ayudas oficiales de los países extranjeros. Los ingresos ilegales derivan de las ayudas extraoficiales de los gobiernos extranjeros y del contrabando. Y las actividades criminales, que son muchas, incluyen el secuestro, la extorsión, el robo, la estafa, las falsificaciones y el blanqueo de dinero.

Éstas son las partidas de signo positivo, las entradas de la balanza de pagos de los grupos armados. En el capítulo 16 vamos a tratar de las partidas de gastos.

16

La economía
del Estado embrión

*«No desistas y abraza una muerte digna, porque la capitulación se-
ría el fin de la resistencia y de la Intifada.»*

EL JEQUE AHMED YASSIN, líder de Hamás, a Yasser Arafat

El extrarradio meridional de Beirut es un barrio de barracas llamado el Cinturón de la Miseria. Allí viven cientos de miles de
refugiados palestinos, la mayoría de ellos agricultores y granjeros
chiíes pobres. No hay señales de tráfico, ni calzada, ni alumbrado
público. Una maraña de cables cuelga entre los 28 kilómetros de
casas a medio construir, edificios abandonados y callejas retorci-
das. Éste es un terreno fértil para el reclutamiento de Hezbolá. Lo
único que rompe la monotonía del ladrillo y el cemento son las pa-
redes pintadas con murales multicolores, en los que se exalta a Jomeini y a los mártires de Hezbolá. Desde los balcones y las venta-
nas, banderas negras de duelo junto a las verdes y amarillas del
islam recuerdan a los escasos visitantes el destino de los habitantes
de estos lugares. Las pocas calles que tienen nombres asignados
por los vecinos llevan los de hombres bomba suicidas, personajes
apenas conocidos fuera del Cinturón de la Miseria. En una mo-
desta vivienda un chico de cuatro años, Mohamed, y un bebé, su

hermana, miran un vídeo. Un paisaje árido sirve de fondo a una fila de edificios. El lugar que muestra la toma podría hallarse en cualquier parte del Tercer Mundo. De súbito, una explosión llena el televisor. Cascotes, llamas, lluvia de metralla. Parece el estallido de un petardo gigante. El chico salta excitado y grita: «Papá, papá».[1]

Salah Ghandour, el padre de Mohamed, fue un hombre-bomba. El 25 de mayo de 1995 atentó contra un convoy militar con 450 kilos de explosivos y mató a 12 soldados israelíes, al tiempo que se volaba a sí mismo. Hezbolá grabó el atentado y regaló la grabación a la familia como recuerdo del sacrificio. No es corriente que un hombre casado y padre de familia sea elegido para una misión suicida. Pero Salah siempre quiso ser un mártir de la causa y finalmente logró persuadir a los líderes de Hezbolá para que le encargasen la misión. Decisión que fue aprobada por su esposa y el resto de la familia. «Aunque murió, yo sentí una gran alegría porque logró llevar a cabo esa operación —declaró su esposa Maha——. Podemos andar por ahí con la cabeza bien alta. Lo que hizo sembró la alarma y el espanto en todo Israel.»[2] Y lo más asombroso, el último deseo de Salah fue que su hijo Mohamed siguiera sus pasos.

En este conflicto fatal, para algunos de estos refugiados llegar a ser un mártir es la acción moralmente más elevada. La muerte, por paradójico que parezca, devuelve la dignidad a quienes la perdieron junto con las tierras y con la identidad política vinculada a ellas. A los refugiados les obsesiona la dignidad, son como gentes desnudas en medio de una sociedad donde todo el mundo va vestido, y que buscan con desesperación alguna cosa con que cubrirse. Ellos no pueden acogerse a nada mejor que el martirio, con el que ponen fin a una vida mísera y consiguen una consideración social muy alta, de la que toda la familia se enorgullecerá.

Analisis de la rentabilidad de los hombres bomba

Para los que consiguen acabar así, hombres (y últimamente también mujeres) jóvenes como lo era el padre de Mohamed, la vida no era en última instancia más que un bien fungible. Salah vendió la suya a cambio del porvenir de sus allegados. «Muchos acuden a la yihad dispuestos a entregar su alma, que es el bien más precioso que posee el hombre», explica Shahadeh Salah.[3] Para los grupos armados, el martirio es un activo, en esencia un arma, como un misil, y por eso los hombres bomba suicidas figuran como un activo en la balance de pagos del terror. O como dice Abdel Aziz Rantisi, uno de los líderes de Hamás en Gaza, «Hamás usa tales tácticas y medios de lucha porque no tiene cazas F-16, ni helicópteros Apache, ni tanques, ni misiles. [...] Esto no se hace sólo por el Paraíso ni por las huríes, sino porque estamos bajo una ocupación y somos débiles».[4] El hombre bomba dispuesto a suicidarse es un arma ofensiva. Los Tigres de la Liberación Tamil, grupo armado que ha perfeccionado este arte, reconocen que lo idearon para compensar su inferioridad numérica y su debilidad militar.[5] La vida humana es una mercancía en este negocio macabro. «Los hombres bomba son una materia prima que puede pasar de mano en mano —explica un ex alto oficial israelí—. Digamos que tú estás en una célula terrorista de Belén y convences a uno, o éste acude a ti para ofrecerse a realizar un atentado suicida. Entonces tienes un tesoro y puedes ofrecerlo a otra célula, digamos en Ramala, a cambio de dinero, o de armas.»[6]

Aunque los hombres bomba suicidas son un activo, sus misiones suponen unos gastos. Los gastos del martirio son muchos y varían de un lugar a otro. No hay que subestimar los costes de la logística. El equipamiento, entendiendo como tal las bombas y los explosivos, puede ser bastante accesible incluso en los territorios ocupados de Palestina. Según aseguran militantes de Hamás y de las Brigadas de los Mártires de Al Aqsa, fabricar una bomba no cuesta más de 5 dólares. No se necesita más que fertilizante, azúcar, metralla y un pedazo de tubería de plástico. La planificación, en cambio, muchas veces resulta bastante costosa. Hay que identificar los objetivos, grabarlos, y estudiar hasta el más pequeño detalle del atentado. Todo esto requiere personal y equipamiento. Por último, el coste del desplazamiento puede ser cuantioso. Hoy día el desembolso logístico más importante es el traslado físico del hombre bomba hasta su destino final. Muchas veces cuesta entre cien y doscientos dólares,[7] porque la mayoría de los aspirantes a mártires viven en los territorios ocupados e Israel ha establecido cierto número de puntos de control para detectarlos.

Además hay que tener en cuenta los gastos colaterales. Los israelíes han vuelto a adoptar una técnica utilizada en 1999, consistente en destruir las casas donde viven las familias de los hombres bomba suicidas, y que con frecuencia es la única propiedad que tienen. Esa política despiadada no deja de surtir cierto efecto; desde su puesta en marcha, las familias se oponen a los deseos de los jóvenes empeñados en seguir el camino del martirio. En conjunto, el gasto más importante es la indemnización para la familia por la pérdida de su ser querido. ¿Cómo cuantificamos la vida de un niño? Es una tarea imposible. En los territorios ocupados, las familias reciben unos 30.000 dólares por la muerte de un hijo o hija, de las arcas de patrocinadores del exterior, como organizaciones de beneficencia o algunos regímenes extranjeros como el de Irak. [antes del derrumbe del régimen de Sadam Husein]. Puesto que estas indemnizaciones para las familias generalmente provienen de las colectas efectuadas en el extranjero por las ONGs o grupos de simpatizantes, los organizadores de las misiones suicidas no se ven obligados a realizar todo el desembolso. Además, Arabia Saudí paga la peregrinación de esas familias a La Meca.[8] No obstante, e incluso tomando en consideración todos estos costes, incluidos los colaterales, los atentados terroristas suicidas siguen siendo los más eficientes en términos de coste-resultados. Según S. Thamilchelvam, líder político de los Tigres de la Liberación Tamil, los atentados suicidas «garantizan un daño máximo, a cambio de un mínimo de bajas propias».[9] Después del 11 de septiembre, por ejemplo, la población israelí quedó aterrorizada; la cifra de inmigración bajó un 40 por ciento y aumentó considerablemente el número de los que deseaban emigrar de Israel.[10] Además, las misiones suicidas golpean duramente la economía del enemigo. En cambio, si se excluyen las indemnizaciones para las familias de los secuestradores aéreos, el atentado del 11 de septiembre sólo costó medio millón de dólares. Cifra insignificante si se compara con los costes totales para Estados Unidos por conceptos como destrucción de propiedades, trabajos de desescombro y gastos federales, que sumaron bastante más de 135.000 millones de dólares.[11]

En Grozny, ciudad que ahora se asemeja a Dresde después de los bombardeos de la Segunda Guerra Mundial, el coste del martirio es mucho más pequeño. En ocasiones se reduce al de los explosivos, sobre todo porque no se pagan indemnizaciones a los parientes. Ocurre que muchos hombres bomba suicidas provienen de familias ya aniquiladas por las tropas rusas. La política adoptada por Moscú es sencilla: cuando capturan o matan a un rebelde, el ejército busca a los allegados. Los hombres son ejecutados o deportados, las casas se incendian o se vuelan, y se deja a las mujeres y a los niños para que se las arreglen como puedan. Hoy, tras un decenio de guerra, Chechenia es un país donde pelean entre 60.000 y 100.000 soldados rusos contra grupos armados islamistas y un puñado de supervivientes, la mayoría de los cuales son adolescentes y mujeres. Para esas personas la muerte es una redención. Como ha señalado Zulikhan Bagalova, jefe del moscovita Centro para la Cultura Chechena, todas las mujeres que participaron en el asalto al teatro de Moscú hacia finales de octubre de 2002 tenían poco más de 20 años de edad. Eran de la generación criada durante la guerra, y prácticamente privada de escolarización. Para esas gentes, la guerra era su única vida y la vida, un sobresalto permanente. Arrastraban una experiencia cotidiana de fusilamientos, violaciones, torturas, matanzas y mutilaciones. Morir era una opción mucho más deseable que vivir.[12] «Conocí personalmente a varias mujeres que habían sido violadas por los soldados en presencia de sus padres, sus hermanos y sus maridos —cuenta Bagalova—. Después de recibir semejante trato, las mujeres morían, o enloquecían, o se hacían kamikazes. Hay muchas chicas dispuestas a tomar el relevo de esas kamikazes, y seguirá habiéndolas. La vida pierde todo su sentido para ellas después de semejante humillación.»[13]

Chechenia: un ejemplo de guerra de rapiña

En el inhóspito universo de la economía del terror, Chechenia es víctima de una guerra de rapiña.[14] Durante el último decenio, las tropas rusas se han encargado de la progresiva destrucción de la economía tradicional, fenómeno que contribuyó a la radicalización del conflicto y, andando el tiempo, allanó el camino a los movimientos armados islamistas. Este proceso se retrotrae a 1862, cuando, después de medio siglo de resistencia, Chechenia fue incorporada por la fuerza al imperio ruso. Más tarde, en 1918, consiguieron alcanzar una independencia *de facto*, pero fue efímera, porque en 1920 Chechenia fue invadida por el Ejército Rojo y anexionada a la Unión de Repúblicas Soviéticas. En 1944 Stalin ordenó la deportación a Siberia de todos los chechenos, y la destrucción de pueblos y aldeas. Eran medio millón entonces, cuyos descendientes no pudieron regresar hasta la década de 1950, después de la famosa denuncia de los abusos de Stalin por su sucesor Nikita Jruschov. En 1990, cuando se desintegró la Unión Soviética, la Conferencia Nacional Chechena, en la que participaban todos los partidos políticos, declaró la independencia. Rusia rechazó esa decisión y comenzó en 1994 la primera guerra de Chechenia.

Las motivaciones económicas de la dominación rusa están relacionadas con el papel estratégico que Chechenia desempeña en la política rusa, y más recientemente con el tendido de un oleoducto y un gasoducto por los rusos a través de la región.[15] En 1999 Rusia volvió a invadirla, en esta ocasión no sólo por las razones mencionadas, sino también por otras resultantes de la escalada de violencia que sucedió a la guerra. Se trataba de frenar la oleada de golpes terroristas en Moscú, las tomas de rehenes, las incursiones de combatientes chechenos en el Daguestán, etcétera. Las dos guerras se cobraron un tributo espantoso: más de 100.000 bajas entre la población, o el 10 por ciento del censo de antes de la guerra; más de 200.000 refugiados, y todo el país sembrado de minas y de armas. Por último el Estado se derrumbó y el vacío creado por su desmoronamiento fue ocupado por señores de la guerra y grupos armados. Hasta entonces no se habían visto muchos árabes en Chechenia, Estado tradicionalmente laico, aunque habitado por una mayoría de musulmanes.

El hundimiento del Estado abrió las puertas a las organizaciones armadas islamistas, entre ellas, a los seguidores de Bin Laden. En seguida la resistencia secular de Chechenia derivó hacia el radicalismo fundamentalista. Lo que antaño fue un país rico en recursos naturales, después del paso de las tropas rusas ha quedado convertido en un conglomerado de Estados embrión que funcionan como puntos de reexpedición para el tráfico de drogas y el de armas. Durante el último decenio, Chechenia ha sobrevivido gracias a una economía de guerra de rapiña. Los señores de la guerra, los grupos islamistas armados y las tropas rusas saquean lo que queda de la población. La progresiva criminalización de la economía, es decir, su dependencia cada vez mayor del tráfico de drogas, el contrabando, el blanqueo de dinero, los secuestros, etcétera. se ha convertido en el principal medio de subsistencia. Para la población en general las consecuencias son graves: desplazamientos masivos, miseria y muerte.

La economía de guerra de rapiña, la guerrilla y el saqueo son rasgos comunes de las nuevas guerras. Todos intervienen, los grupos armados, los Estados embrión y algunos Estados legítimos. Las leyes internacionales de la guerra no se respetan. Con frecuencia la perpetuación del conflicto se convierte en un fin en sí mismo, como sucedió en Afganistán. Cuando esto ocurre, el estado de guerra justifica, al modo de ver de los grupos armados, el empleo de métodos violentos para obtener y sostener el lucro económico y el poder político. En los años noventa, Afganistán era un país sin estructura estatal, dividido en dos Estados embrión principales y enfrentados, los talibanes y la Alianza del Norte. Las operaciones bélicas se mantenían gracias a una economía de guerra basada en la producción de estupefacientes, el contrabando, el tráfico de armas y la ayuda exterior. Así genera la guerra sistemas alternativos de lucro, poder y protección. La industria afgana de los estupefacientes, la mayor del mundo, se creó durante la yihad antisoviética por el ISI en colaboración con los muyahidines, con el objeto de financiar la guerra de éstos contra Moscú. Cuando Sen-

dero Luminoso se replegó a la Selva Alta, crearon un reducto económico, una zona controlada por ellos. Para financiar su guerra
contra el gobierno peruano, los senderistas utilizaron los beneficios de la producción cocalera.

Diamantes a cambio de armas

En los países que tienen riquezas naturales como el oro y los diamantes, los Estados embrión saquean esos recursos para mantener
en funcionamiento la economía de guerra. Así ocurrió con el
Frente Unido Revolucionario (RUF) de Sierra Leona, uno de los
principales productores de diamantes del mundo. En 1991 el RUF
invadió el país desde Liberia bajo el mando de Foday Sankoh, y logró controlar los distritos mineros. Hacia el año 2000 las ganancias del RUF por la venta de diamantes se estimaban entre 25 y
125 millones de dólares al año.[16] Con el tráfico de diamantes se
han financiado y enriquecido personalmente muchos ex líderes de
grupos armados y hoy jefes de Estado, como Charles Taylor, presidente de Liberia, y Blaise Compaore, presidente de Burkina
Faso. A comienzos de la década de 1990, Taylor, Compaore e
Ibrahim Bah, un senegalés que había combatido en la yihad antisoviética, estuvieron entre los que ayudaron a Sankoh cuando éste
se hizo con el control de las minas diamantíferas de Sierra Leona.[17]
Juntos montaron un negocio ilícito de diamantes a cambio de armas, gracias al cual el RUF y sus amigos estuvieron siempre bien
pertrechados. Las armas y las municiones se enviaban a Burkina
Faso o Liberia, y desde allí pasaban de contrabando a manos del
RUF. Los pagos se realizaban en diamantes. Personajes como Victor Bout, ex oficial de la aviación soviética convertido en traficante-
te de armas, que estuvo durante más de diez años introduciendo
armas de contrabando en África y sacando diamantes de ella. Las
cifras de ese comercio ilícito son asombrosas. En 1999, por ejemplo, se exportaron a través de esos canales diamantes por valor de
75 millones de dólares. Ingresos no registrados ni sometidos a
ningún gravamen, que le sirvieron al RUF para comprar armas,
municiones, alimentos, combustible y medicamentos.[18]

La economía de guerra del RUF no se limita a las naciones africanas vecinas, sino que es todo un eslabón de la Nueva Economía del Terror. En 1998, Ibrahim Bah hizo de intermediario en un acuerdo con miembros de la red de Bin Laden. En esa ocasión, Bah presentó a Abdulá Ahmed Abdulá a Sam Bokerie, conocido como Mosquito, y se trocaron diamantes en bruto por valor de varias decenas de millones de dólares a cambio de armas y dinero en efectivo. De esta forma pudo Al Qaeda blanquear el dinero de la droga, obteniendo a cambio activos de elevado valor. Aziz Nassour, libanés comerciante en diamantes, vendió parte de aquéllos por 6 millones de dólares en el mercado internacional.[19] Se cree que entre diciembre de 2000 y septiembre de 2001, Nassour ideó un sistema de correos mediante el cual se dio salida a los diamantes, a razón de unos 300.000 dólares por semana. Estos correos iban de Amberes a Abiyán en vuelos de la compañía Sabena. De Abiyán pasaban a Monrovia (Liberia) en avionetas alquiladas a la compañía Weswua Airlines. Y en Monrovia se reunían con los mandos de Sierra Leona que traían los diamantes.[20]

Los que no fueron vendidos se guardaron como reserva por si las autoridades occidentales congelaban las cuentas utilizadas por la red de Bin Laden.[21] Según fuentes belgas, en vísperas del 11 de septiembre colaboradores de Bin Laden convirtieron 10 millones de dólares en piedras preciosas, precisamente por ese motivo.[22] Pero no son los diamantes el único activo de gran valor utilizado como refugio ante posibles medidas de los gobiernos occidentales. Algunas informaciones corroboran que agentes de Bin Laden se dedicaron a comprar tanzanita, una piedra azul parecida al diamante, aunque de inferior dureza y que sólo se encuentra en un remoto rincón de Tanzania, para revenderla en el mercado internacional o atesorarla.[23] Más del 90 por ciento de la producción de tanzanita sale del país por la vía del contrabando. En 1997 el FBI se hizo con la agenda de Wadih el Hage, un socio de Bin Laden que estaba vendiendo tanzanita de contrabando en Londres. La agenda aportó pruebas de la función asignada a esa gema en el blanqueo de dinero y la financiación de la red de Bin Laden.[24]

Saqueo de la ayuda humanitaria: El caso de Sudán

En ausencia de recursos naturales comercializables, la economía del Estado embrión se alimenta primordialmente de la ayuda humanitaria que se moviliza en respuesta al estado de guerra. Es lo que ocurre cuando combaten entre sí varios grupos armados, todos ellos sostenidos mediante la economía de guerra basada en la rapiña. En estas circunstancias, dichos grupos aprovechan el estado de guerra para desviar las ayudas, que nunca llegan a las víctimas. En Sudán, la población del sur ha sido desposeída por las autoridades del norte. Una coalición de militares, comerciantes y políticos se ha quedado con la mayor parte de esa riqueza. Se ha aplicado una política de transferencia de activos que ha favorecido la hambruna e impedido que la ayuda y el auxilio humanitario lleguen a su destino. «Los recursos económicos enviados a los desarraigados [del sur] para promover la autosuficiencia, invariablemente han acabado en manos de los grupos explotadores.»[25] No obstante, la población del sur también es víctima de un ejército de liberación (Sudan People´s Liberation Army, SPLA), grupo armado a las órdenes de John Garang, así como de otros grupos armados sudaneses en guerra contra el gobierno de Jartum y patrocinados por Estados Unidos.[26] El SPLA, lejos de ser un ejército de liberación, es, *de facto*, una fuerza de ocupación, por cuanto utiliza las mismas tácticas que Jartum para saquear a la población. La hambruna de 1998 en Sudán, por ejemplo, fue precipitada por una ofensiva del SPLA, con la anuencia de Estados Unidos, en la región de Bahr al Ghazal.[27] En la valiente denuncia del obispo católico romano monseñor Cesare Mazzolari, el SPLA fue acusado de desviar un 65 por ciento de la ayuda en alimentos destinada a las poblaciones atrapadas en las zonas del sur de Sudán controladas por los sediciosos. Trabajadores de algunas ONG han declarado que «buena parte de los alimentos enviados para socorrer a más de un millón de víctimas de la hambruna en zonas del sur de Sudán dominadas por los rebeldes acaban en manos del SPLA».[28]

Para maximizar la explotación de la población, los Estados embrión en guerra que se mantienen por medio de la economía de rapiña llegan incluso a establecer colaboraciones. En estos casos, los grupos se ponen de·acuerdo para el saqueo, como ha sucedido en Sierra Leona. Cuando el ejército se retira de una aldea, deja armas y municiones para que las recojan los grupos terroristas. Éstos «peinan» los pueblos y las aldeas, y se llevan el dinero en efectivo. Los habitantes abandonan las casas para buscar refugio en el monte. Las poblaciones quedan así desiertas, y entonces el ejército regresa y las esquilma por segunda vez, quedándose con todas las cosas de valor y enseres que los sediciosos difícilmente podrían vender.[29] Esta conducta refleja las condiciones de guerra en que prosperan los Estados embrión y recuerda a las guerras medievales, cuando el botín era parte integrante del conflicto. Las leyes de la guerra admiten que los soldados victoriosos confisquen los bienes públicos, si así lo exigen las necesidades bélicas.[30]

El pago de la guerra

La primera víctima de la nueva economía de guerra es la población civil. Como ha señalado Mary Kaldor en su libro *New and Old Wars*, a comienzos del siglo XX del 85 al 90 por ciento de las bajas eran personal militar. En la Segunda Guerra Mundial, aproximadamente uno de cada dos muertos fue un no combatiente. Hoy día la población civil representa más de la mitad de las bajas.[31] Con frecuencia, el control del territorio se obtiene suprimiendo físicamente a la población. Según la ONG Human Rights Watch, «los funcionarios locales y otros asesinos acudieron a lugares como la comunidad de Nyakizu, al sur de Ruanda, para "trabajar", es decir, para liquidar a los tutsi. Al final de la jornada se volvían a sus lugares de procedencia "cantando". Estos "trabajadores" regresaban todos los días hasta que pusieron fin a la tarea, es decir, hasta que no quedó ningún tutsi.»[32]

Los Estados embrión son entidades económicas en guerra y su balanza de pagos refleja esa realidad. El coste de las armas y de la munición es la partida más importante y representa la mayor parte del gasto. Según Aaron Karop, ex director del Arms Transfer Project en el Instituto Internacional de Estudios para la Paz de

Estocolmo, y experto conocedor de los procedimientos mediante los cuales el armamento llega a poder de los grupos, «equipar un ejército de 10.000 milicianos con armamento ligero cuesta alrededor de 75 millones de dólares al año».[33] Se recurre con frecuencia a patrocinios legítimos o encubiertos de algunos Estados para cubrir parte de esos gastos. La política exterior estadounidense todavía admite el patrocinio de grupos armados mediante operaciones declaradas o encubiertas. En 2001, por ejemplo, el Congreso aprobó suministros para el SPLA por valor de varios millones de dólares. Anteriormente, el mismo grupo venía siendo patrocinado mediante operaciones encubiertas. En 1996 la administración Clinton envió al SPLA más de 20 millones de dólares en equipamiento militar a través de Eritrea, Etiopía y Uganda.[34] Irán es otro país que se ha lanzado a actividades parecidas. En 1993 fue confiscado en el Mediterráneo un barco que navegaba bajo pabellón panameño. Transportaba misiles tierra-tierra, 25.000 ametralladoras y 7 millones de balas de Irán para los combatientes musulmanes de Bosnia. Un año antes se embargó en el aeropuerto de Zagreb un Boeing iraní que llevaba miles de ametralladoras y 40 voluntarios iraníes.[35] Más recientemente, en 2002, se descubrió una expedición de armas iraníes para la OLP, que iba camino de los territorios ocupados. Según estimaciones de Aaron, a comienzos de la década de 1990, «el comercio de armas, teniendo en cuenta sólo a destinatarios no estatales, grupos insurgentes, nacionalistas étnicos, células terroristas... pequeños grupos sub estatales... (ha debido) de mover entre 2.500 y 3.000 millones de dólares al año».

También hay bancos e instituciones financieras que participan en las actividades relacionadas con el patrocinio de las compras de armamento. Los iraquíes utilizaban el Crédit Lyonnais en Francia y la Banca Nazionale del Lavoro (BNL) en Estados Unidos para financiar sus gastos armamentísticos. Durante la guerra Irán-Irak, la sucursal de la BNL en Georgia, Atlanta, prestó dinero a Sadam Husein para que pudiese mejorar su arsenal. Este banco fue utilizado por Estados Unidos como fuente encubierta de fondos para los programas de armamento iraquíes; en conjunto los iraquíes obtuvieron de la BNL no menos de 5.000 millones de dólares. Paradójicamente, al contribuyente estadounidense le ha tocado reintegrar parte de ese dinero, porque la administración estadounidense avaló algunos de esos créditos, que Irak no ha devuelto.[36] Como es natural, cuando los Estados patrocinadores cubren el coste del armamento lo que normalmente sería un gasto neto en la balanza de pagos del terror se transforma en un ingreso. Así ocurrió con los misiles Stinger facilitados a los muyahidines afganos por Estados Unidos en los años ochenta. Muchos de ellos no fueron utilizados, porque resultaba imposible transportarlos por los accidentados caminos de Afganistán, así que en años ulteriores los vendieron en el mercado negro a diez veces el precio original. Irán, por ejemplo, compró varios de ellos y en 1987 fueron usados para disparar desde las lanchas cañoneras iraníes contra helicópteros de la marina estadounidense en el Golfo Pérsico. Las autoridades estadounidenses incluso han intentado recomprar algunos Stinger para evitar la repetición de semejantes hechos. A mediados de 1990 ofrecieron más de 100.000 dólares por estos misiles, que se vendían en origen a 23.000 dólares; pero se quedaron muy cortos con respecto al precio ofrecido por el mercado negro, que excedía los 200.000 dólares.

Agentes del mercado negro

Es en el mercado negro donde la mayoría de los Estados embrión y grupos armados compran sus armas y municiones. Según Aaron, «donde hay guerra, hay demanda»,[37] y donde hay demanda hay oferta. Estados Unidos, curiosamente, es uno de los principales proveedores del mercado ilegal. Son muchos los ejemplos de compañías estadounidenses protagonistas de esos negocios. Una empresa comercial de Los Ángeles, por ejemplo, introdujo de contrabando en Corea del Norte 87 helicópteros estadounidensess fácilmente adaptables para usos militares. Durante la guerra entre Irán e Irak, una banda de contrabandistas radicada en Estados Unidos suministró a Irán piezas de repuesto para los cazas F-14 de fabricación estadounidense por valor de más de 10 millones de dólares. Entre 1982 y 1988 el servicio aduanero de Estados Unidos, el FBI y otras agencias policiales confiscaron más de 6.000 alijos de armas y otros artículos militares fabricados en Estados Unidos, por un valor total de 500 millones de dólares, que alguien trataba de sacar del país.[38]

En los años noventa, Victor Bout puso en pie una red internacional de contrabando de armas dedicada a vender partidas sobrantes de armas soviéticas a los Estados embrión y grupos armados de todo el mundo. Según las autoridades belgas, su flota de aviones de transporte de la época soviética ha aprovisionado al RUF de Sierra Leona, a la Unita angoleña y a la milicia extremista hutu de Ruanda, entre otro muchos.[39] Más recientemente fue uno de los principales proveedores de armas para los talibanes. Como la mayoría de los suministradores de armas del mercado negro, suele realizar sus ventas mediante sistemas de trueque: mientras cobraba en diamantes a los de Sierra Leona, en Afganistán aceptó estupefacientes.[40]

Contrabando de crudo iraquí, drogas afganas y armas ucranianas

En ausencia de Estados patrocinadores, o en conjunción con ellos, los Estados embrión y los grupos terroristas recurren al contrabando para hacer frente al elevado coste de los armamentos, así como para burlar los embargos y las sanciones que impone la comunidad internacional. Según las autoridades británicas, Sadam Husein venía acumulando armas químicas, biológicas y convencionales por medio de un tráfico ilícito de crudo que representaba 2.000 millones de dólares al año. Más de 500 compañías han intervenido en este intercambio de «armas por petróleo».[41] Con frecuencia la economía de los Estados embrión depende de su capacidad para desarrollar una «industria del contrabando» lucrativa. Un país como Afganistán, por ejemplo, hace más de dos decenios que sobrevive gracias a ella. El contrabando suple a la industria propia y a la exportación; al mismo tiempo, amplias capas de la población encuentran oportunidades de ganar el dinero necesario para sobrevivir, y un grupo mucho más reducido de personas, oportunidades de hacerse inmensamente ricos. El contrabando bidireccional es el más frecuente, es decir, que mientras se saca del país un producto se introduce otro. En Afganistán, el más practicado era el de «droga por armas».

Obedeciendo a las leyes de la economía, los experimentados contrabandistas de los países vecinos fueron atraídos por el negocio afgano de la droga: por ejemplo, gentes como Mansour Shahab, bandido y contrabandista profesional iraní oriundo de Ahvaz. En 1996 Shahab conoció a un afgano-árabe que le vendió droga a cambio de 150 Kaláshnikov. Éste lo invitó a visitar Afganistán. Shahab aceptó y aprovechó para establecer un próspero negocio de contrabando de armas destinadas a los talibanes. La ruta cruzaba la frontera Irán-Irak, con lo que él y sus bandidos se dedicaban a pasar cualquier cosa desde estupefacientes hasta aparatos electrónicos, armas y municiones.[42] Los contrabandistas recurren a técnicas muy ingeniosas para no ser descubiertos. Para cruzar el desierto iraní, por ejemplo, utilizan camellos adictos al opio. Los animales van solos, cargados con sus bultos llenos de mercancía ilícita, de un punto al siguiente.[43] Las rutas del contrabando son las arterias de la Nueva Economía del Terror: alimentan las cuentas corrientes del terror con caudales incesantes de dinero, mercancías e inmigrantes. Como en la antigua ruta de la seda, los contrabandistas también forman caravanas para cruzar los territorios hostiles, lejos de las autopistas de la civilización.

Del lado de la oferta, la desintegración de la Unión Soviética ha dado un impulso tremendo al contrabando internacional de armas. La desaparición del gobierno central soviético, que coordinaba la oferta y la demanda de armamento, obligó a las tres repúblicas productoras principales, Rusia, Ucrania y Bielorrusia, a buscar nuevos mercados. En 2001, estos tres países exportaron armas por valor de 5.000 millones de dólares, cifra que no incluye las operaciones secretas ni las ilegales. Mientras que Rusia se halla en una posición más favorable y aprovisiona a grandes clientes como China e India, los otros dos no tienen tanta suerte y han de recurrir a la demanda de los Estados embrión. De este modo, Ucrania es uno de los proveedores principales de Sierra Leona. Las armas se envían a Liberia o Burkina Faso, países que tienen Estados legítimos, y de éstos pasan a Sierra Leona de contrabando. Por otra parte, los excedentes de armas y municiones que dejó la era soviética han ido afluyendo al mercado ilegal. Desde hace un decenio, no es armamento lo que falta en la Nueva Economía del Terror; al contrario, el auge de la oferta ha estimulado la demanda.

El análisis de la balanza de pagos de las organizaciones armadas refleja que los Estados embrión y los grupos armados recurren a una inmensa variedad de actividades económicas. Algunas de ellas están estrechamente vinculadas a la economía de la guerra que fomenta el terrorismo; otras tienen que ver con operaciones delictivas, y una pequeña parte de ellas son actividades legales. Todas ellas, sin embargo, pertenecen a la Nueva Economía del Terror, un sistema económico paralelo al tradicional y legítimo. Queda, entonces, una última pregunta: ¿qué dimensiones tiene ese sistema económico ilícito y hasta qué punto se imbrica con la economía mundial?.

17

La globalización de la Nueva Economía del Terror

«Si [Estados Unidos] se enfrasca en un conflicto con los hijos de las dos santas mezquitas, [Estados Unidos] olvidará los horrores de Vietnam. Eso fue, en verdad, lo que ocurrió, alabado sea Dios. Lo que está por venir todavía es más grande, si Dios quiere.»

OSAMA BIN LADEN a Al Yazira, 21 de diciembre de 2001

En noviembre de 2001, Hamid Karzai fue elegido primer ministro interino de Afganistán. Mucho se ha escrito desde entonces sobre el personaje, sobre su patriótica lucha contra los talibanes e incluso sobre su indumentaria. Pocos recordarán, sin embargo, que durante los años noventa Karzai participó en negociaciones con el régimen talibán para el tendido de un gasoducto por Asia central, desde Turkmenistán, pasando por la parte occidental de Afganistán, hasta Pakistán. En aquel entonces él era el principal consejero y miembro del grupo de presión de de Unocal, la compañía petrolera con base en California que negociaba los derechos de construcción correspondientes al tramo afgano del gasoducto. Y todavía serán menos los que recuerden que, en tanto que líder de la tribu pastún de los duri durante la yihad antisoviética, Karzai fue miembro de los muyahidines. A comienzos de los años noventa, y gracias a sus excelentes contactos con el ISI, se trasladó a Estados Unidos, donde colaboró con la CIA y el ISI para favorecer la aventura política de los talibanes.[1]

El enviado especial del presidente Bush en el recién constituido Estado de Afganistán es un hombre llamado Zalmay Khalilzad, que también fue empleado de Unocal. En 1997 hizo detallados análisis de los riesgos que implicaba el tendido del gasoducto de Asia central. Khalizad también trabajó como miembro del grupo de presión de Unocal y por eso conoce a Karzai muy bien.[2] En los años ochenta, durante la yihad antisoviética, el presidente Reagan nombró a Khalilzad asesor especial del Departamento de Estado. Su influencia fue determinante para que Estados Unidos intensificase las remesas de ayuda militar a los muyahidines.

El gasoducto de Asia central

La mediación de Karzai y Khalilzad con los talibanes a favor de Unocal ocurría hacia la misma época en que el *mulá* Omar predicaba las excelencias de la *sharia*, que proscribía a las mujeres afganas de la vida social y mientras se planeaba la voladura de los ancestrales budas de Bamiyan. Occidente podía pasar por alto el oscurantismo y la crueldad del régimen talibán, dado que estaba en juego uno de los grandes contratos del siglo. Unocal se disponía a escribir un nuevo capítulo de la larga historia del Gran Juego, la expresión inmortalizada por Rudyard Kipling en *Kim*.[3]
Uno de los yacimientos de petróleo y gas más ricos del mundo está situado en la orilla oriental del mar Caspio, al norte de Afganistán,[4] en territorios pertenecientes a las repúblicas centroasiáticas. La manera más económica de dar salida a la futura producción de estos yacimientos hacia el mercado internacional sería la construcción de un oleoducto a través de Irán. Pero las empresas estadounidenses no pueden realizar ese tendido porque rige una ley (la Iran-Lybia Sanctions Act, ILSA) que prohíbe a aquéllas operar en dichos países. El trazado más largo, que pasa por Afganistán hacia la costa pakistaní, es más caro pero también considerablemente más ventajoso para Estados Unidos. Eliminaría la necesidad de ne-

gociar con Irán, país por el que Washington profesa honda antipatía y resentimiento, y daría el control de la nueva fuente de aprovisionamiento de energía a Estados Unidos y sus socios. Es la opción que han tomado los estadounidensess desde mediados de la década de 1990. «Impresionados por la falta de escrúpulos del [movimiento] talibán entonces emergente y por su disposición a cerrar el acuerdo del oleoducto —escribe Ahmed Rashid—, el departamento de Estado y la Inter-Services Intelligence Agency pakistaní acordaron suministrar armamento y dinero a los talibanes, para ayudarlos en la guerra que sostenían con la Alianza del Norte, es decir, los tayikos. Hasta 1999, el contribuyente estadounidense estuvo sufragando el sueldo anual de todos y cada uno de los funcionarios de la administración talibán.»[5]

El acuerdo con Unocal pasó a ser la joya de la corona, esto es, como la llamaban en Washington «la estrategia de la ruta de la seda». El objetivo de esta política consistía en excluir a Rusia de los tendidos asiáticos de gasoductos, de las autopistas de la energía que discurren desde la cuenca del Caspio hacia el oeste, y desde Asia central hacia el sur y hacia el este. Por último, Estados Unidos deseaba establecer una fuerte presencia en aquellas latitudes con el fin de excluir del negocio energético de la región a Irán y a China, ya que, según Washington, era de temer que, de lo contrario, y contando con esas ayudas, las repúblicas centroasiáticas conseguirían establecer sus propias compañías petroleras. En los meses anteriores a la toma del poder por los talibanes, la ex subsecretaria de Estado para el Sur de Asia, Robin Raphael, emprendió una intensa campaña de diplomacia itinerante entre las potencias que pudiesen tener algún interés en el proyecto Unocal. «Robin Raphael fue la cara visible del gasoducto de Unocal», ha comentado un funcionario del antiguo gobierno afgano, que estuvo presente en algunas reuniones con ella. «Además de inaugurar nuevas fuentes de aprovisionamiento de energía, [el proyecto] también convenía a una importante pretensión estratégica de Estados Unidos en la región: aislar al odiado Irán y conjurar la idea de un gasoducto rival, frecuentemente discutida y promovida por Teherán.[6]

El auge del poder talibán fue el resultado de una alianza entre

Estados Unidos y sus socios musulmanes, Pakistán y Arabia Saudí. La intervención de Islamabad y de Riad era una parte de la política de colonización islamista que hemos comentado en el capítulo 9. Como ha señalado el profesor William O. Beeman, antropólogo de la Universidad Brown especializado en Oriente Próximo, el apoyo de Estados Unidos a los talibanes «[no tuvo] nada que ver con la religión, ni con la adscripción étnica, sino únicamente con la economía del petróleo».[7] Lo que temía el consorcio Unocal era que no se llegase a construir el gasoducto mientras el país se desgarrase entre las luchas de los señores de la guerra. Se necesitaba una estabilidad política para llevar a cabo un proyecto de 4.500 millones de dólares, y Estados Unidos creyó que el régimen de los talibanes sería el más idóneo para conseguir ese objetivo. Por eso, una vez los talibanes se hubieron apoderado de Kabul en 1996, el Departamento de Estado se abstuvo de criticar los métodos empleados por los talibanes para asegurarse el control del país. Se limitaron a declarar con toda tranquilidad que Estados Unidos no hallaba «nada objetable» en la introducción de la *sharia* o ley islámica en Afganistán. A esta declaración le hizo eco el presidente de la subcomisión de relaciones exteriores del Senado para Oriente Próximo y sureste asiático, el senador Hank Brown, que dijo que «buena parte de lo que ha ocurrido es que una de las facciones [los talibanes] al menos parece capaz de desarrollar una nueva administración en Afganistán».[8]

La alianza entre el capitalismo estadounidense y el fundamentalismo islámico no se redujo a la creación del régimen talibán. También potenció la creación de empresas mixtas dispuestas a beneficiarse de los favores del nuevo régimen. Para aumentar su capacidad de negociación frente al recién constituido Estado islamista, Unocal formó con la Saudi Delta Oil Corporation un consorcio llamado CentGas. La llamada Delta Oil es propiedad del saudí Bin Mahfouz y de las familias Al Amouidi, clanes que tienen estrechos vínculos con la familia de Osama Bin Laden. Paradójicamente, a través del consorcio CentGas gentes próximas a Bin Laden empezaron a colaborar con personajes próximos a la familia Bush. El estudio de viabilidad del proyecto para el gasoducto de Asia central fue realizado por Enron, la gigante petrolera estadounidense que presentó suspensión de pagos en 2002. Ken Lay, director general de Enron, era un antiguo amigo de la familia Bush. El secretario de Defensa actual, Donald Rumsfeld, era un importante accionista de Enron, y Thomas White, ex vicepresidente del consejo de administración de Enron, es el secretario del Ejército de la administración Bush. «Una de las grandes promotoras de la operación CentGas [iba a ser] Halliburton, la gran empresa constructora de oleoductos que, además, tenía puestas sus miras en las reservas petrolíferas de Asia central. En esa época Halliburton estaba presidida por Dick Cheney,»[9] el actual vicepresidente estadounidense.

La operación CentGas nunca llegó a realizarse. Contribuyó a su fracaso la crónica incapacidad de los talibanes para cumplir cualquier género de acuerdo, unida a la toma de conciencia de la opinión pública en cuanto a la naturaleza rapaz de su régimen. Durante años los talibanes tuvieron la habilidad de negociar simultáneamente con dos compañías petroleras, la argentina Bridas y el consorcio Unocal/CentGas. Ambas derramaron sobre los talibanes una lluvia de regalos y dinero. Para conquistar a sus delegaciones, las llevaban en avión a Estados Unidos. En cierta ocasión, un grupo de talibanes se reunió en Tejas con los altos directivos de Unocal. Se organizaron fiestas, banquetes y expediciones a los centros comerciales locales. Entre los que agasajaron a la delegación estuvo Zalmay Khalilzad, que trabajaba entonces para Unocal y procuraba influir en la administración Clinton para que «se comprometiera» con los talibanes.[10] La prensa informó de algunas de estas reuniones «informales» entre funcionarios estadounidenses y los amos de Afganistán: «Altos dirigentes talibanes asistieron a una conferencia en Washington a mediados de 1996, y diplomáticos estadounidenses viajan habitualmente al cuartel general talibán», escribió *The Guardian*.[11] Pero casi nadie prestó atención a esas informaciones.

De todos modos, el impedimento principal para el acuerdo fue político: los talibanes querían el reconocimiento oficial por parte de la Casa Blanca, un gesto concreto de respaldo a su gobierno. Pero esto no era posible. Los estadounidensess conocieron la brutalidad del régimen talibán gracias a las fuertes presiones sociales de las organizaciones de mujeres estadounidenses, que emprendieron infatigables campañas entre los congresistas y ante la nación sobre el trato inhumano infligido a las mujeres en Afganistán. «Estados Unidos desea buenas relaciones [con los talibanes], pero es imposible defenderlas públicamente, en vista de la opresión de las afganas», informó la CNN.[12] Hubo, no obstante, negociaciones más o menos públicas hasta 1998, cuando los colaboradores de Bin Laden atentaron con bomba contra las embajadas estadounidenses en África. En ese momento las relaciones cesaron. Clinton mandó disparar mísiles de crucero contra el supuesto refugio de Bin Laden en Afganistán, y esa operación hizo ver al grupo de presión petrolero que, por el momento, el acuerdo sobre el gasoducto no se formalizaría.

Economía del petróleo

La actitud beligerante de Clinton frente a Bin Laden y el régimen de los talibanes, sin embargo, no supuso ningún cambio de política. La empresa privada estadounidense continuaba haciendo negocios con los mismos que apoyaban la insurgencia islamista. La industria del petróleo, en particular, seguía dirigida por un grupo muy reducido de familias estadounidenses y saudíes relacionadas por estrechos vínculos financieros. Entre ellas figuraban la familia Bush, la familia Bin Laden y los patrocinadores saudíes de Osama Bin Laden. Eran muy antiguas las relaciones entre esas personas. En 1979, mientras George W. Bush intentaba que lo admitieran en el selecto círculo de los magnates tejanos del petróleo, recibió 50.000 dólares de James Bath, un amigo de la familia, a cambio del 5 por ciento de su compañía Arbusto Energy. En esa época Bath representaba los intereses comerciales en Estados Unidos de Salem Bin Laden, hermano de Osama y cabeza de la familia Bin Laden.

Durante algunos años, Bush padre fue jefe del equipo de asesores de Carlyle Group, un banco de negocios con sede en Washington especializado en compras de participaciones de la industria de defensa y la aeroespacial. Muchos de los que fueron miembros de las administraciones Reagan y Bush figuran también como «asesores» del Carlyle: James Baker, ex secretario de Estado, y Frank Carlucci, ex secretario de Defensa. El ex primer ministro británico John Major es un asesor de Carlyle, como también Fidel Ramos, ex presidente de las Filipinas, y Anand Panyarachun, ex primer ministro thailandés. Entre los inversores del Carlyle Group figuran miembros de la élite saudí, sin exceptuar la familia Bin Laden, que vendió sus acciones después del 11 de septiembre.

Como era natural, en cuanto salió elegido presidente George W. Bush, la Unocal y la BP-Aramco, que en el ínterin habían comprado a su rival argentina Bridas, reanudaron su campaña de presión en los medios de la administración, muchos de cuyos representantes eran ex empleados de ellas. Unocal sabía que Bush estaba dispuesto a apoyarles, y reemprendió las negociaciones con los talibanes en enero de 2001, bajo el patrocinio de miembros de la administración Bush, como Richard Armitage, subsecretario de Estado, que antes había formado parte del grupo de presión de Unocal. Los talibanes, por su parte, emplearon como delegada de relaciones públicas en Estados Unidos a Laila Helms, sobrina de Richard Helms, el ex director de la CIA y ex embajador de Estados Unidos en Irán. En marzo de 2001 Helms consiguió llevar a Washington al asesor del *mulá* Omar, Rahmatullah Hashami. Al parecer éste traía una alfombra como regalo del líder talibán para George W. Bush.[13] Todavía en agosto de 2001 continuaban las reuniones en Pakistán para discutir el negocio del gasoducto. En una de éstas, celebrada el 2 de agosto en Islamabad, Christina Rocca, la encargada de Asuntos Asiáticos en el departamento de Estado, conoció a Abdul Salam Zacef, embajador de los talibanes en Pakistán.

Estando aún en marcha estas negociaciones, Estados Unidos preparaba en secreto sus planes para la invasión de Afganistán. La administración Bush y sus padrinos petroleros empezaban a perder la paciencia con los talibanes y querían iniciar cuanto antes el tendido del gasoducto de Asia central. Resucitaba la «estrategia de la ruta de la seda». Universitarios, periodistas e intelectuales estadounidensess denunciaron la nueva actitud de la Casa Blanca. «A la chita callando Estados Unidos ha empezado a alinearse con aquellos representantes del gobierno ruso partidarios de una operación militar contra Afganistán, y acarician la idea de una nueva campaña para eliminar a Bin Laden»,[14] escribió en diciembre de 2000 Frederick Starr, jefe del Central Asian Institute de la Universidad Johns Hopkins. El 11 de septiembre, paradójicamente, suministró a Washington el *casus belli* que necesitaba para invadir Afganistán y establecer en el país un gobierno pro-norteamericano. Pocas semanas después del ataque, cuando los líderes de los dos partidos islamistas pakistaníes negociaron con el *mulá* Omar y Bin Laden la extradición de éste al Pakistán a fin de ser juzgado por los atentados del 11 de septiembre, Estados Unidos rechazó la oferta.[15] Ya en 1996 el general de división y ministro sudanés de Defensa Elfatih Erwa había ofrecido también la extradición a Estados Unidos de Osama Bin Laden, entonces residente en Sudán. Los funcionarios estadounidensess declinaron esa oferta y propusieron a su vez que se le invitase a salir del país. «Con tal de que no vaya a Somalia», agregaron. En 1993 fueron brutalmente asesinados dieciocho soldados en Somalia durante unos disturbios callejeros en los que intervinieron partidarios de Al Qaeda, y Estados Unidos temía que la presencia de Bin Laden en dicho país les crease nuevos problemas. Entonces, cuando Erwa les reveló que aquél pensaba ir a Afganistán, la respuesta fue «dejen que vaya». ¿Es posible que Estados Unidos no quisiera llevar a Bin Laden ante «la justicia»? ¿Quizá porque tenía demasiadas cosas que contar?

Según el escritor Gore Vidal, «[…] la conquista de Afganistán no tiene nada que ver con Osama. Éste ha sido, sencillamente, el pretexto para reemplazar a los talibanes por un gobierno relativamente estable que permita a la Union Oil of California [Unocal] el tendido de su gasoducto en beneficio de la camarilla Cheney-Bush, entre otros».[16] A lo mejor esta opinión de Gore Vidal no anda lejos de la verdad. El rol de Karzai en el gobierno interino es, claramente, el de un mediador de los intereses de las petroleras estadounidenses en el negocio del gasoducto. Dos compañías pequeñas, Chase Energy y Caspian Energy Consulting, han recibido ya permiso para reanudar las negociaciones acerca del gasoducto con las administraciones de Turkmenistán y Pakistán. Estas compañías actuaban por cuenta de otras corporaciones petroleras mucho más grandes cuya identidad se viene manteniendo en secreto. Pero el hecho de que S. Rob Sobbhani, presidente de Caspian Sea Consulting, haya trabajado para BP-Aramco en calidad de asesor para Asia central,[17] tal vez arroje alguna luz sobre el misterio.

Las bases económicas de la política exterior estadounidense

La aventura del consorcio Unocal ilustra el grado de interacción entre la economía tradicional y las de los Estados embrión, incluso en el terreno de los negocios «legítimos». Estos intercambios prescinden de la ausencia de un pleno reconocimiento político de los Estados embrión. Aunque no se deseaba reconocer al régimen de los talibanes, Estados Unidos negociaba con dicho régimen, al más alto nivel, la construcción del gasoducto de Asia central. La administración norteamericana estaba dispuesta a pasar por alto el trato brutal infligido a las mujeres, las infracciones a los derechos humanos y la crueldad de los dirigentes afganos con tal de que los talibanes aceptaran un acuerdo que habría dado a las compañías petroleras estadounidenses una ventaja decisiva en el Gran Juego. En el período posterior a la Guerra Fría, son los intereses económicos de un sector de la industria estadounidense, y no una política de equilibrio internacional, los que inspiran la política exterior estadounidense frente a los Estados embrión. Tras una fachada de principios y de propaganda ideológica, las relaciones entre Washington y los Estados embrión que albergaban grupos terroristas islamistas se formulaban, obviamente, obedeciendo a los meros principios del interés.

Las relaciones entre la administración Clinton y Sudán proporcionan un buen ejemplo de la subordinación de la política a la economía. En noviembre de 1997, Washington impuso sanciones económicas a Jartum, cuyo régimen según Estados Unidos permitía la presencia de campamentos de instrucción para los grupos armados islamistas. Cierto número de compañías estadounidenses importadoras de goma arábiga se quejaron de las sanciones y solicitaron una exención, entre ellas muchas gigantes del comercio representadas por sus asociaciones sectoriales: prensa [Newspaper Association of America], refrescos [National Soft Drinks of America], industriales de la alimentación [National Food Processors Association], conserveros [Grocery Manufacturers of America], fabricantes de parafarmacia [Non-prescription Drug Manufacturers Association].[18] Todos estos sectores necesitaban las importaciones de goma arábiga de la Gum Arabic Company de Jartum, compañía controlada por Osama Bin Laden, en la que el gobierno sudanés participa sólo con un 30 por ciento. Sudán es el primer exportador mundial de goma arábiga, y los importadores estadounidenses, sus clientes principales. Hasta tal punto que reciben mejor trato que los importadores franceses, segundos en volumen de operaciones, y que pagan precios más altos. Las consecuencias del embargo habrían sido desastrosas para las compañías estadounidenses. Importar de Chad o de Nigeria no era solución viable, debido a la inferior calidad del producto. Por tanto, los importadores estadounidensess habrían tenido que comprar a sus competidores franceses y pagar mucho más. El grupo de presión de la goma arábiga en Estados Unidos logró imponer su causa, y el producto fue exceptuado de la lista de sanciones económicas del presidente Clinton. Para justificar esta decisión, el Departamento de Estado emitió el comunicado siguiente: «No tenemos constancia de que Bin Laden controle las exportaciones de goma arábiga desde Sudán».[19] Por consiguiente, el comercio entre la Gum Arabic Company de Jartum y Estados Unidos continuó como de costumbre, incluso a la sombra de los mísiles de crucero disparados por el presidente Clinton.

La política de Washington hacia Arabia Saudí se ha configurado con cortapisas parecidas. La gran dependencia estadounidense del crudo saudí ha motivado hasta hace poco la determinación de todas las administraciones estadounidenses posteriores a la primera crisis del petróleo de mantener a la casa Saud como dueña de las principales reservas petrolíferas del mundo. Esta decisión muchas veces ha obligado a hacer la vista gorda ante las pruebas cada vez más evidentes de la relación entre la élite saudí y los grupos islamistas armados. Mientras Estados Unidos no corrió peligro, esa política pasó casi desapercibida. Antes del 11 de septiembre, el FBI trató de investigar a una organización musulmana, la Asamblea Mundial de la Juventud (World Assembly of Muslim Youth, WAMY), sospechosa de estar relacionada con grupos terroristas. No hubo éxito, aunque se supo que dos hermanos de Bin Laden intervenían activamente en ella: Abdulá Bin Laden, que era el director de esa ONG en Estados Unidos, y su hermano Omar. La WAMY se fundó en 1972 con la finalidad de «poner coto a las corruptoras ideas occidentales». En 2002 controlaba 450 organizaciones de 34 países. A comienzos de los años noventa empezó a canalizar las donaciones saudíes hacia los grupos islamistas radicales. Entre éstos figuraba el Student Islamic Movement of India, que respalda a los grupos armados islamistas en Cachemira y quiere convertir la India en un Estado islamista.[20] A finales de los años noventa el ejército filipino denunció que la WAMY financiaba la insurgencia islamista. Pese a todo, las investigaciones del FBI sobre la WAMY y su conexión saudí fueron repetidamente frenadas por la administración estadounidense. «El FBI quiso investigarlos —ha admitido Joe Trento, experto en seguridad nacional estadounidense—. No fuimos autorizados.»[21] Las restricciones aumentaron después de la elección del presidente Bush hasta el extremo de decírseles expresamente que «lo dejaran».

Hoy, Estados Unidos ya no es un país seguro y ha desaparecido la ilusión de mantener la violencia política fuera de sus fronteras. Y también se malogró la idea de que Washington pudiese manipular los grupos armados islamistas en beneficio propio. Subsiste, en cambio, la elevada dependencia energética, la adicción de Norteamérica al petróleo. Mientras eso dure, es probable que sigan siendo los grupos de intereses tejanos quienes forjen la política exterior de Washington. Una indicación clara de esa realidad es el hecho de que, pese a todas las consecuencias del 11 de septiembre, la élite saudí ha seguido disfrutando de la protección de la Casa Blanca. No se congelaron las cuentas de la WAMY, y todos los miembros de la familia Bin Laden fueron rápidamente evacuados de Estados Unidos en un avión fletado *ex profeso*, y devueltos a su país de origen, Arabia Saudí, donde quedan fuera del alcance de los investigadores estadounidensess. Tuvo que pasar más de un año para que se empezase a criticar el régimen saudí en Estados Unidos, y esto sólo ocurrió cuando resultó imposible seguir negando la evidencia del grado de complicidad saudí con el terrorismo islámico. La administración Bush tardó otro año en retirar sus tropas de Arabia Saudí, una decisión que sólo se tomó tras asegurar los ricos campos petrolíferos de Irak.

El contrabando de artículos electrónicos en Asia

La dependencia de los intereses empresariales estadounidensess respecto de los Estados islámicosy y los Estados embrión es particularmente acusada en el terreno de los «negocios ilegales». Los Estados embrión, por ejemplo, suponen unas importantes salidas para las multinacionales de productos de consumo, compañías cuya prosperidad financiera depende de la apertura de nuevos mercados. El contrabando aporta un buen ejemplo de la naturaleza de esa relación. Según el difunto Daniel Pearl, Sony utilizó una red de contrabando en Asia como parte de su estrategia comercial general en la región. El beneficio económica del contrabando estriba en evitar los aranceles exorbitantes y demás impedimentos para el comercio que las autoridades del mundo en vías de desarrollo suelen establecer. En Pakistán, un televisor Sony Wega de 21 pulgadas importado legalmente cuesta casi 500 dólares; el mismo televisor introducido de contrabando viene a costar un 25 por ciento menos. Por su parte, Sony cobra lo mismo de los contrabandistas que del representante autorizado (unos 220 dólares). Como es evidente, los artículos de contrabando se venden mejor porque son más baratos y, por tanto, tienen más demanda. En 1996 entraron en Pakistán unos 500.000 televisores ilegales, y el 70 por ciento de ellos era de la marca Sony.[22] Según la asociación pakistaní de fabricantes de electrónica, por cada televisor que se importó legalmente en 1997 entraron dos de contrabando. La mayoría de los aparatos electrónicos de contrabando provienen de las delegaciones radicadas en el Golfo. Así «el distribuidor autorizado de Sony en Dubai vende aparatos [televisores] a intermediarios que con frecuencia los reexpiden al puerto iraní de Bandar Abbas. De ahí, algunos van al nordeste, hacia la frontera afgana, cerca de Herat, luego al sureste por carretera a Kandahar, y siguen camino hasta Jalalabad para entrar luego en Pakistán, casi siempre, por el desfiladero del Khyber, cerca de Peshawar».[23] Los comerciantes pakistaníes confirman que el distribuidor de Sony en Dubai aprovisiona el mercado pakistaní con mercancía de contrabando, a la que añade una garantía de reparación. En 1997 Sony no importaba ni montaba en Pakistán ningún producto, pero sí ofrecía esas garantías. La empresa Data Electronics de Lahore acepta las tarjetas de garantía de Sony y efectúa las reparaciones de los productos vendidos en Oriente Próximo y utilizados en Pakistán. Dicha compañía recibe habitualmente de Sony el reembolso correspondiente por reparaciones en garantía realizadas en «televisores de contrabando».[24]

El dinero de la delincuencia

El contrabando de mercancías no es más que un aspecto de la estrecha relación que existe entre la economía delictiva y la legal de los Estados embrión. Otros son la fuga ilegal de capitales, la evasión de impuestos y otras actividades delictivas. La globalización ha proporcionado a la delincuencia organizada y a los grupos armados la oportunidad de construir y compartir infraestructuras económicas internacionales: los bancos islámicos, los paraísos fiscales situados en islas remotas y la economía de los Estados embrión descrita en los capítulos anteriores son partes integrantes de este sistema. También lo son las instituciones occidentales que se dedican al blanqueo de dinero. Todo ello son órganos indispensables de un mismo cuerpo: la economía ilegal internacional.

El tráfico organizado de droga, armas, artículos de consumo y seres humanos constituye un amplio sector de esa economía, que podríamos definir como «economía delictiva». Las drogas generan una cifra de negocio del orden de 400.000 millones de dólares al año. Produce otros 100.000 millones el contrabando de seres humanos, armas y otros artículos, como el petróleo y los diamantes. Un noventa por ciento de ese dinero se recicla fuera del país de origen. De los 400.000 millones del negocio de los estupefacientes, por ejemplo, apenas 1.400 millones se quedan en los países productores.[25] Raymond Baker, miembro de la junta de gobierno del Center for International Policy en Washington y destacado experto en temas de blanqueo de dinero, cree que la mayor parte de los ingresos generados por la vía delictiva se reciclan en Occidente y, en concreto, en Estados Unidos. «Cuando se trata de depósitos de mayor cuantía procedentes del extranjero, con demasiada frecuencia los bancos estadounidensess adoptan una política de "no preguntes y no lo cuentes" —explica—. De hecho, el departamento del Tesoro estima que el 99,9 por ciento del dinero que la delincuencia organizada deposita en Estados Unidos se guarda en cuentas secretas. Es triste decirlo, pero la realidad es que los bancos estadounidensess se acogen a los vacíos legales y a las incoherencias de las leyes norteamericanas entre Estados para admitir dinero extranjero incluso cuando hay razones para sospechar su procedencia ilegal.»[26]

Fugas de capital ilegales

Las fugas ilegales de capital son otro componente de la economía internacional ilegal. Entendemos por fugas ilegales de capital el dinero que se mueve entre países de manera clandestina, sin control ni contabilización oficial. Los flujos salientes ilegales derivan de la evasión de impuestos, los pagos de comisiones ilegales, los sobornos y los ingresos producidos por facturas falsificadas y demás transacciones ficticias. Como fenómeno de la globalización de la economía ilegal, es extraordinariamente perjudicial para las economías de los países donde se genera ese dinero y de donde se saca en detrimento de la riqueza nacional. Según Baker, cerca de un 40 por ciento de la riqueza total de África fue transferida al extranjero, y entre doscientos y quinientos mil millones de dólares salieron de Rusia en los años noventa. Sierra Leona es buen ejemplo del impacto negativo de las salidas ilegales de capital. La mayor parte de las divisas producidas por el contrabando de diamantes, cantidad estimada entre 25 y 125 millones de dólares al año, se destinaron a adquirir armamento para el RUF y sus socios en el negocio del contrabando. Apenas queda nada para redistribuir en beneficio del país.

La transferencia de activos es otro componente de los flujos salientes de capitales que provoca el empobrecimiento de los países. En 2001 se gastaron unos 68.000 millones de dólares en ayudas a los países que producen droga, como Afganistán, o que sirven como puntos de reexpedición, como Chechenia. La mayor parte de ese dinero jamás ha llegado hasta los necesitados, sino que sirvió para mantener el tráfico, el contrabando y la industria del terrorismo que, a su vez, saca o gasta fuera del país de origen los beneficios que obtiene. Sostiene Baker que hacia finales de los años noventa las economías en vías de desarrollo y en transición recibieron flujos de capital anuales del orden de 50.000 millones de dólares en ayuda exterior (por parte de Estados Unidos, la OCDE y el Banco Mundial). En el mismo período y en esos mismos países, las salidas ilegales de capitales por tráficos ilegales y corrupción fue de 100.000 millones de dólares, es decir, el doble que los ingresos.[27] «Además, han de contarse las transferencias de las multinacionales que aplican precios ficticios en las transacciones con sus propias sucursales y filiales, el dinero delictivo, trueques ilegales de bienes, transferencias por falsas transacciones que no corresponden a ninguna compraventa real. La cifra total del dinero sucio que sale de los países pobres es de 500.000 millones al año.»[28]

El producto delictivo bruto

Raymond Baker ha calculado que el total de la fuga ilegal de capitales equivale a medio billón de dólares al año.[29] En consecuencia, si sumamos a esa cifra el dinero de la delincuencia que acabamos de citar resulta la apabullante cifra de un billón de dólares al año, más que el PIB nominal del Reino Unido. Otras estimaciones del volumen de las transacciones financieras ilícitas, llamado también el «producto criminal bruto», son parecidas y se mueven entre 600.000 millones y 1,5 billones de dólares anuales, equivalentes a un 2 a 5 por ciento del producto mundial bruto. Cifras que se desglosarían como sigue: de 300 a 500.000 millones para las drogas; de 150 a 470.000 millones para el contrabando de armas y otras mercancías, el tráfico de personas y la falsificación, y unos 100 mil millones para la delincuencia informatizada.[30]

Es un río de dinero que va de las economías en vías de desarrollo o en transición hacia los países occidentales. Representa una riqueza considerable, una inyección anual de efectivo equivalente al 5 por ciento del PNB mundial, y sistemáticamente se blanquea a través del sistema internacional de lavado de dinero. Son muchas las instituciones financieras que proporcionan tal servicio. En 1995 un informe de la Australian Financial Intelligence Unit (Austrac) estimaba que todos los años se reciclaban en el país 3.500 millones de dólares australianos, y que la policía no lograba confiscar más de un uno por ciento de esa cantidad. Otro paraíso del lavado de dinero es la zona turcochipriota, cuyos bancos e instituciones financieras blanquean del orden de 1.000 millones de dólares al mes, de procedencia rusa.[31] En años recientes también Tailandia se ha convertido en destino favorito para los blanqueadores de dinero. En 1996, la Chulalongkorn University de Bangkok estimó que el sistema de blanqueo del país había procesado 28.500 millones de dólares, equivalentes al 15 por ciento del PIB de Tailandia.[32]

Pero el mercado más grande y más importante para el reciclaje del dinero sucio es, con mucho, el estadounidense. Baker está convencido de que la mayor parte del dinero sucio pasa por instituciones estadounidenses y europeas. El dinero de la delincuencia y del terrorismo entra en el sistema disfrazado de dinero de la corrupción o de la evasión de impuestos. Aunque la legislación estadounidense contra el blanqueo de dinero exige que se registren los depósitos, «funcionarios del Tesoro estadounidense han declarado numerosas veces que es política de Estados Unidos atraer los capitales que huyen de otros países, con poca o ninguna atención a la posible evasión de impuestos que ello implique».[33] La corrupción es otro campo que goza de una legislación muy ambigua. Hasta finales de 2001, cuando se prohibió a los hombres de negocios estadounidenses sobornar a los funcionarios de las administraciones extranjeras, los bancos de este país podían colaborar con ello moviendo dinero sin hacer preguntas acerca de su origen. «El mensaje que las leyes estadounidenses transmiten [...] a los hombres de negocios, asesores financieros y banqueros norteamericanos —escribe Baker—, es " no sobornarás a los funcionarios extranjeros"; ahora bien, si llega algún extranjero rico, aunque sea sospechoso de corrupción, Estados Unidos querrá su dinero.»[34] El Bank of New York, por ejemplo, está siendo investigado por una trama de blanqueo que permitió sacar de Rusia 10.000 millones de dólares. Los organizadores eran miembros de la mafia rusa y hombres de negocios y funcionarios de la administración relacionados con ella; parte del dinero que se movió en esta operación eran ayudas del Fondo Monetario Internacional.[35] En octubre de 2001 se promulgó la Patriot Act, por la cual pasaba a ser delito operar con los productos de la corrupción, quedando este género de acciones sometido por fin a la ley estadounidense contra el blanqueo de dinero veinticinco años después de haberse aprobado la Foreign Corrupt Practices Act. Sin embargo, «el hecho de ilegalizar el manejo de fondos procedentes de la corrupción no evita que todavía queden muchos procedimientos para burlar la ley».[36]

Pero blanquear dinero tiene un precio. Éste era de sólo un 6 por ciento en los años ochenta, pero hacia finales de la década de 1990 había saltado al 20 por ciento de la suma que había que reciclar,[37] y sigue subiendo. «Éste es el porcentaje que se carga sobre el importe total que hay que blanquear —explica Baker—. Para los traficantes, es un coste que se absorbe sin demasiados problemas. En realidad, el precio de la droga ha bajado en Estados Unidos y, puesto que sube al mismo tiempo el coste del lavado del dinero, eso provoca que la droga abunde y que el coste del contrabando haya bajado, lo que permite pagar con facilidad la comisión del blanqueador.»[38] El lavado de dinero no sólo es más arriesgado, también es más caro y se requieren técnicas cada vez más sofisticadas. Según Raymond Baker, cada 100.000 millones de dólares procesados por la maquinaria blanqueadora equivalen a 400 o 500.000 millones de «dinero sucio».[39] Si la cifra es correcta, del billón anual que decíamos sólo se «lavan» unos 200.000 millones en las instituciones occidentales para pasar a formar parte de la oferta monetaria mundial como «dinero limpio».

La Nueva Economía del Terror

Los grupos armados no se financian sólo con dinero ilegal. También tienen acceso a fuentes legales de ingresos. Los atentados del 11 de septiembre, por ejemplo, se financiaron con dinero limpio. Los beneficios de empresas legales, el dinero recaudado por las organizaciones benéficas musulmanas y por las mezquitas, las donaciones independientes por parte de musulmanes y que acaban manteniendo a grupos armados, no son «dinero sucio». Los 25 millones de dólares en «donativos y regalos» de Unocal a los talibanes para conseguir el contrato del gasoducto centroasiático salieron del presupuesto oficial de la compañía. Básicamente, ésa es la diferencia principal entre el dinero de la delincuencia y la financiación del terrorismo: que los recursos y los beneficios allegados por medios legítimos, e incluso declarados al fisco, pueden aplicarse a la financiación del terror. Cuando establecemos la comparación con la economía ilegal internacional, vemos que la Nueva Economía del Terror también dispone de esa fuente de financiación, que podría estimarse en casi medio billón al año.[40]

Sumada a la economía ilegal, la Nueva Economía del Terror cuenta con cerca de 1,5 billones de dólares, bastante más del 5 por ciento de la economía mundial. Así, constituye un sistema económico internacional paralelo al legítimo. Genera un río de dinero que fluye hacia las economías tradicionales y, en esencia, las contamina. Aumenta la dependencia de las fuentes monetarias ilegales y debilita el sistema de control del blanqueo de dinero. Las salidas desangran los países en vías de desarrollo o en transición donde frecuentemente se origina. Empobrece sus economías legítimas e incentiva la economía ilegal y la del terrorismo. Ese proceso debilita los Estados y favorece la formación de Estados embrión, entidades creadas alrededor de la economía de guerra creada por los grupos terroristas. Conforme este proceso evoluciona, el tamaño del sistema económico alternativo aumenta y, con él, la dependencia de los países occidentales respecto de él.

La última pregunta a la que hay que responder es: ¿cuál es el volumen de los recursos que alimentan la economía ilegal mundial? ¿Cuánto dinero circula en ese sistema económico? En términos monetarios tenemos un indicador, aunque muy aproximado: el volumen de dólares estadounidenses que circulan en el extranjero, es decir, la moneda estadounidense utilizada fuera de Estados Unidos.[41] Como la divisa de las transacciones, en la economía ilegal, es el dólar estadounidense, puede suponerse razonablemente que una buena parte del volumen de dólares existente fuera de Estados Unidos forma parte de esa economía. Estudios recientes han demostrado que entre 1965 y 1998 se multiplicó por 60 la cantidad de moneda estadounidense que se mantiene permanentemente fuera de ese país.[42] Ése es un indicador muy básico del crecimiento de la economía ilegal durante el mismo período de tiempo. En la actualidad, casi dos terceras partes de la oferta monetaria estadounidense, M1,[43] se mantienen fuera de Estados Unidos, y la proporción sigue aumentando. Insistimos en que éste es un índice aproximado del incremento de la economía ilegal en el mundo. Una comparación entre la emisión de billetes de 100 dólares desde 1965 hasta 1998 muestra que el crecimiento del volumen monetario mantenido en el extranjero ha sido muy superior al de la oferta monetaria interior. Más y más dólares abandonan el país donde fueron emitidos, para no regresar nunca. Se emplean en las transacciones, y se mantienen como reservas de contingencia, depositados en bancos extranjeros, de países que son reductos seguros. Las implicaciones para la economía estadounidense son considerables y subrayan el grado de dependencia entre la economía legal y la ilegal.

La moneda estadounidense que está en el extranjero es una considerable fuente de ingresos para el Tesoro estadounidense, debido a la prima de acuñación, es decir, lo que gana la administración que convierte un metal valioso en papel moneda todavía más valioso.[44] «Si el volumen de moneda en el extranjero es de unos 200.000 millones de dólares [cifra de 1996], y si el interés de los bonos del Tesoro a tres meses es del 5,2 por ciento [...] la prima de acuñación (y ahorro para el contribuyente) del dinero que circula externamente, calculando el producto de esas dos cifras, ascendería a más de 10.000 millones de dólares.»[45]

La interdependencia entre los dos sistemas ha progresado ya demasiado para que se pueda pensar en cortar los puentes. ¿Podría el capitalismo occidental prescindir de una inyección de billón y medio de dólares? ¿Acaso podríamos vivir todos nosotros sin el petróleo de los países musulmanes? La respuesta, por ahora, no puede ser sino negativa. No sería impensable recolonizar esas regiones donde ahora se propaga el terrorismo islamista, incluso si eso es lo que pretende realmente la administración Bush. Pero la época del colonialismo occidental ya pasó. Las dificultades con que tropieza la recolonización de Afganistán, el rechazo de los líderes occidentales a la hora de respaldar la invasión de Irak por Estados Unidos; la inestabilidad política del nuevo Irak, la fractura entre Estados Unidos y la nueva y la vieja Europa son signos del peligro que acecha. La amenaza del terror, siempre presente en la mente de los forjadores de la política occidental es un recordatorio constante: se necesitan cambios fundamentales en la política exterior de los países de Occidente. La guerra no es la mejor opción. Paradójicamente, cualquier conflagración aún impulsará más a la Nueva Economía del Terror, que vive de los conflictos, al igual que los embargos económicos o cualesquiera otras medidas económicas restrictivas que se quiera imponer a los países que albergan grupos terroristas. Al cerrar canales al sistema económico internacional legítimo, sólo se consigue que se abran otros nuevos en el sistema ilegal.

Conclusiones

En Londres, alrededor de la mezquita de Finsbury hasta hace poco aún era posible comprar vídeos de propaganda islamista. Entre los más solicitados figuraban las grabaciones de las últimas horas de la vida de los hombres bomba suicidas. A pocas manzanas de esa mezquita, en un sótano, actores israelíes aficionados ensayan obras de teatro para recaudar dinero en favor de las víctimas israelíes de los bombarderos suicidas. Éste es el mundo en que vivimos. Nuestra vida cotidiana discurre a la sombra de la violencia política. Para las comunidades musulmana y judía del norte de Londres, que viven contiguas y comparten los mismos carniceros, no existe otra realidad. El 11 de septiembre no ha hecho más que extenderla al resto del mundo.

No importa cómo lo llamemos —terrorismo, terror, lucha armada, violencia política—, el empleo de la violencia con fines políticos, los atentados contra civiles y el estado de miedo que eso origina forman parte de nuestro mundo desde hace más de cincuenta años. El fenómeno arrastra una gran carga emocional y por ello ha sido muy manipulado. Al norte de Londres, si estás en un lado de la calle el hombre bomba suicida es un héroe, y si estás en el otro, un terrorista y un asesino. Con tantas muertes y tanto sufrimiento por ambas partes, no es posible hoy día tender puentes políticos entre esas dos interpretaciones. El análisis político queda contaminado por el resentimiento y deformado por el odio. La ciencia económica ofrece una herramienta más desapasionada para el estudio de las fuerzas que crean y mantienen organizaciones armadas. Con el tiempo hasta es posible que la economía ofrezca una solución viable.

En este libro he tratado de eludir la trampa de la política utilizando un análisis económico para describir el nacimiento y la evolución de la Nueva Economía del Terror, esa trama hecha de terrorismo, delincuencia, corrupción y engaño. No es una red aislada, producto de la interacción entre organizaciones armadas y delictivas. Es un sistema económico internacional vinculado a los sectores legítimo e ilegítimo de las economías tradicionales. Como cualquier sistema económico, la Nueva Economía del Terror ha atravesado una serie de etapas evolutivas hasta adquirir vida propia. Entre dichas etapas, las principales han sido: las guerras por poderes del período de la Guerra Fría, el patrocinio de grupos armados desde el extranjero, la privatización del terror, el nacimiento de los Estados embrión y la yihad moderna.

Al seguir el rastro de la economía de las organizaciones armadas se ha evidenciado su fenomenal crecimiento. Alimentada por la violencia política, la delincuencia organizada y la vulgar codicia, la Nueva Economía del Terror duplica hoy en volumen el PNB del Reino Unido, triplica el total del líquido en circulación de la moneda estadounidense, y sigue creciendo. En el momento actual, su motor principal es la yihad moderna, producto combinado de la ideología revolucionaria islamista, la búsqueda de identidad musulmana y las aspiraciones socioeconómicas del mundo musulmán.

La yihad moderna se nutre de una red de economías dirigidas por Estados islámicos, Estados embrión y organizaciones armadas; sus medios de vida son numerosos y van desde las empresas legítimas hasta los tráficos delictivos. Exportación de goma arábiga, trasferencias de musulmanes ricos a través de las ONGs, contrabando de armas y de drogas, blanqueo de dinero, forman parte del propósito de alcanzar la autosuficiencia económica. Los Estados embrión desean hacerse con los beneficios de esa red, ella los absorbe, y el sistema va creciendo.

Hoy día, el objetivo declarado de la yihad moderna es la destrucción del Estado de Israel y de sus aliados imperialistas occidentales. Son entidades políticas que se definen por su credo religioso, a saber, el judaísmo y el cristianismo. Sin embargo, los verdaderos objetivos son otros: los regímenes que, como la casa Saud en Arabia Saudí o el de Gaddafi en Libia, impiden la creación de Estados islamistas puros y, por tanto, el nacimiento del nuevo califato que reivindicaría los ricos recursos de los países islámicos. Una vez eliminado el envoltorio religioso, aparece el enemigo en su verdadera naturaleza: las potencias extranjeras e interiores que explotan económicamente a las masas musulmanas.

La época actual es testigo de un choque entre dos sistemas económicos, el uno dominante, el otro subordinado. Ésa es la raíz del conflicto entre el terrorismo islamista y Occidente. Al seguir el rastro de la economía de los grupos armados se ha ido descubriendo la complejidad de las fuerzas reales que están detrás del terrorismo islamista, entidades comerciales y financieras mantenidas en la periferia de la economía mundial por sus colegas occidentales. La caída de la Unión Soviética, sin embargo, hizo posible la alianza de esas entidades comerciales en países con una gran población de origen musulmán. La colonización financiera islámica de los antiguos miembros del sistema soviético fue posible por la alianza de esas entidades financieras y comerciales con el wahabismo, la más estricta de las interpretaciones religiosas del islam.

En la aldea global de la economía internacional, algunas partes de la Nueva Economía del Terror, inevitablemente, entran en interacción con las economías de los países occidentales: blanqueo de dinero, empresas legales dirigidas por organizaciones armadas, organizaciones benéficas, son sólo algunos de los muchos vínculos que hay entre ambos sistemas. Asombra comprobar el grado de interdependencia. Occidente es el primer consumidor de drogas y el principal vendedor de armamento, que son las principales partidas de ingresos y gastos, respectivamente, en la balanza de pagos de las organizaciones armadas. Las instituciones financieras occidentales reciclan la mayor parte del dinero generado por la economía ilegal del mundo, estimado en unos 1,5 billones de dólares anuales. Cuando le pregunté a un conocido economista inglés qué pasaría si se retirase bruscamente del sistema toda esa liquidez, admitió que eso sumiría a las economías occidentales en una profunda depresión.

El análisis económico de la interdependencia entre la Nueva Economía del Terror y las economías occidentales sugiere que el primer paso en la lucha contra el terrorismo consistiría en identificar sus canales de interacción con las economías de Occidente, e ir cerrándolos progresivamente, interrumpir sus métodos de integración en el mercado libre y en el mundo del capitalismo. Esta es una decisión que incumbe a los gobiernos pero debe ejecutarse desde el nivel más básico. Lo que sólo podrá conseguirse en tanto que nosotros, los ciudadanos de las naciones democráticas, utilicemos el más grande de los privilegio que nos ofrece la sociedad abierta: la oportunidad de estar informados acerca de las decisiones económicas que rigen nuestra vida y de participar en ellas.

En la medida en que permitamos que alguien entre en un banco de Florida con un maletín lleno de dinero y lo deposite allí sin que nadie le pregunte por su origen, en la medida en que nos obstinemos en vivir y trasladarnos de un sitio a otro de tal manera que crezca nuestra dependencia del petróleo extranjero, en la medida en que invirtamos en empresas que se injieren en la política de Estados independientes y obtienen beneficios sin tener en cuenta el coste humano, estamos labrando nuestra propia destrucción.

Son cuestiones económicas, pero que exigen una autodisciplina individual y colectiva, y la voluntad de tomar decisiones difíciles. Decisiones tan difíciles como las que se nos exigieron en pasados tiempos de guerra. La amenaza ahora es más difusa, pero las consecuencias de no hacer nada son más dañinas, y más globales, que en ningún momento de nuestra historia.

Grupos

Abu Nidal. Fundado el 22 de noviembre de 1974, este grupo encabezado por Abu Nidal, que le dio su nombre, estaba formado por 200 palestinos residentes en Francia, Italia, España y Austria. Su meta era liberar a Palestina de la ocupación sionista y sustituir el Estado sionista por un Estado palestino. En principio, Abu Nidal era miembro de Al Fatah y representante de esta organización en Irak, hasta que la abandonó para fundar su propio grupo.

Abu Sayyaf. Significa literalmente «el que porta la espada»; este grupo se llama también Al Harakat al Islamiya. Fundado en 1991 y patrocinado en su origen por Libia, Abu Sayyaf es una de las escisiones del Frente Nacional Moro de Liberación dirigido por Abdouradjik Aboukalar Janjalani con el objetivo de establecer un Estado islamista en la isla de Mindanao, una de las islas del sur de Filipinas. A finales de 2002 su militancia se estimaba en varios centenares de combatientes activos y un millar de colaboradores. Sus actividades principales son la extorsión, los atentados con bomba, los secuestros y los asesinatos.

Al Fatah. Fundado en 1957 por palestinos exiliados en Kuwait, este grupo lo dirige Yasser Arafat desde hace decenios. En sus orígenes Al Fatah asumió el compromiso de luchar por la plena independencia de los palestinos. Su propósito era sobre todo el enfrentamiento militar directo con Israel para recuperar las tierras ocupadas por los israelíes. Tras la guerra de los Seis Días, en 1967, y la ocupación israelí de los territorios conquistados, numerosos refugiados políticos en los países vecinos impulsaron el desarrollo de este grupo, que se convirtió en el brazo armado de la OLP. Hasta la guerra del Golfo Al Fatah recibió apoyos por parte de países árabes moderados como Arabia Saudí y Kuwait. El acercamiento entre Yasser Arafat y Sadam Husein motivó la suspensión de esa contribución económica. También pudo contar Al Fatah con ayudas materiales por parte de las entonces Unión Soviética y Checoslovaquia, así como de China y Corea del Norte. Abandonada la línea militar que habían seguido durante las décadas de 1950 y 1960, recientemente Al Fatah ha cambiado de estrategia y ha adoptado un planteamiento político para lograr la creación de un Estado democrático de Palestina. Durante la segunda Intifada, sin embargo, algunas de sus facciones reanudaron las operaciones armadas contra Israel. Los integrantes de Al Fatah se estiman entre unos seis mil y ocho mil miembros en activo. (www.fateh.net).

Alianza del Norte. Es una facción islámica afgana rebelde, que se opuso de manera beligerante al régimen de los talibanes desde que éstos se apoderaron del país en septiembre de 1996 dirigidos por el *mullá* Mohamed Omar. Se trata de una coalición de caudillos tribales que en la época controlaba un cinco por ciento de Afganistán, mientras que los talibanes eran dueños del resto. Ahmed Sha Massoud, líder de la Alianza, fue asesinado por Al Qaeda el 7 de septiembre de 2001. En noviembre del mismo año, los talibanes fueron derrotados con ayuda de la intervención militar estadounidense y la Alianza del Norte entró en Kabul.

Al Jihad. Yihad Islámica Egipcia. Es un movimiento terrorista derivado de los Hermanos Musulmanes. Fundado en 1979 por Abd El Salam Faraj, actualmente el grupo está dirigido por Abbud al Zoumar, aunque según Gama'a al Islamiya, el principal grupo militante de Egipto, tienen por líder espiritual al jeque Omar Abdel Rahman. Su acción más resonante fue el asesinato del presidente Anuar el Sadat en octubre de 1981 por el teniente Jaled al Islambouli. Los militantes activos son unos 3.000, muchos de los cuales combatieron en la yihad antisoviética. Sus reductos se sitúan sobre todo en los alrededores de El Cairo y en el alto Egipto. Recientemente se ha escindido un grupo formando la llamada Ta-la'ah al Fatah («la vanguardia de la conquista»), dirigida por el doctor Ayman al Zawari. La actividad terrorista se centra ante todo en los cargos importantes de la esfera política o militar. Este grupo no aceptó el alto el fuego decretado por Gama'a al Islami-ya, y en 1999 se fusionó con Al Qaeda.

Al Muhajiroun. En 1983 el jeque sirio Omar Bakri Moha-med fundó en Yedda lo que entonces era un grupo de presión an-tisaudí. En 1986, sin embargo, fueron expulsados del país y ac-tualmente el cuartel general del grupo está en Londres. Por su base ideológica es un movimiento islámico y cree en la necesidad de cambiar mentalidades y conceptos en armonía con el islam como única vía para el renacimiento y progreso de la cultura islá-mica. (www.almuhajiroun.com).

Al Muqatila. Grupo armado islamista fundamentalista fun-dado en Libia, en época posterior a la yihad antisoviética, por af-gano-árabes vinculados a la red de Osama Bin Laden. En 1996 or-ganizaron en colaboración con otros seguidores de Osama Bin Laden un atentado contra Gaddafi, considerado un infiel por los miembros de la organización.

Al Qaeda. Significa literalmente «La lista» o «La base».Se formó en torno a Osama Bin Laden y a su comandante militar Abu Ubaydah al Banshiri, que la constituyeron para disponer de una lista de los voluntarios árabes que iban a combatir en la yihad an-tisoviética. Al Qaeda también contribuyó a financiar, reclutar e im-partir instrucción a los extremistas islámicos suníes de la resisten-cia afgana. Pronto se convirtió en una organización insurgente islamista suní y multiétnica. Siguió en activo después de finalizar la guerra afgana. Su objetivo primordial es el establecimiento de un califato panislámico que abarque el mundo musulmán, de ahí que busque la colaboración de otras organizaciones armadas islamistas para derribar a los regímenes existentes, a los que considera «no is-lámicos», y expulsar de los países musulmanes a los occidentales y otros infieles. En junio de 2001 se fusionó con la Yihad Islámica Egipcia (Al Jihad). Las estimaciones del número de sus afiliados varía entre varios cientos y varios miles de militantes.

Al Tawhid. Grupo islámico palestino, en realidad un subgrupo de la red de Al Qaeda, dirigido por Mohammed Sarkawi según algunos o, de acuerdo con otras fuentes, por Abu Mussab al Zarqawi. Esta organización facilitó documentación falsa a más de cien combatientes de Al Qaeda que lograron escapar de Afganistán después de la guerra de 2001. También puso a su disposición fondos y un reducto seguro (cerca de Teherán). Más tarde organizó la evacuación de aquéllos hacia otros países de Oriente Próximo y de Occidente.

Ansar al islam. Significa literalmente «Seguidores o Partidarios del islam». Es un grupo islamista armado fundado en septiembre de 2001 en el Kurdistán nororiental, al norte de Irak. En principio el grupo estuvo dirigido por al Mullah Kreker, conocido también como Mala Kreker, pero fue detenido en Amsterdam en enero de 2003. La meta de Ansar al islam es crear en el Kurdistán un Estado islamista según el modelo del régimen talibán afgano.

Autodefensas Unidas de Colombia (AUC). Es una organización armada fundada en 1997 y que procede de las fuerzas paramilitares formadas por los terratenientes colombianos y los magnates del narcotráfico. Tiene su base en el norte de Colombia, y su líder es Carlos Castaños. Recientemente las AUC han ampliado su campo de operaciones y ahora operan asimismo en las regiones central y occidental del país, así como en varias ciudades. Se calcula que su ejército cuenta con 8.000 hombres, y crece con rapidez. Las AUC proporcionan a los terratenientes que las financian algunos servicios sociales y defensa contra la insurgencia izquierdista. Según funcionarios de la estadounidense Drug Enforcement Administration (DEA) el grupo está a implicado en el narcotráfico, del que extrae beneficios.

(www.colombia-libre.org/colombialibre/pp/asp).

Baader-Meinhof/Rote Armee Fraktion (RAF) El grupo Fracción del Ejército Rojo, nacido del movimiento de protesta estudiantil de los años 1960 en Alemania, fue fundado por Andreas Baader y Gudrun Ensslin. Su ideología propugnaba un compromiso violento al servicio de la lucha de clases. Desarrolló una extensa red clandestina de guerrilla urbana y de simpatizantes izquierdistas motivados por el rechazo al materialismo ciego y las tendencias fascistas de la sociedad alemana. La RAF actuaba en Alemania Occidental, pero la Oriental le servía de santuario. Realizó varios atentados contra objetivos estadounidenses e instalaciones de la OTAN, colocaron bombas y llevaron a cabo asesinatos, secuestros y atracos. En 1997, no obstante, las autoridades alemanas anunciaron que la RAF había dejado de ser una amenaza terrorista seria. En abril de 1998 el grupo anunció su disolución.

Barbagia Rossa. Considerado la columna sarda de las Brigadas Rojas, este grupo se dio a conocer el 27 de marzo de 1978, cuando asumió la responsabilidad de una acción con bomba incendiaria contra un furgón policial que transportaba detenidos. Más tarde, ese mismo año, el grupo asaltó una estación radiogoniométrica militar y consiguió apoderarse de varias armas. A partir de enero de 1979 inició una campaña contra «la militarización del territorio» y perpetró numerosos asaltos contra cuarteles del ejército.

Brigate Rosse. Las Brigadas Rojas, formadas en 1969, fueron otro producto de los movimientos estudiantiles y obreros en Europa. Su ideología propugnaba el uso de la violencia al servicio de la lucha de clases y la revolución; de hecho, su bagaje ideológico fue el más sólido y consistente de entre todas las organizaciones terroristas de la extrema izquierda europea durante los años setenta y ochenta. El grupo tenía su centro en Italia, que era donde operaba principalmente, y eligió como objetivos a personajes símbolo del *establishment*, como industriales, políticos y hombres de negocios. En 1978, año que marcó el punto álgido del terrorismo político en Italia, el grupo secuestró al ex primer ministro Aldo Moro. El cautiverio duró dos meses, hasta que se encontró su cadáver en el maletero de un coche abandonado en el centro de Roma. El mismo año, el *New York Times* aseveró que el núcleo duro de las Brigadas Rojas contaba entre 400 y 500 militantes a plena dedicación. A partir de mediados de los años ochenta, sin embargo, las Brigadas entraron en un proceso de decadencia y quedaron cada vez más aisladas de sus bases de clase obrera y de la opinión pública. En 1981 se promulgó la legislación de los *penti-*

ti o arrepentidos, que fomentaba la defección. Esto facilitó la actuación de las fuerzas de seguridad y aceleró la descomposición del grupo. En abril de 1984, cuatro dirigentes de la organización publicaron desde la cárcel una «carta abierta» en la que renunciaban a la lucha armada, calificada de inútil en el nuevo contexto político europeo. Éste fue el comienzo de lo que se llamó *Battaglia della Libertà*. El mismo año, el grupo se escindió en dos facciones, el Partido Comunista Combatiente (BR-PCC) y la Unión de Comunistas Combatientes (BR-UCC). Se cree que algunos de sus miembros siguen viviendo en la clandestinidad, refugiados en otros países europeos, sobre todo Francia.

Contra. Grupo armado contrarrevolucionario nicaragüense que luchó contra el gobierno sandinista surgido tras unas elecciones libres en Nicaragua. «La Contra» fue creada por Estados Unidos a comienzos de los años ochenta mediante el reclutamiento de seguidores del caído régimen derechista de Anastasio Somoza Debayle (depuesto en 1979, éste se exilió en Honduras y Costa Rica). Su militancia incluyó a miles de antiguos oficiales de la Guardia Nacional de Somoza. Al principio el grupo se llamó Fuerzas Armadas Revolucionarias de Nicaragua (FARN), pero no tardó en escindirse y estos grupos fueron los que recibieron el nombre genérico de la Contra. Económicamente, los «contras» dependían de Estados Unidos, que facilitó ayuda oficial y también clandestina, principalmente a través de la CIA. Entre las operaciones clandestinas a favor de la Contra, la más célebre fue el escándalo Irangate. Consistió en que la CIA vendía armas a Irán supuestamente dirigidas a Israel; parte de los beneficios de las ventas se usó para financiar a la Contra.

Ejército de Liberación de Kosovo (Ushtria Climintare E Kosoves, UCK, en albanés). Generalmente se lo considera un movimiento guerrillero que persigue la unión de las poblaciones musulmanas de Kosovo, Macedonia y Albania en la Gran Albania. El UCK no funciona como una organización monolítica, sino en forma de unidades autónomas relativamente pequeñas. Pero sus miembros operan dentro de una estructura casi militar y usan uniforme y galones. Entre 1995 y 1998 el UCK tomó como objetivos a los agentes de la policía serbia y a figuras políticas de Kosovo, así como en los kosovares sospechosos de colaborar con la policía serbia. Desde mediados de 1998 el grupo ha mejorado su organización y su armamento, mediante el robo de armamento serbio y albanés, pero sobre todo gracias a la ayuda económica de los musulmanes, de los países occidentales y también de la red terrorista de Bin Laden. En su momento de mayor fuerza, que fue durante la guerra de Kosovo, se calculaba sus efectivos entre 12.000 y 20.000 hombres armados.

Ejército de Liberación Nacional. Es un grupo armado marxista colombiano formado en 1964 por Fabio Vázquez Castaño y otros intelectuales inspirados por Fidel Castro y Che Guevara. El ELN empleó el terrorismo económico en operaciones contra las compañías petroleras, atacando los oleoductos y otras instalaciones. Entre 1982 y 1999 asestó 691 golpes de ese tipo, por cuyo motivo Colombia, gran productora de petróleo, se vio obligada a importar en 1992. Otras actividades son los secuestros de todo género, la colocación de bombas, la extorsión y las emboscadas. Se cree que cuenta con entre unos 3.000 o 5.000 miembros activos; el número de colaboradores no se conoce. Desde 1999 el gobierno central de Bogotá ha lanzado varias iniciativas de diálogo con este grupo, pero sin éxito. (www.web.net/eln/).

Ejército Rojo japonés Formado alrededor de 1970 como escisión de la Liga Comunista Japonesa-Fracción del Ejército Rojo, sus objetivos son deponer la monarquía e impulsar una revolución marxista mundial. Sin embargo, funciona sobre todo como movimiento «mercenario». Lo dirige Fusaki Shigenobu y cuenta con efectivos que han recibido instrucción en campamentos de Líbano (llanura del valle de la Bekaa). Durante la Guerra Fría el Ejército Rojo japonés recibió ayudas de la Unión Soviética y de Alemania Oriental, pero con la caída del bloque soviético parece que ha pasado a predominar China, que patrocina el movimiento con el propósito de desestabilizar a su rival principal en la región del Pacífico, que no es otro sino Japón. Pero el esfuerzo de la policía japonesa y el desgaste ideológico redujeron la militancia del grupo a unos 20 o 30 hombres, todos ellos exiliados actualmente en Líbano, Afganistán, Rumania, Corea del Norte y, según algunos rumores insistentes, incluso Colombia. En tanto que organización parece inactiva, aunque sus dirigentes Fusako Shigenobu y Kunio Bando todavía están en libertad y son buscados por la policía.

ETA. Iniciales de Euskadi ta Askatasuna, que significa en euskera «Patria vasca y libertad». Es un grupo armado que lucha por independizar las provincias vascas de España. Proviene de una escisión de la organización EKIN («Acción») en 1958. Las primeras operaciones de ETA fueron poner bombas en las ciudades vascas. En 1961 ETA llevó a cabo su primera acción armada tras la muerte del general Franco. En los años siguientes intensificó sus actos violentos y tuvo en el punto de mira a las fuerzas de seguridad y a personalidades políticas. Este grupo sigue existiendo en España y mantiene relaciones con grupos armados de todo el mundo. La militancia se estima en no más de 20 miembros de comandos activos y varios centenares de colaboradores dedicados a tareas de información, logística, aprovisionamiento, etcétera.

Falange cristiana libanesa. Fundada en 1936 por Pierre Gemayel. La Falange, o más exactamente las Falanges (*Kataib* en árabe), eran fundamentalmente una organización de los maronitas, y sus seguidores se designaban a sí mismos como «falangistas». Seguían una política prooccidental y ultraderechista. Su poderosa milicia, apoyada por Israel, participó activamente a favor de los cristianos en la guerra civil de 1975. Desde finales de 1975, cuando Bashir, hijo de Pierre, amplió su dominio a otras fuerzas cristianas, pasaron a llamarse Fuerzas Libanesas. A mediados de los años ochenta, sin embargo, y después del asesinato de Bashir y el fallecimiento de Pierre, las Falanges perdieron poder y el control sobre las Fuerzas Libanesas.

Frente Farabundo Martí de Liberación Nacional. Constituido el 10 de octubre de 1980, lo componían campesinos salvadoreños instruidos en la guerrilla. Muchos aprendieron a manejar explosivos y armas, y a colocar bombas trampa. El grupo abandonó la guerrilla en 1992 y se convirtió en un partido político. (www.fmnl.org.sv).

Fenian Broterhood. La Hermandad de los Fenianos fue un

grupo revolucionario secreto de irlandeses emigrados. Fundado en Estados Unidos por John O'Mahony en 1858, tenía el objetivo de unir a los irlandeses de todas las partes del mundo en la lucha contra la dominación británica de Irlanda.

Frente Islámico Moro de Liberación. Con base en la isla de Mindanao, este grupo armado se constituyó en 1978 cuando Hashim Salamat, con el apoyo de la etnia maguindanao, se escindió del Frente Nacional Moro de Liberación. Postula planteamientos más moderados y conciliadores hacia las autoridades. Se estima que cuenta con unos 2.900 hombres. La rama militar del grupo, sin embargo, llamada Frente Islámico Bangsa Moro de Liberación, es más radical y se ha negado a aceptar el tratado de paz firmado con el gobierno actual y los anteriores.

Frente Mundial Islámico para la Yihad contra judíos y cruzados. Otro nombre por el que se designa en ocasiones a Al Qaeda.

Frente Nacional para la Liberación de Libia. Es un movimiento político de oposición al régimen dictatorial de Muammar el Gaddafi en Libia. Constituido en octubre de 1981, pretende poner fin al régimen de Gaddafi y establecer en Libia un gobierno constitucional y elegido democráticamente.

Frente Popular para la Liberación de Palestina (FPLP). Es un grupo marxista leninista fundado en 1967 por George Habash. El Frente Popular para la Liberación de Palestina fue una de las primeras organizaciones palestinas que recurrieron a la violencia política para llamar la atención sobre su causa. La organización se responsabilizó de una larga lista de atentados en el mundo, especialmente secuestros de aviones. Con la desaparición de la Unión Soviética, el FPLP se vio empujado a la periferia de la lucha armada palestina, y desplazado en los territorios ocupados por los grupos islamistas, como Hamás. Para intentar hacerse nuevamente con la iniciativa después de la firma de la Declaración de Principios en 1993, el FPLP unió fuerzas con un frente de rechazo compuesto por 10 elementos y con sede en Damasco. Prohibió a sus miembros la participación en las elecciones palestinas de 1996. Sin embargo, tres años más tarde, Abu Alí Mustafa, el sucesor designado de George Habash, se desplazó a El Cairo para negociar un mejor entendimiento con Yasser Arafat. En septiembre de 1999 fue autorizado a entrar en las zonas autónomas palestinas. El cuartel general del FPLP también se trasladó de Damasco a la ciudad palestina de Ramala. El 27 de agosto de 2001 Abu Ali Mustafa murió en una operación realizada por el ejército israelí, y Ahmed Sadat fue nombrado secretario general el día 3 de octubre. (www.Pflp-pal.org).

Fretelin. Frente Revolucionario por la independencia de Timor Oriental. Formado en 1974 con la finalidad de independizarse de Indonesia, fue el partido principal de la resistencia durante la ocupación de los indonesios, finalizada en 2001.

Front Islamique de Salut (FIS). Movimiento islámico cuyo nombre significa Frente Islámico de Salvación, fundado el 10 de marzo de 1989 por Abbasi Madani, que sigue siendo su presidente pese a hallarse encarcelado en Argelia. El FIS fue el grupo de oposición más numeroso e influyente del país. En enero de 1991 ganó 188 escaños en el parlamento argelino, pero las elecciones fueron anuladas y una junta militar asumió el control del país. A continuación, el FIS fue prohibido, lo que condujo a una oleada de violencia y a la formación del ala militar del grupo, el Ejército Islámico de Salvación. Más tarde el FIS aceptó la amnistía, y otros grupos islámicos como el GIA continuaron la lucha armada. (www.ccfis.org/englishdefault.asp).

Fuerzas Armadas Revolucionarias de Colombia (FARC). Esta organización, fundada en 1964 por Manuel Marulanda Vélez y otros miembros del comité central del Partido Comunista de Colombia, es un grupo armado de tendencia marxista que se propone derribar el régimen existente. Dice defender a los campesinos pobres frente a las clases acomodadas de Colombia y, por consiguiente, se opone a la influencia estadounidense en el país, a la privatización de los recursos naturales y a la presencia de las empresasa multinacionales. La organización toma por blancos a los terratenientes ricos, a los turistas extranjeros y a los altos funcionarios nacionales o extranjeros. Tiene estructura militar y sus miembros, cuyo número se estima en unos 7.000, usan uniforme y se comportan como un ejército regular. Su importancia ha aumentado de resultas de la alianza con los narcotraficantes colombianos. Los expertos calculan que las FARC obtienen del tráfico de droga la mitad de sus ingresos o más, unos 200 o 400 millones de dólares al año. El resto proviene de los secuestros, las extorsiones y el sistema extraoficial de «impuesto revolucionario» que cobran en las regiones rurales. (www.contrast.org/mirrors/farc/).

Groupe Islamique Armé (GIA). Grupo Islamista Armado, según se cree fundado en marzo de 1992 por afgano-árabes que regresaron a Argelia después de la guerra de Afganistán. Lo dirige el emir Abou Abd Ahmed, o Mourad Si Ahmed, alias Djafaar al Afgani. El objetivo último del GIA es derribar el gobierno actual del país, tutelado por los militares, y establecer un estado islamista basado en la *sharia*. Se cree que cuenta con unos 20.000 o 25.000 efectivos. Desde diciembre de 1993 el GIA viene perpetrando matanzas particularmente sangrientas contra extranjeros así como contra los propios ciudadanos argelinos.

Hamás. Grupo creado el 14 de diciembre de 1987 (cinco días después del comienzo de la Intifada) como rama palestina de los Hermanos Musulmanes, y con el objetivo de establecer un Estado islámico palestino que desbanque a Israel. Rival principal de la OLP en los territorios ocupados por Israel, Hamás ha sabido aprovechar los errores de Yasser Arafat en el terreno internacional, sobre todo después de la guerra del Golfo. Considera la lucha armada como la única manera de liberar los territorios ocupados. Tiene establecida una vinculación directa entre el islamismo y la liberación de dichos territorios, lo cual limita o incluso excluye toda solución de compromiso. Se opone a toda negociación con Israel, y se ha responsabilizado de muchos atentados en dicho país, principalmente por medio de hombres bomba suicidas. Sus iniciativas se concentran en la Franja de Gaza y en algunas zonas de Cisjordania. Los objetivos que Hamás declara en su constitución del 18 de agosto de 1988 incluyen, además de la liberación de Palestina y la creación de un Estado islámico, la oposición a toda presencia de occidentales en los países musulmanes, y el rechazo de la secularización y la occidentalización de la sociedad árabe.

Harkat ul Ansar. Llamada en principio Hizb al Mujhahide-en, es una organización suní formada en Karachi (Pakistán) en 1980, con la finalidad principal de enviar voluntarios a Afganistán para combatir a favor de los rebeldes afganos que luchaban contra las fuerzas soviéticas.

Harkat ul Mujahedin (HUM). Movimiento musulmán radical que actúa en Cachemira. El grupo procede del Harkat ul Ansar (HUA) creado en 1993 para coordinar las acciones de los islamistas pakistaníes con las de los muyahidines agfanos. Dirigidos por Fazl Rahman Jalil y su segundo, Farouk Kashmiri, en verano de 1995 se responsabilizaron de los secuestros de varios occidentales en Cachemira. Calificado de terrorista en 1997, el HUA cambió su nombre a Harakat ul Mujahideen. Está considerado como el movimiento más importante de Cachemira y su popularidad aumentó mucho a consecuencia de los bombardeos estadounidenses sobre Khost el 20 de agosto de 1998.

Hermanos Musulmanes. Organización musulmana radical creada en 1928 por Abd el Rahman el Banna, un maestro egipcio. Desde 1935 la Hermandad Musulmana mantuvo contactos con Hadj Amino Al Husseini, el muftí de Jerusalén, y participó en la insurrección palestina de 1936. En 1945 Saïd Ramadan creó en Jerusalén una rama palestina del movimiento. Éste logró numerosos éxitos y muchos de sus miembros participaron en la guerra de 1948. Considerado responsable del asesinato del primer ministro egipcio en 1948, el Banna murió asesinado, probablemente por agentes del gobierno. La organización fue ilegalizada en 1957 por Nasser, que temía ser víctima de otro atentado similar. Unos 20.000 hermanos fueron encarcelados y Yasser Arafat, miembro de la organización, huyó a Kuwait. El objetivo de los Hermanos Musulmanes era reforzar la cultura islámica en los países musulmanes. El ala palestina ha generado el Al Moujamma Al Islami en los territorios ocupados, del que luego derivó Hamás. Aunque asume el objetivo último de liberar a Palestina de la ocupación israelí, los Hermanos Musulmanes conceden prioridad a la consolidación del islam. Se dedica a la construcción de mezquitas, el número de las cuales se ha duplicado en Cisjordania y triplicado en la

Franja de Gaza entre 1967 y 1987. Sus recursos financieros provienen principalmente de Arabia Saudí.

(www.ummah.net/ikhwan).

Hezbolá. Significa «Partido de Dios» y es un grupo chií radical del Líbano, formado en 1982 en reacción contra la entrada de los israelíes en el país. Propugna el establecimiento de la ley islámica en Líbano a ejemplo del Estado iraní, la liberación de todas las tierras árabes ocupadas y expulsar de los países musulmanes a todos los infieles. El grupo está patrocinado básicamente por Irán y actualmente opera sobre todo en el valle de la Bekaa, al sur de Beirut. Sus fuerzas se calculan en 40.000 hombres en Líbano, y varios millares de colaboradores. Tiene artillería pesada y cohetes BM-21. De algunos de sus miembros se sabe o se sospecha que han participado en numerosos atentados terroristas anti-estadounidensess. Hezbolá también firma como Yihad Islámica, aunque su brazo armado se llama oficialmente Resistencia Islámica. Ésta, creada en 1983, supervisa las operaciones militares en el sur de Líbano. Tiene 400 combatientes bien preparados y 5.000 colaboradores. Además de realizar atentados esporádicos (con bomba, o asesinatos individuales), emprende auténticas operaciones militares contra el ejército israelí o las fuerzas del sur de Líbano. Con una organización también militar, las actividades de Resistencia Islámica cobran un cariz cada vez más ilegal desde 1993. En particular ha intentado establecer una base de apoyo popular en el sur de Líbano mediante actividades de auxilio social, como la Yihad al Hoed («santo esfuerzo por la reconstrucción»), que financia la reconstrucción de los inmuebles destruidos por el ejército israelí. También paga 25.000 dólares a las familias de los «mártires», es decir, los muertos al realizar atentados suicidas.

Irgun (IZL). Es el Irgun Zvai Le'umi, que significa «Organización Militar Nacional», también conocido por Itzel, acrónimo IZL en hebreo. En su origen este grupo fue una organización armada clandestina de los judíos, fundada en Jerusalén por un grupo de oficiales del Haganá bajo el mando de Abraham Tehomi, en la primavera de 1931. Se trataba de contener los disturbios árabes acompañados de agresiones contra los judíos, pero en 1939 volvieron sus miras contra los británicos, bajo cuyo protectorado estaba Palestina. El 1 de febrero de 1944 el Irgun inició la insurrección, y exigió la salida inmediata de los británicos y la creación de un Estado judío. Sintiéndose engañados por la política de las autoridades británicas, el 22 de julio de 1946 la actividad terrorista del grupo culminó en la voladura de toda un ala del hotel King David de Jerusalén, donde radicaban el gobierno de Palestina y el mando militar británico. El frente único armado quedó desarticulado en agosto de 1946 con la detención de los líderes de la Agencia Judía, pero el Irgun continuó con sus operaciones y atentó contra sujetos y bienes del ejército y de la administración. Cuando se declaró la independencia de Israel, el alto mando del grupo ofreció la disolución de éste y la integración de sus miembros en el ejército del nuevo Estado israelí. Lo cual se llevó a efecto en septiembre de 1948. Entre los dirigentes del Irgun estuvo Menáhem Beguin, futuro primer ministro de Israel y galardonado con el premio Nobel de la paz conjuntamente con Yasser Arafat.

Irish National Liberation Army. El Ejército Nacional de Liberación Irlandés, creado el 10 de diciembre de 1974, es un grupo armado católico y ultraizquierdista que quiere expulsar de Irlanda del Norte a las fuerzas británicas y unificar Irlanda. Se trata de una escisión de los «provisionales» del IRA (Provisional Irish Republican Army, PIRA), que adoptó en principio el nombre de Ejército Popular de Liberación, bajo las órdenes de Hugh Tornet, para actuar como brazo armado del Partido Socialista Republicano Irlandés. Éste admite el empleo de la fuerza para lograr sus objetivos políticos, que comprenden la creación de una república socialista organizada en los 32 condados irlandeses. Hacia finales de la década de 1980 el INLA sufrió una importante reestructuración, en la que absorbió a otros muchos grupos pequeños. Actualmente se llama Organización de Liberación del pueblo irlandés (Irish People's Liberation Organization). Sus actividades son, entre otras, colocación de bombas, asesinatos, secuestros, extorsión y atracos. Se cree que la militancia del grupo consta de varias docenas de pistoleros y especialistas en explosivos, así como varios centenares de simpatizantes.

Islamic Movement of Kurdistan (IMK). (Movimiento Islámico de Kurdistán). Tiene su base en Halabja, en el norte de Irak, ahora parece escindido en tres ramas que dependen respectivamente de Arabia Saudí, Irán y Turquía. Los efectivos totales no deben ser superiores a los 1.500 hombres en armas.

Islamic Movement of Uzbekistan (IMU). (Movimiento Islámico del Uzbekistán). Fundado en 1999, coalición de militantes islámicos del Uzbekistán y otros Estados centroasiáticos para luchar contra el régimen laico del presidente Islom Karimov. Su finalidad es el establecimiento de un Estado islámico en Uzbekistán, y cuenta con unos 2.000 miembros activos. Antes de 2001 el MIU concentraba sus actividades en atacar a las autoridades uzbecas. Dichas actividades consistían principalmente en secuestros, toma de rehenes y colocación de bombas en automóviles. Desde octubre de 2001, en cambio, muchos de sus miembros por lo visto han muerto o se han dispersado. Se ha dicho que su líder militar, Juma Namangiani, murió ese mismo año durante un bombardeo aéreo en Afganistán. El IMU es uno de los beneficiarios del tráfico de drogas en Asia central.

Jaish-I-Mohammad. (Ejército de Mahoma). Grupo que derivó del Harkat ul Mujahideen en los meses posteriores al secuestro de un aparato de Indian Airlines en Katmandú (diciembre de 1999). Capitaneado por Maulana Masood Azhar, tiene su base en Pakistán y se propone arrebatar a la India el dominio de Cachemira.

Jamiat-ul-Ulema e-islam (JUI). Es una agrupación política pakistaní dirigida por Maulana Fazhur Rahman. Formada en 1945 como escisión del Jamiat ul Ulema e-Hind, se propuso como objetivo la independencia de Pakistán. En 1977 el JUI participó en las elecciones a la Asamblea Nacional formando parte de la coalición Alianza Nacional Pakistaní. Pero no simpatizó con el programa de islamización del general Zia y en 1981 se unió a otros grupos que exigían elecciones libres. En 1990 el JUI logró seis escaños en la Asamblea Nacional. En las generales de 1993, el JUI fue componente principal del Islami Jamhoori Majaz, que consiguió cuatro escaños en la asamblea. En los comicios de 2002, el partido ganó de nuevo varios escaños formando parte del Mut-tahida Majlis e-Amal, y Maulana Fazulur Rahman fue candidato a primer ministro, pero no ganó y ahora forma parte de la oposición.

Komando Jihad. Se formó en 1997 con la intención de persuadir a quienes habían militado en otras insurrecciones islámicas del pasado a retomar la lucha por elestablecimiento de un Estado islámico ante lo que consideraban inoperancia del PPP, el partido político musulmán indonesio de la época.

KOPASSUS, Grupo IV. Es la sigla de «Comando de fuerzas especiales», también llamado *militer khussus* o *milsus* (militares especiales), fundado en 1952. El grupo se dedicaba al terrorismo de Estado en Indonesia. A finales de los años noventa sus efectivos eran de unos 6.000 hombres. En tiempos de Suharto y Sukarno dependían prácticamente de las fuerzas de seguridad indonesias, y fueron repartidos en varios grupos. En concreto, el Grupo IV se encargaba de las operaciones de inteligencia y sus miembros recibieron instrucción especial para realizar tareas de espionaje, así como en técnicas de operaciones especiales y sabotaje.

Lashkar e-Taiba. Significa «el Ejército de los Puros» y ambiciona la expansión de la yihad desde Jammu y Cachemira al resto de la India, así como la creación de dos Estados independientes para los musulmanes del sur y el norte de India. Con bases en Pakistán, proporciona a sus miembros instrucción militar, que incluye el manejo de armas y municiones, tácticas de emboscada y técnicas de supervivencia. En enero de 2002 la organización fue declarada terrorista por las autoridades y prohibida.

Laskar Jihad. También definida como «Combatientes de la Guerra Santa Indonesia», esta organización paramilitar ha amenazado con llevar la yihad contra los cristianos de la región, especialmente en las Molucas. Desde 1999 se relaciona a los Laskar con varias incursiones contra las comunidades cristianas en el norte de la isla de Halmahera, que causaron por lo menos 200 muertos y un número muy superior de heridos.

Movimiento 19 de abril (M19). Fundado en 1974, adquirió notoriedad en 1980 por la ocupación de la embajada de la República Dominicana en Bogotá. En 1990 el grupo abandonó la lucha armada para formar el partido político Alianza Democrática M19.

Movimiento Nacional Libanés. En 1976 lo constituyó Kamal Jumblatt en Líbano con la finalidad de introducir reformas políticas en dicho país, de acuerdo con la OLP. Cuando Jumblatt fue asesinado en 1977, el movimiento abandonó su programa reformista y en 1980 empezó a tender puentes hacia el liderazgo islámico tradicional. La invasión de Líbano por Israel en 1982 fue un duro golpe tanto para la OLP como para el Movimiento.

Movimiento Revolucionario Túpac Amaru (MRTA). De tendencia marxista leninista, este movimiento revolucionario creado en 1983 debe el nombre de Túpac Amaru al sobrenombre de José Gabriel Condorcanqui, un lejano descendiente de los soberanos incas que acaudilló una insurrección contra los españoles en 1780. Sus zonas principales de operaciones son los alrededores de Lima y los departamentos de Junín y San Martín. El 17 de diciembre de 1996, un comando de 14 tupamaros se apoderó de la embajada japonesa con los 400 invitados del embajador. Durante las negociaciones, conducidas por el presidente Fujimori, que llegó a solicitar la mediación de Fidel Castro, se preparó en secreto un operativo de intervención. El presidente en persona dirigió la operación el 22 de abril de 1997, que resultó un éxito, aunque perdió la vida uno de los rehenes. Las fuentes financieras principales del movimiento son la extorsión, la protección del narcotráfico, los secuestros y los robos. Se cree que cuenta con unos 100 militantes armados en activo. (www.voz-rebelde.de).

Organización para la Liberación de Palestina (OLP). Movimiento nacionalista palestino y organización central del independentismo palestino, la OLP fue creada en 1964 por Ahmed Shukeiry bajo los auspicios de Egipto. Su objetivo, expresado en la declaración fundacional de mayo de 1964, es la creación de un Estado palestino independiente en el territorio actualmente ocupado por Israel, o por lo menos en los llamados «territorios ocupados» (Franja de Gaza y Cisjordania). Su líder es Yasser Arafat y la organización se divide en varios subgrupos: el Frente Popular para la

Liberación de Palestina, el Frente Democrático Popular para la Liberación de Palestina, el Comando General y Al Fatah. En un principio, el objetivo era la destrucción de Israel, a cuyo efecto lanzó una campaña terrorista. Sin embargo, hacia la década de 1990 la OLP decidió trasladar la actividad al terreno político. El 9 de septiembre de 1993 Arafat, en su calidad de presidente de la OLP, escribió una carta al primer ministro israelí, Rabin, y al ministro noruego de Asuntos Exteriores, Holst, prometiendo el cese de todas las actividades violentas y terroristas de la OLP. Sin embargo, algunos elementos de la OLP reanudaron los atentados terroristas a partir de la segunda Intifada. (www.pna.net).

Partido/Frente Revolucionario Popular de Liberación. Grupo formado en 1978 con el nombre de Devrimci Sol, o Dev Sol, como facción escindida del Partido/Frente de Liberación del Pueblo Turco, aunque no recibió su denominación actual y sus siglas DHKP/C hasta 1994, una vez culminadas las luchas internas. Profesa una ideología marxista y una virulenta hostilidad contra Estados Unidos y la OTAN. Se financia mediante atracos a mano armada y extorsiones.

Partido de los Trabajadores de Kurdistán (Partiya Karkeren Kurdistan, PKK). Fundado el 27 de noviembre de 1978, bajo la inspiración de las organizaciones de estudiantes turcos izquierdistas nacidas en los años sesenta. Su base ideológica la estableció Abdulá Ocalan, y su objetivo principal era la creación de un Estado kurdo independiente en la región sureste de Turquía. Hasta la década de 1980 las actividades del grupo se redujeron esencialmente a realizar, con apoyo local, atentados contra los jefes tribales de la provincia de Urfa. Cuando aconteció en Turquía el golpe militar del 12 de septiembre de 1980, los líderes del PKK se trasladaron al valle de la Bekaa, controlado por Siria. En 1982 el PKK amplió sus actividades con la ayuda financiera de algunos hombres de negocios kurdos y trabajadores en Libia, el respaldo político de los kurdos iraquíes y la instrucción recibida en los campos de Líbano y Siria. Entre 1980 y 1984, Ocalan consolidó su poder; algunos de los discrepantes en el seno del propio partido lo abandonaron y establecieron su propia organización, el TEVGER o Movimiento de Liberación de Kurdistán. En 1992 se le atribuían al PKK unos 10.000 militantes y colaboradores. (www.pkk.org).

Provisional Irish Republican Army (PIRA). Ejército Provisional Republicano Irlandés, grupo armado radical formado en 1969 como escisión del Ejército Republicano original cuyos inicios datan de 1916. Sus objetivos son expulsar de Irlanda del Norte a las tropas británicas y la unificación de Irlanda. El grupo se hizo notar en verano de 1969, después de una serie de disturbios y enfrentamientos entre católicos y protestantes en el Ulster. Fue entonces cuando dio principio a sus operaciones de guerrilla, montando emboscadas contra el ejército británico y la policía. En 1981 murieron diez presos del IRA en una huelga de hambre encabezada por Bobby Sands en la cárcel de Maze (Irlanda del Norte). El grupo recibía apoyo económico y otras ayudas de los simpatizantes en Estados Unidos, y algunos de sus miembros han recibido armas de Libia e instrucción militar a cargo de la OLP. Los «provisionales» perpetraron atentados con bomba, asesinatos, y allegaron fondos mediante extorsiones y atracos, aunque casi nunca recurrieron a los secuestros. Con anterioridad al armisticio de 1994 incluían entre sus objetivos a altos funcionarios del gobierno británico, militares y policías en Irlanda del Norte, y miembros de los grupos paramilitares protestantes. Retornaron a las hostilidades en febrero de 1996 y lanzaron campañas de colocación de bombas en estaciones de ferrocarriles y de metro, así como en centros comerciales de Inglaterra. Atentaron contra militares británicos y miembros del Royal Ulster Constabulary en Irlanda del Norte, y también contra una instalación militar británica en Europa continental. Abandonó la lucha armada después del acuerdo de Viernes Santo de 1998.

Revolutionary United Front (RUF). Así se ha dado a conocer el grupo sedicioso formado en 1991 con el apoyo del Frente Nacional Patriótico de Liberia. Tiene su base en Sierra Leona, utiliza tácticas de guerrilla y su finalidad es derribar el gobierno actual de Sierra Leona y mantener el control de los lucrativos territorios diamantíferos. El Frente Revolucionario Unido se financia sobre todo gracias a la extracción y venta de diamantes obtenidos en las zonas que controla. De acuerdo con un informe de Naciones Unidas sobre el país, el presidente Charles Taylor de Liberia suministra apoyo y dirección al RUF.

Second Soran Unit. Este grupo de unos 300 o 400 elementos armados acaudillados por Asad Mohamed Hasan (Aso Hawleri) fue la unidad militar más numerosa del IMK (y su sucesor, el Movimiento por la Unidad Islámica). En el grupo combaten unos 50 o 60 árabes, muchos de ellos entrenados en Afganistán. En 1998, la Segunda Unidad de Soran creó una fachada política llamada Facción Central Islámica, bajo la dirección de Aso Hawleri, con varios árabes y un turco llamado Abu Kubayi Barachak (actualmente encarcelado por terrorismo). Después de la escisión entre el IMK y el Movimiento por la Unidad Islámica la Segunda Unidad de Soran se hizo independiente, aunque luego se unió al Frente Islámico Tawhid.

Sendero Luminoso. Este grupo tomó su nombre de una frase de José Carlos Mariátegui, destacado marxista peruano, cuando escribió que «el marxismo es un sendero luminoso hacia el futuro». Creado a finales de los años sesenta por el ex profesor universitario Abimael Guzmán, Sendero Luminoso surgió en Perú como reacción frente al arraigado sistema de discriminación étnica y clasista que ha sumido en la pobreza a la mayor parte de la población del país, y más especialmente a los ciudadanos de ascendencia indígena. Los senderistas se propusieron derribar el régimen peruano para reemplazarlo por un sistema socialista dirigido por los autóctonos. La tácticas terroristas del grupo han provocado entre 10.000 y 12.000 víctimas mortales desde su creación en 1970. En la actualidad dirigen el grupo Oscar Ramírez Durand y Judith Ramos Cuadras. La financiación sigue proviniendo, en lo fundamental, de los asaltos, los secuestros y el tráfico de droga, aunque también tiene ingresos significativos procedentes del «impuesto de guerra» que cobra a empresas e individuos pudientes del país. Su red consta actualmente de 1.500 o 2.000 militantes armados y un gran número de colaboradores, sobre todo en las regiones rurales.

Stern Gang. Es un grupo extremista que se escindió del Irgun en 1939. Las dos organizaciones tuvieron gran actividad, sobre todo durante la Segunda Guerra Mundial y después, contra el Protectorado Británico de Palestina. Ambas mantenían varios millares de efectivos armados hasta 1948, en que todas estas fuerzas quedaron integradas en el ejército israelí.

Tigres de la Liberación de Eelan Tamil. Movimiento separatista del norte de Sri Lanka, creado como resultado de los movimientos esporádicos de secesión que han sacudido esa región desde 1948. La guerrilla de los Tigres apareció en 1977; sus miembros se estiman en unos 8.000 y esencialmente opera dentro de los confines de la isla, aunque también han actuado en la India, concretamente en el Estado de Tamil Nadu, donde cuentan con muchos colaboradores. Los Tigres Negros, que son el ala más violenta del movimiento, se han responsabilizado también de algunas de las acciones más sangrientas: el atentado con bomba que mató al primer ministro indio Rajiv Gandhi (en mayo de 1991); el asesinato de Lalith Athulamudali, líder de la oposición de Sri Lanka (abril de 1993), y el del presidente de Sri Lanka, Ranasinghe Premadasa (mayo de 1993). Los Tigres Negros lanzaron asimismo sendos camiones cargados de explosivos contra el Banco Central de Colombo (enero de 1996) y contra el Colombo World Trade Center (octubre de 1997). Se dice que sus miembros llevan consigo una cápsula de cianuro, por si son detenidos. Los Tigres Negros fueron el primer grupo armado que usó hombres bomba suicidas. También tienen una unidad naval, los Tigres del Mar, para crear dificultades a las guarniciones del ejército de Sri Lanka en el norte del país; a su vez estos Tigres del Mar han organizado un grupo suicida llamado los Tigres Negros del Mar. Las operaciones de los Tigres se financian por medio de «donativos» más o menos voluntarios a cargo de la diáspora tamil en Europa occidental y Estados Unidos. Dispone además de una considerable estructura de apoyos en el extranjero para la recaudación de fondos, el aprovisionamiento de armas y las actividades de propaganda. (www.eelam.com).

Ulster Defence Association (UDA). La Asociación para la Defensa del Ulster, creada en 1971, era una organización que trataba de integrar los grupos paramilitares protestantes del Ulster. Fue legal hasta 1992, en que las autoridades británicas la proscribieron. Se le han atribuido colocaciones de bombas y atentados esporádicos contra católicos en Irlanda del Norte. Su fuerza se estima entre 2.000 y 5.000 efectivos armados, de los cuales varios cientos participan activamente en operaciones paramilitares.

União Nacional para a Independência Total de Angola (UNITA). Partido africanista que pone énfasis en los derechos étnicos y rurales, creado en 1996 para luchar contra el gobierno de Angola. Más tarde renunció a la lucha armada, pero después de perder las elecciones de 1992 volvió a tomar las armas. En la actualidad está en marcha una negociación con el gobierno sobre el futuro del país, y rige un alto el fuego que, aunque inestable, parece mantenerse.

Yemaa Islamiya. Sus orígenes se retrotraen a finales de la década de 1970. Es un grupo militante islamista que actúa en varios países del sureste asiático. Entre sus objetivos se incluye el establecimiento de un Estado musulmán fundamentalista en la región. El grupo tiene sus raíces en el Darul islam, un movimiento radical violento que propugnaba la proclamación de la ley islámica en Indonesia. Se cree que su líder espiritual es Abu Bakar, un indonesio de ascendencia yemení. Tiene una fuerza estimada de unos 2.000 efectivos, considerando únicamente los de Malasia, aunque también opera en Indonesia, Singapur y posiblemente las Filipinas y Tailandia. Las autoridades indonesias han encarcelado a varios miembros del grupo bajo la acusación de planear los atentados con bomba de octubre de 2002 que causaron casi 200 víctimas en un club nocturno de Bali.

Glosario

Afgano-árabes. Término empleado en principio para distinguir entre los combatientes musulmanes afganos y los no afganos de la yihad antisoviética. Actualmente designa a todos los musulmanes que participaron en esa lucha.

Años de plomo *(anni di piombo)*. El momento álgido de la violencia terrorista en Italia, entre 1969 y 1981. Combatían contra el Estado grupos armados tanto de extrema derecha como de extrema izquierda.

ARENA. Abreviatura de Alianza Republicana Nacionalista, coalición política de El Salvador, fundada en 1981 por oficiales de extrema derecha, terratenientes y líderes de los escuadrones de la muerte.

Asian Development Bank. Fundado en 1967, este banco tiene el propósito de ayudar a los países en vías de desarrollo promoviendo el progreso y la cooperación. Lo forman 47 miembros, entre los que están países desarrollados y en vías de desarrollo de Asia.

ATTA. Acrónimo de Afghan Transit Trade Agreement. En 1950 Afganistán, país totalmente continental e interior, firmó un acuerdo con Pakistán a fin de asegurarse las importaciones a través de un puerto franco, el de Karachi. Durante la yihad antisoviética la sigla ATTA se convirtió en sinónimo de contrabando en Afganistán.

Banco Mundial. Se fundó en 1947 con la finalidad primordial de apoyar con préstamos proyectos productivos que favoreciesen el desarrollo de los países. Para pertenecer al Banco Mundial, los Estados miembros deben pertenecer antes al Fondo Monetario Internacional.

Barones de la droga. Hombres de negocios ricos e influyentes, cuyo poder proviene del tráfico de estupefacientes.

Blanqueo o lavado de dinero. Proceso por el cual cualquier dinero de origen delictivo se «lava» o «recicla» a través de instituciones legales. En Estados Unidos la legislación define cerca de 200 delitos económicos y el que maneja a sabiendas el dinero procedente de cualquiera de ellos se hace reo del delito de blanqueo. Sin embargo, la misma legislación sólo es aplicable a 12 o 15 delitos de esa categoría cuando éstos se han perpetrado fuera de las fronteras de Estados Unidos. Se trata en concreto de los relacionados con el tráfico de drogas, los actos de violencia, los fraudes bancarios, la corrupción de funcionarios extranjeros y ciertas acciones que infringen algunos tratados que obligan a Estados Unidos como país. En realidad, el número exacto de los delitos cometidos en el extranjero que tienen carácter punible en Estados Unidos bajo la ley contra el blanqueo de dinero no se conoce con exactitud, ya que algunos de los supuestos no se han planteado todavía ante los tribunales.

Bundesbank. Banco Central de Alemania, fundado en 1957, que tiene su sede en Frankfurt.

Califa. Título honorífico adoptado de los sultanes otomanos en el siglo XVI tras la conquista de Siria y Palestina, fecha en la que Selim I incorporó Egipto al Imperio otomano y se hizo reconocer guardián de las ciudades santas de La Meca y Medina. El término deriva del árabe *jalifa* y su traducción literal es "príncipe de los creyentes". Califa fue el título musulmán para el líder máximo civil y el religioso, que protegía la integridad del Estado y la fe. Los califas eran sucesores de Mahoma. Sin embargo, los califas, aunque defensores de la fe, no son profetas, ya que es uno de los dogmas fundamentales del islam que Mahoma fue «el Sello de los Profetas», es decir el último después de Adán, Noé, Abraham, Moisés y Jesús.[1]

Califato. Territorio sometido a la autoridad de un califa.

CIA. Central Intelligence Agency, agencia de espionaje de Estados Unidos.

Cisjordania. La zona de Palestina oeste ocupada por el ejército israelí en la guerra de 1967. Hasta 1988 permaneció como territorio ocupado y no fue reconocida por el gobierno estadounidense como parte de Israel. Israel la llama Judea y Samaria.

Comunidad armada. Expresión de jerga de los grupos armados italianos para referirse a sus miembros y seguidores.

Contra. Apócope de *contrarrevolucionarios*, se refiere a los miembros de la resistencia nicaragüense, un movimiento armado de extrema derecha que actuó durante la década de 1980, apadrinado por Estados Unidos, para combatir el gobierno nacional sandinista. Estaba formado, fundamentalmente, por antiguos miembros de la Guardia Nacional somocista.

Cruzadas. Las campañas militares lanzadas por el cristianismo europeo para arrebatar los Santos Lugares al dominio musulmán. Hubo ocho cruzadas entre los siglos XI y XIII. En 1085, el papa Urbano II, que predicó la primera cruzada, introdujo el concepto de guerra santa, o sancionada por el poder divino. Los caballeros cristianos que participaron en ellas creyeron inaugurar una vía nueva para la salvación del alma. Desde el punto de vista musulmán, las cruzadas fueron campañas militares para extender los territorios de la cristiandad y eliminar al islam.

Chiísmo. Corriente minoritaria (de Shiat Alí, el Partido de Alí), de las dos en que ha quedado dividido el islam. El chiísmo apoya las pretensiones de Alí, yerno de Muhammad, y las de sus descendientes, con respecto al califato y liderazgo de la comunidad musulmana. Su enfrentamiento con los suníes fue el primer gran cisma del islam. Posteriormente se han producido divisiones entre los chiíes sobre el número e identidad de los imanes.

Chiíes. Los seguidores de Alí, el yerno del Profeta, no reconocieron al califa Mu'awiyya (fundador de la dinastía) y así se creó el gran cisma del islam. Son una minoría entre los musulmanes y los clérigos. Los chiíes, mayoritarios en Irán, creen en el advenimiento del *mahdi*, el imán que se manifestará hacia el fin de los tiempos y hará reinar la justicia en toda la tierra.

Diáspora. Este concepto se empleó originariamente para describir a los judíos que vivían en comunidades dispersas fuera de *Eretz*

Yisrael, «la Tierra de Israel», durante y después del cautiverio de Babilonia (siglo VI a.C.), pero más particularmente después de la dispersión de los judíos tras la entrada del general Tito en Jerusalén y el saqueo y destrucción del Templo en 70 d.C., así como a la derrota de la insurrección de Bar Kokhbá (132-135 d.C.). En la época contemporánea el término se refiere a los judíos que residen fuera de Palestina o fuera del actual Estado de Israel. Cuando el término se aplica —con menor frecuencia— a los no judíos, como los refugiados árabes de Palestina, la palabra describe la situación de un pueblo que vive fuera de su país.

Durmiente. Miembro de una organización armada, o de una red de espionaje, que permanece inactivo en espera de recibir la orden de entrar en acción. Los durmientes viven como ciudadanos normales, pero están preparados para cometer atentados en cuanto se les dé la orden.

Economía comercial de guerra. Forma de economía de guerra organizada por los grupos armados y basada en la comercialización de recursos locales que se dan en las regiones que ellos controlan militarmente, por ejemplo, plantaciones de coca o de adormideras, por vía del narcotráfico.

Economía de guerrilla. Otra forma de economía de guerra utilizada por los grupos armados y consistente en la explotación de los recursos locales. En este modelo, los grupos armados establecen estrechas relaciones con las poblaciones locales que tienden a simpatizar con su causa.

Economía depredadora o de rapiña. Una forma de economía de guerra en que la relación de los grupos armados con la población es predatoria y violenta, lo que resulta fatalmente en destrucción y progresivo agotamiento de los recursos. La repercusión sobre la población civil es dramática, con el resultado de emigraciones forzadas, hambrunas y gran número de muertes.

Economías en transición. Término que se aplica a la transformación económica que ocurre en los países ex comunistas a medida que pasan a la economía de mercado.

Estado embrión. (Shell states, también llamados Estados caparazón). Resultado del proceso por el cual las organizaciones armadas suplantan cada vez más la infraestructura socioeconómica (sistema fiscal, administración de puestos de trabajo, etcétera.) propia de un Estado, sin existir políticamente como tal (dado que no son dueñas del territorio, ni gozan de autodeterminación).

Estados fracasados. Países con autoridad central débil o inexistente, es decir, que no ejercen la soberanía estatal en el sentido moderno de «dominio físico no cuestionado sobre el territorio definido, así como presencia administrativa en la totalidad de dicho territorio y adhesión de la ciudadanía a la idea de ese Estado».[2]

Faqih. Experto en jurisprudencia religiosa, concretamente un clérigo chií cuyo conocimiento del Corán, de la tradición del Profeta y de los doce imanes y de los códices de la ley islámica chií lo facultan para emitir interpretaciones vinculantes de las leyes y normas de religión.

Fatwa. Edicto religioso, término de uso en la ley islámica para designar un juicio legal formal o una norma religiosa de obligado cumplimiento, emitidos por un jurista o un erudito islámico cualificado.

Fedayines. Literalmente, «los que se sacrifican». Este nombre deriva de los primeros refugiados palestinos que, expulsados de sus tierras por los israelíes, organizaron bandas armadas en las regiones del Sinaí y de la Franja de Gaza. Durante los años cincuenta los fedayines realizaron incursiones en Israel cruzando la frontera.

Fitna. En su origen tenía el significado de prueba o tentación destinada a calibrar la fe del creyente. En la actualidad se refiere a los períodos de intranquilidad y discordia interna en el seno de la comunidad musulmana. A menudo los historiadores del islamismo emplean la palabra con el sentido de «guerra civil». En la jerga de Hamás, fitna es la versión más violenta de la Intifada.

Fondo Monetario Internacional (IMF). Fundado con el Banco Mundial en 1945, es un organismo especializado afiliado a las Naciones Unidas y responsable de establecer los tipos de cambio y los flujos de pagos internacionales. Su función principal es proporcionar préstamos a sus miembros (incluso a los países industrializados y desarrollados) cuando su balanza de pagos pasa por dificultades. Estos préstamos se conceden con condiciones que requieren unos importantes ajustes económicos en los países recipiendarios, muchos de los cuales son países desarrollados.

Franja de Gaza. Antiguo territorio egipcio ocupado por Israel en la guerra de junio de 1967.

Glasnost. Palabra rusa que se aplicó a la discusión pública de los asuntos de interés para la ciudadanía y la accesibilidad de la información al público. Manejó este concepto el líder soviético Mijaíl S. Gorbachov al objeto de provocar la discusión pública, poner en tela de juicio a los burócratas del gobierno y del Partido, y movilizar apoyos para su política de reformas a través de los medios de comunicación.

Guerrilla. «Guerra pequeña», palabra española que quizá circuló por primera vez para describir la resistencia española contra las tropas de Napoleón. Describe las tácticas de combate utilizadas por unidades o grupos pequeños frente a formaciones mucho más numerosas del ejército regular. Para el triunfo de la guerrilla es indispensable que ésta sea considerada causa legítima por parte de la población no combatiente, y que cuente con el apoyo de ésta. También se la conoce como guerra de desgaste, ya que consiste en desmoralizar al enemigo y fatigarlo. Después de las guerras de Argelia y de Vietnam, ese concepto de guerra de desgaste se ha extendido a los dominios de la política.

Guerrilla urbana. Forma de lucha desarrollada en las grandes metrópolis de Latinoamérica. Término utilizado por primera vez y teorizado por Carlos Marighella en 1969 en su *Manual de la guerrilla urbana*, en discrepancia con las teorías de Che Guevara, para quien «el campo rodea a la ciudad» y debe ser el origen del movimiento revolucionario. Un ejemplo clásico de guerrilla urbana fue la lucha de los tupamaros.

Hawala. Término que designa un sistema de remesa de dinero alternativo o paralelo al sistema bancario, es decir, que trabaja fuera de la banca y demás canales financieros «tradicionales», o paralelamente a ellos. Los elementos del *hawala* que lo distinguen de otros procedimientos para mover el dinero son la confianza y el extenso uso que se hace de las relaciones, por ejemplo, los vínculos familiares o de paisanaje. A diferencia de la banca tradicional, apenas se emplea ningún tipo de instrumento negociable. Las transferencias se efectúan en forma de comunicaciones de la red de agentes, llamados *hawaladars*.

Hawaladars. Agentes del *hawala*.

Hezbolá. Deriva de *Hibz Allah*, «el Partido de Dios». Lleva este nombre una importante agrupación fundamentalista chií formada en Líbano después de la Revolución iraní de 1979.

Héjira. Literalmente significa el acto de emigrar, de cortar relaciones, de abandonar la tribu propia. En todo el mundo musulmán, hace referencia al repliegue de Mahoma y sus seguidores hacia Medina en el año 622, que es el primero de la era musulmana. Se traduce por lo general, con bastante inexactitud, como «huida».

Iman. Esta palabra tiene varios sentidos. En el uso general, es la persona encargada de presidir o dirigir la oración del pueblo; no implica ninguna ordenación o preeminencia espiritual particular, salvo los conocimientos indispensables para desempeñar esa función. En sentido figurado, muchos musulmanes suníes llaman así al líder o dirigente de la comunidad musulmana. Entre chiíes el sentido se complica; no obstante, y sobre todo cuando se escribe en mayúscula, indica un descendiente concreto del Partido de Alí en quien se cree que Dios ha depositado la autoridad espiritual inherente a esa línea sucesoria. La identidad de esa persona y las maneras de reconocerla han sido temas principales de desacuerdo entre los chiíes.

Irredentismo. Término heredado del *Risorgimento* italiano. Tierras irredentas, es decir, no redimidas, eran todas las de habla italiana sometidas a otros países. El moderno uso amplía el término a cualquier afán de unificación bajo un Estado común de los pueblos que hablan un mismo idioma.

ISI, Inter-Services Intelligence. Servicio de información militar pakistaní.

Islámico. Término usado para describir la adhesión y la creencia al islam.

Islamista. Se usa para definir a los miembros de los grupos armados que pelean en nombre del fundamentalismo islámico. Podríamos definirlo como las creencias de aquellos grupos que oficialmente se reclaman de las doctrinas islámicas, pero basan su práctica en el ejercicio de la lucha armada.

Jahiliyya. Estado de ignorancia. En árabe designa concretamente el período preislámico.

Jemer Rojo, *Khmer Rouge*. Nombre atribuido a los comunistas camboyanos por el príncipe Norodom Sihanuk en la década de 1960. Más tarde dicho nombre fue incorrectamente aplicado a los insurgentes de distintos matices ideológicos que se oponían al régimen de la república Jemer de Lon Nol. Entre 1975 y 1978 pasó a significar el régimen de Kampuchea Democrática encabezado por la facción de Pol Pot, ala radical del Partido Comunista Jemer, o de Kampuchea. Después de ser expulsados de Phnom Penh por la invasión vietnamita de Camboya en diciembre de 1978, el Jemer Rojo retornó a la guerrilla y unió fuerzas con dos movimientos insurgentes no comunistas para formar la coalición de Kampuchea Democrática.

Kanato. Dominio o jurisdicción territorial de un kan mogol (kan o *khan* significa «príncipe» en persa).

KGB, *Komitet Gosudarstvénnoi Bezopasnosti*. «Comité para la seguridad del Estado» en ruso. Fue la principal organización de la policía secreta soviética desde su institución en 1954 como sucesora del MVD (*Ministerstvo Vnutrennyki Del*, o ministerio del Interior). En octubre de 1991 Mijaíl Gorbachov declaró disuelto el KGB por su participación en el golpe de Estado de agosto. Al KGB lo sustituyeron otros servicios llamados respectivamente SVR (servicio de inteligencia exterior) y FSB (servicio federal de seguridad).

Káfir. Significa literalmente «infiel», «descreído», «ateo». Son todos los que no creen en el islam.

Línea de distribución afgana. Sistema de expedición y distribución de pertrechos y dinero a los muyahidines de Afganistán, puesto en pie por la CIA y el ISI durante la yihad antisoviética.

Línea de distribución croata. Sistema de expedición y distribución de pertrechos y dinero a los muyahidines y otros grupos musulmanes que luchaban en la antigua Yugoslavia.

Madaris. Forma plural de *madrasa*

Madrasa. Escuela, colegio, lugar de estudio, las más de las veces vinculado o asociado a una mezquita.

Maghrib. El mundo islámico occidental (noroeste de África), a diferencia del *Mahsriq*, o mundo islámico oriental (el Oriente Próximo). Literalmente, «la hora y lugar de la puesta del sol», «el oeste». Para los conquistadores árabes, tal región era «la isla de poniente», *yazirat al maghrib*, la tierra comprendida entre «el mar de arena» (el Sáhara) y el Mediterráneo. Tradicionalmente comprende Marruecos, Argelia, Túnez y Tripolitania (provincia de Libia). Algunas fuentes recientes incluyen a Mauritania. También se usa la transliteración Magreb.

Maquis. Unidades guerrilleras de la Resistencia francesa durante la Segunda Guerra Mundial. Proviene de la expresión *prendre le maquis*, «echarse al monte». Los franceses también dieron ese nombre a los grupos de partisanos indígenas organizados por ellos mismos que combatieron a los comunistas durante la primera guerra de Indochina (1946-1950).

Mare Nostrum. Literalmente "nuestro mar". Término usado por los romanos para designar el Mediterráneo.

Maronitas. La secta cristiana más numerosa de Líbano. La Iglesia maronita pertenece al numeroso grupo de las iglesias cristianas llamadas «uniatas», que se hallan en comunión con Roma pero han conservado una organización separada, así como distintas variantes del rito oriental. Desde mediados del siglo VII los maronitas residían en los montes de la parte septentrional de Líbano, así como en Beirut este. Tradicionalmente han buscado inspiración cultural en Occidente, y tienden a ser más cultos y prósperos que otras capas de la sociedad libanesa. La costumbre ha establecido en el país un reparto de cargos y el presidente de la República suele ser un maronita.

Martirio. Sacrificio de la propia vida por una causa, y más especialmente por la fe religiosa.

Millet. En el imperio otomano, la policía especialmente encargada de vigilar a las minorías no musulmanas. El régimen había creado comunidades autónomas bajo la autoridad de sus líderes religiosos, y éstos eran responsables ante el gobierno central.

Muftí. Jurisconsulto musulmán con autoridad pública, cuyas decisiones basadas en la ley islámica y los precedentes se consideran vinculantes.

Mulá. Término que deriva del árabe *mawla*, «maestro». Es título de respeto que se adjudica a personajes religiosos y juristas.

Muyahidín. El significado literal es «el que lucha en la yihad». Se aplicó a los musulmanes que pelearon contra el Ejército Rojo en la yihad antisoviética de Afganistán (1979-1989). En la actualidad describe a los combatientes de la guerrilla islámica en los distintos frentes del Oriente Próximo.

Nacionalismo. Sentimiento e ideología de adhesión a una nación y la defensa de sus intereses. El término tiene su origen en la teoría de que un Estado debe basarse en una nación y que toda nación tiene derecho a constituir un Estado. El nacionalismo requiere la conciencia de una identidad nacional, que comprende la integridad territorial y la comunidad de lengua, costumbres y cultura.

Narcoterrorismo. Empleo de tácticas terroristas por parte de los narcotraficantes y barones de la droga, a fin de proteger sus negocios ilegales. También describe la alianza interesada entre barones de la droga y organizaciones armadas de la insurgencia, ya que conviene a ambos la desestabilización de los gobiernos y el debilitamiento del orden social establecido.

Nom de guerre. Alias, nombre empleado a fin de ocultar la identidad verdadera de los combatientes clandestinos o miembros de organizaciones armadas, con fines de seguridad y también para proyectar una cierta imagen en el seno de la propia organización y de cara al mundo.

Nueva Economía. Término que alude al nacimiento y desarrollo de un nuevo sector económico, originado por la revolución de Internet.

Operación X. Nombre en clave de las actividades consistentes en la compra de opio a gentes de la etnia hmong en Laos para venderla a los piratas del río Binh Xuyen, en Saigón.

Organización Mundial del Comercio, World Trade Organization. Creada en 1995 como sucesora del Tratado General sobre Aranceles y Comercio (*General Agreement on Tariffs and Trade*,

GATT), su finalidad consiste en fomentar un comercio internacional liberalizado y estable. Creado en la llamada Ronda Uruguay de negociaciones, tenía 115 naciones miembros en 1996 y otras 15 comprometieron la aplicación de sus normas a las respectivas políticas comerciales. Administrada por un consejo general, tiene una junta de arbitraje y una secretaría general.

Organización del Tratado del Atlántico Norte, OTAN. Llamada también, sobre todo en sus propias publicaciones oficiales, la Alianza Atlántica o simplemente la Alianza. Creada como alianza política y militar defensiva, el tratado fundacional lo firmaron en abril de 1949 doce países miembros, Bélgica, Canadá, Dinamarca, Estados Unidos, Francia, Gran Bretaña, Holanda, Islandia, Italia, Luxemburgo, Noruega y Portugal

Otomano, imperio. Formado en los siglos XIII y XIV, cuando el príncipe musulmán Osmán I y sus sucesores, llamados otomanos en Occidente, conquistaron los territorios bizantinos de Anatolia occidental y el sureste de Europa, además de varios principados turcomanos de Anatolia. El imperio otomano se desintegró después de una larga decadencia hacia finales de la Primera Guerra Mundial; el núcleo central se reorganizó como República de Turquía y las provincias exteriores se convirtieron en Estados separados.

Pacto de Varsovia. Nombre informal de la Organización del Tratado de Varsovia, una organización de defensa mutua creada en 1955 en la que se integraron la Unión Soviética, Albania (que se retiró en 1961), Bulgaria, Checoslovaquia, la República Democrática Alemana (Alemania Oriental), Hungría, Polonia y Rumania. Bajo los términos de este pacto la Unión Soviética podía estacionar tropas en los países situados a poniente de ella misma, a fin de contrarrestar el poderío de la Organización del Tratado del Atlántico Norte (OTAN). Sirvió para justificar las invasiones de Hungría (1956) y Checoslovaquia (1968). Se disolvió en julio de 1991.

Pax Americana. Concepto que describe un período de paz y seguridad en el continente Americano bajo la dominación de Estados Unidos (entre 1865 y 2001).

Pax Romana. Con este concepto se trata de describir las conse-cuencias positivas de la dominación de Roma durante el período del Imperio. Habrían sido dos siglos de paz y seguridad en el inte-rior de los territorios controlados por Roma (desde el 27 a.C. has-ta 180 d.C.).

Perestroika. Significa literalmente «reconstrucción». La campaña lanzada por Mijaíl Gorbachov para tratar de revitalizar el Partido Comunista, la economía y la sociedad soviética mediante reformas de los mecanismos económicos, políticos y sociales.

Plan Colombo. Establecido en febrero de 1951, se llamó Plan Colombo de Cooperación para el Desarrollo Económico del Sur y el sureste de Asia. Se amplió en 1977 y su nombre pasó a ser Plan Colombo de Cooperación para el Desarrollo Económico de Asia y el Pacífico. Era un acuerdo que permitía a un miembro en vías de desarrollo recibir asistencia de otro en temas técnicos, de recursos o de capital.

Processo Guerriglia. Concepto introducido por los defensores de las Brigadas Rojas durante el macro-juicio de 1978 en Turín. La idea consistía en transformar el juicio en un espectáculo de propa-ganda («el proceso a la guerrilla»), a favor de las acciones violentas que continuaban en la calles, a cargo de los miembros de los bri-gadistas todavía en libertad.

Producto interior bruto (PIB). El valor total de los bienes y ser-vicios producidos exclusivamente dentro de los confines de la eco-nomía interior de un país, a diferencia del producto nacional bru-to. Se calcula normalmente con periodicidad anual.

Producto nacional bruto (PNB). El valor total de los bienes y servicios producidos dentro de los confines de la economía inte-rior de un país, más las remesas de los residentes en el extranjero, menos las remesas enviadas al exterior por los no residentes. Se cal-cula normalmente con periodicidad anual.

Cadí. Juez islámico que preside los tribunales de la *sharia* (plural *qudah*).

Qisas. Literalmente significa «represalias». Es el concepto de casti-go justo que vino a reemplazar la venganza de sangre del período preislámico (*tha'r*).

Reciclado de petrodólares. Proceso económico por el cual el exceso de dólares entrantes en la balanza de pagos de los países productores de petróleo, generado por la llamada «primera crisis del petróleo», se compensó mediante salidas masivas destinadas a inversiones canalizadas a través de los bancos internacionales de Occidente.

Red de las mezquitas. Sistema que forman las mezquitas de todo el mundo, que canaliza recursos financieros y recluta efectivos para los grupos armados islamistas.

Salafismo. Término que deriva de la palabra *salaf*, que significa «viejo» o «antiguo». Los salafistas aluden así al Profeta y a sus tres sucesores, los califas Abu Bakr, Omar y Otmán. Se trata de emular la vida de estos piadosos antepasados. El Corán y la sunna son sus únicas referencias.

Sandinista. Originariamente, miembro del grupo marxista que se propuso derribar el régimen de los Somoza y sus émulos elegidos a dedo, durante las décadas de 1960 y 1970. El grupo tomó su nombre de Augusto Sandino, jefe de una guerrilla contra la ocupación de Nicaragua por Estados Unidos en la década de 1930. El brazo político del grupo, el Frente Sandinista de Liberación Nacional (FSLN), constituyó el gobierno de Nicaragua desde julio de 1979 hasta abril de 1990. Desde finales de la década de 1970 la palabra "sandinista" pasó a ser la denominación genérica de los miembros o partidarios del FSLN, también como forma adjetivada («el gobierno sandinista»).

Seigneurage, seigniorage. Derecho de acuñación aplicado por los nobles o *signori* italianos en la Edad Media que emitían moneda de oro al descuento (el valor facial de la moneda era el representado por el peso en oro más el derecho, justificado por los gastos de acuñación).

Señor de la guerra. Caudillo militar que ejerce por la fuerza la autoridad civil en una región, sin rendir cuentas a nadie gracias a la debilidad del gobierno central.

Sharia. La ley islámica que contiene todas las reglas incluso culturales y sociales a que debe sujetarse todo musulmán. Deriva de la interpretación del Corán y de la *suna*.

Shura. Puede traducirse como «consulta», «consejo» o «cuerpo consultivo». Designa en general un consejo islámico.

Spetsnaz (*Voiska spetsial'nogo naznacheniya*). Fuerzas especiales del ejército soviético o del KGB, entrenadas para operaciones contra centros de mando, comunicaciones y pañoles detrás de las líneas enemigas.

Sufismo. La versión mística del islam. La palabra *sufí* proviene del siglo VIII y significa «el que viste de lana». Subraya dimensiones individuales y místicas, lo que se atribuye a influencias cristianas, zoroástricas y del hinduismo. Se propone la búsqueda de la «verdad divina» y se organiza en cofradías, algunas de ellas semi-secretas, que obedecen a distintas escuelas o «caminos» de la disciplina mística, bajo el objetivo común mencionado.

Sultán. Suprema autoridad del imperio otomano, aunque el título oficial era *padishah*, que significa en persa «gran rey» o «emperador». Era la cúspide de la jerarquía política, militar, judicial, social y religiosa del Imperio.

Suna. Literalmente significa «el camino trillado». Es la ley consuetudinaria de los fieles, que resulta de interpretar las acciones y los dichos del mismo Profeta Mahoma.

Sunismo. Tendencia ortodoxa y mayoritaria del islam, enfrentada al chiísmo. Después del fallecimiento de Mahoma, aquellos de sus partidarios que siguieron manteniendo el método tradicional de elección basado en el consenso de la comunidad se llamaron suníes.

Tamil. Grupo étnico de confesión predominantemente hindú que habla el tamil, una lengua dravídica Hablada por una minoría en las provincias septentrional y oriental de Sri Lanka. También es la lengua regional mayoritaria en el Estado indio de Tamil Nadu, en el sureste de India. En Sri Lanka hay tamiles descendientes de antiguos colonos e invasores, que representaban aproximadamente un 15 por ciento de la población en 1981. Los tamiles de la India son descendientes de braceros agrícolas importados a la isla por las autoridades coloniales británicas durante el siglo XIX fundamentalmente, y que representaban en la misma fecha un 5,5 de la población. La proporción correspondiente a este grupo ha ido disminuyendo debido a la existencia de programas de repatriación a Tamil Nadu.

Terror reaganómico. Concepto que explica el fenómeno de independización económica de las organizaciones armadas, que pasan del terrorismo patrocinado por algún Estado a la privatización del terror. El proceso apunta a la consecución de la autosuficiencia económica. Recibe este nombre porque guarda cierta analogía con las políticas de Ronald Reagan y Margaret Thatcher de la no intervención del Estado en la marcha de la economía, y su visión de la empresa privada como único factor regulador del mercado.

Terrorismo. El empleo calculado de la violencia o de la amenaza de violencia para alcanzar fines políticos, religiosos o ideológicos por parte de un poder ilegal y no establecido frente a un Estado legítimo y establecido. Los procedimientos son la intimidación y la coerción.

Ulema. Consejo de eruditos, juristas, imames, jueces, ayatolás. Máxima autoridad religiosa.

Umma. Puede traducirse como «la comunidad de los creyentes», concepto que trasciende diferencias nacionales, étnicas, políticas y económicas. En el Pacto de Medina el Profeta había añadido a los judíos y a los cristianos. Deriva de la palabra *um,* que significa «fuente», «matriz» o «madre».

VEVAK. Guardias revolucionarios y servicio de inteligencia iraquí. Viene a ser la institución revolucionaria islámica sucesora de la SAVAK que tenía el sha.

Vietcong. Combatiente comunista en la guerra del Vietnam. Úsase también en plural.

Wahabíes. Nombre aplicado fuera de Arabia Saudí para designar a los seguidores del wahabismo, es decir, seguidores de las enseñanzas puritanas de Ibn Abd al Wahhab. Es una de las tendencias del fundamentalismo estricto que siguen el espíritu de Ahmad b. Hanbal.

Wahabismo. Nombre aplicado fuera de Arabia Saudí para designar la interpretación oficial del islam que rige en dicho país. Gira alrededor de un concepto puritano del unitarismo (la unidad de Dios) predicado por Mohamed ibn Abd al Wahhab.

Yihad. Término que se traduce habitualmente por «guerra santa», pero este concepto fue acuñado en la Europa del siglo XI, se refiere a las cruzadas y no tiene ninguna equivalencia en el islam. Yihad deriva de una raíz árabe que significa «esfuerzo», por tanto sería más exacto interpretarlo como «esfuerzo por la causa de Dios». Tiene dos aspectos, la yihad mayor, o superior, que es la lucha por superar los deseos carnales y las inclinaciones perversas, y la yihad menor, o inferior, que es la defensa armada del islam frente a los agresores. Ha sido utilizado por diversos grupos armados en su confrontación violenta con Occidente. Es de señalar que Osama Bin Laden llamó a la yihad en su *fatwa* contra los estadounidensess, en este caso entendido como «guerra justa» contra el opresor.

Yihad antisoviética. Definición común de la guerra afgana de 1979-1989 suscitada por la invasión de Afganistán por los soviéticos en diciembre de 1979 y que concluyó con la derrota y retirada del Ejército Rojo en febrero de 1989.

Yihad moderna. La interpretación moderna de la yihad, que instrumentaliza el concepto en el contexto de la lucha contra Occidente. Elemento integrante de la violencia política islamista.

Yirga. Consejo, asamblea o reunión para discutir de cuestiones políticas o jurídicas.

Zaim (plural *zuama*). Significa «líder» en árabe. Se considera un vestigio de los tiempos feudales y alude a un cacique político, que puede ser un funcionario o simplemente un personaje influyente, cuyos seguidores generalmente pertenecen a su misma secta religiosa. Dentro de su distrito el *zaim* es todopoderoso y reparte favores a los clientes a cambio de su lealtad electoral.

Zakat. Azaque, limosna obligatoria que es uno de los cinco pilares del islam.

-oOo-

Notas

Prefacio

1. «Hay dos maneras de abordar el estudio del terrorismo. La primera se basaría en un acercamiento literal al tema, que se analizaría siempre desde una óptica muy rigurosa; la segunda consistiría en una visión propagandística, que construiría el concepto del terrorismo como arma de explotación al servicio de algunos sistemas de poder. En cualquiera de los dos casos, está claro cómo actuar. Si se pretende un acercamiento literal, hay que empezar determinando qué elementos constituyen el terrorismo. A continuación, hay que buscar ejemplos del fenómeno —centrándonos en los más relevantes, si pretendemos ser rigurosos— e intentar determinar sus causas y posibles soluciones. El acercamiento propagandístico establece un recorrido distinto. Se parte de la tesis de que el terrorismo es responsabilidad de ciertos enemigos oficialmente declarados. A continuación se designan como «terroristas» los actos que pueden ser atribuidos (tanto si resulta verosímil como si no) a esos enemigos específicos; de lo contrario, se deben ignorar, disimular o atribuirles el calificativo de «venganza» o «en defensa propia.» Noam Chomsky, «International Terrorism: Image and Reality», en Alexander George, ed., *Western State Terrorism*, Polity Press, Cambridge, 1991, p. 12.

2. «El terrorismo es un método de acción violenta repetida que suscita ansiedad, al que recurren individuos, grupos o actores de un Estado que viven en la clandestinidad, por razones criminales, políticas o de idiosincrasia, cuyo blanco principal no se corresponde con los objetivos de violencia directos. Las víctimas humanas que genera la violencia suelen elegirse al azar (blanco de oportunidad) o de un modo selectivo (blanco

representativo o simbólico) entre una población—blanco potencial, y sirven para generar un mensaje. Los procesos de comunicación basados en el temor y la violencia que se establecen entre terroristas (las organizaciones), víctimas (en peligro) y objetivos principales se utilizan con el fin de manipular el objetivo principal (la/las audiencia/as) y convertirlo en un objetivo de terror, en un objetivo de exigencias o en un objetivo de atención, según si lo primero que se persigue es la intimidación, la coerción o la propaganda.» En Alex P. Schmid y Albert J. Jongman, *Political Terrorism*, North-Holland Publishing Company, Amsterdam, 1988, p. 28.

3. Noam Chomsky, *9-11*, Seven Stories Press, Nueva York, 2002, p. 90.
4. *Ibíd.*, p. 91.

Prólogo

1. La historia que sigue ha sido modificada por la autora. Los nombres y las situaciones se han cambiados a propósito y la denominación de los grupos armados se ha omitido para esconder y proteger, así, la identidad de sus fuentes.
2. Entrevista de la autora a antiguos miembros de la comunidad armada realizada desde 1994 hasta 1995 y en 2002.
3. *Ibíd.*
4. *Ibíd.*
5. *Ibíd.*
6. *Ibíd.*

Primera Parte

Capítulo 1. El dilema del terrorismo: ¿guerra o delincuencia?

1. Simon Reeve, *The New Jackals, Ramzi Yousef, Osama Bin Laden and the Future of Terrorism*, André Deutsch Limited, Londres, 1999, p. 139.
2. *Ibíd.*, p. 143.
3. *Ibíd.*, p. 108.
4. Archivo *online* del FBI, informes de Louis J. Freech y Dale Watson del 24 de febrero de 1998 al 4 de febrero de 1999. Véase también Simona Ardito, «L'FBI sapeva tutto in anticipo», en digilander.libero.it.
5. Simon Reeve, *The New Jackals*, p. 61.
6. «Above the Law: Bush's Racial Coup d'État and Intelligence Shut-

down», Green Press, 14 de febrero de 2002. Fuente: www.green-press.org. Véase también: «Did Bush Turn a Blind Eye to Terrorism?», *BBC Newsnight*, 6 de noviembre de 2001. Fuente: www.gregpalast.com y Greg Palast y David Pallister, «FBI Claims Bin Laden Enquiry was Frustrated», *Guardian*, 7 de noviembre de 2001. Véase también: Greg Palast, *The Best Democracy Money Can Buy*, Pluto Press, Londres, 2002.

7. John K. Cooley, *Unholy Wars. Afghanistan, America and International Terrorism*, Pluto Press, Londres, 2000, cap. 1.
8. «Mucha gente opina que Estados Unidos disponía de un plan contra el terror, pero que fracasó al pasar a la acción», *New York Times*, 30 de noviembre de 2001.
9. *Ibíd.*
10. Lawrence Wright, «The Counter Terrorist», *New Yorker*, 14 de enero de 2002, p. 52.
11. «Above the Law: Bush's Racial Coup d'État and Intelligence Shutdown».
12. *Ibíd.*
13. «Mucha gente opina que Estados Unidos disponía de un plan contra el terror, pero que fracasó al pasar a la acción.
14. Laurie Mylroie, «The World Trade Center Bomb: who is Ramzi Yousef? and Why it Matters», *The National Interest*, invierno de 1995-1996.
15. *Ibíd.*
16. «Mucha gente opina que Estados Unidos disponía de un plan contra el terror, pero que fracasó al pasar a la acción.
17. Simon Reeve, *The New Jackals*, p. 245.
18. Palabra serbocroata que significa «explosión».
19. «In un piano terroristico del 1995 la dinamica degli atacchi dell»11 settembre», CNN online, 26 de febrero de 2002.
20. Maria Ressa, «The Quest for the Asia»s Islamic «Super» State», CNN online, 30 de agosto de 2002. Fuente: asia.cnn.com.
21. *Ibíd.*
22. «In un piano terroristico del 1995 la dinamica degli atacchi dell'11 settembre».
23. «Above the Law: Bush's Racial Coup d'État and Intelligence Shutdown».

Capítulo 2. La macroeconomía del terror

1. Peter Harclerode, *Fighting Dirty*, Cassel, Londres, 2001, p. 81.
2. Los servicios secretos para la guerra no convencional en Indochina.
3. Peter Harclerode, *op. cit.*, pp. 108-109.
4. Alfred McCoy, «The Politics of Heroin in Southeast Asia, French Indochina: Opium Espionage and "Operation X"». Fuente: www.drugtext.org.

5. Walter Laqueur definió el terrorismo de patrocinio estatal como una «guerra por poderes». Ésa es la estrategia que «... da soporte a los disidentes, a los separatistas, a los políticos ambiciosos o simplemente a los descontentos en el interior de un Estado rival. Algunas veces, esa estrategia era defensiva, destinada a impedir propuestas agresivas por parte del enemigo potencial. Otras, formaba parte de una estrategia ofensiva destinada a debilitar al vecino y quizá también a preparar el terreno para la invasión». Walter Laqueur, *The New Terrorism*, Oxford University Press, Oxford, 1999, p. 156.

6. Alexander George, ed., *Western State Terrorism*, Polity Press, Cambridge, 1991.

7. John F. Kennedy, «Defence Policy and the Budget: Message of President Kennedy to Congress, March 28, 1961», en Richard P. Stebbins, *Documents in American Foreign Relations*, Harpers & Row, Nueva York, 1962, pp. 61-63.

8. El Acta de Neutralidad prohíbe lanzar una ofensiva militar desde territorio estadounidense contra ninguna nación con la que Estados Unidos esté en paz.

9. Raymond L. Garthoff, *Reflection of the Cuban Missile Crisis*, Brookings Institute, Washington, 1987, p. 17.

10. *Ibíd.*, p. 133.

11. «Human Factors Considerations of Undergrounds in Insurgency», DA Pamphlets, US Department of the Army, abril de 1976, p. 770.

12. Los comentaristas militares bautizaron la campaña de Guatemala de los años 1966 y 1967 como «el contra-terror». Véase Michael McClintock, *Instruments of Statecraft: US Guerrilla Warfare, Counter-insurgency and Counter-terrorism, 1940-1990*, Pantheon Books, Nueva York, 1992, p. 233.

13. Alexander George, ed., *Western State Terrorism*, p. 135.

14. La oposición desde el interior mismo del bloque comunista, como la de 1953 en Alemania Oriental, la de 1956 en Hungría y la de 1968 en Checoslovaquia, fue reprimida y no se propagó.

15. *Pravda*, 6 de febrero de 1965.

16. Roberta Goren, *The Soviet Union and Terrorism*, George Allen & Unwin, Londres, 1984, p. 98.

17. *Ibíd.*

18. David Millbank, «International and Transactional Terrorism: Diagnosis and Prognosis», CIA, Washington DC, 1976, p. 21.

19. *Annual of Power and Conflict, 1973-74*, Institute for the Study of Conflict, Londres.

20. Roberta Goren, *The Soviet Union and Terrorism*, p.138.

21. Ercolano Ilaria, «I rapporti tra il partito Socialista Tedesco Unitario (SED) e il medioriente durante gli anni sessanta e settanta», disertación en Storia delle relazioni internazionali, 8 de marzo de 2001.

22. United Nations, ECLA, *Economic Survey of Latin America, 1981*, Santiago, Chile, 1983, pp. 391-393, 397-398, 402.

23. Roberta Goren, *op. cit.*, p. 178.
24. Joaquín Villalobos, *The War in El Salvador, Current Situation and outlook for the Future*, Solidarity Publications, San Francisco, 1990, p. 17.
25. CRS Report for Congress, «El Salvador: 1979-1989: A Briefing Book on US Aid and the Situation in El Salvador», Library of Congress, Congressional Research Service, Foreign Affairs And National Defence Division, 28 de abril de 1989, p. 26.
26. La violencia económica es el sabotaje sistemático de la economía como estrategia deliberada contra el enemigo. Philippe Le Billon, «The Political Economy of War: What Relief Agencies Need to Know», Network Paper núm. 33, Overseas Developement Institute. Fuente: www.odihpn.org.uk.
27. En el modelo económico de la guerra de guerrillas, los grupos armados pueden contar básicamente con los recursos locales y de ese modo establecer unos estrechos lazos con la población local que tiende a identificarse con su causa.
28. Hugh Byrne, *El Salvador Civil War, a Study of Revolution*, Lynne Rienner Publishers Inc., Boulder, Colorado, 1996, p. 34.
29. «El Salvador 1980-1994, Human Rights Washington Style», extractos de *Killing Hope,* de William Blum. Fuente: www.thirdworldtraveler.com.
30. James K. Boyce, *Economic Policy for Building Peace, The Lessons of El Salvador*, Lynne Rienner Publishers Inc., Colorado, 1996, p. 42.
31. ARENA, Alianza Republicana Nacionalista, fue creada en septiembre de 1981 por oficiales militares y terratenientes de derechas y por líderes de escuadrones de la muerte. El voluble y carismático Roberto D'Aubuisson se convirtió enseguida en el líder del partido. Durante la década de 1980, ARENA se caracterizó por seguir un plan de línea dura que le permitiera hacer frente a la insurgencia guerrillera. Una y otra vez, ARENA rechazó significativas negociaciones con el FMLN. En 1985, D'Aubuisson abandonó su cargo de presidente del partido en un esfuerzo aparente por moderar la imagen del mismo. Su sustituto, Alfredo Cristiani, era un cultivador de café acomodado al que se consideraba como el protegido de D'Aubuisson. D'Aubuisson fue nombrado «presidente vitalicio» del partido y continuó ejerciendo su influencia en él hasta su muerte. Con el declive de popularidad de los demócrata cristianos y la renovada imagen de ARENA cultivada por Cristiani, Estados Unidos, que antaño había considerado la victoria presidencial de ARENA como una catástrofe, aceptó al fin el nuevo gobierno de ARENA que llegó al poder en 1989.
32. Philippe Le Billon, «The Political Economy of War: What Relief Agencies Need to Know».
33. Dominique Lapierre y Larry Collins, *O Jerusalem*, Robert Laffont Editions, París, 1971, p. 69.

34. James Adams, *The Financing of Terror*, Simon and Schuster, Nueva York, 1986, p. 239.

35. En 1974, tras el primer shock del petróleo, los países productores recibieron una afluencia masiva de ingresos. Ese dinero pasó directamente a sus cuentas corrientes y desequilibró la balanza de pagos. Para recuperar el equilibrio, esos países tuvieron que invertir la tendencia. El dinero fluyó hacia los bancos estadounidenses y europeos, quienes lo invirtieron. Ese proceso fue conocido como el reciclaje de petrodólares, básicamente porque el flujo de dinero se generó inicialmente en Occidente y regresó a los bancos occidentales tras haber transitado por las balanzas de pago de los países productores de petróleo.

36. James Adams, *op. cit.*, p. 241.

37. *Ibíd.*, p. 66.

38. La siguiente historia es la de Muhammad Haykal, *Iran, the Untold Story*, Pantheon Books, Nueva York, 1982, pp. 112-115. Véase también John Cooley, *Unholy Wars. Afghanistan and International Terrorism*, Pluto Press, Londres, 2000, cap. 1.

39. John Cooley, *Unholy Wars*, cap. 1.

40. En febrero de 1960, Cuba y la Unión Soviética firmaron un acuerdo comercial para intercambiar azúcar y otros productos cubanos por crudo. Poco después, el Departamento de Estado aconsejó a las compañías petrolíferas estadounidenses que dejaran de refinar el petróleo soviético. Como represalia, Cuba nacionalizó todas sus refinerías. El presidente Dwight D. Eisenhower canceló la mayor parte de la cuota de azúcar asignada a Cuba (antes de 1960, las ventas de Cuba a Estados Unidos ascendían a 3 millones de toneladas al año, lo que equivalía aproximadamente a la mitad de la cosecha total cubana). Entonces Cuba expropió todas las propiedades norteamericanas que había en la isla, valoradas en cerca de mil millones de dólares y boicoteó los productos importados de Estados Unidos. Fuente: Michel Krinsky y David Golove, *United States Economic Measures against Cuba: Proceedings in the United Nations and International Law Issues*, Aletheia Press, Northampton,, 1993. Véase también Richard Newfarmer, ed., «Relations with Cuba», en *From Gunboats to Diplomacy: New Policies for Latin America*, informes preparados por el Democratic Policy Committee, Senado de Estados Unidos, junio de 1982. Véase también Anna P. Schreiber, «Economic Coercion as an Instrument of Foreign Policy: US Economic Measures against Cuba and the Dominican Republic», *World Politics*, 25 de abril de 1973, pp. 387-413.

41. El rublo convertible fue una divisa que se empleaba dentro del sistema económico soviético (el cual incluía Europa Oriental y cualquier país comunista que comerciara con la URSS). El valor de la moneda venía fijado por el valor del rublo soviético. Las importaciones y las exportaciones se traducían en rublos convertibles y normalmente solían equilibrar la una a la otra.

42. James Adams, *The Financing of Terror*, p. 19.
43. Para más detalles, véase Mitchell Bard, *The Lebanon War*. Fuente: www.us-israel.org.
44. James Adams, *op. cit.*, p. 49.
45. *Ibíd.*, p. 49.
46. *Ibíd.*, p. 239.
47. «The Soviet-Cuban Connection in Central America and the Caribbean», documentos del Departamento de Estado, marzo de 1985.
48. Stockwell dirigió un centro de recogida de información y espionaje de la CIA en Vietnam, fue el comandante del cuerpo expedicionario de la guerra secreta de la CIA en Angola entre 1975 y 1976 y fue condecorado con la Medalla al Mérito antes de dimitir. Fuente: John Stockwell, *In Search of Enemies: A CIA Story*, W. W. Norton, Nueva York, 1979.
49. James Adams, *The Financing of Terror*, p. 20.
50. En 1986 se descubrió que la administración Reagan había autorizado un programa para vender armas a Irán y aprovechar, después, los beneficios obtenidos para financiar ataques paramilitares en Nicaragua. Ello representó una violación directa de la voluntad del Congreso, que había establecido explícitamente en la Boland Amendement (Enmienda Boland) de 1984 que no se invertirían más fondos estadounidenses en ninguna actividad militar futura, cubierta o encubierta, en Nicaragua.
51. El dinero que llegaba a los contras procedía incluso de los fondos secretos del Pentágono. Dichos fondos formaban parte del Presupuesto Negro, originariamente establecido durante la Segunda Guerra Mundial por el presidente Franklin D. Roosevelt para financiar el proyecto Manhattan, la operación encubierta que dio lugar a las dos bombas atómicas lanzadas en Hiroshima y Nagasaki. Véase Cooley, *Unholy Wars*, p. 178.
52. Al Martin es el principal delator estadounidense del fraude y la corrupción gubernamentales. Vive escondido. Se le puede contactar en su web www.almartinraw.com.
53. Al Martin, *The Conspirators*, National Liberty Press, Montana, 2001, p. 28.
54. La fundación tenía un estatus 501(c)(3) que garantizaba el estatus de organización sin ánimo de lucro a instituciones que no fueran iglesias, organizaciones auxiliares y sociedades benéficas públicas, cuyas facturas brutas anuales fueran, por lo general, inferiores a 5.000 dólares. Para más información, véase www.irs.govv.
55. Al Martin, *The Conspirators*, p. 60-62.
56. *Ibíd.*, p. 55-57. Véase también *United States versus Richard Second*, Civil Division, 1st Eastern District of Virginia, archivo n° 1202-A.
57. Noam Chomsky, *9-11*, p. 86.
58. «Spring to Fall 2000: News from the People's War in Peru», *Revolutionary Worker*, núm. 1082, 10 de diciembre de 2000. Fuente: www.rwor.org.
59. Alison Jamieson, *Terrorism and Drug Trafficking in the 1990s*, Research

Institute for the Study of Conflict and Terrorism, Darthmouth, 1994, p. 86.

60. Philippe Le Billon, *The Political Economy of War*, p. 8.
61. *Ibíd.*
62. Gabriela Tarazona Sevillano, *Sendero Luminoso and the Threat of Narco-terrorism*, Praeger, Nueva York, 1990, cap. 6.

Capítulo 3. La privatización del terror

1. James Adams, *The Financing of Terror*, p. 135, véase también *Irish Times*, 19 de enero de 1978.
2. Ian Geldard y Keith Craig, *IRA, INLA: Foreign Support and International Connections*, Institute for the Study of Terrorism, Londres, 1988, p. 53.
3. *Ibíd.*, p. 59.
4. Adams, *op. cit.*, p. 136.
5. Ian Geldard y Keith Craig, *op. cit.*, p. 55.
6. *Ibíd.*
7. *Ibíd.*, p. 57.
8. Para las cifras sobre contrabando e impuestos de explotación véase *Special report of the Court of Auditors of the European Economic Community*, n. 85/C/215/01, 26 de agosto de 1986; véase también *Sunday Times*, 6 de octubre de 1985.
9. *Ibíd.*
10. Adams, *op. cit.*, p. 165.
11. «The Gun Existed», en *Newsweek*, 16 de enero de 1984, p. 52; véase también *The Times*, 17 y 23 de mayo de 1985; *Sunday Times*, 2 de junio de 1985.
12. Adams, *op. cit.*, p. 166.
13. Liam Clarke y David Leppard, «Photos Link More IRA Men to Colombia», *Sunday Times*, 28 de abril de 2002.
14. «IRA suspects move to danger prison», *BBC News*, 23 de agosto de 2001. Fuente: www.news.bbc.co.uk.
15. Sandra Jordan, «Dispatches», *Channel 4*, 26 mayo de 2002.
16. Patrick Seale, *A Gun For Hire*, Hutchinson, Londres, 1992, p. 74.
17. Neil Livingstone y David Halevy, *Inside the PLO*, William Morrow, Nueva York, 1990, pp. 168-169.
18. La Chairman»s Secret Fund es una fondo cuyos gastos y fuentes de ingresos se mantienen en secreto. Arafat los controla por entero.
19. Se informó que se racaudaron entre 30 y 600 millones de dólares.
20. Norris McWhirter, ed., *Guinness Book of Records*, 26 ed., Guinness Superlatives Ltd., Londres, 1979, p. 192.
21. Esta historia se la contó un hombre de negocios libanés a la autora.

Véase también *8 Days Magazine*, 4 de agosto de 1979, pp. 6-10; Jonathan Randal, *The Tragedy of Lebanon*, Chatto & Windus, Londres, 1983, pp. 98-104; Adams, *The Financing of Terror*, pp. 93-94.

22. Abu Iyad era el número dos de la OLP. Fue jefe del aparato de espionaje y seguridad y responsable de las unidades encubiertas y clandestinas de la OLP y Al Fatah. Ali Hassan Salameh era el jefe operativo de Septiembre Negro y más adelante jefe de la Fuerza 17.

23. Livingstone y Halevy, *Inside the PLO*, pp. 192-193.

24. *Ibíd.*, p. 166.

25. «El Supremo recopila testimonios y sentencias para actuar contra "Ternera"», *La Razón Digit@l*, 19 de septiembre de 2002. Fuente: www.larazon.es. Véase también «El impuesto revolucionario», *La Financiación*. Fuente: www.el-mundo.es, y «El Supremo confirma la condena de "Antxon" a diez años de cárcel como dirigente de ETA», *Terra/Agencias*, 4 de julio de 2002. Fuente: www.terra.es.

26. Adams, *The Financing of Terror*, p. 211.

27. John Sullivan, *El nacionalismo vasco radical*, Alianza Universidad, Madrid, 1987, p. 57.

28. Roberta Goren, *The Soviet Union and Terrorism*, pp. 173-174.

29. «ETA: Estrategia organizativa y actuaciones, 1978-1992», datos procedentes de Florencio Domínguez Irabarren, Servicio Editorial de la Universidad del País Vasco, 1998, pp. 136-144.

30. En 1939, Franco fue reconocido por Estados Unidos como gobernante de España.

31. Claire Sterling, *The Terror Network, The Secret War of International Terrorism*, Weidenfeld and Nicolson, Londres, 1981, p. 181.

32. Los francos franceses y las pesetas españolas han sido convertidos al cambio del dólar vigente en 1990. Fuente: www.bank-banque-canada.ca/en/exchform.htm.

33. Florencio Domínguez Irabarren, *ETA: Estrategia Organizativa y Actuaciones, 1978-1992*, pp. 145-152.

34. *Ibíd.*

35. Philippe Le Billon, *The Political Economy of War: What Relief Agencies Need to Know*, p. 8.

36. Alberto Abadiesand y Javier Gardeazabal, *The Economic Costs of Conflict: A Case-Control Study for the Basque Country*, National Bureau of Economic Research, Cambridge, MA, 2001. Fuente: www.nber.org.

37. Livingstone y Halevy, «The Perils of Poverty», *National Review*, 21 julio de 1986.

38. Archivo de Associated Press, 20 de marzo de 1984. Véase también *The New York Times*, 21 de marzo de 1984 y *Washington Post*, 21 de marzo de 1984.

39. «2.500 Metric Tons of Cocoa Leaf», *Financial Times*, 13 de junio de 1985.

40. Alison Jamieson, *Terrorism and Drug Trafficking in the 1990s*, p. 82.

41. *The Times*, 30 de mayo de 1984; véase también *International Herald Tribune*, 23 de junio y 26 julio de 1984.
42. Adams, *The Financing of Terror*, p. 218.
43. *Ibíd.*, p. 245.
44. «The Cuban Government Involvement in Facilitating International Drug Traffic», US Government Printing Office, serial n. J-98-36, 1983.
45. Adams, *op. cit.*, p. 223.
46. Estuvo en el poder desde 1982 hasta 1986.
47. Adams, *op. cit.*, p. 226.
48. «A Colombian», *Washington Post*, 17 de marzo de 1983.
49. Entrevista de la autora con Raymond Baker
50. Livingstone y Halevy, *Inside the PLO*, pp. 162-163.
51. Farid el Khazen, *The Breakdown of the State in Lebanon 1967-1976*, I. B. Tauris Publishers, Londres, 2000, cap. 27.
52. *Ibíd.*, p. 373.
53. Livingstone y Halevy, *op. cit.*, p. 192; véase también Adams, *op. cit.*, p. 96.
54. Adams, *The Financing of Terror*, p. 99.
55. Livingstone y Halevy, *op. cit.*, p. 191.
56. *The Times*, 5 y 6 de julio de 1985.
57. El 5 de agosto de 1981 estalló la violencia en Trípoli. Se sucedieron combates sangrientos entre las milicias locales, con un balance de 20 muertos y 40 heridos.
58. Adams, *op. cit.*, p. 100.
59. Livingstone y Halevy, *op. cit.*, pp. 169-173.
60. Véase el capítulo 5.
61. *Miami Herald*, 9 de noviembre de 1986; *The Record*, Hackensack, N.J., 6 de noviembre de 1986.
62. Bob Woodward, *Veil: The Secret Wars of the CIA 1981-1987*, Simon and Schuster, Nueva York, 1987, p. 413.
63. *The Iran-Contra Arms Scandal: Foreign Policy Disaster*, Facts on File Publications, Nueva York, 1986.

Capítulo 4. El terror reaganómico: El terrorismo según la política económica de Reagan

1. El gobierno de Ecevit duró desde el 5 de enero de 1978 hasta el 12 de noviembre de 1979.
2. James Adams, *The Financing of Terror*, p. 85.
3. Rachael Ehrenfield, «Intifada Gives Cover to Arafat's Graft and Fraud», News World Communication Inc., *Insight on the News*, p. 44, 16 de julio de 2001.

4. Adams, *op. cit.*, p. 85.
5. Rachael Ehrenfield, *op.cit.*
6. Alejandro Reuss, «US in Chile, Third World Traveller». Fuente: www.thirdworldtraveller.com.
7. La influencia extranjera puede revestir múltiples formas: ideológica, financiera, logística, de apoyo diplomático a los movimientos de oposición, de apoyo armado contra las fuerzas de seguridad, los jefes de Estado o los civiles.
8. Mark Curtis, «US and British complicity in Indonesia 1965», *Znet*, 21 de octubere de 2002. Fuente: www.zmag.org.
9. *Ibíd.*
10. Brian Evans III, «The Influence of the United States Army on the Development of the Indonesian Army (1954-1964)», en *Indonesia,* Cornell Modern Indonesia Programme, abril de 1989, pp. 42-43.
11. Noam Chomsky, *9-11.*
12. El proceso de descolonización empezó en 1974. En 1975, Suharto emprendió la invasión de Timor Oriental sabiendo que contaba con el pleno apoyo de la Casa Blanca. William Burr y Michael L. Evans, eds., *Ford, Kissinger and the Indonesian Invasion: 1975-1976,* National Security Archive Electronic Briefing Book n. 62, 6 de diciembre de 2001. Fuente: www.gwu.edu.
13. *Ibíd.*
14. En 1989 Australia negoció un tratado con Indonesia para llevar a cabo conjuntamente la exploración y la explotación de las reservas que había en un área de 24.000 millas cuadradas de plataforma submarina conocida con el nombre de Timor Gap. Kieran Cooke, «World: Asia-Pacific Oil: Saviour of East Timor?», BBC News, 7 de octubre de 1999. Fuente: www.news.bbc.co.uk.
15. George Alexander, ed., *Western State Terrorism*, Polity Press, Cambridge, 1991, p. 198.
16. Noam Chomsky definió el comportamiento de Carter como un tiempo muerto dentro de su política extranjera de defensa de los derechos humanos.
17. Livingstone y Halevy, *Inside the PLO*, p. 208. Para más información sobre las convenciones de los grupos armados véase Claire Sterling, *The Terror Network. The Secret War of International Terrorism*, Weidenfeld and Nicolson, Londres, 1981. Describe la Conferencia Tricontinental que tuvo lugar en la Habana en 1966 (p. 14). James Adams, en *The Financing of Terror* también hace una lista de 28 encuentros realizados entre 1970 y 1984.
18. Originariamente formado en 1978 como Devrimci Sol, o Dev Sol, el Turkish Revolutionary People»s Liberation Front fue una facción disidente del Turkish People's Liberation Party o Front. Renombrado en 1994 tras una lucha de facciones cuerpo a cuerpo, abrazó la ideología marxista y se declaró abiertamente antiestadounidense y anti OTAN.

Básicamente, el grupo financia sus actividades mediante el robo de armas y la extorsión.

19. Entrevista de la autora a un antiguo miembro de las Brigadas Rojas.
20. Claire Sterling, *The Terror Network,* p. 284.
21. Robert Fisk, «In on the tide, the guns and rockets that fuel this fight», *Independent,* 29 de abril de 2002.
22. «PLO Operates Airport Shops», *Los Angeles Times,* 31 de diciembre de 1985.
23. Un *pentito* es un arrepentido, un miembro de una comunidad armada que rechaza los principios de la lucha armada y decide colaborar con la justicia a cambio de una reducción de su condena.
24. «Panorama», 16 de junio de 1980; véase también Sterling, *op. cit.,* p. 285.
25. Entrevista de la autora a magistrados italianos.
26. Entrevista de la autora a un antiguo miembro de las Brigadas Rojas.
27. Según Mario Moretti, antiguo dirigente de las Brigadas Rojas, en la década de 1970 el estipendio mensual de un miembro de la organización giraba alrededor de las 220,000 liras, equivalente al salario de un trabajador no cualificado.
28. Las cifras referidas han sido extraídas de Sterling, *op. cit.,* p. 301-302.
29. Estimación de la autora.
30. «Expropiación», según la jerga de las Brigadas Rojas, se refería al derecho que tiene el proletariado de «expropiar» a los capitalistas. El robo de bancos, por ejemplo, una de las primeras fuentes de financiación a comienzos de la década de 1970, se interpretaba como una expropiación del dinero que pertenece al proletariado. Véase Alberto Franceschini, *Mara, Renato ed Io,* Mondadori, Milano, 1988, p. 47.
31. Entrevista de la autora a antiguos miembros de las Brigadas Rojas.
32. *Corriere della Sera,* 1 de diciembre de 1978.
33. Patrick Seale, *Abu Nidal: a Gun for Hire,* Hutchinson, Londres, 1992, p. 138.
34. *Ibíd.,* p. 203.
35. *Ibíd.,* p. 113.
36. *Ibíd.,* p. 204.
37. *Ibíd.,* pp. 129-130.
38. Livingstone y Halevy, *op. cit.,* p. 224.
39. *Ibíd.,* p. 216.
40. Para una recopilación de las pruebas, véase Peter Scowen, *Rogue Nation, The America The Rest of the World Knows,* McClelland & Stewart, Toronto, 2002, p. 67.
41. El informe sobre la actividad de Terpil y Wilson ha sido extraído de Adams, *Financing of Terror,* pp. 66-68. Para tener una visión completa de las vidas de Terpil y Wilson, véase Joseph C. Goulden, *The Death Merchant,* Simon and Shuster, Nueva York, 1984. Véase también *Sunday Times,* 21 de diciembre de 1981; *Los Angeles Times,* 28 de agosto de 1981, y *New York Times,* 26 y 30 de agosto de 1981.

42. *Small Arms Survey, 2001*, Oxford University Press, Oxford, 2001, p. 103.
43. *International Herald Tribune*, 30 de julio de 1983.
44. *Small Arms Survey, 2001*, p. 103.
45. Las fuentes que elucubran sobre la cantidad que la OPEP pagó a Carlos varían. Claire Sterling sostiene que fueron 5 millones de dólares. Claire Sterling, *The Terror Network*, p. 147.

Capítulo 5. El nacimiento del Estado embrión del terror

1. Cantidades extraídas de Livingstone y Halevy, *Inside the PLO*, cap. 5.
2. El PIB se obtiene de la paridad del poder de compra. Fuente: World Bank/Euromonitor.
3. El modelo de Estado embrión es una hipótesis, una interpretación de un acontecimiento que todavía se está desarrollando. Para la definición de «Estado embrión» véase también Cheryl Rubenberg *The Palestine Liberation Organization, its Institutional Infrastructure*, Institute of Arab studies Inc., Belmont,, 1983, p. 58.
4. Maggie O'Kane, «Where War is a way of Life», en *Guardian*, 15 de octubre de 2001.
5. *Ibíd.*
6. La guerra precisa de una sólida estructura socioeconómica, de personas y de una serie de recursos para mantener la maquinaria bélica. De ahí que un miembro de Laskar Yihad, los guerreros sagrados de Indonesia, describa la misión de su grupo de la siguiente manera: Proporcionar trabajo social, educación musulmana y defensa, por ejemplo la lucha armada. Es interesante observar que la estructura socioeconómica sobre la que descansa la guerra, y que incluye el adoctrinamiento islamista, se menciona antes que el conflicto real. De lo que adolece un Estado embrión es de una infraestructura política apropiada y del reconocimiento exterior. Esta falta se debe al hecho de que un Estado embrión se repliega desde fuera hacia adentro, contrariamente al proceso del nacionalismo, que lo hace desde dentro hacia fuera. Ante la falta de soberanía y del derecho de autodeterminación, los Estados embrión se mantienen unidos por la compleja infraestructura de la guerra. Laskar es un ejército con un servicio religioso completo. Proporciona medicamentos, comida y ayuda a los refugiados, enseña el Corán y da un sentido, un objetivo que alcanzar a los musulmanes. Fuente: Seth Mydans, «Indonesian Conflict May be breeding the Terrorists of Tomorrow», en *International Herald Tribune*, 10 de enero de 2002.
7. *Ibíd.*
8. Christopher Pierson, *The Modern State*, Routledge, Londres, 1996;

véase también Anthony Giddens, *The Nation-State and Violence*, Polity Press, Cambridge, 1985.

9. «Spectrum: International Terror Incorporated», *The Times*, 9 de diciembre de 1985.
10. Livingston y Halevy, *Inside the PLO*, p. 175.
11. Cheryl Rubenberg, *op. cit.*
12. Adams, *The Financing of terror*, p. 88.
13. *Ibíd.*, p. 89.
14. *Ibíd.*, p. 28.
15. *Ibíd.*, p. 33.
16. Cheryl Rubenberg, *op. cit.*
17. Livingstone y Halevy, *op. cit.*, p. 175.
18. «Spectrum: International Terror Incorporated».
19. Livingstone y Halevy, p. 176.
20. *Wall Street Journal*, 10 de abril de 1984. Véase también Adams, *op. cit.*, pp. 99-100.
21. «Spectrum: International Terror Incorporated».
22. Livingstone y Halevy, *op. cit.*
23. «US Government, Foreign Broadcast Information Service», en *Near East and South Asia Report*, 3 de octubre de 1988.
24. Livingstone y Halevy, *op. cit.*, p. 169.
25. James Clarity, «Hard-Up Lebanon Puts the Squeeze on Smugglers», *New York Times*, en 6 de noviembre de 1986.
26. La siguiente información sobre el grupo Hamás ha sido extraída de Steven Emerson, «Meltdown: the end of the Intifada», en *New Republic*, 23 de noviembre de 1992.
27. Dean Andromidas, «Israeli Roots of Hamas are being exposed», en *Executive Intelligence Review*, 18 de enero de 2002. Fuente: www.larouchepub.com.
28. Ben Barber, «Saudi Millions Finance Terror against Israel», en *Washington Times*, 7 de mayo de 2002.
29. Entrevista de la autora.
30. *Ibíd.*
31. Fuente: www.terrorismanswer.com.
32. Yassin recuperó su libertad en 1997, tras un intento de asesinato frustrado de uno de los líderes de Hamás en Jordania que acabó terriblemente mal. El entonces rey de Jordania, el rey Hussein, pidió la liberación de Yassin a cambio de dos miembros del Mossad capturados. Philip Jacobson, «Warlord of the Jihad», en *Sunday Times Magazine,* 26 de enero de 2003.
33. Steven Emerson, *American Jihad, The Terrorist Living Among Us*, Free Press, Nueva York, 2002, p. 88.
34. Mousa Abu Marzook, jefe de la oficina política de Hamás, fue quien entregó los cheques por valor de 200.000 dólares a la HLF en 1992. Fuente: David Firestone, «Mideast Flare-Up: The Money Trail», en

New York Times, 6 de diciembre de 2001.

35. «Crackdown on Charities Irks Arab-Americans, May Strain Coalition», en *Bloomberg News*, 6 de diciembre de 2002.
36. Steve Feldman, «No One Knows why Hamas Graced Philly with Its Presence», en *Ethnic News Watch*, Jewish Exponent, 13 de diciembre de 2001.
37. Jim Bronskill y Rick Mofina, «Hamas Funded by Canadian Agency: Report: Aid Organization Accused of Sending Money to U.S. charity Shut Down for Alleged Hamas Ties», en *Ottawa Citizen*, 6 de diciembre de 2001.
38. David Firestone, «Mideast Flare-Up: The Money Trail».
39. Steven Emerson, *American Jihad, The Terrorist Living Among Us*, p. 101.
40. William Gaines y Andrew Martin, «Terror Funding», en *Chicago Tribune*, 8 de septiembre de 1998.
41. «World Affair: «A Mafia State»», en *Newsweek International*, 19 de junio de 2000.
42. Danny Rubinstein, «Protection Racket, PA-Style», en *Ha'aretz Daily Newspaper*, Tel Aviv, 3 de noviembre de 1999.
43. *Ibíd*.
44. *Ibíd*.
45. Noam Chomsky, «The Colombian Plan: April 2000», en *Z magazine*, junio de 2000.
46. El 24 de octubre de 1999, dos millones de colombianos se manifestaron en contra de la guerra civil bajo el lema «NO MÁS».
47. Maurice Lemoine «En Colombie, Un Nation, Deux Etats», *Le Monde Diplomatique*, mayo de 2000.
48. *Ibíd*.
49. George Monbiot, «To Crush the Poor», *Guardian,* 4 de febrero de 2003.
50. *Ibíd*.
51. «I Hope The Peace Process Will Be Irreversible», entrevista al expresidente de Colombia, Andrés Pastrana, 23 de febrero de 2001, *Neue Zurcher Zeitung*. Fuente: www.nzz.ch.
52. «Enemies of the State, without and within», en *Economist*, 6 de octubre de 2001.
53. *Ibíd*.
54. Maurice Lemoine, «En Colombie, Unne Nation, Deux Etats».
55. *Ibíd*.
56. George Monbiot, «To Crush the Poor».

Capítulo 6. Hacia un nuevo desorden mundial

1. Adkin Mark y Mohammed Yousaf, *The Bear Trap: Afghanistan's Untold Story*, Cooper, Londres, 1992, pp. 78-79.
2. Bob Woodward, *Veil, The Secret Wars of the CIA 1981-1987*, pp. 78-79.
3. *Ibíd.*
4. Michael Chossudosky, «Who is Osama Bin Laden?», Centre for Research on Globalisation, 12 de septiembre de 2001.
5. Baneriee Dipankar, «Possible Connections of ISI with the Drug Industry», *India Abroad*, 2 de diciembre de 1994.
6. Adkin Mark y Mohammed Yousaf, *op. cit.*
7. Dilip Hiro, «Follout from the Afghan Jihad», Inter Press Services, 21 de noviembre de 1995.
8. Los partidos tenían su base en Pakistán e Irán. Había cuatro partidos fundamentalistas-extremistas y tres partidos moderados con base en Pakistán (suníes) y seis partidos religiosos con base en Irán (chiís).
9. Adkin Mark y Mohammed Yousaf, *op. cit.*, p. 83.
10. *Ibíd.*, p. 107.
11. *Ibíd.*, p. 106.
12. John K. Cooley, *Unholy Wars. Afghanistan, America and International Terrorism*, Pluto Press, Londres, 2000, p. 176.
13. *Ibíd.*, p. 176.
14. Fred Halliday, «The Un-Great Game: the Country that lost the Cold War, Afghanistan», en *New Republic*, 25 de marzo de 1996.
15. John Cooley, *op. cit.*
16. *Ibíd.*, cap. 5.
17. Richard Thompson, «CIA used Bank in Covert Operations», en *Independent*, 15 de julio de 1991.
18. John Cooley, *op. cit.*, p. 187.
19. Richard Thompson, «CIA used Bank in Covert Operations».
20. *Ibíd.*
21. Jonathan Beaty y S. C. Gwynne, «The Dirtiest Bank of All», en *Time Magazine*, 29 julio de 1991.
22. *Ibíd.*
23. *Ibíd.*
24. Jonathan Beaty y S. C. Gwynne, *The Outlaw Bank, A Wild Ride into the Secret heart of BCCI*, Random House, Nueva York, 1993, pp. 118-119.
25. John Cooley, *op. cit.*, p. 190.
26. Ahmed Rashid, «The Taliban: Exporting Extremism», en *Foreign Affairs*, noviembre de 1999.
27. Arundhati Roy, «The Algebra of Infinite Justice». Fuente: www.nation-online.com.
28. Tan sólo en 1984, 13 comandantes y 2 generales de brigada fueron acusados de crímenes relacionados con la droga.

29. Alfred Mc. Coy, «Drug Fallout, the CIA's Forty Year Complicity in the narcotics trade», en *The Progressive*, 1 de agosto de 1997.
30. Con excepción de los territorios fronterizos del noroeste.
31. Banerjee Dipankar, «Possible Connections of ISI with the Drug Industry».
32. Fuente: United Nations Office on Drugs and Crime, informe sobre las tendencias globales de la droga 2000.
33. Chris Smith, «Areas of Major Concentration in the Use and Traffic of Small Arms», en Jayantha Dhanapala, ed., *Small Arms Controls: Old Weapons, New Issues*, Ashgate, Aldershot, 1999.
34. Adkin Mark y Mohammed Yousaf, *op. cit.*, p. 106.
35. Entrevista de la autora con un antiguo muyahidín.
36. Michael Chossudosky, «Who is Osama Bin Laden?».
37. *Ibíd.*
38. Steve Coll, «Anatomy of a Victory: CIA's Covert Afghan War: $2 billion Programme Reversed Tide for Rebels», en *Washington Post*, 19 de julio de 1992.
39. Fred Halliday, «The Un-Great Game».
40. En 1945, en Yalta, Crimea, el primer ministro británico Winston Churchill, el presidente de Estados Unidos Franklin Delano Roosevelt y el primer ministro soviético Joseph Stalin se reunieron para discutir los términos de la paz tras la Segunda Guerra Mundial. Yalta marcó el comienzo de un nuevo orden mundial y empezó la así llamada Guerra Fría.

Capítulo 7. Economía islamista

1. K. Subrahmanyam, «Pakistan is Pursuing Central Asian Goals», en *India Abroad*, 3 de noviembre de 1995.
2. International Press Service, 22 de agosto de 1995.
3. Cifras del ATTA facilitadas por Ahmed Rashid, «The Taliban: Exporting Extremism», en *Foreign Affairs*, noviembre de 1996.
4. Ahmed Rashid, *Jihad, the Rise of Militant islam in Central Asia*, Yale University Press, New Haven, 2002, p. 53.
5. BBC World Wide Monitoring, Former Soviet Union, en *Nezavisimaya Gazeta*, 3 de febrero de 2000.
6. *Ibíd.*
7. *Ibíd.*
8. Ahmed Rashid, *op. cit.*, p. 165.
9. Steve Levine, «Critics say Uzbekistan's Crackdown on Radicalism May fuel Fervour», en *Wall Street Journal*, 3 de mayo de 2001. Véase también: «Tajik, Russian Officials Suggest Tajikistan is Developing into Drug Production Center», en *Eurasia Insight*, 14 de agosto de 2001.

10. Ahmed Rashid, *op. cit.*, p. 163.
11. Douglas Keh, «*Drug Money in a changing world*», documento técnico n. 4, 1998, Vienna UNDCP, p. 4. Véase también: Richard Lapper, «UN fears Growth in Heroin Trade», en *Financial Times*, 24 de febrero de 2000.
12. Douglas Keh, *op. cit.*
13. Banerjee Dipankar, «Possible Connections of ISI with the Drug Industry», en *India Abroad*, 2 de diciembre de 1994.
14. Graduate Institute of International Studies, *Small Arms Survey, 2001*, Oxford University Press, Oxford, 2001.
15. El grupo muyahidín Hizbul fue constituido en 1989 por Ihsan Dar y Muhammed Abdullah Bangro para substituir al laico Frente de Liberación de Jammu y Cachemira.
16. *Ibíd.*
17. El JUI formaba parte de la coalición de gobierno de Bhutto. Véase Ahmed Rashid, *The Taliban.*
18. Steve Coll, «Anatomy of a Victory: CIA's Covert Afghan War: $2 billion Programme Reversed Tide for Rebels», en *Washington Post*, 19 de julio de 1992.
19. *Ibíd.*
20. Según Yossef Bodansky, director de la Task Force on Terrorism and Unconventional Warfare del Congreso estadounidense, la guerra en Chechenia fue planeada en una cumbre secreta de Hezbolá Internacional celebrada en 1996 en Mogadiscio.
21. Steve Coll, «Anatomy of a Victory», *ibíd.*
22. *Ibíd.* Véase también: Rohan Gunaratna, *Inside Al Qaeda*, p. 135.
23. Kitovani fue el antiguo ministro de Defensa de Georgia. Fue sentenciado a ocho años de prisión por haber organizado un grupo paramilitar. Con el tiempo fue excarcelado por problemas de salud.
24. Graduate Institute of International Studies, *Small Arms Survey*, Oxford University Press, Oxford, 2001, p. 178.
25. Michael Chossudosky, «Who is Osama Bin Laden?», Centre for Research on Globalisation, 12 de septiembre de 2000. Véase también: BBC Newsnight, 29 de septiembre de 1999.
26. Michael Chossudosky, *ibíd.*
27. Graduate Institute of International Studies, *op. cit.*, p. 180.
28. *Daily News*, Ankara, 5 de marzo de 1997. Véase también: Michael Chossudovsky, «The KLA: Gangsters, Terrorists and the CIA». Fuente: www.historyofmacedonia.org.
29. Jerry Seper, «KLA Rebels Train in Terrorist Camps», en *Washington Times*, 4 de mayo de 1999.
30. *Geopolitical Drug Watch*, n. 35, 1994, p. 3.
31. Brian Murphy, «KLA Volunteers Lack Experience», *Associated Press*, 5 de abril de 1997.

Capítulo 8. La yihad del terror: las cruzadas islamistas

1. Las siguientes citas del sermón del Papa Urbano II han sido extraídas de Steven Runciman, *A History of the Crusades*, volumen I, Folio, Londres, 1994, pp. 89-90.

2. Las citas siguientes han sido extraídas de «Declaration Of War Against The Americans Occupying The Land Of The Two Holy Places. A Message from Osama bin Muhammad Bin Laden unto his Muslim Brethren all over the World Generally, and in the Arab Peninsula specifically». Fuente: www.islamic-news.co.uk.

3. Aziz Atiya, *Crusade, Commerce and Culture*, Indiana University Press, Bloomington, 1962, p. 167.

4. *Ibíd.*, pp. 167-168.

5. *Ibíd.*, p. 169.

6. Nasser cortejó a la vez a Occidente y a los soviéticos sin comprometerse del todo con ninguno de los dos. Fue Sadat quien abrazó abiertamente los valores occidentales y alió Egipto a Estados Unidos.

7. Malcolm Barber, *The Two Cities. Medieval Europe 1050-1320*, Rutledge, Londres, 1992, p. 26.

8. Texto de la Fatwa en el que se proclama la yihad contra los estadounidenses, publicado en *Al-Quds al-'Arabi* el 23 de febrero de 1998.

9. Las citas siguientes han sido extraídas de «Declaration Of War Against The Americans Occupying The Land Of The Two Holy Places».

10. Steven Runciman, *op. cit.*

11. Lal Khan, *Pakistan, Futile Crusades of a Failed State*. Fuente: www.marxist.com.

12. *Ibíd.*

13. «A los italianos [por ejemplo] se les otorgó una concesión comercial muy amplia comparable a los privilegios que tenían los venecianos en Constantinopla.» Christopher Tyerman, *The Invention of the Crusades*, MacMillan Press, Londres, 1998, pp. 62-63.

14. «Wahhabiyyah predica el regreso a lo que ven como Estado fundamentalista en el Oriente Medio moderno. Wahhabiyyah persigue purificar la religión y librarla de toda influencia 'satánica', incluyendo en ello la mayoría de las facetas de la modernidad, entre las que se encuentra el uso de cámaras y de artículos electrónicos modernos.» As'ad Abukhalil, *Bin Laden, islam and America's New 'War on Terrorism'»*, Seven Stories Press, Nueva York, 2002, p. 63.

15. John Sloan, *Crusades in the Levant (1097-1291)*. Fuente: www.xenophongroup.com.

Capítulo 9. La colonización financiera islamista

1. Stefan Wagstyl, «Frontline States Seek Place on World Map», en *Financial Times*, 22 de noviembre de 2001.
2. EBRD, Informe de Transición, «The First Ten Years: Analysis and Lessons for Eastern Europe and the Former Soviet Union, 2001», p. 8.
3. James Lamont, «Africa's Trade Flows Clogged up at Dockside», en *Financial Times*, 8 de enero de 2002.
4. Todas las cifras sobre la pobreza han sido extraídas de los datos del Banco Mundial.
5. En ciertas circunstancias, la proliferación de Estados embrión también tiene que ver con otros factores específicos del país en el que aparecen, como podría ser el mantenimiento de estructuras casi medievales de propiedad de la tierra.
6. Para un análisis por países, véase EBRD, *op. cit.*»Los primeros diez años: análisis y lecciones para Europa Oriental y la ex Unión Soviética», pp. 8-9.
7. En 1988 tan sólo una de cada sesenta personas perteneciente a una economía de transición disponía de una renta por cápita inferior a 1 dólar al día. Al cabo de diez años, una de cada veinte personas ganaba menos de 1 dólar al día.
8. Tariq Ali, *The Clash of Fundamentalism*, Verso, Londres, 2002, p. 267.
9. Nicholas D. Kristok, «Behind the Terrorists», en *New York Times*, 7 de mayo de 2002.
10. El nacionalismo laico ha sido desplazado por grupos islamistas, que son los que han alterado el patrón de formación de los Estados.
11. «Global Development Finance, Financing the Poorest Countries», World Bank, 2002, p. 90.
12. *Ibíd.*, p. 56.
13. Estos tres países recibieron más de la mitad de inversión directa exterior.
14. «Global Development Finance, Financing the Poorest Countries. 39.
15. Cuentas Internacionales de Transacción. Fuente: www.bea.com.
16. Nasdaq índice compuesto – índice de precios, recogida de datos.
17. Stefan Wagstyl, *ibíd*.
18. *Ibíd*.
19. Global Development Finance. Véase también: Claudia Buch y Gayle De Long, «Cross-Border Bank Mergers: What Lures the Rare Animal?», Kiel working paper, 1.070, Kiel Institute of World Economics, agosto de 2001, pp. 36-37.
20. Global Development Finance, p. 64.
21. Stephen Wagstyl y Eric Jansson, «Extremists May Be Only Winners as Serb Voters Shun Election», en *Financial Times*, 15 de octubre de 2002.
22. Tras la primera crisis del petróleo de 1973 y 1974, los bancos occidentales temían acciones similares por parte de las instituciones financieras árabes.

23. «El renacimiento de la banca islámica coincidió con la celebración mundial del advenimiento del decimoquinto siglo del calendario islámico (Hijra) en 1976. Al mismo tiempo, los recursos financieros de los musulmanes, en particular los de los países productores de petróleo, recibieron un empujón debido a la racionalización de los precios del petróleo, que hasta entonces habían sido controlados por las corporaciones petrolíferas. Estos acontecimientos permitieron a los musulmanes modelar sus vidas de acuerdo con la ética y la filosofía del islam.» Institute of Islamic Banking and Insurance. Fuente: www.islamic-banking.com.

24. Roland Jacquard, *In the Name of Osama bin laden*, Duke University Press, Durham, 2002, p. 132.

25. Susan Sachs, «An Investigation in Egypt Illustrates Al Qaeda's Web», en *New York Times*, 21 de noviembre de 2001.

26. *Ibíd.*

27. *Ibíd.*

28. «Arms for Drugs in the Balkans», en *International Herald Tribune*, 6 de junio de 1996.

29. Christopher Deliso, *Bin Laden, Iran and the KLA*, 19 de septiembre de 2001. Fuente: www.antiwar.com.

30. *Ibíd.*

31. También conocido como Green Crosscut. Véase Milan V. Petkovic, *Albanian Terrorists*, 1998. Fuente: www.balkania.net.

32. Alex Standish, «Albanians Face Ruin as Cash Pyramids Crumble», en *European*, 28 de noviembre de 1996.

33. «Hope and Danger for Ethnic Albanians», en *Economist*, 29 de marzo de 1997.

34. Los múltiples pseudo-bancos que consiguieron atraer los capitales de casi todos los hogares albaneses, con la promesa del pago de unos intereses exorbitantes antes de caer en la bancarrota.

35. «Hope and Danger for Ethnic Albanians».

36. El total de exportaciones de Indonesia el año 2001 fue de 56.500 millones de dólares.

37. Shawn Donnan, «Indonesian Ties with the Arabs Highlighted», en *Financial Times*, 17 de octubre de 2002.

38. Anónimo, *Through Our Enemies' Eyes*, Brassey's Inc., Washington, 2002, p. 106.

39. *Ibíd.*

40. Edward Said, «When Will We Resist?», en *Guardian*, 25 de enero de 2003.

41. Anónimo, *Through Our Enemies' Eyes*, pp. 105-106.

42. John Pilger, «This war is a Fraud», en *Daily Mirror*, 29 de octubre de 2001.

43. Ahmed Rashid, «The Taliban: Exporting Extremism», en *Foreign Affairs*, noviembre de 1999.

44. El embargo de armas y de equipo militar impuesto por la Resolución 713 de la ONU, de septiembre de 1999.
45. Los guardianes de la revolución y el servicio de inteligencia iraní, conocido como VEVAK, el sucesor revolucionario islámico del SAVAK del shah.
46. Michel Chossudovsky, *Guerra e Globalizzazione*, EGA, Torino, 2002, p. 44.
47. «Iran Gave Bosnia Leader $500,000, CIA Alleges: Classified Report Says Izetbegovic Has Been 'Co-Opted', Contradicting U.S. Public Assertion of Rift», en *Los Angeles Times*, 31 de diciembre de 1996.
48. La Agencia para la Ayuda del Tercer Mundo, con sede en Sudán, es una organización humanitaria fraudulenta que ha mantenido un estrecho vínculo con la «línea de distribución de armas» de Bosnia. Véase «How Bosnia's Muslims Dodged Arms Embargo: Relief Agency Brokered Aid From Nations, Radical Groups», en *Washington Post*, 22 de septiembre de 1996; véase también «Saudis Funded Weapons For Bosnia, Official Says: $300 Million Program Had U.S. 'Stealth Cooperation'», en *Washington Post*, 2 de febrero de 1996.
49. Nota de prensa del Congreso, Comité del Partido Republicano, Congreso de Estados Unidos, «Clinton-approved Iranian Arms Tranfers Help Turn Bosnia into Militant Islamic Base», 16 de enero de 1997. Fuente: www.globalsearch.ca. Para acceder al documento original: www.senate.gov.
50. Una Albania grande en la que las empresas estadounidenses y alemanas pudieran explotar libremente los recursos energéticos.
51. Alija Izetbegovic fue el presidente musulmán de Bosnia.
52. «Bosnian Leader Hails islam at Election Rallies», en *New York Times*, 2 de septiembre de 1996.
53. Cees Wiebes, *Intelligence and the War in Bosnia, 1992-1995*, Netherlands Institute for War Documentation, Amsterdam, 2002.
54. Ahmed Rashid, «The Taliban: Exporting Extremism».
55. Richard McGregor, «Uighur Training Angered Beijing», en *Financial Times*, 18 de octubre 2001.

Capítulo 10. Las fuerzas económicas de la colonización islamista

1. Jean Charles Brisard y Guillaume Dasquie, *La Veritá Negata,* Marco Tropea, Milán, 2001.
2. Richard Thomson, «CIA Used Bank in Covert Operations», en *Independent*, 15 de julio de 1991.
3. Los préstamos no estaban garantizados y tan sólo tenían el aval de las participaciones compradas en las compañías. Era evidente que nunca

iban a ser devueltos. De todos modos, a cambio de los préstamos, el BCCI adquirió de inmediato participaciones y asumió parte del control de compañías estratégicas y bancos importantes de Estados Unidos.

4. Jonathan Beatty y S. C. Gwynne, «The Dirties Bank of All Time», en *Time Magazine*, 29 de julio de 1991.
5. Los bancos sólo pueden prestar una parte proporcional de sus depósitos y la cantidad debe ser regulada por el Banco Central del país en el que operen. Ello se debe a la obligación que tienen de mantener un cierto grado de liquidez con el que pagar las cantidades que pudieran solicitar sus clientes depositarios. En caso de exceder el límite se incurre en una irregularidad de las cuentas de tesorería que, en el caso concreto del BCCI, fue cubierta con el dinero generado por depósitos adicionales.
6. Beatty y Gwynne, «The Dirtiest Bank of All Times».
7. James Ring Adams y Douglas Frants, *A Full Service Bank*, Simon & Schuster, Londres, 1992, p. 92.
8. Para más información, véase Carey Sublette, «Dr. Abdul Qadeer Khan». Fuente: www.nuketesting.enviroweb.org.
9. *Ibíd.*, p. 192.
10. Se trata de un tipo de acero especial resistente a temperaturas muy altas que se emplea en la fabricación de armas.
11. Jean Charles Brisard y Guillaume Dasquie, *op. cit.*, p. 12.
12. *Ibíd.*, pp. 65-66.
13. Isabel Kershner, «Behind the Veil», en *Jerusalem Report*, 3 de junio de 1993.
14. *Ibíd.*
15. *Ibíd.*
16. Mateen Siddiqui, «Differentiating islam from Militant Islamist», en *The San Francisco Chronicle*, 21 de septiembre de 1999.
17. El juez principal y *amir* (comandante) de los tribunales fue el jeque Abu Umar de Buraydah, de la región de Qasseem, en el Golfo. El jeque Abu Umar estudió el islam en el Golfo bajo la batuta de algunos de los más notables eruditos de la región, como el jeque Muhammad bin Saleh Al-Uthaimeen. En los exámenes de la Universidad Islámica obtuvo la mejor calificación entre todos los candidatos. El jeque Abu Umar fue a Chechenia en 1995 y se alistó en las filas de los muyahidín bajo el liderazgo de Ibn-ul-Khattab, el *Amir* de los muyahidín extranjeros en Chechenia, incluidos los que procedían del golfo Árabe. Se sometió a la instrucción y, a la vez, transmitió sus conocimientos sobre el islam a partir de la *aqeedah* (el credo islámico) correcta a los muyahidín chechenios que, en la mayoría de los casos, tenían unas creencias distorsionadas e incorrectas sobre el islam. *Global Muslim News*, diciembre de 1997. Fuente: www.islam.org.au.
18. *Global Muslim News*.
19. Borzou Daragahi, «Financing Terror», en *Time*, noviembre de 2001. Véase también *Money*, vol. 30, n. 12, noviembre de 2001.

20. El Banco Islámico Tadamon fue fundado en 1981 y es la segunda mayor institución bancaria de Arabia Saudí. Tiene representación en todo el territorio sudanés gracias a sus 21 sucursales. En 1998, sus principales accionistas eran las compañías siguientes: la Compañía Nacional para el Desarrollo y el Comercio de Jartum (15 por ciento), la Casa de Finanzas de Kuwait, el Banco Islámico de Dubai, el Banco Islámico Bahrain, y otros accionistas particulares muy eminentes como el ministro de Asuntos Sociales de los Emiratos Árabes Unidos. Todas estas compañías están estrictamente sometidas a la vigilancia de la OFAC (Oficina para el Control de Activos Extranjeros). Tadamon dispone de unas cuantas filiales en Sudán, principalmente vinculadas a los sectores agrícola, industrial y de la propiedad. Según indica el informe, los accionistas del Banco Islámico Tadamon no han variado demasiado. El único cambio remarcable lo ha experimentado el Banco Islámico Faisal en su cuadro directivo, sustituido por la Compañía Nacional de Desarrollo y Comercio. El Banco Islámico Faisal, establecido en 1997, está dirigido por el príncipe Mohammad Saoud el Faisal, hijo del rey Al Saud y primo del rey Fahd. (Bette Stern, «La Toile Financière d'Oussama ben Laden s'etend du pays du Golfe à l'Europe», en *Le Monde Interactif*, 24 de septiembre de 2001. En 1998, el 15 por ciento de sus acciones estaba controlado por la Compañía Nacional para el Desarrollo y el Comercio de Jartum. El Tadamon tiene 21 filiales operativas en Arabia Saudí y una considerable red bancaria en Sudán, donde es particularmente activo en los sectores agrícola, industrial e inmobiliario. Jean Charles Brisard y Guillaume Dasquie, *La Veritá Negata*, p. 73. Entre sus accionistas destacan unas cuantas instituciones islámicas del Golfo, como el Banco Islámico Bahrain, la Casa de Finanzas de Kuwait y el Banco Islámico de Dubai, uno de los principales accionistas del BCCI (81,7 millones de dólares). (Ahmad Mardini, «Gulf—Economy: BCCI deal buoys UAE stocks», en *Inter Press Services*, 6 de febrero de 1995). A lo largo de las dos últimas décadas, el Banco islámico de Dubai se ha visto involucrado en numerosos escándalos en Oriente Medio. Entre sus accionistas figuran los gobiernos de Dubai y Kuwait. El banco también dispone de amplios intereses en el Banco Islámico de Bahrain y en el Banco Islámico de Bangladesh.
21. Miembros de la familia de Bin Laden forman parte del consejo de administración del Banco Faisal. Curiosamente, estos dos bancos figuran entre los principales accionistas del Banco Islámico Al Shamil.
22. Jonathan Wells, Jack Meyers y Maggie Mulvihill, «War on terrorism, Saudi Elite tied to Money Groups Linked to Bin Laden», en *Boston Herald*, 14 de octubre de 2001.
23. *Ibíd.*
24. Jean Charles Brisard y Guillaume Dasquie, *op. cit.*, p. 71.
25. Mark Huband, «Inside Al Qaeda, Bankrolling Bin Laden», en *Financial Times*, 29 de noviembre de 2001.

26. David Pallister y Owen Bowcott, «Banks to Shut Doors on Saudi Royal Cash», en *Guardian*, 17 de julio de 2002.

27. Jack Kelly, «Saudi Money Aiding Bin Laden, Businessmen are Financing Front Groups», en *USA Today*, 29 de octubre de 1999.

28. Greg Palast, *The Best Democracy Money Can Buy*, Pluto Press, Londres, 2002, p. 145.

29. *Ibíd.*

30. Jonathan Wells, Jack Meyers y Maggie Mulvihill, «War on terrorism, Saudi Elite Tied to Money Groups Linked to Bin Laden», en *Boston Herald*, 14 de octubre de 2001.

31. Neil Mackay, «John Mayor Link to Bin Laden Dynasty», en *Sunday Herald*, 7 de octubre de 2001.

32. Robin Allen y Roula Khalaf, «Al Qaeda: Terrorism after Afghanistan», en *Financial Times*, 21 de febrero de 2002.

33. «Financial Chain, Funds Continue to Flow Despite Drive to Freeze Network's Assets», en *Guardian*, 5 de septiembre de 2002.

34. Naciones Unidas, S/20021050/Corr.1, Segundo informe sobre el grupo de control dedicado a la resolución 1390 (2002).

35. En 1991, Qadi fue acusado de transferir con un telegrama 820.000 dólares a una cuenta suiza con intenciones inversoras. Con esa transacción se intentó esconder la fuente del dinero, esto es, la identificación del emisor, que no fue otro que Qadi. Según afirma el gobierno de Estados Unidos, parte de ese dinero fue empleado para que Hamas adquiriera armas y reorganizara el grupo en los territorios ocupados. Jeff Gerth y Judith Miller, «A Nation Challenged: On the list, Philanthropist or Fount of Funds for Terrorists?», en *New York Times*, 13 de octubre de 2001.

36. «Financial Chain, Funds Continue to Flow Despite Drive to Freeze Network»s Assets», en *Guardian*, 5 de septiembre de 2002.

37. Edward Alden, «The Money Trail: How a crackdown on suspect charities is Failing to Stem the Flow of Funds to al-Qaeda», en *Financial Times*, 18 de octubre de 2002.

38. Charles Clover, «Return of the "Afghans" Puts Spotlight on Kuwaiti Divisions», en *Financial Times*, 17 de octubre de 2002.

39. Mark Huband, «Inside Al Qaeda, Bankrolling Bin Laden», en *Financial Times*, 29 de noviembre de 2001.

40. Yael Shahar, «Tracing Bin Laden's Money, Easier Said than Done», ICT, 21 de septiembre de 2001. Fuente: www.ict.org.

41. Robin Allen y Roula Khalaf, «Al Qaeda: Terrorism after Afghanistan».

42. Borzou Daragahi, «Financing Terror», en *Time*, noviembre de 2001.

43. Sam Vaknin, «Analysis: Hawala, the Bank that Never Was», United Press International, 17 de septiembre de 2001. Fuente: www.upi.com.

44. Kimberly I. Thachuk, «Terrorism»s Financial Lifeline: Can It Be Severed?», Strategic Forum, Institute for the National Strategic Studies National Defence University, Washington D. C., núm. 191, mayo de 2002, p. 5.

45. Jimmy Burns, Harvey Morris y Michael Peel, «Assault on America Terrorists Funds», en *Financial Times*, 24 de septiembre de 2001.
46. Sam Vaknin, «Analysis: Hawala, the Bank that Never Was».
47. *Ibíd.*
48. Naciones Unidas, Comité para el Consejo de Seguridad dedicado a la resolución 1267 (1999), 22 de septiembre de 2002, p. 15.
49. *Ibíd.*
50. Richard McGregor, «Rumours Rule the Money Pit», en *Financial Times*, 24 de noviembre de 2001.
51. Karl Vick, «The Taliban's Good-Bye: Take the Banks' Millions and Run», en *Washington Post*, 8 de enero de 2001.
52. Sam Vaknin, «Analysis: Hawala, the bank that never was».
53. Esta cifra se ha calculado al precio que tenía el dólar en 1995. Las cifras de la paridad del poder adquisitivo son, naturalmente, superiores a 213.000 millones de dólares para el año 1998. Fuente: Base de datos de los Indicadores del Desarrollo Mundial.
54. Douglas Farah, «Al Qaeda's Road Paved with Gold; Secret Shipments Traced Through a Lax System in United Arab Emirates», en *Washington Post*, 17 de febrero de 2002.
55. «Financial Chain, Funds Continue to Flow Despite Drive to Freeze Network's Assets», en *Guardian*, 5 de septiembre de 2002.
56. *Ibíd.*
57. *Ibíd.*
58. Marcus Walk, «In the Financial Fight Against Terrorism, Leads are Hard Won», en *Wall Street Journal*, 10 de octubre de 2001.
59. «Correspondent Banks, the Weakest Link», en *Economist*, 29 de septiembre de 2001.
60. David Leppard y Michael Sheridan, «London Bank Used for Bin Laden Cash», en *Sunday Times*, 16 de septiembre de 2001.

Capítulo 11. La red de las mezquitas

1. Nick Fielding, «Al Qaeda Issues New Manifesto of Revenge», Sunday Times, 17 de noviembre de 2002.
2. Roy MacCarthy y Richard Norton-Taylor, «Kashmir Militants Plan New Attacks», en *The Guardian*, 25 de mayo de 2002.
3. Ibn Saud desplazó a los hachemitas y fue reconocido en 1926 como soberano del reino de Heyaz y Najd, constituido en 1932 como Reino Unido de Arabia Saudí.
4. Fuente: www.islamicweb.com. Véase también Anthony C. Cordesman, «Economic, Demographic and Security Trends in the Middle East», Centre for Strategic and International Studies, Washington D. C., enero de 2002.

5. Un kanato era el Estado o la jurisdicción de un kan. El kanato uzbeco era un conglomerado o una especie de confederación tribal.

6. CBT TV, *The National*, 29 de julio de 2002.

7. Jason Burke, «You Have to Kill in the Name of Allah until You are Killed», en *Observer*, 26 de enero de 2002.

8. *Ibíd.*

9. CBT TV, *loc. cit.*

10. «Suicide Blast: Briton Named», en *Manchester Guardian Weekly*, 10 de enero de 2001.

11. Daniel McGrory, «UK Muslims Volunteers for Kashmir War», en *The Times*, 28 de diciembre de 2000.

12. Jeevan Vasagar y Vikram Dodd, «British Muslims Take Path to Jihad: Kashmir Terror Group Claims Suicide Bomber was from Birmingham», en *Guardian*, 29 de diciembre de 2000.

13. Salah Shehadeh fue muerto el 23 de julio de 2002 por una bomba lanzada contra su casa en Gaza por las el ejército israelí (IDF).

14. «Inside a Terrorist's Mind», entrevista con Salah Shehadeh, en *Special Dispatch Series* nº 403, The Middle East Media Research Institute, 24 de julio de 2002. Fuente: www.memri.org.

15. Suzanne Goldberg, «The Men Behind the Suicide Bombers», en *Guardian*, 12 de junio de 2002.

16. Daniel Benjamin y Steven Simon, *The Age of Sacred Terror*, Random House, Nueva York, 2002, pp. 28-29.

17. «Indian Agency Says British Muslims Support Kashmiri Militants Financially», en *BBC Monitoring International Reports*, 13 de enero de 2002.

18. «London Cleric Told Followers "to Kill"», en *Sunday Times*, 17 de noviembre de 2002.

19. Yahya Kocoglu, «Hizbullah: The Susurluk of the Southeast», en *Turkish Daily News*, 27 de enero de 2000.

20. Ersel Aydinli, «Implications of Turkey's Anti-Hezbollah Operation», Washington Institute for Near Policy, 9 de febrero de 2000.

21. Yahya Kocoglu, *loc. cit.*

Capítulo 12. La debilidad del Estado, vivero del terrorismo

1. Charles Smith, «China and Sudan: Trading Oil for Humans», *Worldnetdaily*, 19 de julio de 2000. Fuente: www.worldnetdaily.com

2. Robert I. Rotberg, «The New Nature of Nation-State Failure», en *Washington Quarterly*, verano de 2002.

3. *Ibíd.*

4. Richard Haass, *Intervention: The Use of American Military Force in the*

Post-Cold War World, Brookings Institution Press, Washington, 1999, p. 84.

5. «Imaginemos un mapa de cada país, en donde las zonas pintadas de azul designaran las regiones donde el Estado tiene un alto grado de presencia (en el sentido de tener establecido un conjunto de burocracias razonablemente eficaces, así como la acción de una legalidad debidamente sancionada), tanto en lo funcional como en lo territorial. El color verde indicaría un alto grado de penetración territorial, pero una presencia significativamente inferior en términos de funcionalidad/clase. Y el color pardo correspondería a un nivel muy bajo, o nulo, en ambas dimensiones.» Guillermo O'Donnell, «On the State, Democratization and Some Conceptual Problems», documento de trabajo n. 192, University of Notre Dame, publicado por The Helen Kellogg Institute for International Studies, abril de 1993.

6. *Ibíd.*, p. 10.

7. John Aglionby, «The Secret Role of the Army in Sowing the Seeds of Religious Violence», en *Guardian*, 16 de octubre de 2002.

8. Bernie Hecht, «Irgun and the State of Israel». Fuente: www.jewishmag.com.

9. Robert I. Rotberg, «The New Nature of Nation-State Failure», p. 90.

10. «Colombia-weapons, Colombian Arms Dealer Who Purchased Arms for FARC Arrested», en *Financial Times,* 8 de mayo de 2002.

11. *Small Arms Survey, 2001*, editado por Graduate Institute of International Studies, p. 187.

12. Ray Takeyh y Nicholas Gvosdev, «Do Terrorist Network Need a Home?», en *Washington Quarterly*, verano de 2002.

13. *Ibíd.*

14. «Report: Bin Laden Linked to Albania», en *USA Today,* 1999. Fuente: usatoday.com.

15. *Ibíd.*

16. John Burton, «Islamic Network "is on a Mission"», en *Financial Times,* 16 de octubre de 2002.

17. Según la policía judicial rusa, los beneficios generados por el tráfico del opio afgano los emplean Bin Laden y seguidores en armar, entrenar y apoyar a los grupos terroristas islamistas de Asia, entre los cuales figuran el IMU, los uigures de la provincia china de Xinjiang y la resistencia chechena. Citado en Ray Takeyh y Nicholas Gvosdev, *op. cit.*

18. Yael Shahar, «Tracing Bin Laden's Money: Easier Said Than Done», ICT, 21 de septiembre de 2001. Fuente: www.ict.org.

19. Wimar Witoelar, «Terror Has Deep Roots in Indonesia», en *Guardian*, 16 de octubre de 2002.

20. Jason Burke, «Revealed: the Quiet Cleric Behind Bali Bomb Horror», en *Observer*, 20 de octubre de 2002.

21. John Burton, *op. cit.*

22. Wimar Witoelar, «Terror Has Deep Roots in Indonesia», *loc. cit.* Esas

«fuerzas oscuras» incluyen el Kopassus Group IV, o ex Kopassus, conocido también como *militer khussus* or *milsus* (unidades especiales), como la Tim Mahwar (grupo de la rosa) que secuestró y en algunos casos «hizo desaparecer» a activistas y estudiantes con anterioridad a la caída de Suharto; también los Tidar Boys y algunos oficiales que entrenaron en Bogor a Laskar Yihad, el grupo islamista armado. Para una amplia descricipión de los grupos islamistas en Indonesia véase Damien Kingsbury, *Power Politics and the Indonesian Military*, Routledge Curzon, Londres 2003.

23. Laskar Yihad fue fundado por elementos pertenecientes al Tentara Nasional Indonesia (TNI), es decir, el ejército indonesio, los mismos que lo aprovisionan, transportan y pagan. Estaban estrechamente relacionados con el FPI, que mantenía a su vez algunos vínculos con los MMI (Majelis Mujahidin Indonesia o Consejo de los muyahidines indonesios) encabezados por Bashir.

24. John Aglionby, *loc. cit.*

25. Shawn Donnan, «Bombing to Test the Fabric of Indonesia Society», en *Financial Times*, 14 de octubre de 2002.

26. Shawn Donnan, «Blast May Reverberate Across the Economy», en *Financial Times*, 15 de octubre de 2002.

Capítulo 13. De la yihad moderna a una Nueva Economía del Terror

1. Peter Finn y Sarah Delaney, «Sinister Web Links Terror Cells Across Europe», en *International Herald Tribune*, 23 de octubre de 2001.

2. Entrevista de la autora al doctor Saad Al Faqih.

3. Establecido por el Consejo de Seguridad de Naciones Unidas en relacion con la resolución 1.267 (1999) del 20 de septiembre de 2002.

4. Giles Foden, «Australian "Crusaders" Targeted by Bin Laden», en *Guardian*, 16 de octubre de 2002.

5. Entrevista de la autora al doctor Saad Al Faqih.

6. Entrevista de PBS al doctor Saad Al Faqih. Fuente: www.pbs.org.

7. Jason Burke, «Revealed: the Quiet Cleric Behind Bali Bomb Horror», en *Observer*, 20 de octubre de 2002.

8. *Ibíd.*

9. Anónimo, *Through Our Enemies' Eyes*, Brassey's Inc., Nueva York, 2002, p. 49.

10. *Ibíd.*, p. 102.

11. Abu Mahmud es el *nom de guerre* de uno de los lugartenientes de Bin Laden que combatió en la yihad antisoviética.

12. Jamal Khashuqji, «Al Qaeda Organization: Huge Aims without Programs or Cells», en *Al Hayah*, 12 de octubre de 1988.

13. «The Great Game». Fuente: www.aliyev.com.

14. Heydae Aliyevich Aliyev fue miembro del KGB y del Politburó. Se hizo con el poder mediante un golpe militar en 1993.
15. «Más de 6.000 millones de dólares en «comisiones contractuales» se pagaron al régimen de Aliyev en Bakú, cantidad muy superior a la suma de todas las ayudas e inversiones en Georgia y Armenia, pero todavía hay azerbayanos que viven en campamentos de refugiados peores que los de los georgianos y los armenios», «The Great Game», *loc. cit.*
16. *Ibíd.*
17. Ahmed Rashid, *Los talibán, op.cit.*
18. Jean-Charles Brisard y Guillaume Dasquie, *La Verità Negata*, cap. 9.
19. *Ibíd.*, p. 82.
20. Samuel P. Huntington, «The Age of Muslim Wars», en *Newsweek* número especial, 2002.
21. Francis Fukuyama y Nadav Samin, «Heil Osama, The Great Reformer», en *Sunday Times*, 29 de septiembre de 2002.
22. Samuel P. Huntington, «The Clash of Civilization?», en *Foreign Affairs*, verano de 1993.
23. Samuel P. Huntington, «The Age of Muslim Wars», *loc. cit.*
24. Peter Fin y Sarah Delaney, *op. cit.*
25. Francis Fukuyama y Nadav Samin, «Heil Osama», *loc. cit.*
26. Francis Fukuyama, *The End of History and the Last Man*, Penguin, Londres 1993.
27. Francis Fukuyama y Nadav Samin, «Heil Osama», *loc. cit.*
28. «Osama Bin Laden Talks Exclusively to Nida'ul islam About the New Power Keg in the Middle East», en *Nida'ul islam*, n° 15, octubre—noviembre de 1996. Fuente: *www.islam.org.au.*
29. Ladan y Roya Boroumand, «Terror, islam and Democracy», en *Journal of Democracy*, vol. 13 núm. 2, abril de 2002.
30. *Ibíd.*
31. Roland Jacquard, *In the Name of Osama Bin Laden: Global Terrorism and the Bin Laden Brotherhood*, Duke University Press, Durham 2002.
32. Farish A. Noor, «The Evolution of «Jihad» in Islamist Political Discourse: How a Plastic Concept Became Harder». Fuente: www.ssrc.org.
33. Nick Fielding, «Al-Qaeda Issues New Manifesto of Revenge», en *Sunday Times*, 17 de noviembre de 2002.
34. Ladan y Roya Boroumand, *loc. cit.*
35. Lew Scudder, «A Brief History of Jihad». Fuente: www.rca.org.
36. «Ansar Al-islam Activists Leave Norway After Increased Pressure on Their Leader», 12 de septiembre de 2002. Fuente: Kurdishmedia.com.
37. David I. Phillips, «The Next Stage in the War on Terror», en *The International Herald Tribune*, 23 y 24 de marzo de 2002.
38. Ewen MacAskill y John Aglionby, «Suspicion Turns on Indonesia's Islamist Militants», en *Guardian*, 14 de octubre de 2002.
39. Jeffrey Goldberg, «The Great Terror», en *The New Yorker*, 25 de marzo de 2002.

Capítulo 14. Los negocios legales del terror

1. Roula Khalaf, «Al Qaeda Recruiting Ground Offers Tough Challenges in War of Terror», en *Financial Times*, 22 de febrero de 2002.
2. Judith Miller y Jeff Gerth, «Trade in Honey is Said to Provide Money and Cover for Bin Laden», en *New York Times*, 11 de octubre de 2001.
3. *Ibíd*.
4. James Adams, «The Financing of Terror», en *Contemporary Research on Terrorism*, Paul Wilkinson y Alastair M. Stewart, [eds.] Aberdeen University Press, Aberdeen 1987.
5. James Adams, *Ibíd.*, p. 88.
6. Giles Foden, «The Former CIA "Client" Obsessed with Training Pilots», en *Guardian*, 12 de septiembre de 2001.
7. Lou Dolinat, «A Focus on Their Smaller Crimes», en *Newsday*, 5 de octubre de 2001. Fuente: www.newsday.com.
8. Robin Wright y Joseph Meyer, «America Attacked: Mapping a Response», en *Los Angeles Times*, 12 de septiembre de 2001.
9. Kimberly L. Thachuk, «Terrorism Financial Lifeline: Can it be Severed?», *Strategic Forum* n. 191, mayo de 2002, Institute for the National Strategic Studies, National Defence University, Washington D. C., pp. 5-6.
10. Roland Jacquard, *In the Name of Osama Bin Laden*, Duke University Press, Durham 2002, p. 134.
11. Grant Ringshow, «Profits of Doom», en *Sunday Telegraph*, 23 de septiembre de 2001.
12. Robert Fisk, «Talks with Osama Bin Laden», en *The Nation*, 21 de septiembre de 1998.
13. «Jihad Against Jews and Crusaders», en World Islamic Front Statement, 23 de febrero de 1998. Fuente: www.fas.org.
14. Roland Jacquard, *op. cit.*, pp. 110-111.
15. *Ibíd.*, p. 96.
16. John Mintz, «Bin Laden's Finances are Moving Target», en *Washington Post*, 28 de agosto de 1998; véase también Yael Shahar, «Tracing Bin Laden's Money», ICT, 21 de septiembre de 2001. Fuente: www.ict.org.
17. Roland Jacquard, *op. cit.*, p. 128.
18. Simon Reeve, *The New Jackals*, p. 178.
19. *Ibíd.*, cap. 9.
20. Yael Shahar, «Tracing Bin Laden's Money», *loc. cit.*
21. Roland Jacquard, *op. cit.*, p. 128.
22. *Ibíd.*, pp. 127-128.
23. Grant Ringshow, «Profits of Doom», *loc. cit.*
24. John Hooper, «Terror Made Fortune for Bin Laden!, *Guardian*, 23 de septiembre de 2001.
25. Ringshow, «Profits of Doom».

26. Kimberly Thachuk, Terrorism Financial Lifeline: Can it be Severed?, *loc. cit.*

Capítulo 15. La balanza de pagos del terror

1. «No fue hasta 1997 cuando Washington decidió incluir al KLA en la lista de organizaciones terroristas del Departamento de Estado», citado de «The US, the KLA and Ethnic Cleansing», en *World Socialist Web Site*, 29 de junio de 1999. Fuente: www.wsws.org.
2. «Albanian—Americans Help Fund the KLA», AFP, 20 de febrero de 1999. Fuente: www.members.tripod.com.
3. Milan V. Petkovic, «Albanian Terrorists», 1998. Fuente: www.balcania.net.
4. «Albanian Americans Help Fund the KLA», *loc. cit.*
5. Stacy Sullivan, «Albanian Americans Funding Rebels' Cause», en *Washington Post*, 26 de mayo de 1998.
6. Milan V. Petkovic, «Albanian Terrorists», 1998. Fuente: www.balcania.net.
7. Michael Chossudovsky, «Osamagate, Role of the CIA in Supporting International Terrorist Organizations during the Cold War», en *Canadian Business and Current Affairs*, Brandon University, noviembre de 2001.
8. Noam Chomsky, *9-11*, p. 91.
9. Eric Lichtblau, «US Indicts Head of Islamic Charity in Qaeda Financing», en *New York Times*, 10 de octubre de 2002.
10. *Ibíd.* Véase también Edward Alden, «The Chicago Charity Accused of Defrauding Donors», en *Financial Times*, 18 de octubre de 2002.
11. En 1996, la revista *Watan al Arabi* aseguró que Bin Laden había admitido ser uno de sus patrocinadores. David Pallister, «Head of Suspects Charity Denies Link to Bin Laden», en *Guardian*, 16 de octubre de 2001.
12. «Assault on Charities is Risky Front for the US», en *Wall Street Journal*, 16 de octubre de 2001.
13. Mark Duffield, «The Political Economy of Internal War: Asset Transfer, Complex Emergencies and International Aid», en Joanna Macrae y Anthony Zwi (eds.), *War and Hunger: Rethinking International Responses*, Zed Press, Londres 1994.
14. Oliver Burkeman, «US "Proof" over Iraqi trucks», en *Guardian*, 7 de marzo de 2002.
15. Mary Kaldor, *New and Old Wars, Organized Violence in a Global Era*, Polity Press, Cambridge 1999, cap. 5.
16. Ahmed Rashid, «They're Only Sleeping. Why Militant Islamists in Central Asia Aren't Going to Go Away», en *The New Yorker*, 1 de julio de 2002.

17. BBC, *The Money Programme*, 21 de noviembre de 2001.
18. Mike Ingram, «UK Admits Hostages in Chechenya Were Asked to Report Sensitive Information», en *World Socialist Web Site*, 21 de enero de 1999. Fuente: www.wsws.org.
19. Dennis M. Lormer, jefe del grupo de control de actividades financieras del terrorismo en el FBI, en declaración ante la subcomisión judicial del Senado sobre tecnología, terrorismo e información gubernamental, 9 de julio de 2002. Fuente: www.fbi.gov.
20. Deborah Tetley, «Terrorists Active in Canada», *Calgary Herald*, 1 de octubre de 2001.
21. Richard A. Rode en declaración ante la subcomisión judicial del Senado sobre tecnología, terrorismo e información gubernamental, 24 de febrero de 1998. Fuente: www.fas.org.
22. Todd Lighty y Ray Gibson, «Suspects Blend in, Use Credit Swindles to Get Easy Money», en *The Tribune*, 4 de noviembre de 2001.
23. El contrabando produce divisas y requiere trasladar productos de un país a otro, de ahí que pueda parangonarse con la exportación de mercancías.
24. Daniel Pearl y Steve Stecklow, «Taliban Banned TV but Collected Profits on Smuggled Sonys», en *Wall Street Journal*, 9 de enero de 2002.
25. Michela Wrong, «Smugglers' Bazaar Thrives on Intrepid Afghan Spirit», en *Financial Times*, 17 de octubre de 2002.
26. Daniel Pearl y Steve Stecklow, *loc. cit.*
27. «Comandos terroristas se refugian en la triple frontera», en *El País Internacional*, 9 de noviembre de 2001.
28. Sebastian Junger, «Terrorism's New Geography», en *Vanity Fair*, diciembre de 2002.
29. Blanca Madani, «Hezbollah's Global Finance Network: the Triple Frontier», en *Middle East Intelligence Bulletin* vol. 4 n. 1, enero de 2002.
30. Sebastian Junger, «Terrorism's New Geography», *loc. cit.*
31. Jack Sweeney, «DEA Boots its Role in Paraguay», en *Washington Times*, 21 de agosto de 2001. Véase también Sebastian Junger «Terrorism's New Geography», en *Vanity Fair*, diciembre de 2002.
32. Anthony Faiola, «US Terrorist Search Reaches Paraguay; Black Market Border Hub Called Key Finance Center for Middle East Extremists», en *Washington Post*, 13 de octubre de 2001.
33. Sebastian Junger, *loc. cit.*
34. *Ibíd.*
35. *Ibíd.*
36. Douglas Farah, «Money Cleaned, Colombian Style: Contraband Used to Convert Drug Dollars», en *Washington Post*, 30 de agosto de 1998.
37. *Ibíd.*
38. *Ibíd.*
39. *Ibíd.*

40. La información sobre Turquía proviene de los archivos de la Asociación Kurda de Derechos Humanos en Roma.
41. Los campesinos fueron armados y pagados por el gobierno turco para luchar contra el PKK, «Turkey No Security whithout Human Rights», www. Amnesty.org.
42. Mark Devenport, «Iraqi Oil Smuggling Warning», 24 de mayo de 2000, www.news.bbc.co.uk.
43. Charles Recknagel, «Iraq: Mistery Surrounds Iran´s About-Face on Oil Smuggling», 21 de junio de 2000, www.rferl.org.
44. Carola Hoyos, «Oil Smugglers Keep Cash Flowing back to Sadam», *Financial Times*, 17 de enero de 2002.
45. *Ibíd*.
46. David Keen, «A Disaster for Whom? Local Interests and International Donors during Famine among the Dinka of Sudan», en *Disaster*, vol. 15 n. 2, junio de 1991.

Capítulo 16. La economía del Estado embrión

1. Hala Jaber, *Hizbollah, Born with a Vengeance*, Colombia University Press, Nueva York, 1997.
2. *Ibíd*., p. 5.
3. «Inside a Terrorist's Mind», entrevista con Shalah Shehadeh, *Special Dispatch Series*, n. 403, The Middle East Media Research Institute, 24 de julio de 2002. Fuente: www.memri.org.
4. Suzanne Goldberg, «The Men Behind The Suicide Bombers», en *Guardian*, 12 de junio de 2002.
5. La población tamil es la cuarta parte de la población cingalesa de Sri Lanka. Amy Waldman, «Master of Suicide Bombing: Tamil Guerrillas of Sri Lanka», en *New York Times*, 14 de enero 2003.
6. *Ibíd*.
7. James Dunnigan, «The Rise and Fall of the Suicide Bomber», 21 de agosto de 2002. Fuente: www.strategypage.com.
8. Suzanne Goldberg, «The Men Behind The Suicide Bombers», *loc. cit.*
9. Amy Waldman, «Master of Suicide Bombing: Tamil Guerrillas of Sri Lanka», en *New York Times*, 14 de enero de 2003.
10. *Ibíd*.
11. Kimberly Thachuk, *Terrorism's Financial Lifeline: Can it be Severed?*, p. 7.
12. Chris Kline y Mark Franchetti, «The Woman Behind the Mask», *Sunday Times*, 3 de noviembre de 2002.
13. *Ibíd*.
14. Véase el capítulo 3.
15. Durante la era soviética, el oleoducto antiguo unía el puerto de Bakú

con Tikhoretsk y cruzaba Chechenia pasando por Grozny. En 1994 Moscú inició la guerra contra Chechenia para defender el oleoducto amenazado por los sediciosos. En 1999 Rusia invadió Chechenia, una vez que el oleoducto estuvo temporalmente bloqueado por los rebeldes chechenos que habían invadido el Daguestán.

16. Greg Campbell, *Blood Diamonds*, Westview Press, Boulder (Colorado) 2002. Véase también Ewen MacAskill y David Pallister, «Crackdown on "blood" diamonds», en *Guardian,* 20 de diciembre de 2000.

17. Douglas Farah, «An «Axis» Connected to Qaddafi, Leaders Trained in Libya Have Used War to Safeguard Wealth», en *Washington Post Foreign Service,* 2 de noviembre de 2001.

18. Greg Campbell, *op. cit.*, p. 184.

19. *Ibíd.* cap. 8.

20. Amelia Hill, «Terror in the East: Bin Laden's 20m dollar African "Blood Diamond" Deals», en *Observer,* 20 de octubre de 2002.

21. Mark Doyle, «Sierra Leone Rebels Probe al-Qaeda Link, The RUF is Worried by Claims of al-Qaeda Link», *BBC News Online: World: Africa,* 2 de noviembre de 2001.

22. Amelia Hill, «Terror in the East», *loc. cit.*

23. «Man Pleads Not Guilty in Terror-founding Investigation», en *The Bulletin,* 16 de noviembre de 2001.

24. Glenn Simpson, «Terrorist Grid Smuggled Gems As Early as '95, Diary Suggests», en *Wall Street Journal,* 17 de enero de 2002.

25. Philippe Le Billon, «The Political Economy of War: What Relief Agencies Need to Know», p. 16.

26. «EL SPLA ha recibido el apoyo de la administración Clinton, que le ha concedido armamento, minas terrestres, instrucción militar y fondos. La mayor parte de la ayuda se recibió vía Uganda», en «Sudan; USAID Boss Under Fire On Sudan Policy», *Africa News,* 13 de noviembre de 2001.

27. «A finales de enero de 1998, Kerubino Kuanyin Bol, un oficial del SPLA, condujo un ataque de los sediciosos contra la ciudad de Wau, en Bahr al Ghazal. Esta operación y los combates subsiguientes desembocaron en un drástico deterioro de la situación de seguridad y de la distribución de alimentos en la región», *Ibíd.*

28. *Ibíd.*

29. David Keen, «When War Itself is Privatised», en *Times Literary Supplement,* diciembre de 1995.

30. En teoría se refiere solo a la propiedad pública; la propiedad privada debe retornarse a sus dueños legítimos al final de la guerra. Lesley Green, *The Contemporary Law of Armed Conflict,* Manchester University Press, Manchester 2000, p. 152-155.

31. Mary Kaldor, *New and Old Wars,* cap. 5.

32. *Ibíd.*, p. 99. Véase también «Playing the Communal Card: Communal Violence and Human Rights», Human Rights Watch, 1995.

33. Robert Block y Leonard Doyle, «Drug Profits Fund Weapons for Balkans», en *Independent,* 10 de diciembre de 1993.
34. «Sudan; USAID Boss Under Fire On Sudan Policy», *loc. cit.*
35. Robert Block y Leonard Doyle, «Drug Profits Fund Weapons for Balkans», *loc. cit.*
36. «Arms Sales to Saudi Arabia and Taiwan», 28 de noviembre de 1993. Fuente: www.cdi.org.
37. *Ibíd.*
38. *Ibíd.*
39. «Hunting the Merchants of Destruction», en *Sunday Times,* 17 de febrero de 2002.
40. *Ibíd.*
41. David Leppard, «Dossier will Reveal Iraq's Poison Cache», en *Sunday Times,* 22 de septiembre de 2002.
42. Jeffrey Goldberg, «The Great Terror», en *The New Yorker,* 25 de marzo de 2002.
43. Guy Dinmore, «General Declares War on Desert Traffickers», en *Financial Times,* 10 de enero de 2002.

Capítulo 17. La globalización de la Nueva Economía del Terror

1. Michel Chossudovsky, *Guerra e Globalizzazione,* Edizioni Gruppo Abele, Turín 2002, p. 95.
2. Karen Talbot, «US Energy Giant Unocal Appoints Interim Government in Kabul», en *Global Outlook*, vol. I, n. 1, primavera de 2002, p. 70.
3. El Gran Juego es el nombre que recibió la lucha entre las potencias europeas del siglo XIX y Rusia por el dominio de Asia central y de sus recursos.
4. Las estimaciones de las reservas «confirmadas» de crudo en la cuenca del Caspio varían entre los 68.000 millones y más de 100.000 millones de barriles, lo que representa un valor aproximado de 2 billones de dólares a los precios actualmente vigentes.
5. Ted Rall, «It's all about oil», en *The San Francisco Chronicle,* 2 de noviembre de 2001.
6. Nafeez Mosaddeq Ahmed, *The War on Freedom, How and Why America was Attacked, September 11 2002,* Tree of Life Publications, California 2002, p. 45; véase también Agence France Presse, «US Gave Silent Blessing to Taliban Rise to Power: Analysis», 7 de octubre de 2001.
7. William O. Beeman, «Follow the Oil Trail – Mess in Afghanistan Partly Our Government's Fault», en *Jinn Magazine* (online), Pacific News Service, 24 de agosto 1998. Fuente: www.pacificnews.org.

8. Ahmed Rashid, *The Taliban.*
9. Wayne Madsen, «Afghanistan, the Taliban and the Bush Oil Team», en *Globalresearch.ca,* enero de 2002.
10. Jonathan Wells, Jack Meyers y Maggie Mulvihill, «US Ties to Saudi Elite May Be Hurting War on Terrorism», en *Boston Herald,* 10 de diciembre de 2001.
11. Ahmed Nafeez Mosaddeq, « Afghanistan, The Taliban and the United States. The Role of Human Rights in Western Foreign Policy», enero de 2001, www. institute-for-afghan-studies.org.
12. CNN, 6 de octubre de 1996.
13. Wayne Madsen, «Afghanistan, the Taliban and the Bush Oil Team», *loc. cit.*
14. Gore Vidal, «The Enemy Within», en *Observer,* 27 de octubre de 2002.
15. John Pilger, «This War of Lies Goes On», en *Daily Mirror,* 16 de noviembre de 2002.
16. Gore Vidal, «The Enemy Within», *loc. cit.*
17. Michel Chossudovsky, *op. cit.*, p. 96-97.
18. Peter Benesh, «Did US Need For Obscure Sudan Export Help Bin Laden?», en *Investor's Business Daily,* 21 de septiembre de 2001.
19. *Ibíd.*
20. Gregory Palast, «FBI and US Spy Agents Say Bush Spiked Bin Laden Probes Before 11 September», en *The Guardian,* 7 de noviembre de 2001.
21. Gregory Palast, «Did Bush Turn a Blind Eye on Terrorism?», *BBC Newsnight,* 6 de noviembre de 2001.
22. Daniel Pearl y Steve Stecklow, «Taliban Banned TV but Collected Profits on Smuggled Sonys», en *Wall Street Journal,* 9 de enero de 2002.
23. *Ibíd.*
24. *Ibíd.*
25. El valor medio de la droga producida en 1999-2001, calculado a precios constantes de 2001, es de 1.400 millones de dólares para la suma de los siete países productores principales: Afganistán, Bolivia, Birmania, Colombia, Laos, México y Perú. La cifra se ha obtenido a partir del valor de la droga en el primer punto de venta, que es diferente del coste de producción (lo que le cuesta al agricultor la obtención de su cosecha). Este indicador se deduce de la producción potencial de droga según estimaciones de Naciones Unidas, donde se han tenido en cuenta las confiscaciones y los daños en temporada de cosecha.
26. «Q&A, Dirty Money: Raymond Baker Explores the Free Market's Demimode», en *Harvard Business School Bulletin,* febrero de 2002. Fuente: www.alumni.hbs.edu.
27. Raymond Baker, «Money Laundering and Flight Capital: The Impact on Private Banking», Comisión del senado para asuntos de la administración, subcomisión permanente de investigación, 10 de noviembre de 1999. Fuente: http://www.brook.edu.

28. Entrevista de la autora con Raymond Baker.
29. Baker incluyó en este cálculo el *zakat* y el dinero enviado al extranjero por medio del *hawala*.
30. Kimberly L. Thachuk, *Terrorism's Financial Lifeline: Can it be Severed?, p.* 2.
31. Mike Brunker, «Money Laundering Finishes the Cycle», *MSNBC News,* de agosto de 2002. Fuente: msnbc.com/news.
32. «That Infernal Washing Machine», en *Economist,* 26 de julio de 1997.
33. Entrevista de la autora con Raymond Baker.
34. Raymond Baker, «Money Laundering and Flight Capital», *loc. cit.*
35. Mike Brunker, «Money Laundering Finishes the Cycle», *loc. cit.*
36. Entrevista de la autora con Raymond Baker.
37. «That Infernal Washing Machine», *loc. cit.*
38. Entrevista de la autora con Raymond Baker.
39. *Ibíd.*
40. Estimación de la autora, basada en estudios y cálculos propios sobre las dimensiones del negocio legal de las organizaciones terroristas.
41. Según precisa la Reserva Federal, «los extranjeros utilizan los billetes de alta denominación como valores de reserva, mientras que los países con economías inestables tal vez prefieren utilizar el dólar como divisa en los intercambios de su comercio exterior», Federal Reserve Board, *Currency and Coin,* www.federalreserve.gov/paymentssystems/coin/.
42. Éste es el componente de «la masa monetaria estadounidense que se halla en circulación continua o se mantiene permanentemente en el extranjero. Admitimos, como supuesto definitorio, que la moneda situada en el extranjero tiene un componente permanente y otro transitorio. Por definición, el permanente corresponde al dinero que circula continuamente en el extranjero, y por tanto no fluye a través de los despachos de caja de la Reserva Federal. Entendemos que el dinero mantenido en el extranjero temporalmente, digamos por motivos de turismo o viajes de negocios, regresa a Estados Unidos [...] dentro del mismo tiempo de tránsito que la moneda en circulación interior», Richard G. Anderson y Robert H. Rasche, *The Domestic Adjusted Monetary Base,* documento de trabajo 2000-002A, Federal Reserve Bank of St. Louis, www.research.stlouisfed.org/wp /2000/2000-002.pdf.
43. Dinero en efectivo y depósitos a corto plazo.
44. Cada vez que las autoridades emiten dinero obedeciendo a la demanda monetaria, crean riqueza. En la Edad Media se llamaba *seigneurage,* o soberanía, el derecho de acuñación por parte de los señores feudales, siendo el valor de la moneda igual al valor del metal más el derecho de acuñación. Toda moneda estadounidense de curso legal, incluyendo la que se guarda en el extranjero, puede considerarse como un préstamo del Tesoro exento de intereses, y por consiguiente, como un ahorro para el contribuyente.
45. Richard D. Porter y Ruth A. Judson, *The Location of US Currency: How Much is Abroad?,* Federal Reserve of St. Louis, 1996.

Glosario

1. James Wasserman, *Templarios y asesinos. La caballería espiritual*, Ediciones Martínez Roca, Barcelona 2002
2. Jeffrey Herbst, «Responding to State Failure in Africa», *International Security,* vol. 21, n. 3 (invierno 1996-1997), pp. 121-122.

Bibliografía

'2500 Metric Tons ot Cocoa Leaf', *Financial Times*, 13 Junio 1985

'8 *Days Magazine*', 4 Agosto 1979

'A Colombian', *Washington Post*, 17 Marzo 1983

'Above the Law: Bush's Racial Coup d'Etat and Intelligence Shutdown', *Green Press*, 14 Febrero 2002, www.greenpress.org

'Ansar Al-lslam Activists Leaves Norway after Increased Pressure on their Leader', 12 Septiembre 2002, www.Kurdishmedia.com

'Arms for Drugs in the Balkans', *International Herald Tribune*, 6 Junio 1996

'Arms Sales to Saudi Arabia and Taiwan', 28 Noviembre 1993, www.cdi.org

'Assault on Charities is Risky Front for the US', *Wall Street Journal*, 16 Octubre 2001

'Bosnian Leader Hails lslam at Election Rallies', *New York Times*, 2 Septiembre 1996

'Colombia-Weapons, Colombian Arms Dealer who Purchased Arms for FARC Arrested', *Financial Times Information*, EFE News Service, 8 Mayo 2002

'Comandos terroristas se refugian en la triple frontera', *El País Internacional.*, 9 Noviembre 2001

'Correspondent Banks, the Weakest Link', *Economist*, 29 Septiembre 2001

'Crackdown on Charities Irks Arab-Americans, May Strain Coalition', *Bloomberg News*, 6 Diciembre 2002

CRS Report for Congress, 'El Salvador, 1979-1989: A Briefing Book on US Aid and the Situation in El Salvador', the Library of Congress, Congressional Research Service, Foreign Affairs and National Defense Division, 28 Abril 1989

'Declaration ot War against the Americans Occupying the Land of the Two Holy Places, A Message from Osama bin Muhammad Bin Laden unto his Muslim Brethren all over the World Generally, and in the Arab Peninsula Specifically', islamic-news.co.uk

'El Salvador 1980-1994. Human Rights Washington Style', en Blum William, *Killing Hope,* www.thirdworldtraveler.com

'El Supremo Confirma La Condena De "Antxon" A diez Años De Cárcel Como Dirigente De Eta', *Terra,* 4 Julio 2002, www.terra.es

'El Supremo recopila testimonios y sentencias para actuar contra "Ternera"', *La Razon Digit@l* 19 Septiembre 2002, www.larazon.es

'Enemies of the State, Without and Within', *Economist,* 6 Octubre 2001

'Financial Chain, Funds Continue to Flow Despite Drive to Freeze Network's Assets', *Guardian,* 5 Septiembre 2002

'Global Development Finance, Financing the Poorest Countries', World Bank 2002

'Hope and Danger for Ethnic Albanians', *Economist,* 29 Marzo 1997

'How Bosnia's Muslims Dodged Arms Embargo: Relief Agency Brokered Aid from Nations, Radical Groups', *Washington Post,* 22 Septiembre 1996

'Hunting the Merchants of Destruction', *Sunday Times,* 17 Febrero 2002

'I Hope the Peace Process Will Be Irreversible, An Interview with Colombia's President Andres Pastrana', *Neue Zuercher Zeitung,* 23 Febrero 2001, www.nzz.ch

'In un piano terroristico del 1995 la dinamica degli attacchi dell'11 settembre', *CNN on line,* 26 Febrero 2002

'Indian Agency Says British Muslims Support Kashmiri Militants Financially', BBC *Monitoring Internatiorial Reports,* 13 Enero 2002

'Inside a Terrorist's Mind', Interview with Salah Shehadeh, The Middle East Media Research Institute, *Special Dispatch Series - No. 403,* 24 Julio 2002, www.memri.org

'Iran Gave Bosnia Leader $500,000, CIA Alleges: Classified Report Says Izetbegovic Has Been "'Co-opted'", Contradicting U.S. Public Assertion of Rift', *Los Angeles Times,* 31 Diciembre 1996

'Jihad against lews and Crusaders, World Islamic Front Statement', 23 Febrero 1998, www.fas.org

'La Financiación. El '"impuesto revolucionario"', www.el-mundo.es

'London Cleric Told Followers '"To Kill"', *Sunday Times,* 17 Noviembre 2002

'Man Pleads Not Guilty in Terror-Funding Investigation', Bulletin's *Frontrunner,* 16 Noviembre 2001

'Many Say US Planned for Terror but Failed to Take Action', *New York Times,* 30 Noviembre 2001

'Osama Bin Laden Talks Exclusively to Nida'ul about the New Power Keg in the Middle East', *Nida'ul,* No. 15 Octubre-Noviembre 1996, www.islam.org

'Playing thee Communal Card: Communal Violence and Human Rights', HumanRights Watch, 1995

'PL0 Operates Airport Shops', *Los Angeles Times,* 31 Diciembre 1985

'Q&A, Dirty Money: Raymond Baker Explores the Free Market's Demimode', *Harvard Business School Bulletin*, Febrero 2002, www.alumni.hbs.edu

'Report: Bin Laden linked to Albania', USA *Today*, 1999, www.usatoday.com

'Saudis Funded Weapons for Bosnia, Official Says: $300 Million Program Had U.S. "Stealth Cooperation"', *Washington Post*, 2 Febrero 1996

Special Report of the Court of Auditors of the European Economic Communnunity (no. 8S/C/21S/01, 26 Agosto 1986)

'Spectrum: International Terror Incorporated', *The Times*, 9 Diciembre 1985

'Spring to Fall 2000: News from the people's war in Peru', *Revolutionary Worker* #1082, 10 Diciembre 2000, www.rwor.org

'Sudan; USAID Boss under Fire on Sudan Policy', *Africa News*, 13 Noviembre 2001

'Suicide Blast Briton Named', *Manchester Guardian Weekly*, 10 Enero 2001

'Tajik, Russian Officials Suggest Tajikistan is Developing into Drug Production Center', *Eurasia Insight*, 14 Agosto 2001

"That Infernal Washing Machine', *Economist*, 26 Julio 1997

The Cuban Government Involvement in facilitating International Drug Traffic, US Government Printing Office, serial no. J-98-36, 1983

"The Gun Existed', *Newsweek*, 16 Enero 1984

The Iran-Contra Arms Scandal: Foreign Policy Disaster, Facts on File Publications (New York, 1986)

The Soviet-Cuban Connection in Central America and the Caribbean, State Department Documents (Marzo 1985)

'The US, the KLA and Ethnic Cleansing', *World Socialist Web Site*, 29 Junio 1999, wwvv.wsws.org

'Turkey no Security without Human Rights', *Amnesty International*, www.Amnesty.org

United States vs. Richard Second', Civil Division, 1st Eastern District of Virginia, File no. 1202-A

'US Gave Silent Blessing to Taliban Rise to Power: Analysis', *Agence France Presse*, 7 Octubre 2001

'US Government, Foreign Broadcast Information Service', Near East and South Asia Report, 3 Octubre 1988

Abadies, Alberto and Gardeazabal, Javier, *The Economic Cost of Conflict: A Case-Control Study for the Basque Country* (Cambridge, MA: National Bureau of Economic Research, Septiembre 2001), www.nher.org

AFI', 'Albanian-Americans Help Fund the KLA', *AIPP*, 20 Febrero 1999, www.members. tripod.com

Aglionby, John, 'The Secret Role of the Army in Sowing the Seeds of Religious Violence', *Guardian*, 16 Octubre 2002

Alden, Edward, 'The Chicago Charity Accused of Defrauding Donors', *Financial Times*, 18 Octubre 2002

Alden, Edward, "The Money Trail: how a crackdown on suspect charities is failing to stem the flow of funds to al-Qaeda', *Financial Times,* 18 Octubre 2002

Allen, Robin and Khalaf, Roula, 'Al Qaeda: Terrorism after Afghanistan', *Financial Times,* 21 Febrero 2(002

Andromidas, Dean, 'Israeli Roots of Hamas are being Exposed', *Executive Intelligence Review,* 18 Enero 2002, www.larouchepub.com

Ardito, Simona, 'L'FBI sapeva tutto in anticipo', www.digilander.libero.it

Baker, Raymond, 'Money Laundering and Flight Capital: The Impact on Private Banking', Senate Committee on Governmental Affairs, Permanent Subcommittee on Investigations, 10 Noviembre 1999

Baneriee, Dipankar, 'Possible Connections of ISI with Drug Industry', *India Abroad,* 2 Diciembre 1994

Barber, Ben, 'Saudi Millions Finance Terror against Israel', *Washington Times,* 7 Mayo 2002

Bard, Mitchell, 'The Lebanon War', wwwus-israel org

BBC News, 'IRA Suspects Move to Danger Prison', 23 Agosto 2001, www.news.bbc.co.uk

BBC World Wide Monitoring, Former Soviet Union, *Nezavisimaya Gazeta,* 3 Febrero 2000

BBC, *The Money Programme,* 21 Noviembre 2001

Beatty Jonathan and Gwynne, .S.C.., 'The Dirtiest Bank of All', *Time Magazine,* 29 Julio 1991

Beeman, William 0., 'Follow the Oil Trail - Mess in Afghanistan Partly Our Government's Fault', *Jinn Magazine* (online) *Pacific News Service,* San Francisco, 24 Agosto 1998, www.pacificnews.org

Benesh, Peter, 'Did US Need For Obscure Sudan Export Help Bin Laden?', *Investor's Business Daily,* 21 Septiembre 2001

Bin Laden, Osama, 'Letter to America', *Observer Worldview,* 24 Noviembre 2002, www.observer co.uk

Block, Robert y Doyle, Leonard, 'Drug Profits Fund Weapons for Balkans', *Independent,* 10 Diciembre 1993

Boroumand, Ladan y Boroumand, Roya, 'Terror, islam and Democracy', *Journal of Democrary,* Vol. 13, No. 2, Abril 2002

Bronskill, Jim y Mofina, Rick, 'Hamas Funded by Canadian Agency: report: Aid organization accused of sending money to U.S. charity shut down for alleged Hamas ties', *Ottawa Citizen,* 6 Diciembre 2001

Brunker, Mike, 'Money Laundering Finishes the Cycle', *MSNBC News,* 31 Agosto 2002, www.msnhc.com/news

Buch, Claudia y De Long, Gayle, 'Cross-Borders Bank Mergers: What Lures the Rare Animal', Kiel Working Paper No. 1070, Kiel Institute of World Economics, Agosto 2001

Burke, Jason, 'Revealed: the quiet cleric behind Bali bomb horror', *Observer,* 20 Octubre 2002

Burke, Jason, 'You Have to Kill in the Name of Allah until You are Killed', *Observer,* 26 Enero 2002

Burkeman, Oliver, 'US "Proof" over Iraqi Trucks', *Guardian*, 7 Marzo 2002

Burns, Jimmy, Morris, Harvey y Peel, Michael, 'Assault on America Terrorists Funds', *Financial Times*, 24 Septiembre 2001

Burr, William y Evans, Michael L. ed., 'Ford, Kissinger and the Indonesian Invasion: 1975 1976', National Security Archive Electronic Briefing Book, No. 26, 6 Diciembre 2001, www.gwu.edu

Burton, John, 'Islamic Network "is on a Mission"', *Financial Times*, 16 Octubre 2002

Carella, Antonio, 'Mammar el Gheddafi. Un Leone del Deserto Fratello dell'Occidente', www.members.xoom.virgilio.it

CBT TV, *The National*, 29, Julio 2002

Chomsky, Noam, "The Colombian Plan: Abril 2000', *Z magazine*, Junio 2000

Chossudovsky, Michael, 'The KLA: Gangsters, terrorists and the CIA', www. historyofmacedonia.org

Chossudovsky, Michael, 'Who is Osama Bin Laden?', Montreal Center for Research on Globalisation, 2001

Chossudovsky Michael, 'Osamagate: role of the CIA in supporting international terrorist organizations during the Cold War', *Canadian Business and Current Affairs*, Brandon University, Noviembre 2001

Clarity James, 'Hard-up Lebanon Puts the Squeeze on Smugglers', *New York Times*, 6 Noviembre 1986

Clarke, Liam y Leppard, David, 'Photos Link More IRA Men to Colombia', *Sunday Times*, 28 Abril 2002

Clover, Charles, 'Return of the "Afghans" Puts Spotlight on Kuwaiti Divisions', *Financial Times*, 17 Octubre 2002

Coll, Steve, 'Anatomy of a Victory: CIA's Covert Afghan War: $2 billion programme reversed tide for rebels', Washington Post, 19 Julio 1992

Congressional Press Release, Republican Party Committee, US Congress, 'Clinton Approved Iran Arms Transfers Help turn Bosnia into Militant Islamic Base', 16 Enero 1996, www.senate.gov

Cooke, Kieran, 'World: Asia-Pacific Oil: saviour of East Timor?', *BBC News*, 7 Octubre 1999, www.news.bbc.co.uk

Curtis, Mark, 'US and British Complicity in Indonesia 1965', *Znet*, 21 Octubre 2002, zmag.org

Daragahi, Borzou 'Financing Terror', *Money*, Vol. 30, No. 12, Noviembre 2001

Deliso, Christopher, 'Bin Laden, Iran and the KLA', 19 Septiembre 2001, www.antiwar.com

Department of the Army, Human *Factors Considerations of Undergrounds in Insurgency*, *DA* Pamphlet (US Department of the Army), Abril 1976

Devenport, Mark, 'Iraqi Oil Smuggling Warning', 24 Marzo 2000, www.news.bbc.co.uk

Dinmore, Guy 'General Declares War on Desert Traffickers', *Financial Times*, 10 Enero 2002

Dipankar, Baneriee, 'Possible Connections of ISI with Drug Industry', *India Abroad*, 2 Diciembre 1994

Dolinat, Lou, 'A Focus on Their Smaller Crimes', *Newsday*, 5 Octubre 2001, www. Newsday.com

Donnan, Shawn, 'Blast May Reverberate across the Economy', *Financial Times*, 15 Octubre 2002

Donnan, Shawn, 'Bombing to Test the Fabric of Indonesia Society', *Financial Times*, 14 Octubre 2002

Donnan, Shawn, 'Indonesian lies with the Arabs Highlighted', *Financial Times*, 17 Octubre 2002

Doyle, Mark, 'Sierra Leone Rebels Probe al-Qaeda Link, The RUI: is Worried by Claims of al-Qaeda Links', BBC *News Online: World: Africa*, 2 Noviembre 2001

Dunnigan, James, The Rise and Fall of the Suicide Bomber', 21 Agosto 2002, www.strategypage.com

Ehrenfield, Rachael, 'Intifada Gives Cover to Arafat's Graft and Fraud', *News World Communication Inc.*, Insight on the News, 16 Julio 2001

Emerson, Steven, 'Meltdown: the end of the Intifada', *The* New *Republic*, 23 Noviembre 1992

Engel, Matthew, 'Drama in Court as Maussaoui Sacks Lawyers', *Guardian*, 23 Abril 2002

Ercolano, Ilaria, 'I rapporti tra il Partito Socialista Tedesco Unitario (SED) e il medioriente durante gli anni sessanta e settanta', *Storia delle Relazioni Internazionali*, 8 Marzo 2001

Ersel, Aydinli, 'Implications of Turkey's anti-Hizbullah Operation', Washington Institute for Near Policy, 9 Febrero 2000

Esposito, John L., 'Political islam: beyond the green menace', *Current History*, Vol. 93, Nos 579-87, Enero-Diciembre 1994

Evans III, Brian, 'The Influence of the United States Army on the Development of the Indonesian Army (1954-1964)', in *Indonesia*, Cornell Modern Indonesia Programme, Abril 1998

Faiola, Anthony, 'US Terrorist Search Reaches Paraguay: black market border hub called key finance center for Middle East extremists', *Washington Post*, 13 Octubre 2001

Farah, Douglas, 'Al Qaeda's Road Paved with Gold: secret shipments traced through a lax system in United Arab Emirates', *Washington Post*, 17 Febrero 2002

Farah, Douglas, 'An "Axis" Connected to Gaddafi: leaders trained in Libya have used war to safeguard wealth', *Washington Post Foreign Service*, 2 Noviembre 2001

Farah, Douglas, 'Money Cleaned, Colombian Style: Contraband used to convert drug dollars', *Washington Post*, 30 Agosto 1998

Feldman, Steve, 'No One Knows why Hamas Graced Philly with its Presence', *Ethnic News Watch*, 13 Diciembre 2001

Fielding, Nick, 'Al-Qaeda Issues New Manifesto of Revenge', *Sunday Times,* 17 Noviembre 2002

Fielding, Nick, 'The British Jackal', *Sunday Times,* 21 Abril 2002

Finn, Peter and Delaney, Sarah, 'Sinister Web Links Terror Cells Across Europe', *International Herald Tribune,* 23 Octubre 2001

Firestone, David, 'Mideast Flare-Up: The Money Trail', *New York Times,* 6 Diciembre 2001

Fisk, Robert, 'As My Soccer Said: Thank Mr. Clinton for the fine words', *Independent,* 22 Agosto 1998

Fisk, Robert, 'In on the Tide, the Guns and Rockets that Fuel this Fight', *Independent,* 29 Abril 2002

Fisk, Robert, 'Talks with Osama Bin Laden', *The Nation,* 21 Septiembre 1998, www. thenation.com

Foden, Giles, 'Australian "Crusaders" Targeted by Bin Laden', *Guardian,* 16 Octubre 2002

Foden, Giles, 'The Former CIA "Client" Obsessed with Training Pilots', *Guardian,* 12 Septiembre 2001

Fukuyama, Francis y Samin, Nadav, 'Heil Osama, The Great Reformer', *Sunday Times,* 29 Septiembre 2002

Gaines, William y Martin, Andrew, 'Terror Funding', *Chicago Tribune,* 8 Septiembre 1998

Gerth, Jeff y Miller, Judith, 'A Nation Challenged: On the list, philanthropist or fount of funds for terrorists?', *New York Times,* 13 Octubre 2001

Goldberg, Jeffrey 'The Great Terror', *New York`er,* 25 Marzo 2002

Goldberg, Suzanne, 'The Men behind the Suicide Bombers', *Guardian,* 12 Junio 2002

Haass, Richard, *Intervention: The Use of American Military Force in* the *Post-Cold War World* (Brookings Institute Press, 1999), ww.brookings.nap.edu

Halliday, Fred, 'The Un-Great Game: the country that Lost the Cold War, Afghanistan', *The New Republic,* 25 Marzo 1996

Hecht, Bernie, 'Irgun and the State of Israel', www. jewishmag.com

Herbst, Jeffrey, 'Responding to State Failure in Africa', *International Security,* Vol. 21 No. 3, Invierno 1996-97

Hill, Amelia, 'Terror in the East: Bin Laden's $20m African "Blood Diamond" deals', *Observer,* 20 Octubre 20021

Hiro, Dilip, 'Fallout from the Afghan Jihad', *Inter Press Services,* 21 Noviembre 1995

Hooper, John, 'Terror Made Fortune for Bin Laden', *Guardian,* 23 Septiembre 2001

Hoyos, Carola, 'Oil Smugglers Keep Cash Flowing back to Sadam', *Financial Times,* 17 Enero 2002

Huband, Mark, 'Special Report, Inside al-Qaeda Bankrolling Bin Laden', *Financial Times,* 29 Noviembre 2001

Huntington, Samuel P, 'The Clash of Civilization?', *Foreign Affairs*, Verano 1993

Huntington, Samuel P, 'The Age of Muslim Wars', *Newsweek*, Edición Especial 2002

IBRD, 'Transition Report, The First Ten Years: Analysis and Lessons for Eastern Europe and the Former Soviet Union', 2001

Ingram, Mike, 'UK Admits Hostages in Chechnya were Asked to Report Sensitive Information', *World Socialist Web Site*, 21 Enero 1999, www.wsw.org

Jacobson, Philip, 'Warlord of the Jihad', *Sunday Times Magazine*, 26 Enero 2003

Jones, Stephen e Israel, Peter, 'Others Unknown', *Publicaffairs*, New York, 2001

Jordan, Sandra, 'Dispaches', *Channel* 4, 26 Mayo 2002

Junger, Sebastian, 'Terrorism's New Geography', *Vanity Fair*, Diciembre 2002

Keen, David, 'A Disaster for Whom? Local Interests and International Donors During Famine among the Kinka of Sudan', *Disaster*, Vol. 15, No. 2, Junio 1991

Keen, David, 'When War Itself is Privatized', *Times Literary Supplement*, Diciembre 1995

Keh, Douglas, *Drug Money in a Changing World*, UNDCP Technical document no. 4 (Vienna, 1998)

Kelley, Jack, 'Saudi Money Aiding Bin Laden: businessmen are financing front groups', *USA Today*, 29 Octubre 1999

Kershner, Isabel, 'Behind the Veil', *Jerusalem Report*, 3 Junio 1993

Khalaf, Roula, 'Al Qaeda Recruiting Ground Offers Tough Challenge in War of Terror', *Financial Times*, 22 Febrero 2002

Khan, Lal, 'Pakistan, Futile Crusades of a Failed State', www.marxist.com

Khashuqji, Jamal, 'Al Qaeda Organisation: Huge Aims without Programme or Cells', *Al-Hayah*, 12 Octubre 1998

Kline, Chris y Franchetti, Mark, 'The Woman Behind the Mask', *Sunday Times*, 3 Noviembre 2002

Kocoglu, Yahya, 'Hizbullah: The Susurluk of the Southeast', *Turkish Daily News*, 27 Enero 2000

Kristof, Nicholas D., 'Behind the Terrorists', *New York Times*, 22 Noviembre 2002

Lamont, James, 'Africa's Trade Flows Clogged up at Dockside', *Financial Times*, 8 Enero 2002

Lapper, Richard, 'UN Fears Growth in Heroin Irade', *Financial Ties*, 24 Febrero 2000

Le Billon, Philippe, 'The Political Economy of War: what relief agencies need to know', *Network Paper* No. 33, ODI www.odihpn.org.uk

Lemoine, Maurice, 'En Colombie, Unne Nation, Deux Etats', *Le Monde Diplomatique*, Mayo 2000

Leppard, David, 'Dossier will Reveal Iraq's Poison Cache', *Sunday Times,* 22 Septiembre 2002

Leppard, David y Sheridan, Michael, 'London Bank Used for Bin Laden Cash', *Sunday Times,* 16 Septiembre 2001

Levine, Steve, 'Critics Say Uzbekistan's Crackdown on Radicalism May Fuel in Fervor', *Wall Street Journal,* 3 Mayo 2001

Liam, Clarke and Leppard, David, 'Photos Link More IRA Men to Colombia', *Sunday Times,* 28 Abril 2002

Lichtblau, Eric, 'US Indicts Head of Islamic Charity in Qaeda Financing', *New York Times,* 10 Octubre 2002

Lighty, Todd y Gibson, Ray, 'Suspects Blend in, Use Credit Swindles to Get Easy Money', *Tribune,* 4 Noviembre 2001

Livingstone, Neil C. y Halevy, David, 'The Perils of Poverty', *National Review,* 21 Julio 1986

MacAskill, Ewen y Aglionby, John, 'Suspicion Turns on Indonesia's Islamist Militants', *Guardian,* 14 Octubre 2002

MacAskill, Ewen y Pallister, David, 'Crackdown on "Blood" Diamonds', *Guardian,* 20 Diciembre 2000

MacCarthy, Roy y Norton-Taylor, Richard, 'Kashmir Militants Plan New Attacks', *Guardian,* 25 Mayo 2002

Mackay, Neil, 'John Mayor Link to Bin Laden Dynasty', *Sunday Herald,* 7 Octubre 2001

Madani, Blanca, *Hezbollah's Global Finance Network: the Triple Frontier,* Middle East Intelligence Bulletin, Vol. 4, No. 1 Enero 2001)

Madsen, Wayne, 'Afghanistan, the Taliban and the Bush Oil Team', Enero 2002, www.Globalresearch.ca

Mardini, Ahmad, 'Gulf-Economy: BCCI deal buoys UAE stocks', *Inter Press Service,* 6 Febrero 1995

Martinelli, M., 'I BR alla sbarra rivendicano il delitto Biagi', *Il Messaggero,* 29 Marzo 2002

McCoy, Alfred 'Drug Fallout: the CIA's forty-year complicity in the narcotics trade', *The Progressive,* 1 Agosto 1997

McCoy, Alfred, 'The Politics of Heroin in Southeast Asia, French Indochina: opium espionage and "Operation X"', www.drugtext.org

McGregor, Richard, 'Rumours Rule the Money Pit', *Financial Times,* 24 Noviembre 2001

McGregor, Richard, 'Uighur Training Angered Beijing', *Financial Times,* 18 Octubre 2001

McGrory, Daniel, 'UK Muslims Volunteers for Kashmir War', *The Times,* 28 Diciembre 2000

Miller, Judith y Gerth, Jeff, 'Trade in Honey is Said to Provide Money and Cover for Bin Laden', *New York Times,* 11 Octubre 2001

Mintz, John, 'Bin Laden's Finances are Moving Target', *Washington Post,* 28 Agosto 1998

Monbiot, George, 'To Crush the Poor', *Guardian,* 4 Febrero 2003

Murphy Brian, 'KLA Volunteers Lack Experience', *Associated Press,* 5 Abril 1997

Mydans, Seth, 'Indonesian Conflict May be Breeding the Terrorists of Tomorrow', *International Herald Tribune,* 10 Enero 2002

Mylroie, Laurie, 'The World Trade Center Bomb: Who is Ramzi Yousef? and why it matters', *The National Interest,* Invierno 1995/96

NaFeez Mosaddeq, Ahmed, 'Afghanistan, the Taliban and the United States. The Role of Human Rights in Western Foreign Policy', Enero 2001, www.institute-for-afghanstudies.org

Newfarmer, Richard, ed., 'Relations with Cuha', in *From Gunboats to Diplomacy: New Policies for Latin America.* Papers prepared for the Democratic Policy Committee, US Senate, Washington, Junio 1982, Johns Hopkins University Press, 1984.

Noor, Farish A., 'The Evolution of "Jihad" in Islamist Political Discourse: how a plastic concept became harder', www.ssrc.org

O'Kane, Maggie, 'Where War is a Way of Life', *Guardian,* 15 Octubre 2001

O'Donnell, Guillermo, 'On the State, Democratization and Some Conceptual Problems', working paper No.192 (University of Notre Dame: The Helen Kellogg Institute for International Studies, Abril 1993)

Palast, Gregory, 'Did Bush Turn a Blind Eye on Terrorism?', *BBC Newsnight,* 6 Noviembre 2001

Palast, Gregory y Pallister, David, 'FBI Claims Bin Laden Enquiry was Frustrated', *Guardian,* 7 Noviembre

Pallister, David, 'Head of Suspects Charity Denies Link to Bin Laden', *Guardian,* 16 Octubre 2001

Pallister, David and Bowcott, Owen, 'Banks to Shut Doors on Saudi Royal Cash', *Guardian,* 17 Julio 2002

Pearl, Daniel y Stecklow, Steve, 'Taliban Banned TV but Collected Profits on Smuggled Sonys', *Wall Street Journal,* 9 Enero 2002

Petkovic, Milan V., 'Albanian Terrorists', *Balknianet,* 1998, www.balkania.net

Phillips, David, ' The Next Stage in the War on Terror', *International Herald Tribune,* 23-24 Marzo 2002

Pilger, John, 'This War is a Fraud', *Daily Mirror,* 29 Octubre 2001

Pilger, John, 'This War of Lies Goes on', *Daily Mirror,* 16 Noviembre 2002

Rall, Ted, 'It's all about Oil', San *Francisco Chronicle,* 2 Noviembre 2001

Ranstrorp, Magnus y Xhudo, Gus, 'A Treat to Europe? Middle East Ties with the Balkans and their Impact upon Terrorist Activity throughout the Region', in *Terrorism and Political Violence,* Vol. 6, No. 2, Verano 1994

Rashid, Ahmed, 'The Taliban: Exporting Extremism', *Foreign Affairs,* Noviembre 1999

Rashid, Ahmed, 'They are Only Sleeping. Why Militant Islamists in Central Asia aren't going to go away', *The New Yorker,* 14 Enero 2002

Recknagel, Charles, 'Iraq: mystery surrounds Iran's about-face on oil smuggling', 21 Junio 2000, www.rferl.org

Ressa, Maria, 'The Quest for the Asia's Islamic "Super" State', *CNN on line,* 30 Agosto 2002, www.asia.cnn.com

Reuss, Alejandro, 'US in Chile', in *Third World Traveller,* www.thirdworld-traveler.com

Ringshow, Grant, 'Profits of Doom', *Sunday Telegraph,* 23 Septiembre 2001

Rotberg, Robert I, 'The New Nature of Nation-State failure', *The Washington Quarterly,* Verano 2002

Roy, Arundhati, ' The Algebra of Infinite Justice', www.nation-online.com

Rubinstein, Danny, 'Protection Racket, PA-Style', *Ha'aretz Daily Newspaper,* Tel Aviv, 3 Noviembre 1999

Sachs, Susan, 'An Investigation in Egypt Illustrates al-Qaeda's Weh', *New York Times,* 21 Noviembre 2001

Said, Edwar, 'When We Will Resist?', *Guardian,* 25 Enero 2003

Schreiber, Anna P, 'Economic Coercion as an Instrument of Foreign Policy: U..S. Economic Measures against Cluba and the Dominican Republic', *World Politics,* Vol. 25, Abril 1973

Scudder, Lew, 'A Brief History of Jihad', www.rca.org

Seper, Jerry, 'KLA Rebels Train in Terrorist Camps', *Washington Times,* 4 Mayo 1999

Shahar, Yael, "Tracing Bin Laden's Money: easier said than done', ICT, 21 Septiembre 2001, www.ict.org

Siddiqui, Mateen, 'Differentiating islam from Militant Islamist', *San Francisco Chronicle,* 21 Septiembre 1999

Simpson, Glenn, 'Terrorist Grid Smuggled Gems as Early as '95, Diary Suggests', *Wall Street Journal,* 17 Enero 2002

Sloan, John, 'Crusades in the Levant (1097-1291)', www.xenophon-group.com

Smith, Charles, 'China and Sudan: trading oil for humans', *Worldnetdaily,* 19 Julio 2000, www.worldnetdaily.com

Standish, Alex, 'Albanians Face Ruin as Cash Pyramids Crumble', *The European,* 28 Noviembre 1996

Stern, Babette, 'La Toile Financiere d'Oussana ben Laden s'etend du pays du Golfe a l'Europe', *Le Monde Interactif,* 24 Septiembre 2001

Sublette, Carey, 'Dr. Abdul Qadeer Khan', www.nuketesting.enviroweb.org

Subrahmanyam, K., 'Pakistan is Pursuing Central Asian Goals', *India Abroad,* 3 Noviembre 1995

Sullivan, Stacy, 'Albanian Americans Funding Rebels' Cause', *Washington Post,* 26 Mayo 1998

Sweeney, Jack, 'DEA Boots its Role in Paraguay', *Washington Times,* 21 Agosto 2001

Takeyh, Ray y Gvosdev, Nicholas, 'Do Terrorist Networks Need a Home?', *The Washington Quarterly,* Verano 2002

Talbot, Karen, 'US Energy Giant Unocal Appoints Interim Government in

Kabul', *Global Outlook*, Vol. 1, No. 1, Primavera 2002

Tetley, Deborah, 'Terrorists Active in Canada', *Calgary Herald*, 1 Octubre 2001

Thachuk, Kimberly L., *Terrorism's Financial Lifeline: Can It Be Severed?*, Strategic Forum, Institute for the National Strategic Studies National Defense University, Washington D.C., No. 191, Mayo 2002

Thompson, Richard, 'CIA Used Bank in Covert Operations', *Independent*, 15 Julio 1991

Vaknin, Sam, 'Analysis: Hawala, the bank that never was', *United Press International*, 17 Septiembre 2001, www.upi.com

Vasagar, Jeevan y Dodd, Vikram, 'British Muslims take Path to Jihad: Kashmir terror group claims suicide homber was from Birmingham', *Guardian*, 29 Diciembre 2000

Vick, Karl, 'The Taliban's Good-Bye: take the banks' millions and run', *Washington Post*, 8 Enero 2001

Vidal, Gore, 'The Enemy Within', *Observer*, 27 Octubre 2002

Wagstyl, Stefan, 'Frontline States Seek Place on World Map', *Financial Times*, 22 Noviembre 2001

Wagstyl, Stefan y Jansson, Eric, 'Extremista may be Only Winners as Serb Voters Shun Election', *Financial Times*, 15 Octubre 2002

Waldman, Amy, 'Master of Suicide Bombing: Tamil Guerrillas of Sri Lanka', *New York Times*, 14 Enero 2003

Walk, Marcus, 'In the Financial Fight against Terrorism, Leads are Hard Won', *Wall Street Journal*, 10 Octubre 2001

Weiser, Benjamin, 'The Trade Center Verdict: The Overview: «mastermind,» and driver found guilty in 1993 plot to blow up Trade Center', *New York Times*, 13 Noviembre 1997

Weizman, Steve, 'Hush Decries Arafat, to Meet Sharon', Associated Press, Worldstream, 6 Mayo 2002

Wells, Jonathan, Meyers, Jack and Mulvihill, Maggie, 'War on Terrorism: Saudi elite tied to money groups linked to Bin Laden', *Boston Herald*, 14 Octubre 2001

Witoelar, Wimar, 'Terror has Deep Roots in Indonesia', *Guardian*, 16 Octubre 2002

World Affair, 'A Mafia State', *Newsweek International*, 19 Junio 2000

Wright, Lawrence, 'The Counter-Terrorist', *New Yorker*, 14 Enero 2002

Wright, Robin y Meyer, Joseph, 'America Attacked: mapping a response', *Los Angeles Times*, 12 Septiembre 2001

Wrong, Michela, 'Smugglers' Bazaar Thrives on Intrepid Afghan Spirit', *Financial Times*, 17 Octubre 2002

LIBROS

Abukhalil, As'as, Bin *Laden, Islam and America's New 'War on Terrorism'* (New York: Seven Stories press, 2002)

Adams, James, *The Financing of Terror* (New York: Simon and Schuster, 1986)

Adams, James Ring y Douglas, Frants, *A full Service Rank* (London: Simon and Schuster, 1992)

Adkin, Mark y Mohammed, Yousaf, *The Bear Trap: Afghanistan's Untold Story* (London: Cooper, 1992)

Ajami, Fouad, *The Arab Predicament* (New York: Cambridge University Press, 1981)

Alexander, George; ed., *Western State Terrorism* (Cambridge: Polity Press, 1991)

Annual of Power and conflict, 1973-74 (London Institute for the Study of Conflict, 1 975)

Anónimo, *Through Our Enemies Eyes* (Washington D.C.: Brasseys, 2002)

Atiya, Aziz, *Crusade,, Commerce and culture* (Bloomington: Indiana University Press, 1962)

Aydinli, Ersel, *Implications of Turkey's anti-Hizbullah Operation* (Washington Institute for Near Policy, 9 Febrero 2000)

Barber, Malcolm, *The Two Cities. Medieval Europe 1050~1320* (London: Routledge, 1992)

Beaty, Jonathan y Gwynne, S.C., *The Outlaw Bank, A Wild Ride into the Secret Heart of BCCI* (New York: Random House, 1993)

Benjamin, Daniel y Simon, Steven, *The Age of Sacred Terror* (New York: Random House, 2002)

Bobbitt, Philip, *The Shield of Achilles* (London: Penguin Books, 2002)

Boyce, James K., *Economic Policy for Building Peace, The Lessons of El Salvador* (Boulder, CO: Lynne Rienner Publishers, 1996)

Brisard, Jean Charles y Dasquie, Guillaume, *La Verita'Negata* (Milano: Marco Tropea Editore, 2001)

Byrne, Hugh, *El Salvador's Civil War, a Study of a Revolution* (Boulder, CO: Lynne Rienner Publishers, 1996)

Campbell, Creg, *Blood Diamonds* (Boulder, CO: Westview Press, 2002)

Chomsky, Noam, 11/09/2001, RBA Libros, Barcelona, 2002.

Chossudovsky, Michael, *Guerra e Globalizzazione* (Torino: Edizioni Gruppo Abele, 2002)

Cooley, John K., *Unholy Wars. Afghanistan, America and International Terrorism* (London: Pluto Press, 2000)

Cordesman, Anthony H., *Economic, Demographic and Security Trends in the Middle East* (Washington D.C.: Center for Strategic and International Studies, Enero 2002)

Duffield, Mark, 'The Political Economy of Internal War: asset transfer, complex emergencies and international aid', en Joanna Macrae y Anthony Zwi; eds, *War and Hunger: Rethinking International Responses* (London: Zed Press, 1994)

El Khazenm, Farid, *The Breakdown of the State in Lebanon 1967-1976* (London: I.B. Tauris, 2000)

Emerson, Steven, *American Jihad, The Terrorist Living Among Us* (New York: Simon and Schuster, 2002)

Franceschini, Alberto, *Mara, Renato ed Io* (Milano: Mondadori, 1988)

Friedman, Thomas, *The Lexus and the Olive Tree* (New York: Farrar, Straus & Giroux, 1999)

Fukuyama, Francis, *El fin de la historia y el útimo hombre*, Planeta, Barcelona, 1992.

Garthoff, Raymond L., *Reflection on the Cuban Missile Crisis* (Washington D.C.: Brookings Institute, 1987)

Geldard, Ian y Craig, Keith, IRA, *INLA: Foreign Support and International Connections* (London: Institute for the Study of Terrorism, 1988)

Gilbert, Paul, *Terrorism, Security and Nationality* (London: Routledge, 1994)

Goren, Roberta, *The Soviet Union and Terrorism* (London: Hyman, 1984)

Goulden, Joseph C., *The Death Merchant* (New York: Simon and Schuster, 1984)

Graduate Institute of International Studies, *Small Arms Survey, 2001* (Oxford: Oxford University Press, 2001)

Green, Lesley, *The Contemporary Law of Arm Conflicts* (Manchester: Manchester University Press, 2000)

Griffin, Michael, *Reaping the Whirlwind* (London: Pluto Press, 2002)

Gunaratna, Rohan, *Al Qaeda, viaje al interior del terrorismo islamista*, Servidoc, Barcelona, 2003.

Harclerode, Peter, *Fighting Dirty* (London: Cassell, 2001)

Hardt, Michael y Negri, Antonio, *Imperio*, Paidós, Barcelona, 2002.

Hopkirk, Peter, *The Great Game* (Oxford: Oxford University Press, 1990)

IRA, *INLA: Foreign Support and International Connections* (London: Institute for the Study of Terrorism, 1988)

Irabarren, Florencio Dominguez, *ETA: Estrategia Organizativa y Actuaciones, 1978-1992* (Servicio Editorial de la Universidad del País Vasco, 1998)

Jaber, Hala, *Hizbollah, Born with a Vengeance* (New York: Columbia University Press, 1997)

Jacquard, Roland, *En nombre de Osama Bin Laden*, Salvat, Barcelona, 2001.

Jamieson, Alison, *Terrorism and Drug Trafficking in the 1990s* (Dartmouth: Research Institute for the Study of Conflict and Terrorism, 1994)

Jones, Stephen e Israel, Peter, *Others Unknown: The Oklahoma City Bombing & Conspiracy* (New York: PublicAffairs, 1998)

Juergensmeyer, Mark, *Terrorismo religioso: auge global de la violencia religosa*, Siglo XXI España, Madrid, 2001.

Kaldor, Mary, *Las nuevas guerras: violencia organizada en la era global*, Tusquets, Barcelona, 2001.

Kartha, Tara, *South Asia - A Rising Spiral of Proliferation*, Background paper (Geneva: Small Arms Survey, 2000)

Kennedy, John F., 'Defence Policy and the Budget: Message of President

Kennedy to (Congress, Marzo 28, 1961', en Richard P. Stebbins, *Documents in American Foreign Relations, 1961* (New York: Harper & Row, 1962)

Kingsbury, Damien, *Power Politics and the Indonesian Military* (London: Routledge Curzon, 2003)

Krinsky, Michael y Golove, David, *United States Economic Measures against Cuba: Proceedings in the United Nations and International Law Isues* (Northampton, MA: Aletheia Press, 1993)

Lapierre, Dominique y Collins, Larry, *Oh Jerusalén*, RBA, Barcelona, 1994.

Laqueur, Walter, *The New Terrorism: Fanaticism and the Arms of Mass Destruction* (Oxford: Oxford University Press, 1999)

Lewis, Bemard, *Los asesinos, una secta islámica radical*, Alba, Barcelona, 2002.

Livingstone, Neil C. y Halevy, David, *Inside the PLO* (New York: William Morrow, 1990)

Martin, Al, *The Conspirators: Secrets of Iran Contra Insider* (Pray, MO: National Liberty Press, 2001)

McClintock, Michael, *Instruments of Statecraft:* U.S. *Guerrilla Warfare, Counter-insurgency, and Counter-terrorism, 1940-1990* (New York: Pantheon Books, 1992)

McWhirter, Norris; ed., *Guinness Book of Records* (London: Guinness Superlatives Ltd., 26th edition, 1979)

Millbank, David, *International and Transnational Terrorism: Diagnosis and Prognosis* (Washington D.C.: CIA, 1976)

Moretti, Mario, *Brigate Rosse, Una Storia Italiana* (Milano: Anabasi, 1994)

Muhammad, Haykal, *Iran, the Untold Story* (New York: Pantheon Books, 1982)

Nafeez Mosaddeq, Ahmed, *The War on Freedom, How and Why America was Attacked, September 11, 2001* (CA: Tree of Life Publications, 2002)

Palast, Gregory, *The Best Democracy Money Can Buy* (London: Pluto Press, 2002)

Pierson, Christopher, *The Modern State* (London: Routledge, 1996)

Polito, Ennio, *Arafat e Gli Altri* (Roma: Data News, 2002)

Randal, Jonathan, *The Tragedy of Lebanon* (London: Chatto & Windus, 1983)

Rashid, Ahmed, *Yihad, el auge del islamismo en Asia Central*, Península, Barcelona, 2002.

Rashid, Ahmed, *Los talibán*, Península, Barcelona, 2001.

Reeve, Simon, The *New Jackals: Ramzi Yousef, Osama Bin Laden and the Future of Terrorism* (London: André Deutsch, 1999)

Rivers, Gayle, *War Against Terrorism: How to win it?* (New York: Charter Books, 1986)

Rubenberg, Cheryl, *The Palestine Liberation Organization, its Institutional Infrastructure* (Belmont, MA: Institute of Arab Studies Inc, 1983)

Runciman, Steven, *Historia de las cruzadas*, Alianza Editorial, Madrid, 1973.

Scowen, Peter, *Rogue Nation, The America The Rest of the World Knows* (Toronto: McClelland & Stewart, 2002)

Seale, Patrick, *Abu Nidal: a Gun for Hire, the Secret Life of the World Most Notorious Arab Terrorist* (London: Hutchinson, 1992)

Sevillano, Tarazona Gabriela, *Sendero Luminoso and the Threat of Narcoterrorism* (New York: Praeger, 1990))

Small Arms Survey, 2001 (Oxford University Press, Oxford 2001)

Smith, Chris, 'Areas of Major Concentration in the Use and Traffic of Small Arms', en Jayantha Dhanapala et al., *Small Arms Controls: Old Weapons New issues (Aldershot:* Ashgate, 1999)

Sterling, Claire, *The Terror Network, The Secret War of International Terrorism* (London: Weidenfeld and Nicolson, 1981)

Stockwell, John, *In Search of Enemies: A CIA Story* (New York: W.W. Norton, 1979)

Sullivan, John, *El Nacionalismo Vasco Radical* (Madrid: Alianza Universidad, 1987)

Tariq, Ali, *El choque de los fundamentalismos*, Alianza Editorial, Madrid, 2002.

Tibi, Bassam, *The Challenge of Fundamentalism* (Berkeley: University of California Press, 1998)

Tyerman, Christopher, *The Invention of the Crusades* (London: Macmillan Press, 1998)

United Nations, *ECLA, Economic Survey of Latin America,* 1981 (Santiago: United Nations, Chile, 1983)

Villalobos, Joaquin, *The War in El Salvador, Current Situation and Outlook for the Future* (San Francisco: Solidarity Publications, n.d.)

Wasserman, James, *The Templars and the Assassins* (Rochester, NY: Inner Traditions, 2001)

Wiebes, Cees, *Intelligence and the War in Bosnia,* 1992-1995 (Amsterdam: Netherlands Institute for War Documentation, 2002)

Woodward, Bob, *Veil. Las guerras secretas de la CIA 1981-1987*, Ediciones B, Barcelona, 1987.

Índice